d'ailleurs

collection dirigée par
Jane Sctrick

LE TOUR DU MONDE

Série dirigée par
Chantal Edel

L'ASIE CAVALIÈRE

CATHERINE DE BOURBOULON

L'ASIE CAVALIÈRE

DE SHANG-HAÏ A MOSCOU
1860-1862

PHÉBUS

POUR VAINCRE CROQUEMITAINE

Est-ce parce qu'elle resta si longtemps le pays le plus fermé de la planète que la Chine a suscité pour notre imaginaire les pires excès dans le rêve comme dans la peur ? Que pouvaient être ces contrées si lointaines qui avaient inventé la poudre et le papier, et nous forçaient, enfants, par une sorte de morale intériorisée, à terminer notre soupe, de crainte d'en fâcher les jeunes populations ? De rares privilégiés les avaient observées, ces populations, mais à de tels intervalles dans l'histoire, et pour le reste, c'était une débauche de fantasmagorie : quelques témoignages surnageaient, faits de mots comme interdit, *Ciel ou Milieu, ce cinquième point cardinal à lui seul suffisant pour marquer définitivement la frontière entre les tapis volants de l'Orient et la soie des mandarins, encore plus soluble dans l'air, référence déjà mythologique pour le plus grand mythe qui nous ait nourris, les Mille et une nuits ? Monde de fascination et d'horreur à frissonner, l'Extrême-Orient ne se laisse pas enfermer dans les badineries ni enclore dans les « happy end ». Aussi, au mépris de toute grammaire,* supplice, casse-tête, *voire simple tendance à couper les cheveux en quatre, voilà des épithètes obligées du mot* chinois, *au lieu que l'adjectif, comme sa nature subalterne l'y eût invité, s'en tienne à un supplément de pittoresque, à un enjolivement exotique du barbare. Sait-on que c'est à notre auteur, cette Mme de Bourboulon, femme de diplomate curieuse de tout, et à sa plume féministe et généreuse, qui mêle révolte contenue et tolérance dans le goût anglo-saxon, qu'il faut faire remonter la source de nos savoirs, et de nos angoisses, sur le rite ancestral des pieds mutilés des femmes?*

La Chine et la Mongolie qu'elle nous présente font foi, comme d'autres témoignages font *suspects. Elle accumule des albums entiers de croquis, mais sa phrase restitue encore mieux peut-être ce qu'elle voit, dans toute la variété de spectacles contrastés, peut-être parce qu'elle est dessin en elle-même, avec juste ce qu'il faut d'animation :*

« Le barbier était chargé par-devant d'une table et d'un escabeau en bois, auxquels faisait contrepoids par-derrière un lourd bassin en cuivre retenu par trois cordes, à une desquelles était pendu un petit tam-tam annonçant par son tintement continuel sa présence aux pratiques. Il passait, courbé sous le poids de son bagage! Un amateur se présente pour se faire raser la tête : en un clin d'œil le *frater* a placé sa table à deux pas du forgeron, il la cale avec un peu de boue, fait asseoir le patient sur l'escabeau, la figure tournée vers la forge qui vomit des étincelles, lui rabat le cou sur son genou en l'empoignant par sa queue qu'il enroule autour de son poignet, et, après lui avoir mouillé la tête avec de l'eau tiède, il lui frotte la nuque à tour de bras ou plutôt de main pour remplacer le savon absent et lui attendrir l'épiderme, enfin il tire de sa ceinture un rasoir en fer non poli qui a l'air d'un sabre, vu sa dimension et sa forme, et commence l'opération [...] »

On ne peut que savourer les mille fantaisies dans la manière du graveur, et qu'entrecoupent des réflexions d'historienne. C'est le prototype du voyageur éclairé, que cette femme encore jeune, avec son œil aux aguets, mais qui embrasse toujours plus que l'anecdote. Ce qui nous fascine le plus, toutefois, est cet héritage du grand siècle des voyages, le XVIIIe *s'entend, cette façon de se questionner soi-même plutôt que ce qu'on voit, et notamment d'interroger, mine de rien, la violence qu'on porte en soi au moment où elle affronte, tenue à distance de civilisation, celle d'une autre culture. L'« indigène » comme révélateur.*

Peut-être la maladie, le sentiment de fragilité qu'elle entraîne chez un être gourmand de voir et de comprendre beaucoup de choses à la fois, et de choses nouvelles, n'est-il pas étranger à cette acuité du regard, rendu relatif. La Chine aussi est un corps malade, et la féodalité qu'elle a poussée à un incomparable degré de raffinement n'a d'égale que la spiritualité des penseurs qu'elle a fournis sans compter à l'humanité. Mais voilà, le pouvoir n'est pas toujours du même côté que la pensée; celle-ci, par vocation, se préoccupe moins du moment qui passe, et celui-là en fait métier. Les grands moments sont dans la rencontre des deux modes de l'humain, l'analyse, qui est intemporelle, et la gestion, engluée dans des labeurs et des contradictions. « Un de mes prédécesseurs avait un grand parc, trop petit aux yeux du peuple, quoique grand, beaucoup plus grand que le mien, dit un jour, selon l'apologue chinois, le roi au philosophe. – C'est que dans le tien, il n'est pas permis au peuple de chasser. » Ne lit-on pas, dans l'anecdote ici résumée (l'original est au chapitre XIV), l'incapacité du pouvoir à se penser ailleurs que dans la confiscation, thème que nos Lumières ont traité jusqu'à lui faire rendre l'effet que l'on sait?

Tout déplacement, certes, est une métaphore de l'origine : plus il nous entraîne aux antipodes de nos coutumes, plus nous risquons d'y retrouver la part de nous-mêmes qui n'a pas donné de surgeon, et que nous tenons à distance. En 1851, on ne sait presque rien de la Chine. Entrer dans la capitale est même une menace de mort pour les Européens. Les dernières relations de voyage remontent à l'époque de Louis XIV, quand furent expulsés les jésuites. Lord Macartney, plus prisonnier qu'ambassadeur, y fut et en parla, à la fin du XVIIIe siècle. C'est précisément avec M. de Bourboulon et son homologue anglais sir Frederick Bruce que s'installeront les premières légations étrangères. Portée en palanquin, en grande escorte et au son du clairon, la jeune femme franchit la Porte de l'Est, Toung-pien-men, en ce printemps embrasé par les derniers rayons du couchant et les insurrections paysannes.

En 1842, avec le traité de Nankin puis en 1858 avec celui de Tien-tsin avaient pris fin la première puis la seconde guerre de l'opium pour une Chine qu'affaiblissent au nord et au sud des révoltes et des jacqueries, dont la plus célèbre est celle des Taiping. L'occupation de Pékin par les Occidentaux, qui se soldera par le sac peu glorieux du Palais d'été aboutit à la convention du 25 octobre 1860 qui favorisait tout particulièrement les Français et les Anglais. Les Bourboulon sont mêlés de près à cette période troublée : en 1853, le navire sur lequel ils se sont embarqués pour Nankin reçoit quelques boulets de canon; cinq ans plus tard, peu après la prise de Canton, ils parcourent la ville à cheval avec l'amiral Rigault de Genouilly et une petite escorte militaire, quand la foule hostile se déchaîne contre eux; en 1860, à Shanghai, les Taiping sont à la légation même, défendue par seulement vingt marins. Un beau jour que sa maladie lui laisse le répit d'aller se promener à cheval par la ville, la femme du diplomate assiste à une horrifique scène de rue : on a suspendu à des mâts encore sanguinolents des cages de bambou où sont exposées les têtes tout frais tranchées de quelque cinquante larrons.

Notre héroïne voit la mort de près. Elle décide de tenir son journal. Elle fût devenue journaliste en d'autres temps, et on la verrait bien expédier ses dépêches aux journaux, tant son style est économique, et couvre l'essentiel de l'événement. Ce journal débute avec le voyage qu'elle fait à Tien-tsin, où la maladie pourtant déjà cruelle et contractée dans le climat délétère de Shanghai, ne l'a pas empêchée de suivre son mari, chargé de surveiller l'exécution du fameux traité.

Comment une femme de la bonne société, internationale il est vrai, se retrouve-t-elle en plein Second Empire, ainsi transplantée sous des latitudes hostiles? N'en doutons pas, il y a une part de formation et une autre de prédisposition. Pour la seconde, qu'on peut toujours diagnostiquer après coup, nous avons affaire à un esprit curieux, que les choses de la vie stimulent et qui ne doit pas s'encombrer de vétilles ou de l'inconfort que procure toujours une position d'observateur : sans doute le gain est-il plus fort que la mise pour qui expose son existence aux écarts de température, aux insectes, au mal dormir et surtout à l'exaction la pire, celle qui vient de l'homme.

Catherine Fanny Mac Leod, née en Écosse en 1827, était destinée à parcourir le monde. Agée de cinq ans, elle s'embarque pour l'Amérique avec sa mère qui, à la suite d'un revers de fortune, s'en va fonder à Boston, puis à Baltimore, une maison d'éducation pour les filles. A treize ans, elle visite le Mexique en compagnie de sa tante, épouse d'un diplomate espagnol, qu'elle suit encore à Washington et ensuite à La Havane. Ce milieu la comble et la ravit, et accentue sans conteste ses dons : brio, aisance et charme; au cours de ses déplacements en Europe, les hommages masculins se déposent à ses pieds et elle conquiert tout un chacun par la vivacité de son esprit. Quand elle a vingt-quatre ans, celui qui obtient ses suffrages est un Français, le secrétaire à la légation de France aux États-Unis, et qui est sur le point d'être envoyé en Chine.

L'événement le plus frappant qui accueille le couple étranger est une révolution de palais qui éclate à la mort de l'empereur Hien-Fung, qu'avait consumé la débauche. Son héritier n'est âgé que de cinq ans, et c'est son oncle, le prince de Kong, qui accède au pouvoir. Ce dernier est favorable aux Européens, qui l'ont aidé à réprimer les insurrections. M. de Bourboulon obtient ainsi un décret impérial permettant aux missionnaires de voyager dans l'intérieur de l'Empire et leur rétrocédant tous leurs établissements religieux. La manière de Catherine n'est pas dénuée d'humour, quand elle observe la différence de mentalité entre Anglais et Français : les premiers, dit-elle, mettent à profit le nouvel état d'esprit du pays pour développer le commerce, et les autres le spirituel.

Mais ne déflorons pas les mille notations de cet étrange rapport, plus piquantes les unes que les autres, patiemment rassemblées par notre inlassable touriste *sur la vie et les mœurs du Céleste Empire et laissons le lecteur les découvrir, presque dans l'état où Mme de Bourboulon, prématurément emportée par son incurable mal, avait laissé son travail.* Le Tour du monde, *la revue de la Société française de géographie, qui révélait les meilleurs récits de voyage, vit dans ce journal le premier écrit sérieux sur la Chine. En vue de lui faire le sort scientifique qu'il méritait et de le publier dans ses livrai-*

sons de 1864 et 1865, la Revue en confia la mise en forme à M. Achille Poussielgue, qui, en outre utilisa les archives diplomatiques et les rapports qu'avaient bien voulu lui fournir autant son époux que M. Trèves, lieutenant de vaisseau, et M. Bouvier, capitaine du génie, auteur de relevés et plans remarquables, tous deux attachés à la légation française. Et pour notre plaisir, ce géographe eut l'idée de compléter cette savante documentation par d'autres sources, notamment religieuses. Quant à la remarquable description du palais d'Été avant sa destruction le 18 octobre 1860, elle est due à l'orientaliste Guillaume Pauthier, à ce point versé dans la sinologie qu'il fut surnommé « Pauthier le Chinois ». C'est à son témoignage que l'ouvrage doit une grande part de sa célébrité. De tout cela vient l'heureuse impression que ne manquera pas de ressentir le lecteur, qui croira en plus d'un endroit, entendre se dérouler un récit à plusieurs voix. S'y ajoute, mentionnons-le pour l'anecdote, le charme d'une transcription qui en est à ses balbutiements, hésite entre des sonorités parfois confuses pour nos oreilles, mais toujours poétiques dans leur exotisme.

Le 17 mai 1862, le couple quitte la Chine, non par bateau, mais par une route plus difficile : onze mille kilomètres de steppes, de déserts, de montagnes escarpées, de marais et de rivières infranchissables, tandis que les précède une escorte chargée d'organiser les étapes. Autrefois le plus vaste empire du monde, la Mongolie sera le morceau de choix du voyage. C'est la « Terre des Herbes », où les graminées ondulent comme des vagues. C'est le fameux désert de Gobi, « avec toute sa majesté et qui vous parle d'autant plus de Dieu que rien n'y rappelle les hommes ». On s'accorde pour l'honorer comme le site où naquirent l'ancêtre du cheval et le chameau sauvage, que Nicolas Prjevalski découvrit vingt ans après leur passage [1]*. Avec ses pâturages et ses grandes forêts, la Mongolie septentrionale, qui touche à la Sibérie, offre un étonnant contraste avec la Chine : un jour, prédit Catherine, ce beau pays au climat tempéré où s'accumulent toutes les richesses naturelles*

1. *Sur le toit du monde*, Phébus, 1988.

appartiendra à la Russie qui le convoite, et le désert de Gobi formera la frontière entre la Chine et l'empire des tsars.

Le voyage proprement dit s'arrête à Nijni-Novgorod, ville bariolée s'il en fut. Débarrassés des tarentas, *ces inconfortables chaises de poste à six chevaux plus ou moins bien faites pour ces dures contrées et ces routes malaisées, et allégés des bagages superflus, les Bourboulon regagnent Paris par le train en passant par Moscou, Saint-Petersbourg, la Prusse et la Belgique. Ils ont réalisé un des plus longs voyages qui puissent alors se faire par voie de terre. Difficile à notre époque d'imaginer tout ce qu'une Européenne a priori mal aguerrie dut déployer comme énergie morale et physique pour braver les privations, les fatigues et les périls d'une telle aventure.*

Quand en 1866 parut chez Hachette le récit de son voyage, Catherine venait de s'éteindre, le 11 novembre de l'année précédente, à l'âge de trente-huit ans, au château de Claireau, dans le Loiret, où elle s'était retirée pour se soigner. A cette existence bien remplie il n'avait manqué que de s'achever sur une consécration littéraire fort méritée.

CHANTAL EDEL
ROBERT SCTRICK

I

SHANG-HAÏ

LA MER JAUNE
LE FLEUVE BLEU – DESCRIPTION
DE SHANG-HAÏ – LES REBELLES
TAÏ-PING – LE MASSACRE D'UN MISSIONNAIRE
JÉSUITE – SIÈGE ET DÉFENSE DE LA VILLE
LES RÉFUGIÉS CHINOIS – FAMINE – L'ARMÉE
DES REBELLES S'ÉLOIGNE – EXCURSION DANS
LES ENVIRONS – DÉTAILS SUR LE MODE DE VIE
DES EUROPÉENS A SHANG-HAÏ – LE CHAMP
DE COURSE
RÉCEPTION

Lorsque en arrivant du sud ou de l'est, on pénètre dans les mers de Chine, vers le trentième parallèle, on est frappé du changement subit de la couleur des eaux qui, perdant leur limpide transparence, deviennent si limoneuses et si épaisses qu'on croirait naviguer dans une couche de vase.

C'est la fameuse *mer Jaune* à laquelle les deux grands fleuves de la Chine apportent le tribut de leurs eaux entre le trentième et le trente-cinquième degrés de latitude.

Le plus considérable de ces fleuves est le Yang-tse-kiang ou *fleuve Bleu*, ainsi nommé sans doute par antithèse et qui donne accès au port de Shang-haï situé près de son embouchure sur un de ses affluents, la rivière de Whang-pou.

M. de Bourboulon, ministre de France en Chine, avait quitté Macao vers la fin de mai 1859, et s'était fixé à Shang-haï pour se trouver plus à portée du théâtre de la guerre et des événements diplomatiques qui pourraient en résulter.

L'absence de tout édifice convenable pour l'établissement de la légation dans la concession française l'avait décidé à louer une maison dans la concession américaine près du port de débarquement.

En remontant le Whang-pou, cours d'eau large de six cents mètres au moins, on passe d'abord devant le village de Wousoung qui est devenu l'entrepôt du commerce de l'opium; de là on peut apercevoir la ville européenne de Shang-haï avec ses hautes maisons en pierre, ses magasins, et les mâts nombreux des bâtiments qui ont jeté l'ancre devant ses docks.

La ville européenne se divise en trois parties : la « concession américaine » d'abord, séparée par la petite rivière de Sou-tcheou; la « concession anglaise », qui se trouve dans le coude formé par le Whang-pou; puis, plus en amont, la « concession française » dont la limite s'arrête aux hautes murailles de la ville chinoise qu'on entrevoit à l'horizon.

Tout ce pays est d'une platitude extrême; aussi loin que l'œil peut s'étendre on n'aperçoit pas le moindre mouvement de terrain; le sol, élastique comme tous ceux qui reposent sur l'eau, est un relais du fleuve Bleu formé par les sédiments amoncelés par ses eaux bourbeuses. D'immenses rizières, des canaux pleins d'une eau fétide qui n'est jamais renouvelée, des chaussées étroites où l'on peut à peine passer, quelques champs de coton et des jardins de maraîchers, enfin un soleil torride qui, dardant ses rayons sur ces marécages délétères, en fait sortir la fièvre, le choléra et la dysenterie, telle est la description peu flatteuse, mais vraie, du pays où s'élève la ville de Shang-haï.

Pourtant, malgré ces fâcheuses dispositions de la nature, la nouvelle ville européenne fondée en 1846 est en train de devenir une des plus grandes cités de l'Orient. Sa population augmente dans des proportions inconcevables; les églises, les maisons, les magasins s'y élèvent comme par enchantement; c'est aujourd'hui le centre d'un commerce immense.

Les résidents européens y vivent dans l'aisance, et même dans le luxe; il s'y est fait des fortunes inouïes grâce à la plus-value toujours croissante des terrains; les Chinois riches étant venus eux-mêmes s'établir dans les concessions étrangères, pour échapper aux rebelles Taï-ping, les maisons, malgré la rapidité des constructions nouvelles, s'y louent de vingt à cinquante mille francs. C'est que Shang-haï, à part la magnificence de son port, est placée dans une position unique à l'entrée du Grand-Fleuve et du canal Impérial, par lesquels s'alimente tout le commerce de la Chine intérieure.

La ville chinoise, qui compte, dit-on, une population de trois cent mille âmes, est laide et sale, et ne contient d'autres monuments remarquables que ses murailles qui ont vingt-quatre pieds de haut et une circonférence de six à sept kilomètres.

M. et Mme de Bourboulon se trouvaient à Shang-haï dans un moment où le séjour de cette triste ville était rendu plus triste encore par la présence des rebelles qui la tenaient presque assiégée. Formés en quatre bandes distinctes, sous les ordres de deux chefs qui s'intitulaient les lieutenants de Taï-ping-Hong, le prétendu descendant de la dynastie des Ming, ils pillaient et dévastaient le pays environnant.

L'organisation du pillage et du meurtre par les Taï-ping, qui ne forment plus aujourd'hui qu'une vaste jacquerie, était vraiment remarquable : les quatre bandes, représentées par quatre bannières, noire, rouge, jaune et blanche, ont chacune une mission à remplir : la bannière noire est chargée de tuer; la bannière rouge d'incendier; la bannière jaune de piller, et d'arracher par des supplices l'argent des victimes; la bannière blanche d'approvisionner les autres de vivres.

Déjà, ils s'étaient emparés de la grande ville de Sou-tcheou et de Kia-hing, située à vingt kilomètres de Shang-haï. Leurs partis venaient battre la campagne jusqu'auprès de la ville.

Mais nous laisserons parler Mme de Bourboulon qui a consigné fidèlement les violentes impressions qu'éprouvaient alors tous les résidents européens.

Shang-haï, le 15 août 1860.

« Nous vivons dans un état d'alarme perpétuelle. Chaque jour, de mes fenêtres, je vois passer sur le fleuve les cadavres des malheureux massacrés par les Taï-ping. Ces affreuses épaves annoncent leur approche.

« On s'attend d'un moment à l'autre à ce que la ville soit attaquée.

« Les rebelles s'imaginent que les concessions européennes contiennent des richesses immenses.

« Il faut convenir que le moment serait bien choisi pour tenter un coup de main : la grande expédition du Nord nous a enlevé les troupes qui assuraient la sécurité de la ville; et tous les bâtiments de guerre ayant été mis en réquisition pour les transports, il ne nous reste plus que les stationnaires qui font la police du port.

« La concession française a pour garnison des marins débarqués et des malades du corps expéditionnaire; la concession anglaise est également défendue par quelques troupes; mais ici, dans la concession américaine, nous sommes moins bien gardés; cependant on a fait ce qu'on pouvait : les résidents européens se sont armés et ont formé une milice de cent cinquante hommes; enfin on a élevé des barricades qui ferment l'abord des chaussées et des rues principales. La terreur est générale.

« A chaque instant on apprend de sinistres nouvelles de ces féroces pillards; les populations des villages environnants, surprises la nuit par des bandes de quinze à vingt hommes, et réveillées par la lueur des incendies qu'ils allument, se laissent égorger comme des troupeaux de moutons. Ils tuent tout sans pitié, les enfants, les femmes et les vieillards.

« Un de nos pères jésuites, surpris dans son église au milieu de ses néophytes, a été massacré par ces misérables avec une férocité inouïe, parce qu'il n'avait pu leur donner de l'argent pour se racheter.

« Ils martyrisent leurs victimes en détail à coups de couteaux et de lances, afin de leur extorquer leurs richesses; puis, quand elles leur ont tout livré dans l'espoir de conserver la vie sauve, ils les achèvent.

« Les négociants ont fait revenir dans le port les bâtiments d'opium qui stationnent ordinairement à Wou-soung; de grands bateaux chinois, des sampans, sont amarrés devant les quais et devant chaque maison pour transporter, en cas de besoin, la population européenne sur le fleuve, sous la protection des canons des navires de guerre; ceux-ci ont en dépôt, à leur bord, l'argent des banques, la vaisselle et les bijoux des particuliers.

« Toute cette agitation, ces préparatifs de défense ou de fuite, donnent un aspect singulier à la ville : l'accoutrement militaire de quelques-uns de nos résidents donnerait à rire, si on pouvait en avoir envie dans un semblable moment.

« Peut-être, cependant, en sera-t-on quitte pour une panique de quelques jours; on n'a encore signalé que de faibles partis de rebelles de nos environs; leur principale armée est restée campée à Kia-hing depuis quelques semaines sans faire de mouvements offensifs; je ne puis croire que les Taï-ping aient l'audace de s'attaquer aux Européens, et quand ils n'auront plus de vivres, il faudra bien qu'ils aillent dévaster une autre province. »

18 août, midi.

« Une grande rumeur entrecoupée de cris aigus et lugubres est venue nous surprendre ce matin.

« Ce sont les populations de la campagne qui fuient devant les rebelles, dont l'armée s'est enfin ébranlée et marche sur Shang-haï.

Rien ne peut donner une idée de ce bruit sourd et sinistre qu'on entend sans cesse : ces malheureux fermiers chinois viennent ici chercher un asile qu'ils savent bien qu'on ne leur refusera pas.

« La ville en est remplie; ils campent partout, dans les rues, devant les portes, au bord des fossés, sous les arbres du champ de course.

« Quel spectacle navrant que celui de ces pauvres gens forcés d'abandonner à la hâte leurs maisons et leurs récoltes, qu'ils savent bien qu'un ennemi impitoyable va réduire en cendres!

Et comment nourrir toutes ces bouches puisque nous allons être assiégés ?

« Mon mari a demandé vingt marins pour défendre la légation, qu'il est décidé à ne pas abandonner à ces pillards : au besoin un bateau me transportera dans la concession anglaise mieux fortifiée et plus régulièrement défendue. »

18 août, au soir.

« Enfin l'attaque a eu lieu, et les émouvantes péripéties de la journée ont eu leur dénouement !

« C'est à la ville chinoise seulement que les rebelles ont osé s'attaquer ; ils ont d'abord tenté d'escalader ses murailles par le côté opposé au fleuve ; les milices chinoises soutenues par quelques-uns de nos hommes les ont repoussés : une canonnière anglaise leur envoyait des obus par-dessus la ville avec une précision de tir qui a contribué à leur faire renoncer à l'attaque ; ils l'ont renouvelée sur le soir du côté de la concession française, mais ils n'ont pu s'établir dans les faubourgs qu'on avait pris soin de détruire et ils ont été chassés avec de grandes pertes.

« Quelle journée j'ai passée ! et quelle guerre que celle qu'il faut soutenir contre de sauvages ennemis, dont la victoire serait suivie d'excès devant lesquels l'imagination recule d'effroi ! »

30 août.

« L'armée des rebelles paraît enfin avoir renoncé à l'attaque de Shang-haï ; elle s'est retirée dans la direction de Soutcheou, mais ses partis continuent à battre la campagne.

« Personne n'ose encore sortir de la ville, et nous sommes toujours sur le qui-vive avec nos factionnaires et nos barricades, en état de siège enfin !

« Qu'allons-nous faire des cinquante mille réfugiés chinois qui encombrent nos rues ? Les vivres sont hors de prix, ou plutôt on ne peut s'en procurer à aucun prix. Nous sommes menacés de la famine avec toutes ses horreurs...

« On a fait une souscription permanente pour venir en aide à ces malheureux; elle produit vingt mille taels par mois, cent soixante mille francs environ, ce qui permet de donner à chacun quelques grains de riz par jour, juste ce qu'il faut pour les empêcher de mourir de faim! On dit pourtant qu'il y en a qui ne sont pas secourus. Que deviennent-ils alors?

« La terreur inexprimable que cause aux paysans chinois le voisinage des rebelles prouve mieux que tous les raisonnements les atrocités dont ceux-ci se rendent coupables; car ce peuple est depuis des siècles habitué à une pesante oppression, et il courbe la tête sans résistance sous toutes les tyrannies.

« Cela condamne les apologistes des Taï-ping qui ont cru trouver dans ces bandes de brigands les futurs rénovateurs de la Chine et les puissants initiateurs du christianisme...

« Ce que je viens de voir m'a bouleversée : je me suis décidée à sortir pour aller à la messe; en revenant, j'ai traversé à pied le bund [1] qui longe la rivière : il était plein de fugitifs.

« Des lambeaux de toile cousus sur des ridelles de chariots cassés abritaient les plus heureux; le plus grand nombre étaient couchés pêle-mêle sur le sol; les uns furetaient avec avidité dans tous les coins pour y trouver quelques débris sans nom; d'autres dormaient immobiles comme des morts; d'autres enfin riaient solitairement de ce rire morne et convulsif du désespoir.

« Dans un coin, appuyée contre un arbre, une mère pâle et hagarde, la femme de quelque fermier, car elle était proprement vêtue, semblait la statue du Désespoir. Ses six petits enfants agonisaient autour d'elle! Je me suis approchée, j'ai essayé de lui parler; pas un des muscles de son visage n'a bougé; ses yeux semblaient regarder autre part, sans doute quelque scène d'horreur à laquelle elle avait échappé, mais où elle avait perdu une partie des siens.

1. Nom donné, à Shang-haï, aux chaussées empierrées qui longent la rivière. *(NdA)*

« Je n'ai rien pu en tirer, et après avoir vidé mes poches devant elle, je me suis enfuie en mettant la main devant mes yeux pour ne plus voir....

« ... Je viens d'envoyer un domestique avec du bouillon, du riz et du pain à cette malheureuse mère; elle était morte avec son plus jeune enfant mort dans ses bras! On n'a pu retrouver les autres dans la foule!

22 octobre.

« Nous respirons enfin. Les rebelles ont été chassés de Kia-hing; il nous est arrivé des troupes d'Europe et la ville a repris son aspect accoutumé.

« Hier j'ai été faire une promenade à pied à deux ou trois kilomètres de Shang-haï; on ne peut sortir ici ni à cheval ni en voiture, à cause de l'étroitesse des chaussées empierrées, où deux personnes peuvent à peine marcher de front; autour sont d'immenses marécages où on cultive le riz. De là on aperçoit à l'horizon les hauteurs boisées de la vallée du Min qui va arroser Sou-tcheou; il paraît que c'est un paradis terrestre. En revanche ce pays-ci est bien triste, quoiqu'il dût être excessivement peuplé avant la récente invasion des rebelles.

« Nous sommes arrivés à un village situé sur la rivière de Sou-tcheou; il y a là un très beau pont chinois en pierre de taille et en bois; il est construit de façon à ce que les bateaux puissent passer dessous, car il se fait un commerce considérable par la rivière entre Sou-tcheou et Shang-haï.

« Près de ce pont était un mât de supplices, où une douzaine de cages en osier contenaient un même nombre de têtes coupées! C'étaient des pillards de l'arrière-garde des Taï-ping dont les paysans avaient fait prompte justice; un autre soupçonné d'avoir été enrôlé parmi eux était à la cangue, les pieds et les mains enchaînés, exposé à la foule, afin d'être reconnu par ses victimes.

« Ce rebelle était horriblement déguenillé! Il ne rappelait en rien les gardes du corps en habit brodé du roi taï-ping que M. Scarth avait dessinés quelques années auparavant, ni ceux que j'eus occasion d'apercevoir en 1853, lorsque nous remontions en bateau à vapeur le fleuve Bleu. C'était après la prise d'assaut et le pillage de Nankin : les pillards s'étaient affublés de tous les costumes de satin des couleurs les plus éclatantes, rouge, orange, pourpre, bleu, qu'ils avaient trouvés dans cette riche cité; leurs détachements qui passaient le fleuve dans des bateaux plats me faisaient de loin l'effet d'une plate-bande de tulipes!

« En 1860, le pillage n'allant plus aussi bien, ils étaient aussi déguenillés que les troupes impériales!

« ... Il doit y avoir des courses ces jours-ci; on a fait venir de Calcutta et même d'Angleterre des chevaux et des jockeys en renom.

« Il se gagne beaucoup d'argent à Shang-haï, mais il est plus facile à gagner qu'à dépenser; tout le monde s'ennuie, et, quoiqu'il y ait plus d'Européennes qu'il y a quelques années où on n'en comptait que huit, les bals et les réceptions sont très monotones.

« On se bat les flancs pour s'amuser, et on croit se rattraper en luttant d'élégance et de luxe.

« Heureusement que, d'après les dernières nouvelles, la guerre cessera bientôt, et que les marins et les militaires reviendront donner à Shang-haï une animation dont la ville a bien besoin. Les officiers ne le regretteront pas non plus, car ici l'hospitalité est aussi cordiale que magnifique. »

II

DE SHANG-HAÏ A TIEN-TSIN

TRAITÉ DE PAIX
CONCLU A PÉKIN
LE 25 OCTOBRE 1860 – DÉPART
DE SHANG-HAÏ SUR LA CORVETTE
DE GUERRE LE *FORBIN* – LA FLOTTE MOUILLE
DANS LE GOLFE DE PE-TCHE-LI – ÉPISODES DE
GUERRE A PEH-TANG – BROUETTES CHINOISES
A VOILES – LE PEÏ-HO : SES RIVES, SAMPANS, JONQUES
DE GUERRE ET DE DOUANE – KEO-TCHOUEN – BATEAUX
DE COMMERCE ET DE PÊCHE – PONTS DE BATEAUX
ET TRAINS DE BOIS

La paix venait d'être conclue à Pékin le 25 octobre 1860; un article des traités portait que la ville et le port de Tien-tsin seraient ouverts aux étrangers. Par une autre convention lord Elgin, ambassadeur d'Angleterre, avait stipulé que « le représentant de Sa Majesté Britannique résiderait désormais d'une manière permanente ou par intervalles à Pékin, suivant qu'il plairait à Sa Majesté Britannique de le décider ». La France ayant obtenu de son côté « le traitement de la nation la plus favorisée », M. de Bourboulon jugea qu'il fallait partir immédiatement pour Tien-tsin qu'occupait encore une partie de nos troupes, afin de surveiller le payement des indemnités de guerre, et de s'entendre avec le ministre d'Angleterre sur le moment où les deux légations iraient s'établir à Pékin.

L'établissement des ministres de France et d'Angleterre à Pékin d'une manière permanente, c'était l'accomplissement de ce vœu de toutes les nations européennes, la Chine ouverte aux commerçants, aux industriels, aux savants et aux missionnaires!

Jusque-là la diplomatie avait été réduite à traiter misérablement avec des vice-rois de provinces éloignées, ou leurs délégués, sans qu'il fût possible de connaître la pensée du gouvernement central. Être en rapport direct et de tous les jours avec lui, c'était le plus grand et le plus sérieux résultat conquis par notre armée unie à celle de l'Angleterre dans la brillante campagne qu'elles venaient d'accomplir.

Le 4 novembre, le ministre de France s'embarqua avec le personnel de la légation à bord de la corvette à vapeur le *Forbin* mise à sa disposition par le contre-amiral Page.

Quoique Mme de Bourboulon se ressentît déjà à cette époque d'une fatale maladie dont elle avait pris les germes à Shang-haï, et qui devait soumettre sa santé à de douloureuses épreuves dans la suite de son séjour en Chine, elle voulut aussi partir, espérant que le climat du nord, où elle allait résider, apporterait une amélioration à son état.

Il y a environ deux cents lieues de Shang-haï au golfe de Pe-tche-li, au fond duquel le fleuve Peï-ho a son embouchure.

La traversée du *Forbin* fut rapide et heureuse, par une mer calme et un ciel pur.

« ... Rien n'est plus beau que le spectacle qui a frappé nos yeux à notre entrée dans le golfe : dans le lointain on voyait se dessiner au milieu de la brume du matin les terres plates et noyées de la province impériale; l'entrée du fleuve paraissait un lac tranquille parmi les vagues agitées par la brise; les flottes anglaise et française, à l'ancre près de la côte et pavoisées, présentaient une masse imposante de mâts et de voiles qui resplendissaient sous les premiers rayons du soleil.

« Quoi de plus saisissant que l'ordre admirable de ces grandes flottes de guerre, dont la présence fait comprendre la domination que l'homme a su conquérir sur l'océan!

De petits bateaux à vapeur, des canonnières parcouraient en tous sens la surface de la mer, allant porter les ordres, distribuant les munitions et les vivres; leurs cheminées lançaient des panaches de fumée noire qui montaient en légers flocons vers le ciel. »

Le *Forbin* étant d'un trop fort tonnage pour pouvoir remonter le Peï-ho, il fallut s'embarquer à bord d'un aviso à vapeur de commerce, le *Fi-Loung*, nolisé pour le service de l'escadre, et qu'on fit escorter par une canonnière de guerre.

Les grèves du Peï-ho sont plates et sablonneuses. Dès qu'on a franchi la barre, on aperçoit sur la côte sud la ville assez importante de Ta-kou, avec ses forts célèbres qui dominent chaque côte du fleuve, et qui étaient alors occupés par des garnisons de l'armée alliée.

C'est à quelque distance de la rive septentrionale que se trouve la ville de Peh-tang, où avait débarqué, trois mois avant, l'armée anglo-française, afin de tourner par terre ces redoutables fortifications qui avaient fait subir à la flotte un sanglant échec l'année précédente.

Je rapporterai à ce sujet un épisode dramatique que je dois à M. le capitaine du génie Bouvier :

« Lorsque les premiers détachements escaladèrent les murailles de Peh-tang, je trouvai, dit-il, la ville complètement abandonnée par la population. Des pillards sikhs [1] furetaient déjà dans les maisons : j'entendis des cris affreux poussés dans un assez vaste édifice qui semblait être la demeure d'un mandarin. J'y entrai, et voici le spectacle qui frappa mes yeux : une bande de vieilles femmes poussaient des hurlements à l'aspect des cavaliers qui avaient brisé les portes, et défendaient en grimaçant l'approche de grandes jarres en terre cuite qui servent ordinairement à contenir de l'eau. Dans ces jarres étaient plongés debout et la tête en bas les cadavres de malheureuses jeunes femmes ! Dans chaque jarre il y avait un cadavre ! La jalousie de ceux des Chinois qui n'avaient pu emmener avec eux ces infortunées créatures avait trouvé ce moyen épouvantable de les dérober aux insultes des vainqueurs !

« Quelles n'avaient pas dû être leurs souffrances ! Être plon-

---

1. Cavalerie auxiliaire de l'Inde anglaise. *(NdA)*

gées toutes vivantes et lentement suffoquées dans un vase étroit où leurs corps n'avaient pu passer que par force! Je fis briser ces instruments d'un supplice affreux et donner la sépulture à ces malheureuses.

« Ce fait peut donner une idée de la terreur que le gouvernement chinois avait su inspirer aux populations pour les *barbares occidentaux*; non seulement il avait mis à prix la tête des ambassadeurs, des généraux, de chaque soldat même, mais encore il nous avait représentés comme des monstres épouvantables, capables de tous les excès et qui se nourrissaient de chair humaine. Cette indicible terreur fit bientôt place à la confiance.

« Après la prise du camp retranché de Sin-ho, lorsque l'armée à cheval sur le fleuve eut occupé les forts de Ta-kou, j'eus occasion de revenir à Peh-tang. Dès que les paysans virent que nous respections leurs vignes, leurs cultures et leurs habitations, que même nous payions scrupuleusement les vivres, ils revinrent en foule.

« Rien de plus singulier que le système de locomotion en usage dans le nord de la Chine! Qu'on se figure une immense brouette en forme de civière, c'est-à-dire ayant deux bras à chaque bout; la roue tourne au milieu d'une cage en bois, soutenue par des barres de fer. Quand il y a bon vent, l'industrieux Chinois y ajoute un mât avec une voile carrée. Sur la cage sont pendus des ustensiles de toute espèce : marmites, pots, paquets de vieux habits, instruments agricoles. A un bout du brancard, la femme de ce navigateur d'un nouveau genre est assise, les jambes repliées, avec ses plus jeunes enfants sur les bras et quelquefois des volatiles, canards ou poulets entassés dans des cages d'osier. A l'arrière de la brouette, un ou deux autres enfants se cramponnent aux sacs de grains et aux bidons de vin de riz, tandis que l'aîné, s'il est assez fort pour travailler, aide le père, en courant à l'avant, les reins entourés d'une courroie qui est attachée aux brancards.

« Le défilé de ces brouettes sur la route de Sin-ho à Pehtang, accompagné des vociférations habituelles et des cris de joie de ces pauvres gens, du bêlement des troupeaux de moutons et du gloussement des volailles, formait, au milieu du bruit et de la poussière, un spectacle pittoresque plein de vie et de mouvement. »

Le Peï-ho est fort étroit au-dessus de la barre; il n'a pas plus de deux ou trois cents mètres de large, c'est-à-dire, à peu près la largeur de la Seine dans Paris; mais, comme il est canalisé, il peut porter des bâtiments d'un tonnage assez fort.

Entre l'embouchure et Ta-kou, il n'y a que de vastes salines; près de Ta-kou, le paysage change d'aspect : les terres sont plus élevées et les coteaux chargés de vignes viennent baigner leur pied dans le fleuve. On aperçoit sur les deux rives des champs entourés d'arbres et de villages nombreux. Près des maisons construites en terre et en torchis, sont des meules de joncs et de paille et de petits tertres gazonnés qui indiquent des sépultures.

Cependant la navigation devient de plus en plus difficile : la rivière présente d'innombrables sinuosités, et il faut une grande précision de manœuvres pour que le *Fi-Loung*, forcé de virer constamment au plus près, ne vienne pas s'échouer sur les berges cachées par de longs roseaux.

Dès qu'on approche de Tien-tsin, des plaines immenses couvertes de champs de sorgho, de maïs et de millet occupent l'horizon à perte de vue; il n'y a plus de haies ni de petites cultures; un arbre isolé apparaît seul de temps en temps.

Le terrain devient aride et de mauvaise qualité. On voit alors sur le bord du fleuve des appareils d'irrigation de toute espèce. Ce sont de grandes roues d'une extrême légèreté, qui, entourées de seaux en bambou, vont tour à tour puiser l'eau qu'elles déversent dans des réservoirs en bois, d'où elle se répand par des rigoles dans les champs voisins; ailleurs, dans des coupures pratiquées dans les berges, sont appliquées de puissantes pompes à chaîne ou à chapelet qu'on fait fonctionner avec des mulets.

Malgré les efforts patients des agriculteurs chinois, on rencontre de place en place de grandes plaines sablonneuses et incultes, où leur industrie a été impuissante contre l'extrême aridité du sol.

Il faisait déjà froid au commencement de novembre de l'année 1860, et comme le Peï-ho gèle tous les ans, la navigation y avait presque cessé : des bateaux plats, des sampans et autres bateaux de commerce, des jonques étaient remisés dans des anses artificielles creusées le long de la rive et séparées du fleuve par une digue en terre qu'on abat au printemps dès que la débâcle des glaces est passée.

La navigation de cette rivière est très considérable dans la belle saison, parce que Tien-tsin sert de port à Pékin et aux autres grandes villes de la province de Pe-tche-li; en Chine, grâce aux admirables cours d'eau et aux canalisations gigantesques faites de main d'homme, presque tous les transports se font par la voie maritime.

Les mœurs et les habitudes de la population maritime du Peï-ho, la construction et la forme des bateaux dont il est couvert présentent des détails qui me semblent fort intéressants. On rencontre là en effet des jonques de guerre et de douane, des sampans et autres bateaux de commerce, des jonques ou coches d'eau pour le transport des voyageurs, des barques de pêche, des trains de bois, enfin de petits bateaux de plaisance appelés *keo-tchouen*. Les jonques de guerre ne tirent pas plus de trois ou quatre pieds d'eau; elles ont des canons en batterie barbette avec des sabords; dès qu'il fait mauvais temps au large, elles rentrent au port; leur forme est variée, quoique généralement très élevée à la poupe et à la proue, et elles rappellent dans leur ensemble les anciennes galères de la Méditerranée. D'immenses avirons leur servent pour les calmes et les vents contraires; les jonques ont souvent une double et triple rangée de rames; d'autres ont un gouvernail à l'avant et à l'arrière et marchent dans les deux sens au moyen de quatre roues semblables à celles de nos bateaux à vapeur, mais le moteur n'est pas le même, et la manivelle qui donne l'impulsion est mise en mouvement par les matelots. Ainsi les Chinois ont appliqué les premiers les roues à la navigation.

Les jonques de douane appartiennent aussi à la marine impériale. Elles sont moins grandes et affectent les formes les plus bizarres; elles représentent tantôt des oiseaux, tantôt des dragons et des poissons avec leurs nageoires, leurs écailles et des têtes grimaçantes; le gouvernail a la forme de la queue de l'animal; ces bâtiments qui ont deux mâts avec des voiles carrées, des antennes en bambou, et deux couleuvrines en batterie sur le pont, sont généralement peints des couleurs les plus éclatantes.

Les marins de l'État sont revêtus d'un costume uniforme en cotonnade bleue, et ne portent pas d'armes apparentes.

Les grandes jonques de commerce pontées partent quelquefois avec les moussons favorables pour trafiquer jusqu'aux Philippines et dans l'île de la Sonde : un de ces bâtiments, frété par une maison de Canton et commandé par un capitaine américain, vint en Californie, à San Francisco en 1850 avec une cargaison de thés, de porcelaines et de parfumeries; le capitaine s'était risqué à faire l'immense traversée de l'océan Pacifique, et, en réalité, ces bâtiments, quoique très lents et difficiles à manœuvrer, tiennent bien la mer à cause de leur forme ventrue qui rappelle celle des anciennes galiotes hollandaises. Les Chinois sont bons matelots, et composent souvent la plus grande partie des équipages des navires européens qui trafiquent dans ces mers; malheureusement ils sont indisciplinés, voleurs et enclins à la piraterie.

Les sampans et les autres bateaux qui servent au commerce sur les rivières et les canaux sont grands, carrés des deux bouts, quelquefois avec quatre ou cinq mâts; il y en a de toute espèce et d'appropriés à tous les transports; les voiles sont en nattes de jonc, les ancres en bois de fer; les manœuvres se font sans sifflet et sans commandement, mais au moyen d'un simple chant, nasillard et cadencé, d'une intonation toute particulière.

Les jonques destinées au transport des voyageurs ou coches d'eau ressemblent à de véritables maisons flottantes : la masse de constructions qui les couvre rendant la manœuvre de la voile difficile, elles descendent le courant guidées, comme nos trains de bois, par deux rameurs placés à l'avant et à l'arrière avec de longs avirons. Au lieu d'être assis et de couper l'eau d'avant en arrière, les Chinois rament debout et d'arrière en avant. Quand il faut remonter les cours d'eau, les mariniers halent à la corde; et comme dans ce singulier pays il semble que tout soit opposé à nos habitudes européennes, dès qu'ils ont trop chaud, ils se mettent nus jusqu'à la ceinture, non pas par le haut, mais par le bas; c'est-à-dire qu'ils ôtent leurs culottes, et gardent leurs vestes; ils prétendent ainsi avoir plus frais et se mieux garantir des coups de soleil.

C'est un spectacle pittoresque que de voir passer ces jonques pleines de voyageurs accroupis dans toutes les postures, jouant aux cartes et aux dés, prenant le thé et fumant l'opium; de vigoureux coups de tam-tam qui résonnent au loin sur l'eau annoncent les arrivées et les départs.

Les barques de pêche se reconnaissent à leurs voiles en jonc, plissées comme des éventails, et à leurs grands filets noirs soigneusement tannés et étendus à l'extrémité des mâts. Il y a aussi de petites jonques de mandarins, qui font l'office de yachts de plaisance; elles sont fort élégantes : on y trouve salle à manger, chambre à coucher, salon, le tout peint, doré et verni; l'arrière est réservé au maître, à l'avant se tiennent les domestiques. Pour ne pas être dérangé par le bruit, ni gêné par les manœuvres, l'heureux propriétaire se fait remorquer par un canot au moyen duquel six vigoureux rameurs traînent doucement sur la surface des eaux la pesante embarcation.

Enfin, on voit sur le fleuve une multitude de petits bateaux plats, qu'un seul homme dirige à la pagaie; dans quelques-uns, les keo-tchouen, le rameur couché à l'arrière, grâce à un mécanisme ingénieux qui lui permet cette posture, pagaie avec ses pieds, et le léger bateau, où de loin on ne voit personne, semble glisser de lui-même avec rapidité. Ce qu'il y a de plus ingénieux dans la marine chinoise, c'est la division de la cale en plusieurs compartiments séparés, procédé adopté tout récemment en Europe, et qui empêche une voie d'eau de faire couler le bâtiment.

Dans le Peï-ho, le chenal est dans quelques endroits indiqué par des balises fixes; seulement il ne faut pas trop s'y fier, parce que le lit de la rivière est changeant.

A Tien-tsin, on voit encore des bateaux-moulins avec roues de chaque côté et un pont de bateaux construit dans un système tout particulier; enfin, on rencontre sur le Peï-ho de grands trains de bois, construits comme les nôtres, sinon qu'ils ont des mâts et des voiles; ces trains, allant par le canal Impérial jusque dans le centre de la Chine, et mettant fort longtemps à accomplir ce voyage, portent des maisons ou plutôt des huttes, autour desquelles les mariniers ont amassé de la terre végétale en assez grande quantité pour cultiver des légumes; ce sont des potagers flottants, et les radeaux eux-mêmes forment des colonies où vivent des familles entières.

III

TIEN-TSIN

YAMOUN
OCCUPÉ PAR LA LÉGATION
DESCRIPTION D'UN BOUDOIR CHINOIS
JEUNE FILLE ABANDONNÉE – PALAIS IMPÉRIAL
CONCÉDÉ AUX MISSIONS FRANÇAISES
PAGODE DES SUPPLICES

Ce fut le 12 novembre 1860 que les voyageurs arrivèrent à Tien-tsin; grâce aux sinuosités du Peï-ho, il avait fallu deux jours pour franchir les soixante-douze kilomètres qui séparent cette ville de l'embouchure du fleuve.

La légation de France fut installée, dans un *yamoun* [1] cédé par un riche Chinois, qui avait déjà voulu précédemment loger chez lui les généraux et les ambassadeurs. Ce rusé négociant, qui avait beaucoup gagné dans les fournitures de vivres faites aux armées alliées, pensait se faire bien voir, et son zèle pour les Européens était certainement entaché de ménagement pour ses intérêts particuliers.

Le yamoun de la légation, situé dans une position charmante près des bords du Peï-ho, contenait un parc planté de beaux arbres; les pavillons, séparés par des cours et des jardins, étaient dans un bon état d'entretien.

« L'intérieur de notre nouvelle habitation, note Mme de Bourboulon, quoique aussi chinois que possible, est très élé-

---

1. Nom donné, en chinois, à la réunion de kiosques, de pavillons, de cours et de jardins entourés d'un mur, qui servent d'habitation aux mandarins. Ce serait l'équivalent de notre *hôtel*, voire *palais*. *(NdA)*

gant et réjouit l'œil par la bizarrerie de son aménagement et l'éclat de ses peintures fraîchement vernies.

« J'ai jeté mon dévolu sur deux pièces, dont j'ai fait un salon et un boudoir. On y voit toutes les couleurs de l'arc-en-ciel : des paysages avec la mer, des lacs et des forêts; une scène représente une chasse impériale dans la forêt de Ge-holl [1]; antilopes et chevreuils fuient de tous côtés, percés de flèches, et poursuivis par des chiens avec la queue en trompette; il y a aussi des scènes de mœurs plaisantes, et plus que plaisantes. Voilà pour le salon. Je préfère le boudoir avec son merveilleux encadrement de bois sculpté, fouillis inimitable de feuilles, de fleurs et d'animaux découpés dans le bois de fer. Les Chinois sont d'étonnants ornemanistes. Je n'ai rien vu de plus beau en Europe, de plus réellement artistique que ces boiseries sculptées à jour.

« Au fond du boudoir et du salon, près des fenêtres, sont les inévitables *kang*, qui servent à la fois, dans le nord de la Chine, de lits et de cheminées.

« Qu'on se figure une estrade élevée de deux pieds et de six de large, qui tient tout un côté de la pièce, sur laquelle on place des paillasses et des couvertures en feutre, et où on peut coucher à l'aise quatre personnes; l'intérieur de cette boîte est maçonné avec de la brique, et par une bouche de four pratiquée au dehors et en contre-bas de la maison, on allume un grand feu de charbon dans ce poêle d'une nouvelle espèce; dans les maisons riches, on a un domestique spécial pour ce service; voilà ce qu'est un kang.

« Les miens servent seulement de cheminées, et le dessus en est couvert de belles porcelaines et des chinoiseries que nous récoltons. Quelques chaises, un confortable, une table en laque et un tapis de fabrique anglaise, complètent l'ameublement de mon boudoir.

« Je serais fort bien installée, sans les cancrelats, qui dévorent le linge et rongent les boiseries; il paraît que ces détes-

---

1. C'est le Versailles des empereurs chinois, la résidence impériale du nord de Pékin. *(NdA)*

tables animaux sont aussi communs ici que dans le sud de la Chine. La vie est monotone à Tien-tsin; l'état de ma santé s'améliore lentement, et je ne puis guère sortir. Mon mari fait de longues courses à cheval : elles sont faciles dans les grandes plaines qui entourent la ville; grâce aux gelées de chaque matin, on peut quitter la route et se lancer en pleine campagne.

« J'ai recueilli ici, il y a quelque temps, une jeune Chinoise de onze à douze ans, qu'on a trouvée, après la prise de Peh-tang, dans une maison où ses parents avaient été massacrés; elle devait appartenir à une bonne famille; j'essaye de faire son éducation, mais elle n'est sensible à rien, bien qu'une Chinoise de cet âge soit déjà formée : son enfantillage excessif n'est-il pas le résultat de l'absence de toute éducation chez les femmes de ce pays, où on les tient dans une telle infériorité que ce sont des choses plutôt que des êtres raisonnables.

« Elle dort et mange bien, est fort gaie, et semble ne se souvenir ni se soucier en aucune façon de l'affreux malheur qui l'a séparée de tous les siens. Peut-être même aime-t-elle mieux la douceur avec laquelle on la traite ici que la servitude qui l'attendait au sein de sa famille.

« J'exige qu'elle cesse de se martyriser les pieds, mais elle est moins docile sur ce sujet que sur les autres; une mode bizarre et cruelle est la seule chose pour laquelle elle ait manifesté clairement sa volonté. Ses pieds ne sont pas encore tout à fait déformés, et ils reprendront leur forme naturelle; cependant quand on défait les bandelettes qui les compriment, elle a bien soin de les replacer la nuit.

« ... Ma jeune Chinoise se civilise tout à fait; j'en ai fait une chrétienne, et j'ai été sa marraine; désormais elle s'appellera Catherine, et c'est sous ce nom que je l'envoie à l'évêque de Shang-haï, qui fera continuer son éducation dans la maison catholique placée sous sa haute surveillance. »

La ville de Tien-tsin est naturellement divisée en trois parties par le Peï-ho et le canal Impérial.

Sur la rive sud du fleuve est située la ville murée, qui est bordée à l'est par le canal; au-delà du canal et sur le même côté du Peï-ho, est un grand faubourg très commerçant, relié à la ville par un pont de bateaux : c'est le centre des affaires et l'entrepôt de toutes les marchandises de transit.

Au nord du Peï-ho se trouve un autre faubourg planté de vastes jardins, qu'on peut appeler la ville officielle : c'est là que sont situés les yamouns des légations de France et d'Angleterre, du préfet et des mandarins supérieurs, et enfin le palais Impérial, où a été signé le premier traité conclu à Tien-tsin en 1858. Il a été cédé le 21 décembre 1861, sur la demande du ministre de France, aux lazaristes et aux sœurs de charité qui y ont établi une mission.

Le Peï-ho, qui coule dans la direction du sud-est, fait un coude au centre de la ville, où vient déboucher le canal Impérial alimenté par ses eaux; leur réunion forme un vaste port couvert de bâtiments et de bateaux de toute grandeur qui y arrivent des provinces du centre de la Chine par le Hoang-ho et le Yang-tse-kiang. Cet admirable ouvrage d'art traverse une grande partie de l'Empire du Milieu : il commence à Hang-tcheou, capitale de la province de Tche-kiang, au sud de Shang-haï, passe dans tous les centres populeux du Kiang-sou, du Chan-toung et du Pe-tche-li, et vient aboutir au Peï-ho à Tien-tsin; de Tien-tsin, un autre canal transporte les marchandises à Pékin.

Le canal Impérial est fortement encaissé, et endigué dans des quais en pierre de taille; il est large de cent mètres au moins, et assez profond pour permettre la navigation à des bâtiments d'un fort tonnage. Les travaux gigantesques de canalisation accomplis par les Chinois ont excité à juste titre l'admiration des voyageurs.

La position de Tien-tsin sur le Grand-Canal a été la source de sa longue prospérité.

Aujourd'hui, cette ville est triste et peu animée, quoiqu'elle contienne une population de cinq cent mille âmes; les rues en sont plus larges et mieux percées que celles des villes du sud, mais les maisons sont basses, d'un aspect misérable, et construites pour la plupart en terre et en torchis. Elle ne contient aucun monument remarquable sauf quelques beaux yamouns situés sur le bord de la rivière, et une pagode très ancienne, dite *pagode des supplices*, qui mérite par la bizarrerie de son ornementation une description particulière.

On y voit une suite de statues en bois peint et doré, presque de grandeur naturelle, qui figurent tous les genres de supplices infligés en enfer en punition des crimes commis ici-bas.

Le premier groupe représente un paysage : du haut d'un énorme rocher hérissé de pointes de fer sont précipitées de petites figurines; dans leur chute, elles tombent sur les pointes qui les mettent en pièces. C'est le châtiment des ambitieux et des orgueilleux.

Dans le second groupe, on voit un homme tout nu pressé entre deux planches : des bourreaux sont occupés à le scier méthodiquement de bout en bout. C'est le supplice du parricide.

Dans le troisième est une femme également nue et attachée à un poteau : on lui arrache les entrailles, et on les remplace par des charbons ardents, après quoi on lui recoud le ventre. C'est la femme adultère.

Puis viennent : un homme auquel on perce la langue (mensonge et abus de la parole); un autre écorché vif (trahison); une femme plongée dans l'huile bouillante (empoisonnement); enfin un mandarin broyé par une roue en fer, tandis que des chiens avides se pressent au bas de l'instrument du supplice pour lécher le sang et dévorer les morceaux pantelants de la victime (incendie volontaire).

Le dernier groupe présente un mécanisme ingénieux. Sur une planche qui a un mouvement horizontal est couché un supplicié débité en morceaux par un grand couteau qui le tranche régulièrement en s'abattant sur lui du haut en bas. C'est la punition des voleurs de grands chemins. Toutes ces horribles marionnettes sont montées avec art, et ne laissent pas d'être effrayantes, malgré leur côté grotesque.

Les supplices inventés par les Chinois sont épouvantables, et l'artiste qui les a figurés n'a fait que les interpréter au point de vue des bonzes, ou prêtres de Bouddha.

Autour des groupes sont placées les statues des dieux vengeurs de l'enfer, qui président à ces tourments avec d'affreuses grimaces. Enfin on trouve aussi dans cette pagode un grand paysage en bois sculpté couvert de figurines qui représente le *chemin de la vie future* : une foule nombreuse monte la route qui conduit au paradis; devant ses portes, le gardien du ciel, orné d'une barbe formidable, fait entrer les uns, repousse les autres, qui, désespérés, se jettent au fond d'un précipice, dans l'ombre duquel les tourmenteurs infernaux guettent leurs victimes..

Les prêtres de Bouddha cherchent, comme on le voit, à frapper d'effroi l'imagination des pénitents; mais le Chinois est peu crédule de son naturel, et aime encore moins à délier les cordons de sa bourse; aussi le bonze assis à la porte a-t-il beau frapper avec fureur sur son tam-tam, l'aumône qui doit racheter les pécheurs n'en remplit pas plus vite l'escarcelle de la communauté.

IV

TIEN-TSIN ET SES ENVIRONS

COMMERCE
ET CULTURE
MARCHÉS – GIBIER
CHASSE AU FAUCON – MARCHANDES
DE LÉGUMES – LES FEMMES EN CHINE
MENDIANTS AVEUGLES – FORTIFICATION
DE TIEN-TSIN – DÉCADENCE DE LA VILLE
LE FLEUVE JAUNE ET LE GRAND-CANAL
AFFREUSE MISÈRE

Le dialecte qu'on parle à Tien-tsin est si différent de celui du sud, que les coolies de Shang-haï qui avaient suivi la légation ne parvenaient que difficilement à se faire comprendre des gens du pays. Il ne faut pas oublier qu'en Chine, au-dessous de la langue des mandarins, de la langue savante parlée en tous lieux par la classe instruite, il y a des idiomes populaires qui varient suivant les provinces.

Tien-tsin ne ressemble en rien aux villes que des voyageurs ont visitées dans le Kouang-toung, dans le Fo-kien, et dans le Kouang-sou.

Productions naturelles, costumes, usages, tout est différent.

Je dois à M. le lieutenant de vaisseau Trèves, qui a rempli pendant un an les fonctions de consul provisoire dans cette ville, des détails intéressants que je m'empresse de transcrire ici :

« Les campagnes qui environnent Tien-tsin sont fertiles et fournissent largement à l'alimentation publique : les céréales, telles que maïs, sorgho et orge, les plantes qui donnent de l'huile, le ricin et le sésame, et enfin la vigne, y sont cultivées sur une grande échelle.

« Les raisins, qui sont blancs ou noirs et excellents au goût, sont considérés plutôt comme fruits que comme éléments d'une boisson alcoolique; les Chinois ne savent pas faire le vin, mais ils conservent admirablement les fruits, et c'est de Tien-tsin que sont exportés ceux qui sont servis sur les tables des riches mandarins.

« Voici comment on s'y prend : Le Peï-ho gèle ordinairement pendant les trois mois d'hiver; on voit alors la surface du fleuve se couvrir de travailleurs qui taillent la glace à une profondeur de 40 à 50 centimètres, et en forment des cubes égaux comme des pierres de taille. Ces cubes sont transportés dans un endroit à l'exposition du nord, et entassés les uns sur les autres, de manière à former de longues et hautes galeries; entre ces galeries, on laisse un passage suffisant pour un homme, et c'est dans les intervalles des piliers de glaces qu'on suspend les grappes de raisin à des cordes.

« Il y a des conservatoires de ce genre qui ont plusieurs centaines de mètres de longueur; on en rencontre un grand nombre dans les environs de Tien-tsin. Ces maisons de glace résistent aux plus fortes chaleurs de l'été, et conservent si merveilleusement les fruits qu'il m'a été servi sur la même table des raisins de l'année précédente confondus avec ceux qu'on venait de cueillir à la vigne, sans qu'il me fût possible d'en faire la différence.

« Le commerce de la glace a une très grande importance entre le nord et le sud de la Chine, non pas pour rafraîchir les boissons, on sait que les Chinois boivent toujours chaud, mais pour la conservation des denrées alimentaires.

« Voici comment on construit les glacières dans le nord : on fait un trou carré dans le sol, on y met un bloc de glace taillé à la même dimension, et on recouvre le tout de la terre du déblai et d'un paillasson. Il y avait une immense glacière de ce genre dans la cour intérieure des forts de Ta-kou. Dans le sud, au contraire, on les place dans des endroits élevés au sommet des collines.

« Dans le courant de cette année (1861), les navires européens ont fait de grands bénéfices au moyen du transport de la glace entre les ports de la Chine.

« L'usage en est si répandu que j'ai vu ici, exposés chez les marchands de comestibles, des poissons et des volailles conservés tout entiers dans la glace, c'est-à-dire qu'on les a trempés dans l'eau par les belles gelées de l'hiver dernier, et que, quand la couche qui les entourait a été assez épaisse, on les a déposés dans le conservatoire pour reparaître en plein été; il n'y a pas de si pauvres guinguettes, où la pastèque qu'on débite à la tranche ne soit conservée dans la glace.

« L'abondance extrême des vignes dans la province du Petche-li, le prix très modique du raisin dont on a un panier pour quelques sapèques, enfin l'ignorance absolue des Chinois à l'égard de la fabrication du vin, me font penser que des vignerons français, qui viendraient faire le vin sur les lieux, réaliseraient en peu de temps de grands bénéfices, à cause de l'excessive cherté de cette liqueur dans tout l'Extrême-Orient.

« On cultive aussi dans les environs de Tien-tsin des pêches, des poires et des pommes, mais ces fruits sont de qualité inférieure; enfin on y trouve des légumes de toute sorte : carottes, choux, haricots blancs et verts, pois, lentilles, laitues, oignons et autres alliacées; une plante de la famille des raiponces fournit l'hiver une salade de racines blanches et roses de la grosseur du doigt et très délicates.

« Le marché de Tien-tsin est abondamment fourni de poissons de mer et de rivière d'espèces analogues aux nôtres. Le lièvre, la perdrix, la caille et le canard sauvage abondent dans les vastes plaines, et les marais des environs; le lièvre y est un gibier si commun que j'ai vu vendre pour une piastre [1] vingt-trois de ces animaux! Les Chinois estiment peu sa chair, et nos soldats la trouvaient, à la fin, si fastidieuse qu'ils n'en voulaient même plus pour faire la soupe!

« Les habitants du pays prennent le gibier au collet, au

1. Il s'agit de la piastre mexicaine, alors en usage en Chine, et qui vaut à peu près cinq cents fois le sapèque, l'équivalent du centime européen de l'époque. *(NdE)*

trébuchet et à d'autres pièges dont je ne saurais donner la description, mais qui m'ont paru très ingénieux, puisqu'ils manquent rarement leur coup. Ils chassent peu au fusil, à cause de l'imperfection de leurs armes à feu, mais en revanche ils sont bons fauconniers; dans le nord de la Chine, la chasse au faucon n'est pas le privilège des hauts personnages; il y a des gens du peuple qui vivent uniquement de cette industrie.

« Le lièvre se chasse avec le lanier ou avec le gerfaut, la perdrix et la caille avec le hobereau et l'émerillon.

« J'ai assisté plusieurs fois à l'une et à l'autre de ces chasses : le principal acteur était Pou-tao, un marchand de gibier et braconnier de profession. Un jour, par un beau temps sec et froid, nous nous sommes lancés en pleine campagne, lui courant pieds nus sur la terre durcie par la gelée, moi suivant à cheval.

« Les lièvres se blottissent alors dans les guérets, et se chauffent aux rayons du soleil de midi. Pou-tao, son faucon au poing, commença par se livrer à un exercice violent qui consistait à parcourir au pas gymnastique de grands cercles qu'il raccourcissait symétriquement à chaque tour; son œil exercé avait aperçu quelque lièvre au gîte : soudain l'animal part dans les jambes du chasseur qui, décapuchonnant son faucon, le lance en l'air et se renverse en arrière en poussant des exclamations pour l'animer : *Aï, aï poung hio*, courage camarade! De l'index de la main gauche il lui désigne le lièvre qui ne paraît déjà plus que comme un point noir dans la vaste plaine, tandis que le faucon monte en tournoyant dans les airs.

« Mais le drame est bientôt terminé! L'oiseau de proie fond comme une flèche sur sa victime qu'il déchire avec ses serres puissantes; Pou-tao court à toutes jambes, et un temps de galop m'amène près du faucon vainqueur; le chasseur jette un morceau de viande à l'oiseau pour le récompenser, l'enchaperonne et le replace sur son poing tandis que le gibier s'engouffre dans la vaste sacoche qu'il porte derrière le dos.

« J'ai vu prendre ainsi trois lièvres en une heure, et je suis rentré à Tien-tsin, émerveillé de cette chasse amusante, si aimée de nos aïeux, et qu'on a abandonnée depuis deux siècles en Europe, je ne sais trop pourquoi.

« En revenant, j'ai rencontré dans un village le préfet Tse-tchen; il était à cheval suivi de gardes armés d'arcs, d'arbalètes et de fusils; toute la population se mettait à genoux sur son passage, et le gros homme, se croyant agrandi par la servilité de ses administrés, passait fièrement, en témoignant par quelques inclinations de tête qu'il était content et satisfait.

« Le peuple de cette province est bien plus doux, bien plus facile à gouverner que celui de Canton et d'Amoy. Il commence à s'apprivoiser avec nos figures européennes, et quand la musique militaire passe dans les rues, toutes les jeunes femmes, qui l'aiment passionnément, entrouvrent leurs fenêtres ou accourent sur leur seuil; il y en a de fort jolies.

« J'ai vu dernièrement une marchande de légumes qui aurait passé pour belle dans tous les pays du monde; mon vieux cuisinier Ky-tsin s'affrontait brutalement à elle; et quand je lui demandai pourquoi il la traitait si mal, il me fit la réponse que *c'était une femme*! C'est un argument sans réplique en Chine : Ky-tsin est un Chinois de vieille roche, et ne transige pas avec ses convictions.

« Il y a un an, quand les troupes alliées occupèrent Tien-tsin, on le trouva seul dans une maison que ses propriétaires avaient abandonnée : des officiers européens vinrent y loger, et Ky-tsin se fit de lui-même le domestique du cuisinier français chargé de l'ordinaire. En quelques mois il devint plus habile que son professeur, qu'il remplaça. J'en ai hérité avec la maison, et j'y tiens beaucoup parce qu'il est propre et honnête, deux qualités rares chez un Chinois. Il m'a appris depuis peu qu'il avait ses femmes et ses enfants à Toung-tcheou : je lui ai donné congé pour aller les voir, et comme je lui demandais à son retour s'il avait été content de son voyage, il se mit à pleurer, en me parlant de ses fils qu'il avait trouvés grandis et bien portants et pour lesquels, disait-il, il voulait travailler jusqu'à son dernier souffle.

« – Et tes femmes? lui demandai-je.

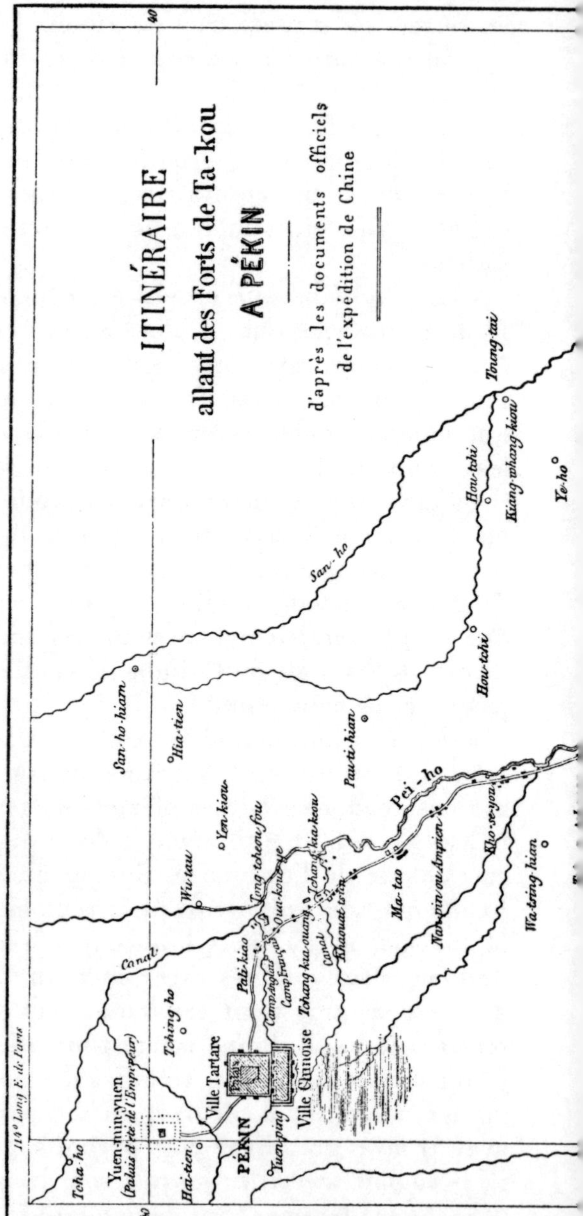
ITINÉRAIRE
allant des Forts de Ta-kou
A PÉKIN
d'après les documents officiels
de l'expédition de Chine
114° Long. E. de Paris
40
40
San-ho
Pei-ho
Canal
PÉKIN
Ville Tartare
Ville Chinoise
Yuen-min-yuen
(Palais d'été de l'Empereur)
Hai-tien
Tcha-ho
Tching-ho
Pali-kiao
Tong-tcheou-fou
Wu-tau
Yen-kiou
Hia-tien
San-ho-hiam
Pau-ti-hian
Hou-tchi
Toung-tai
Kiang-whang-kiou
Ye-ho
Ma-tao
Ho-se-you
Wa-tsing-hian
Tchang-kia-ouang
Yuen-ping

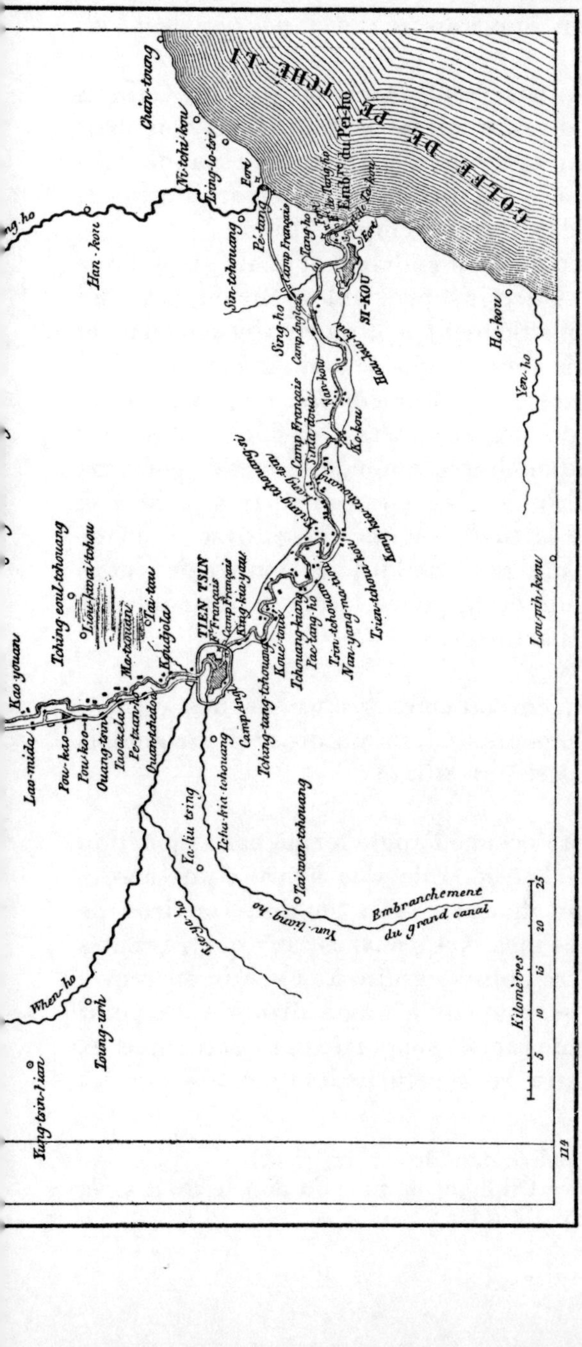
GOLFE DE PE-TCHE-LI
TIEN TSIN
SI-KOU
Emb.re du Pei-ho
Camp Français
Camp Anglais
Embranchement du grand canal
Kilomètres
5 10 15 20 25
119

« – Les femmes, me répondit-il dans son français barbare, et avec un air de mépris souverain, *pas bon, pas bon, bambou! bambou!*

« Ainsi, le bâton, voilà le seul argument que les Chinois connaissent à l'usage du sexe faible. Ne faut-il pas voir dans ce mépris pour les femmes malheureusement si répandu dans toutes les classes, la cause dominante de la démoralisation et de la dégénérescence de ce grand empire chinois?

« Nous avons beaucoup de mendiants ici : ils sont d'une audace et d'une persistance insupportables; surtout un vieil aveugle qui se tient obstinément à la porte du consulat, et qui, chaque fois que je sors ou que je rentre, me joue avec fureur *la reine Hortense* ou *la Marseillaise*, qu'il a apprises je ne sais comment de nos troupiers : sa flûte a des sons nasillards qui me mettent hors de moi. Il est vrai, pour ma consolation, que le consul anglais en a un autre attaché à sa personne, qui lui joue le *God Save the Queen* avec le même acharnement. Si je ne craignais de lui faire donner des coups de bâton, vu la brutalité de la police locale, je demanderais au *ti-pao* [1] de m'en débarrasser. »

Je compléterai ces renseignements d'un de nos compatriotes par quelques emprunts faits à un observateur anglais tout récent aussi et justement estimé [2].

« La ville de Tien-tsin occupe l'angle formé par la jonction du Grand-Canal et du Peï-ho. Elle a la figure d'un carré à peu près régulier dont chaque côté a un mille environ de longueur. Quatre portes massives s'ouvrent aux quatre routes qui viennent des quatre points cardinaux aboutir au centre de la ville, où elles se coupent à angle droit. A ce point d'intersection s'élève une pagode supportée par quatre arceaux qui fait face aux quatre rues principales formées par ces

1. Nom du garde de police dans les villes. *(NdA)*
2. Il s'agit de Laurence Oliphant, à qui l'on doit le *Récit de la mission d'Elgin*, 1857-1859. *(NdA)*

routes. De cet endroit l'on voit les quatre portes. Ces rues diffèrent entièrement de celles des villes du midi. En effet, dans ces dernières, deux chaises à porteurs peuvent à peine passer de front; tandis qu'à Tien-tsin les voitures circulent aisément dans les rues pavées, dallées et ornées de trottoirs pour les piétons.

« Tien-tsin possède d'autres avantages sur les villes du sud. Le voyageur peut la parcourir sans être incommodé à chaque instant par des odeurs fétides. Ce n'est pas dire pourtant que ses rues soient propres ou bien tenues, loin de là. Les quelques magasins capables d'intéresser les étrangers se trouvent dans les faubourgs, car les boutiques et les maisons de la ville même ne contiennent que des articles chinois de première nécessité et leur extérieur n'est guère plus luxueux que leur intérieur. Elles sont généralement construites en briques mal cuites et quelquefois en terre : elles consistent en deux petits étages et un rez-de-chaussée ouvrant sur la rue. Quelques arcades en bois aux formes fantastiques se font remarquer le long d'une des rues, c'est le seul ornement dont la ville puisse se vanter. Nous avons dit ailleurs ce que c'étaient que les temples. Bref, en dépit d'une immense population, il règne à Tien-tsin l'absence de cette vie et de ce mouvement qui caractérisent les villes commerciales du monde moderne.

« Tel est l'aspect intérieur de Tien-tsin; ses fortifications consistaient jadis en un vieux mur écroulé aujourd'hui et dont il ne reste plus qu'un seul pan debout. On dit que sur cette muraille il y avait quatre-vingts canons, dont vingt de chaque côté. En supposant que le nombre n'en fût pas exagéré, ils existaient plutôt de nom que de fait, car au lieu d'être posés sur des roues, ils m'ont paru enfouis dans le sable et tellement rongés que leur détonation eût certes offert un péril plus imminent pour les canonniers que pour l'ennemi. Les portes étaient surmontées de constructions de deux étages qui servaient de casernes et au milieu desquelles on apercevait une pagode dans une niche.

« La décadence de Tien-tsin est moins le fait de la guerre civile et de la guerre étrangère que celui du débordement du

Ho-ang-ho. Ce fleuve, dont l'histoire la plus antique de la Chine mentionne les débordements capricieux et les changements de lit, a fait irruption, en 1857, dans le Grand-Canal, l'a envasé et dégradé au point de le rendre sur un long parcours impropre à la navigation. Puis les malheurs des temps ont absorbé tous les fonds destinés aux travaux indispensables à sa réparation. Des produits de toutes les provinces de l'occident et du centre de la Chine, apportés par les canaux tributaires de cette grande artère, arrivaient jusqu'à Tien-tsin qui les expédiait à Pékin. Ils arrivent aujourd'hui dans la capitale par d'autres canaux intérieurs, ou bien ont complètement cessé d'exister. D'après sir Georges Stauton, mille jonques de blé circulaient pendant le séjour de lord Macartney, entre Tien-tsin et Toung-tcheou. »

On verra par la citation suivante, pleine d'intérêt et tirée des sources chinoises les plus authentiques, quel est l'état actuel du canal Impérial, et par suite, ce qu'est devenu le transport des grains :

« Pendant de longs mois, dit le *Nord China Herald* [1], de terribles rumeurs ont circulé parmi les populations du littoral nord-est, touchant le déplacement du lit du fleuve Jaune. Il est maintenant hors de doute, qu'à peu près à la hauteur de Kaï-fung-fou, ce violent courant a pris une nouvelle direction, ou même, d'après certains auteurs chinois, repris sa direction primitive vers le nord-est, et qu'il porte maintenant dans le golfe de Pe-tche-li ses eaux grossies de celles du Tat-sing et des autres fleuves du Chan-toung. Un témoin oculaire nous dépeint la contrée intermédiaire comme ne formant plus qu'un lac ou plutôt un marécage traversé par des torrents impraticables, au milieu desquels se perd la grande artère du nord-est : le canal Impérial. Le fleuve Jaune ne présente plus, au-dessous de ce point, qu'un lit desséché.

« Quoique Tien-tsin, par suite de ces événements, eût perdu

1. Janvier 1857, mai et juin 1858. *(NdA)*

de son importance commerciale, elle était encore au point de vue politique dans une position favorable pour exercer une terrible pression morale sur la capitale, ainsi que l'a démontré la campagne de 1860.

« Quant aux statistiques sur Tien-tsin, il est fort difficile d'obtenir des renseignements à ce sujet. Les habitants notables que l'on peut avoir l'occasion d'interroger sur cette matière, répugnent à faire part de leurs connaissances à un étranger, ou plutôt n'ont aucun document à lui transmettre. Le thème sur lequel ils se complaisent à appuyer avec un grand attendrissement est la pauvreté de la ville et des environs. On n'exporte en effet absolument rien. Les seuls produits locaux sont le sel qui provient des bassins des alentours et de la mer et quelques grains de diverses espèces, tout au plus suffisants pour la consommation domestique. Parmi les importations du sud, on remarque les fruits secs, le sucre, les articles de verroterie, le camelot, la laine, l'opium, etc., en petite quantité. Il arrive des côtes de la Mandchourie des quantités considérables de fèves et de gâteaux aux fèves. Il est douteux que nos fabriques trouvent dans le nord de la Chine un marché important pour l'écoulement de leurs produits de laine et de coton. On ne remarque au bazar que quelques calicots de Manchester, ainsi que des articles de verroterie anglaise ou allemande, de coutellerie, des allumettes chimiques, etc.

« En considérant la population de Tien-tsin au point de vue commercial et pratique, on se demande, non si les habitants manquent de vêtements, mais s'ils ont de l'argent pour en acheter. Les apparences justifient les plaintes des notables chinois sur la pauvreté de leur ville. Je n'ai jamais vu nulle part un peuple plus sale et plus pitoyable que celui qui semble rechercher de préférence les faubourgs. La corruption, la maladie, la gale, tels sont leurs tristes compagnons. Les bords du fleuve fourmillent d'hommes qui vivent des rebuts des navires ou des restes que le courant amène de la ville. Il y avait juste en face de notre yamoun un courant dans lequel tourbillonnaient nombre de chats morts, etc., et où l'on voyait plonger des figures décharnées occupées à choisir le morceau le plus délicat. Les vêtements de ces malheureux consistaient généralement en une pièce de natte ou de vieille toile à sac qu'ils portaient, non pas autour du corps, mais négligemment sur les épaules; il était difficile de deviner pour quoi faire, car la décence est pour eux chose inconnue et la chaleur n'est guère à désirer au mois de juin. On n'avait pas besoin d'aller loin pour rencontrer des maladies de peau tellement repoussantes et monstrueuses qu'elles semblaient une raillerie de la création et choquaient les sentiments même les moins délicats.

« En plusieurs occasions je vis expirer quelques-uns de ces malheureux à l'endroit même où ils mendiaient. Une vieille femme en particulier attira mon attention. Elle avait l'habitude d'étendre au milieu de la route sur une natte son squelette affaibli et immobile. Il lui restait juste assez d'énergie pour prendre l'argent qu'on lui jetait. Un jour ses forces semblaient lui manquer : je la regardai de plus près, elle était morte. Quelques heures après, je repassai à la même place, mais la femme n'y était plus : son corps avait été enlevé et jeté à la voirie. Un jour que j'étais à l'une des extrémités de la ville, je vis un homme qui en emportait un autre sur son dos. Je pris d'abord le fardeau pour un cadavre; mais en m'approchant davantage, je remarquai dans ses jambes qui traînaient sur la poussière une flexibilité qui me détrompa. L'homme qui le portait était un de ces balayeurs qui ramassent dans les rues les mendiants morts, quelquefois même mourants, comme c'était cette fois le cas, et les portent dans quelque champ voisin où ils les laissent en proie aux vautours et aux corbeaux. Certainement si le Chinois qui a donné à Tien-tsin le nom de *Lieu céleste* ne s'était pas formé une plus haute idée d'un séjour de bonheur, on se demande quelle notion il aurait eue du contraire.

« Comme pour railler la misère des vivants, les plus jolis endroits des environs de Tien-tsin sont des cimetières. Ce sont les seules places ornées d'arbres; ils consistent généralement en un espace carré d'à peu près dix ares, entouré d'un mur de terre ou d'un fossé, représentant assez exactement l'image d'un glacis de fort en miniature. Chaque habitant de cette nécropole est enseveli sous un monticule conique de la forme d'un clocher. D'épais massifs de saules et de cyprès entourent le cimetière, et lui donnent une apparence calme mais froide comme les dépouilles qui dorment là. »

NÉGOCIATIONS POLITIQUES
DÉPART DE TIEN-TSIN, LE 22 MARS 1861
CORTÈGE ET ESCORTE DU MINISTRE DE FRANCE
MALADIE DE MME DE BOURBOULON – CITÉS
DE YANG-TCHOUEN ET HOS-SI-MOU – PLAINES
DE TCHANG-KIA-OUANG – TOUNG-TCHEOU
LE PONT DE PA-LI-KIAO, LE SOIR APRÈS LA BATAILLE
DÉTAILS RÉTROSPECTIFS – CANAL ET FAUBOURGS
DE PÉKIN – IMMENSE CURIOSITÉ – TROMPETTES
SONNANT LE MARCHÉ – ENTRÉE PAR LA PORTE
DE TOUNG-PIEN-MEN – ARRIVÉE
AU PALAIS TSING-KONG-FOU,
AFFECTÉ A LA LÉGATION

M. et Mme de Bourboulon passèrent tranquillement à Tien-tsin l'hiver de 1860 à 1861 qui fut très froid. Dans l'état de santé de Mme de Bourboulon, et par un temps aussi rigoureux, on ne pouvait songer à faire le voyage de Pékin; d'ailleurs des négociations avaient été commencées avec le prince de Kong, régent de l'empire en l'absence de l'empereur, afin de fixer une résidence définitive dans la capitale aux ministres de France et d'Angleterre.

Le mois de mars 1861 fut signalé par la débâcle des glaces sur le Peï-ho : une crue subite, amenée par la brusque élévation de la température, désagrégea les masses de glaces amoncelées par les gelées de l'hiver, et, dans la nuit, des craquements terribles annoncèrent la débâcle.

C'était un spectacle grandiose et plein de mouvement!

On voyait s'agiter de tout côté des torches et de grosses lanternes suspendues à de longues perches de bambou éclairant les efforts des mariniers et de la population pour garer les bateaux et les trains de bois; le sinistre tam-tam, qui est le tocsin du pays, résonnait dans les rues pour demander le secours de tous les hommes valides; des cris sinistres, des appels réitérés se faisaient entendre, dominés par le sourd mugissement du fleuve qui montait toujours, et le crépitement des bancs de glace que le courant jetait les uns sur les autres. Enfin le jour éclaira cette scène de désolation. Quelques bateaux avaient été brisés, et beaucoup de personnes avaient péri. Mais dans cette fourmilière d'êtres humains, qui s'appelle la Chine, la vie est comptée pour peu de chose, et les pertes matérielles ont seules le privilège d'affecter la gaieté ordinaire des Chinois.

Cependant le printemps revenait avec toute sa splendeur : il fallut songer au prochain départ et à l'installation à Pékin, cette immense capitale presque inconnue, où allait résider dorénavant le ministre de France en Chine.

Les négociations entamées dans le courant de l'hiver avec le prince de Kong, régent de l'empire, avaient amené la cession de deux anciens *Fou*, ou palais impériaux, aux ministres de France et d'Angleterre, pour l'établissement permanent de leurs habitations officielles.

Les premiers secrétaires y étaient allés s'établir à l'avance, et M. Bouvier, capitaine du génie, s'était chargé de diriger les réparations nécessaires pour rendre habitable le nouveau palais de la légation de France depuis longtemps abandonné par le gouvernement chinois.

Le 21 mars, Tchoung-heou, préfet de Tien-tsin, se présenta chez le ministre de France, sans l'avoir fait prévenir de sa visite comme il est d'usage, et lui fit connaître que le prince de Kong redoutait beaucoup que son arrivée et celle de son collègue d'Angleterre ne coïncidassent avec le retour de l'empereur, formellement annoncé pour le 29 ou 30 mars : il proposait en conséquence à M. de Bourboulon de partir tout de suite ou de retarder son entrée dans la capitale, jusqu'aux premiers jours d'avril.

Il était très important, vu le peu d'empressement du gouvernement chinois à admettre les ministres étrangers à Pékin, de ne pas retarder l'installation; la santé de Mme de Bourboulon s'était un peu améliorée, et le départ fut fixé, suivant un des vœux exprimés par le prince de Kong, au lendemain 22 mars.

Tchoung-heou, satisfait de la réponse qui lui fut faite, annonça qu'il avait reçu des ordres pour veiller à ce que le voyage fût entouré de toutes les commodités et de tous les égards possibles, et qu'il espérait avoir pris toutes les mesures nécessaires.

Ces mesures étaient déjà en voie d'exécution : le gros des bagages avait été acheminé par eau vers Toung-tcheou, sous la garde d'un petit mandarin, et dès le 20 au matin, M. de Méritens, secrétaire interprète, était parti en avant, accompagné d'un mandarin du rang de sous-préfet chargé de l'aider à préparer les logements aux diverses étapes indiquées pour passer la nuit.

Le 22 mars à midi, toute la maison du ministre de France, tant française que chinoise, se mit en route. Elle formait un train considérable : deux chaises à porteurs, une litière et un *britchka* envoyé de Pékin par le ministre de Russie, qui l'avait mis obligeamment à la disposition de Mme de Bourboulon, enfin un grand nombre de charrettes pour les gens de la suite; et le transport des vivres et des objets nécessaires au voyage exigeait la présence de trente-six portefaix chinois, et d'une foule de coolies et d'hommes de peine.

Une escorte de vingt cavaliers du train d'artillerie commandée par un officier, et de huit gendarmes destinés à composer la garde permanente de la légation à Pékin, formait au ministre de l'empereur un cortège respectable, que fermaient, derrière lui et le personnel de la légation, tous à cheval, d'autres chevaux tenus en main par des palefreniers.

Il y eut enfin, qui suivait dans sa chaise, le préfet de Tientsin : désireux de ne manquer à aucun des égards de politesse, il accompagna ce monde jusqu'à une lieue de la ville, tandis que par ses ordres, des officiers de rang inférieur précédaient à cheval, à une distance d'une heure ou deux, pour annoncer l'arrivée du cortège, et veiller à ce que rien ne manquât aux honneurs de la réception.

Sir Frederick Bruce, ministre d'Angleterre, partit en même temps que M. de Bourboulon, avec qui il avait décidé de faire le voyage jusqu'à Toung-tcheou, la dernière étape en deçà de Pékin.

Comme on ne saurait prendre trop de précautions avec les Chinois, et afin que la population ne vînt pas à s'imaginer que les étrangers étaient gardés à vue, on avait refusé toute escorte militaire chinoise.

Mme de Bourboulon était si souffrante qu'on dut l'emporter dans une litière, où elle fit tout le trajet couchée, sans avoir même la force de changer de côté. Elle était suivie de son médecin, et on avait emporté une tente pour l'abriter, s'il devenait nécessaire qu'elle s'arrêtât en chemin; heureusement le changement d'air et le mouvement lui redonnèrent un peu de force. Il y a environ trente lieues de Tien-tsin à Pékin, et le voyage fut divisé en quatre étapes d'égale durée, pour rendre le trajet moins fatigant.

En sortant de Tien-tsin, on suit une chaussée empierrée élevée de plusieurs mètres au-dessus des plaines environnantes : des ponts en pierre de taille laissent de distance en distance passer les canaux d'irrigation qui vont rejoindre le Peï-ho. Cette rivière, devenue beaucoup moins large, trace des sinuosités sans nombre dans la vallée verdoyante où coulent ses eaux paisibles. De temps en temps, on voit près de la route des groupes de maisons formant des hameaux agricoles.

A dix-sept kilomètres de Tien-tsin, se trouve le village de Pou-kao, où on s'arrêta une heure environ; sa population s'élève à douze mille habitants; ces bourgs populeux sont très fréquents en Chine, mais comme ils ne sont pas murés, ils ne portent pas même le nom de villes.

On arriva le soir à six heures à Yang-tchouen, cité ancienne très délabrée, où on ne remarque que deux portes monumentales élevées aux deux extrémités de la route qui forme une grande rue traversant la ville d'un bout à l'autre; des pans de muraille épars çà et là, des portes de guetteurs avec des meurtrières, un antique yamoun dans un état de ruine et d'abandon complet, où on fut forcé de coucher, tel est l'aspect de Yang-tchouen.

Le lendemain soir on passa la nuit plus confortablement au gros bourg de Hos-si-mou, dans un beau monastère bouddhiste préparé à l'avance par les soins des mandarins d'avant-garde.

Jusque-là, la chaussée qu'on suivait s'était déroulée au milieu d'une plaine nue dont la monotonie n'était interrompue que par le cours du Peï-ho; le troisième jour le paysage devint plus accidenté.

Un peu avant Ma-tao, on voit de grandes dunes sablonneuses, plantées de taillis d'arbres verts : Ma-tao, petite ville murée, se présente dans une position pittoresque, au sommet d'une colline élevée au pied de laquelle passe la route; le pays est boisé, plein de haies et de vergers.

La route s'éloigne ensuite de la rivière, et traverse une grande plaine bordée par le canal qui part de Tchang-kia-ouang. Ce fut là qu'à la suite de l'odieuse trahison qui avait coûté la liberté ou la vie aux parlementaires français et anglais, l'armée alliée livra, le 18 septembre 1860, un premier combat victorieux aux milices tartares. Tchang-kia-ouang conserve les traces récentes du passage des armées; beaucoup de maisons y sont détruites, et la population dispersée n'a pas encore au bout de six mois osé regagner ses foyers.

Après un pénible trajet de cinquante kilomètres sur une route mal entretenue, les voyageurs aperçurent à la tombée de la nuit la grande ville de Toung-tcheou.

Le cortège dut s'arrêter dans les faubourgs parce qu'on ne savait pas dans quel endroit était le yamoun préparé pour la nuit : une population immense, attirée par la curiosité, entourait les voitures, mais elle ne manifestait aucun sentiment de répulsion, ni d'antipathie, et s'écartait avec la plus grande docilité au moindre geste des soldats de l'escorte, auxquels il était d'ailleurs recommandé de ne point la rudoyer, et d'éviter toute apparence de menace.

Enfin arriva le mandarin qui devait servir de guide. Il fit éviter le centre de la ville, l'étroitesse des rues et le mauvais état des dalles de pierres qui les pavent rendant presque impossible le passage des voitures; puis on s'engagea dans un faubourg très populeux qui longe le grand canal de Pékin, et on arriva à la nuit noire au palais militaire désigné pour l'habitation des ministres de France et d'Angleterre.

A Toung-tcheou, comme dans les autres étapes, les autorités locales s'empressèrent de venir présenter leurs respects, et offrir leurs services aux « grands mandarins de l'Occident » mais les interprètes avaient reçu l'ordre de tout refuser, sauf le combustible et le fourrage pour les chevaux. Il est vrai que les nombreux Chinois qui étaient accourus sous différents prétextes se mettre à la disposition des étrangers, présentaient un contraste complet par leur avidité et leurs demandes incessantes avec la généreuse hospitalité offerte par les mandarins d'un rang supérieur.

Toung-tcheou est une grande ville de quatre cent mille âmes, reliée à Pékin par une voie de douze kilomètres. Elle est assise sur un bras du Peï-ho canalisé, et sur un vaste canal qui permet aux marchandises de la capitale de descendre jusqu'au fleuve. L'origine de Toung-tcheou se perd dans la nuit des temps : c'est une des plus antiques cités du nord de la Chine. Ses hautes murailles, l'étroitesse de ses rues, le mouvement de sa population, la quantité de ses temples et de ses pagodes, ses sculptures grotesques, ses peintures aux couleurs éclatantes, rappellent un peu l'aspect de Canton. Cette ville n'est, à vraiment parler, qu'un faubourg de Pékin, auquel elle est jointe par une série de maisons et de constructions.

Mme de Bourboulon trouva à Toung-tcheou M. de Méritens qui revenait de Pékin où il était allé la veille pour annoncer la prochaine arrivée de la légation.

Il fut décidé qu'il était plus convenable que les deux ministres se séparassent, afin de faire isolément leur entrée dans la capitale; le ministre d'Angleterre attendit un jour de plus à Toung-tcheou, et, dès le lendemain, 22 mars, M. de Bourboulon se mit en route pour Pékin.

Au sortir de la ville, on suit pendant quelque temps une voie dallée qui longe le canal et va le franchir sur le pont de Pa-li-kiao, devenu célèbre par la bataille qui y avait été livrée le 21 septembre de l'année précédente. La plaine de Pa-li-kiao est couverte de bosquets : des groupes de maisons de campagne, de petites pagodes, sont reliées entre elles par des massifs épais d'arbres verts, à l'abri desquels s'élèvent de nombreux tombeaux.

C'est là que le 21 septembre 1860 le *sen-wang* San-ko-lit-zin, oncle de l'empereur et le général le plus renommé de l'empire, avait résolu d'anéantir la petite armée qui marchait audacieusement sur Pékin. Vingt-cinq mille hommes de cavalerie tartare, regardés à juste titre comme les soldats les plus intrépides de la Chine, et soutenus par de nombreuses milices indigènes, vinrent se briser contre une poignée d'Européens, que ne purent ébranler ni leurs cris sauvages, ni leurs charges impétueuses et réitérées. Malgré leur nombre et leur bravoure, ces hordes indisciplinées ne purent entamer nos faibles bataillons, et le canon eut bien vite raison de leurs flèches, de leurs lances et de leurs sabres émoussés.

Ce fut une déroute effroyable! Les chefs militaires et tous les braves du Tcha-kar de Mongolie [1] vinrent se rallier sur le pont de Pa-li-kiao, où San-ko-lit-zin avait arboré sa bannière : alors, malgré le feu croisé de l'artillerie alliée qui les prenait en enfilade, et dont chaque coup venait décimer ces masses d'hommes entassés sur un seul point, on les vit, la poitrine découverte au milieu des balles et des boulets qui pleuvaient de toutes parts, agiter des drapeaux en signe de défi, et rester pendant une heure sous ce feu écrasant, jusqu'à ce que le dernier boulet eût enlevé le dernier de ces combattants inhabiles, mais héroïques!

---

1. Cette confédération de tribus mongoles, habitant entre la grande muraille et les Khalkas, fournit un contingent de huit bannières. *(NdA)*

« On ne peut se faire une idée, me disait un témoin oculaire, du terrible spectacle que présentait le pont de Pa-li-kiao le soir de la bataille.

« La nuit était rendue plus sombre encore par les nuages de fumée qui montaient lentement à l'horizon : un faible croissant de lune éclairait à gauche d'une lueur blafarde les lions gigantesques et les balustrades de marbre blanc, monuments bizarres d'une civilisation vieillie, tandis que la droite de la chaussée était plongée dans une obscurité profonde.

« Cependant l'incendie y couvait doucement. Les fantassins chinois portent en bandoulière des étriers en bois, comme les Circassiens, où sont des cartouches avec les charges préparées d'avance; une mèche en nitre enroulée autour de leur bras et toujours allumée sert à enflammer la poudre du bassinet : le feu s'était communiqué aux vêtements dont étaient recouverts les cadavres de ces malheureux.

« Il flambait par intervalles, laissant apercevoir des boucliers en osier avec des têtes grimaçantes, des fusils de rempart encore appuyés sur leurs fourches, des plates-formes d'artillerie, des affûts démontés, des sacs à poudre rangés dans des paniers, des flèches, des arcs, des arquebuses, des étendards troués par la mitraille; puis des cadavres horriblement mutilés; des fantassins avec leurs vestes brunes à bordure rouge, portant sur le dos et sur la poitrine le numéro de leurs bataillons gravé dans de grands ronds blancs; des tigres de la garde dont le maillot est rayé de noir et de jaune, et dont la tête est recouverte d'un masque représentant le diable avec des bouches et un nez rouge; enfin des cavaliers de la bannière mongole, couchés sous leurs chevaux éventrés par les boulets, et revêtus des plus riches costumes de satin.

« Il me semble voir encore, au milieu de tous ces cadavres, celui d'un mandarin militaire renversé sur la balustrade du pont; il tenait suspendu à la main gauche son bâton de commandement en jade blanc, tandis que la droite, enroulée dans les plis de la bannière verte qu'il agitait fièrement au moment où la mitraille l'avait frappé, pendait inanimée le long de sa belle robe jaune brodée : sa figure contractée, sa bouche encore ouverte pour proférer des imprécations ressortaient avec une expression terrible.

« Un autre incendie plus vaste, et alimenté par des matières plus inflammables, avait été allumé dans les maisons de la rive opposée, par les obus qui étaient allés débusquer leurs derniers défenseurs; il jetait sur les campagnes environnantes des lueurs rouges réfléchies par les eaux paisibles du Grand-Canal.

« Mais déjà, on voyait se mouvoir dans la plaine et sur la chaussée, des ombres silencieuses. C'étaient les vivants qui venaient piller les morts. Les maraudeurs chinois, qui suivaient à distance l'armée européenne, comme les chacals suivent le lion, se glissaient dans les tentes abandonnées, défaisaient les sacs d'effets et coupaient les bourses suspendues aux ceintures de soie. La récolte dut être bonne pour les pillards; car l'armée impériale avait reçu sa paye, la veille du combat, et il y avait une immense quantité de sapèques dans les tentes, et sur les.cadavres. »

Il ne tint pas à leurs superstitions natives que les Chinois ne vissent dans ce monceau de corps humains calcinés, dans la vapeur nauséabonde qui s'exhalait de ce charnier fumant, une offrande à la déesse gardienne de la foi jurée, une hécatombe expiatoire au droit des gens, indignement violé par eux trois jours auparavant (18 septembre). Mais l'orgueil haineux de la race parla plus haut en eux que la religion et la conscience, et il fallut des leçons plus significatives, la fuite de leur souverain et l'occupation de leur capitale, pour les amener à simuler le repentir devant l'étranger et à lui offrir des réparations.

On s'est beaucoup ému et avec raison en Europe de l'acte de perfidie auquel nous faisons allusion et qui coûta la vie à dix-huit Européens ou Hindous sur trente-six qui en furent victimes. De nombreuses versions en ont été publiées : peut-être ne sera-t-on pas fâché d'en trouver ici une de plus, dont l'origine garantit l'impartialité. C'est le *Rapport de deux prêtres chinois au baron Gros sur l'arrestation des commissaires alliés à Toung-tcheou*; nous l'empruntons textuellement à un livre officiel qui vient de voir le jour [1].

« Le 18 septembre l'armée chinoise, dans laquelle se trouvaient à peu près quatre cents Tartares chrétiens, était commandée par le sen-wang San-ko-lit-zin, par Jouïline, par Tchen-pao et par d'autres chefs. Il paraît que c'est le ministre de la guerre Muh-ine qui a donné le conseil d'arrêter les Européens qui allaient quitter Toung-tcheou, et que c'est le prince Tsaï qui en a donné l'ordre, irrité, dit-on, par la tenue et les paroles de M. Parkes, le commissaire interprète anglais, qui, hors de lui pendant la discussion, avait renversé exprès une table couverte de porcelaines, et tout brisé en mille pièces.

« Deux Européens ont été tués à Toung-tcheou; deux autres n'ont pas été conduits à Pékin comme leurs compagnons d'infortune, et sont restés, par ordre, auprès du général Tchen-pao, qui les traitait bien. L'un d'eux parlait le chinois et engageait le général à se rendre au camp des alliés pour y conclure la paix. Mais ce chef, qui avait été blessé au cou, voyant les armées alliées s'avancer vers le pont de marbre (Pa-li-kiao), les a fait décapiter sur le pont même, et a fait jeter leurs corps et leurs têtes dans le canal.

« Quatre Européens arrivèrent d'abord dans Pékin; ils étaient dans des chariots; six autres y furent amenés à pied; enfin vingt autres y vinrent à cheval, dans l'après-midi. On dit que l'un d'eux est parvenu à s'échapper au grand galop de son cheval. Les vingt-trois autres, conduits dans Pékin, ont été garrottés, les pieds et les mains liés en faisceau derrière le dos, et c'est dans cette position humiliante que plusieurs d'entre eux ont été portés par deux hommes, qui avaient passé un bâton entre les liens. On conçoit les douleurs et les cris de ces infortunés : par un raffinement de cruauté difficile

1. *Relation de l'expédition de Chine en 1860*, publiée d'après les documents officiels et avec l'autorisation du ministre de la Marine, par M. Pallu, lieutenant de vaisseau, Imprimerie impériale, 1864. *(NdA)*

à croire, on mouillait leurs liens pour les serrer davantage, tout en refusant d'humecter leurs lèvres avec cette eau qu'ils demandaient à boire avec des cris déchirants. Quelques païens, émus de compassion, reprochaient aux prétoriens leur cruauté envers leurs victimes... Parmi elles, l'une se faisait remarquer par sa douceur et sa patience... les autres se laissaient aller à leur indignation et à leur désespoir, et il paraît certain que les Chinois qui comprenaient un peu l'anglais disaient méchamment aux bourreaux que les prisonniers les accablaient de malédictions. Un de ces pauvres Européens criait si fort qu'un Chinois lui a plongé son couteau dans le côté pour le faire taire. C'est portés de la sorte que plusieurs de ces infortunés ont été conduits à Youen-ming-youen, le Palais d'été, et jetés dans une des cours du pavillon où avait demeuré le prince Tsaï, et là ils ont été abandonnés sans nourriture, sans soins, sans espoir! Plus tard on sépara les survivants... Les uns furent envoyés dans le nord, les autres dans le sud... et depuis lors le public ne s'en est plus occupé. »

Les insultes ne s'étant pas étendues jusqu'aux cadavres, quelques personnes ont voulu voir en cela un effet du respect que les Chinois témoignent aux morts, même aux suppliciés. Mais probablement, suivant l'auteur que nous citons, ce fut là le résultat de la crainte.

« On ne connaît rien, dit-il, sur les circonstances qui accompagnèrent la fin de la plupart de ceux dont on ne nous rendit que la dépouille mortelle; on ignore s'ils échappèrent par le délire à une partie de leurs souffrances, s'ils entendirent le canon des alliés, quelles forces ils puisèrent dans leur religion ou dans leur caractère. Leur fin misérable assombrit encore l'éclat de cette campagne prodigieuse. Nos mœurs répugnent au récit même de ces crimes d'un autre âge. Par générosité d'âme ou par défaut de portée dans l'esprit, on n'imagine pas que le monde soit modelé autrement que sur les royaumes et les peuples qui nous touchent; on juge d'après soi-même, et, dans un pays bouddhique, on voudrait trouver des adoucissements que des milliers de rencontres d'hommes et d'idées ont assurés à des belligérants dans les champs de l'Allemagne et de l'Italie. L'attentat contre les parlementaires alliés eût excité une horreur plus grande encore si l'on eût pu savoir que la cruauté asiatique s'y était surpassée. L'impassibilité des bourreaux et des victimes est un trait commun dans ces pays, et la pitié, qui tient aux nerfs, n'existant pas en Chine, on y démonte l'homme comme un automate, mais on ne s'acharne pas contre lui. Les tortures qu'endurèrent les infortunés saisis à Tchang-kia et à Toung-tcheou sortent de cette échelle méthodique des supplices. L'impassibilité chinoise se démentit quand les armées tartares, déroutées, se rabattirent sur Youen-ming-youen, et qu'on put prévoir, autour de l'empereur Hien-Fung, que sa capitale allait être tournée et que les avenues de ses palais étaient accessibles. La confusion et la fureur aveugle qu'en ressentit la cour de Pékin se traduisirent par des raffinements de cruauté qui émurent les Chinois eux-mêmes. »

Le pont de Pa-li-kiao rappelait tous ces souvenirs aux voyageurs par ses statues, et ses balustrades entamées par la mitraille; la tête d'un des lions de marbre enlevée par un boulet, gisait sur le socle; des branches d'arbres brisées et mortes pendaient au-dessus de l'eau, enfin les maisons de la rive effondrées et dévastées par le feu n'avaient pas encore été relevées.

Ce pont, qui est une œuvre d'art intéressante, mesure cent cinquante mètres de long, sur une largeur de trente environ; de grandes arches très cintrées forment à elles seules la largeur du canal, et d'autres plus petites relient le pont à la chaussée surélevée au-dessus du niveau de la plaine. Les balustrades en marbre sont ciselées avec art; les lions sont d'un caractère étrange; c'est de la sculpture chinoise; l'ensemble de l'architecture est en harmonie avec le paysage, et la construction doit être d'une solidité à toute épreuve.

Les rives du canal, bordées de grands roseaux, sont plantées d'arbres de toute essence, au milieu desquels ressortent les toits pointus des maisonnettes habitées par des pêcheurs et des mariniers. Quelques belles maisons de campagne se font remarquer sur la droite.

La grande chaussée, qui passe sur le pont de Pa-li-kiao, conduit directement à Pékin qui n'en est éloigné que de huit kilomètres; mais comme il importait beaucoup au ministre de France de ne pas traverser pour la première fois cette ville immense dans toute son étendue du nord au sud, il résolut avec raison d'y faire son entrée par la porte la plus rapprochée de la nouvelle résidence de la légation. En conséquence, il fit prendre à gauche un chemin de traverse qui contournait la ville : les voitures avançaient si lentement sur cette route sablonneuse et sillonnée de profondes ornières qu'il fallut les laisser en arrière.

Cependant l'heure s'avançait, et ce fut seulement à la tombée du jour que les Européens virent émerger dans la brume du soir les toits étincelants des pagodes de la grande cité impériale que doraient les derniers rayons du soleil couchant. On touchait aux faubourgs qui débordent chaque aile de la ville chinoise; de grands nuages de poussière roulaient sous les pieds des chevaux de l'escorte et des curieux qui se pressaient le long de la chaussée.

Enfin, à sept heures du soir, on arriva en vue de Pékin; à mesure que les voyageurs en approchaient, l'aspect de ces grandes murailles, se dressant comme un immense paravent en une longue et sombre ligne uniforme qui se détachait sur le ciel déjà pâli, avait quelque chose de saisissant et de majestueux annonçant bien la capitale du plus ancien et d'un des plus grands empires du monde.

Aux approches de la petite Porte de l'Est, Toung-pien-men, par laquelle on devait entrer, l'escorte se rangea militairement en avant, et en arrière du groupe formé par le ministre de France, le personnel de sa légation et les chaises à porteurs dans l'une desquelles se trouvait Mme de Bourboulon. Les clairons, précédés de deux gendarmes, ouvraient la marche, et sonnaient de distance en distance : il fallait bien faire un bruit européen quelconque, pour prouver aux Chinois qu'on entrait librement et sans se soumettre à leur cérémonial. L'arrivée du ministre ayant été annoncée plusieurs jours à l'avance, une foule immense composée de centaines de milliers d'âmes, était rassemblée aux abords de la Porte de l'Est, et dans les rues où devait passer le cortège. Ici, l'autorité des mandarins reparaissait sous sa forme la plus expressive dans la personne de sbires armés de fouets de chasse, dont ils ne ménageaient pas l'usage pour écarter les curieux.

Dès qu'on eut franchi la petite Porte de l'Est, on s'engagea dans une grande voie qui sépare la ville tartare de la ville chinoise : du côté de la première se dressent de hautes murailles, l'autre est bordée par un profond canal.

On défila ainsi au pas de course des porteurs de chaise et presque au trot des chevaux jusqu'à la Porte de Ha-ting-men, qui donne accès dans la ville tartare, et de là par une grande rue droite et régulière jusqu'au Tsing-kong-fou, ou palais des princes de Tsing, concédé désormais à la légation française.

Il était sept heures et demie du soir : la nuit était entièrement tombée, le vent du nord soufflait une bise glaciale, et ce fut avec un sensible plaisir qu'après cette fatigante journée, les voyageurs trouvèrent de grands feux allumés dans les cheminées à l'européenne des appartements particuliers qu'on avait préparés pour leur usage.

V

LE PALAIS DE LA LÉGATION A PÉKIN

LE PALAIS
DE LA LÉGATION
LA GRANDE-PORTE – LE DRAPEAU
FRANÇAIS A PÉKIN – LA COUR D'HONNEUR
APPARTEMENTS PARTICULIERS – CASERNEMENTS
DE LA GENDARMERIE – LA CHAPELLE – LE KIOSQUE
AUX SENTENCES – LE YAMOUN DU PREMIER
SECRÉTAIRE – L'ENCLOS DES ANTILOPES
LES ARBRES ET LES FLEURS DU PARC
LES LÉGATIONS D'ANGLETERRE
ET DE RUSSIE

Le Tsing-kong-fou, palais de la légation de France, est un ancien domaine impérial provenant de la famille Tsing et ayant fait retour à la couronne; il est situé dans la ville tartare à l'encoignure de deux grandes rues, le *Taï-ti-chang* ou « Chemin de droite » [1] et le *Toun-thian-mi-thian* ou « grande Voie de devant le palais »; comme il était inhabité depuis vingt-cinq ans, M. le capitaine Bouvier avait dû venir à Pékin cinq à six semaines à l'avance pour y faire les réparations nécessaires et il y avait complètement réussi, grâce au concours intelligent des ouvriers chinois.

L'entrée de ce palais est monumentale : un large perron avec un escalier en pierre de taille, est entouré de bornes reliées par des chaînes de fonte; de chaque côté sur des piédestaux, deux statues de lions plus grands que nature indiquent le *Fou* ou résidence princière; au centre de cet

1. A Pékin, toutes les rues portent des noms en rapport avec l'orientation de la ville. *(NdA)*

escalier, dont les marches sont divisées en deux, une rampe en pente douce donne accès aux chaises à porteurs.

Après bien des difficultés, on a obtenu du gouvernement chinois l'autorisation d'arborer le drapeau tricolore au-dessus du vestibule, et d'y placer au fronton une grande tablette sur laquelle des caractères dorés annoncent le séjour de la légation de France à Pékin. C'est la constatation officielle de la présence de la diplomatie française au sein même de la capitale de l'Empire du Milieu.

Le pavillon (numéro 1 du plan ci-contre), sorte de vestibule qui sert seulement à remiser les palanquins et les chaises à porteurs, a été percé, par les ordres de M. Bouvier, de grandes fenêtres européennes défendues par des barreaux de fer à flèches dorées; de chaque côté (23) sont les logements des concierges de la *Grande-Porte.*

Le portail conduisant du vestibule à la cour d'honneur est un chef-d'œuvre d'ornementation; il est rouge et or, avec un toit en porcelaines et des chambranles peints de fresques de nuances délicates et habilement fondues. La cour d'honneur (2), entièrement dallée de marbre, est entourée de bâtiments. Celui de face (3), orné d'un perron monumental, forme les salles de réception, composées de deux grands salons et d'une vaste antichambre; une véranda, avec des colonnades rouge et or et des toits en tuiles vernies, en décore l'entrée. Le bâtiment de droite (4), et celui de gauche (5), d'un même style, mais moins riche, servent de résidence aux élèves interprètes et au chancelier; les deux petits corps de logis formant les ailes sont occupés, l'un (6) par le secrétaire interprète, l'autre (7) par la salle à manger des élèves, qui ont la jouissance du petit jardin contigu.

Cette première cour, dont les ornements et les couleurs sont analogues sur ses quatre faces, porte le nom de *Cour rouge*; la seconde, où sont situés les appartements particuliers du ministre et de sa famille, a reçu, à non moins juste titre, le nom de *Cour verte* (15); les tuiles vernies, les peintures des balustres et des colonnades sont du plus bel émeraude, rehaussé de filets d'or; on arrive par un portail du même

Le Palais de la légation française

style, mais moins grandiose que le premier, dans la Cour verte plantée d'arbustes et de gazons. La résidence particulière du ministre occupe les bâtiments de face (8); un vestibule, que garnissent à la mode chinoise quatre immenses jardinières pleines de fleurs, et dont le plafond et le parquet sont encadrés de boiseries délicieusement sculptées à jour, y donne accès dans les salons, chambres à coucher, boudoir et salle à manger, meublés à l'européenne; les deux ailes (9) sont occupées par la cuisine, les offices, les salles de bains et les logements des femmes de chambre. Les bâtiments de gauche (10) forment l'appartement spécial, et les bureaux du ministre; ceux de droite (11) sont réservés aux visiteurs.

On concevra facilement, par cette description, comment la forme quadrilatérale strictement adoptée, le peu d'élévation des bâtiments, la distribution parfaite des pièces, et la régularité des vestibules communiquant tous les uns aux autres, font des maisons chinoises les habitations les plus commodes et les plus agréables; il est vrai qu'elles occupent un terrain considérable, eu égard à la population qu'elles peuvent contenir.

Derrière les appartements particuliers est un long corps de logis (12) séparé par un jardin planté de bosquets de lilas, de camélias, d'hydrangées, et de groupes de grands arbres; une véranda règne sur toute la façade. C'est là que se trouvent les logements des domestiques spécialement attachés au service de la maison du ministre, c'est-à-dire le maître d'hôtel français, le boulanger, le lampiste, le tailleur et le blanchisseur chinois, avec tout leur attirail; puis la lingerie et le magasin aux provisions contenant le vin, les conserves alimentaires et l'épicerie apportés de Shang-haï. En Chine, il faut un domestique spécial pour chaque service, et le palais de la légation en loge toute une armée.

A droite du *jardin des lilas*, est une porte qui donne sur une avenue dépendante du Tsing-kong-fou et contenue dans ses murs : d'un côté se trouve l'habitation des gendarmes (13), de l'autre les écuries (14), au numéro 16 le logement du médecin; le numéro 17 est une petite chapelle construite par M. Bouvier, mais non encore consacrée lors du départ de M. de

Bourboulon. Le n° 18 est un kiosque élevé sur un piédestal en briques avec escalier en pierre; autour de la corniche est un enroulement de parchemins à lettres d'or admirablement imités par l'artiste, qui s'est plu à y inscrire les maximes les plus épigrammatiques de la philosophie chinoise, telles que celle-ci : *L'homme est un enfant né à minuit; quand il voit se lever le soleil, il croit qu'il n'a jamais existé*, ce qui raille sagement l'incrédulité dogmatique, résultat de l'inexpérience; ou bien encore celle-là : *La langue des femmes s'allonge de tout ce qu'elles ôtent à leurs pieds*, ce qui prouve que le même proverbe sur la loquacité des femmes règne dans tous les pays du monde.

De jolies colonnades de bois peintes en vert et rouge soutiennent le toit de ce kiosque, entouré de balustrades en pierre; sur le haut du toit est couché un dragon à deux têtes qui semble en défendre l'approche avec ses gueules menaçantes; cet animal, qu'on retrouve dans toutes les maisons chinoises, en est constitué le gardien et doit en écarter les maléfices; c'est une ancienne superstition qui n'a plus de créance, mais qu'on a conservée comme tout ce qui vient des âges passés.

Enfin, à chaque bout des poutrelles qui correspondent aux colonnades on voit un œil grand ouvert; en l'honneur de l'Europe, l'artiste chinois a fait ces yeux d'un beau bleu d'azur, couleur complètement inconnue dans l'Empire du Milieu.

Le numéro 19 est un pavillon entouré d'escaliers et de perrons en pierre avec un péristyle : c'est la salle de billard et la bibliothèque. Le yamoun du premier secrétaire de la légation (20), qui se trouve à l'extrémité gauche du parc, complètement en dehors des autres bâtiments, est en petit la répétition du palais du ministre. Il contient une porte ovale très curieuse, et un beau jardin planté de volcamerias, de camélias et d'hortensias poussés en pleine terre dans leur pays natal, avec une vigueur et à une hauteur inconnues des jardiniers européens.

A gauche du yamoun, qui a une entrée particulière sur la rue du Toun-thian-mi-thian, sont deux pavillons où habite le second secrétaire (21).

Tous les corps de logis ont des portes vitrées avec des

galeries en bois qui les font communiquer au beau et vaste parc du Tsing-kong-fou.

Ce parc entouré de murailles épaisses de six mètres de haut a une contenance d'environ un hectare; une avenue de robiniers lui fait une ceinture sur les deux faces où il n'y a pas de constructions; des pins gigantesques, des thuyas, des cèdres noirs, des acacias et des saules au feuillage transparent y forment une futaie élevée; on y rencontre de distance en distance des rochers artificiels et des bassins en rocaille qu'on passe sur des ponts de bois rustiques, mais sous lesquels il n'y a pas d'eau, ni de conduits pour en amener.

Les fleurs annuelles de pleine terre sont presque inconnues à Pékin : c'est en pots ou dans de vastes caisses placées dans les vestibules des appartements que les Chinois du Nord cultivent toutes ces merveilles du règne végétal si appréciées de nos horticulteurs. Le vent du nord-ouest souffle souvent avec violence dans les plaines de la Province impériale, et il apporte avec lui de la Mongolie des tourbillons d'une poussière jaune, contenant des parcelles minéralogiques, qui la font s'attacher aux fleurs, trop délicates pour supporter leur contact brûlant. La poussière de Mongolie est un véritable fléau à Pékin, et, quand les rafales soufflent pendant des semaines entières et ne sont pas entremêlées de pluies bienfaisantes, les habitants, les habitations et les végétaux semblent avoir été roulés dans la farine. Aussi le potager du Tsing-kong-fou, situé derrière les communs, ne contient-il que des légumes grossiers et rustiques, les plus délicats demandant à être abrités sous des toits de paille ou des cloches de verre.

La merveille du parc de la légation de France est l'enclos (22) des Antilopes *Houan-yang* (« mouton jaune ») [1].

Le paysage en est très tourmenté : il contient des rochers, des vallons, des coteaux, des précipices, des forêts habilement

---

1. Cette espèce, encore inconnue en Europe, est de la taille d'une chèvre; elle est complètement domestique dans le nord de la Chine, et sa chair, très estimée, se vend dans tous les marchés. Son importation serait facile à cause de l'analogie des climats. *(NdA)*

ménagés par le décorateur chinois; c'est un monde en miniature qui rappelle un peu les boîtes de joujoux de Nuremberg.

Un grand aigle noir, bien vivant malgré la perte de sa liberté, est attaché par la patte à une chaîne de fer sur le sommet du rocher le plus abrupt; autour de lui bondissent une douzaine de ces charmantes houan-yang au pelage fauve clair et dont les petites cornes noires se retournent élégamment en spirales derrière la tête. Ainsi le roi des oiseaux est condamné à assister enchaîné aux ébats de ces timides animaux dont il fait sa proie la plus ordinaire dans les steppes de Mandchourie. Il est vrai que tout roi qu'il est, celui-ci a un air très débonnaire, et paraît avoir pris en philosophe son parti de ce nouveau supplice de Tantale.

Cette description du palais de la légation de France à Pékin, donnera au lecteur une idée exacte des Fou chinois, qui sont tous construits sur un modèle analogue, comme le *Yang-kong-fou*, palais de la légation anglaise. Les légations de Russie, d'Angleterre et de France sont situées dans le même quartier de la ville tartare, à peu de distance les unes des autres.

En suivant à gauche la rue de Toun-thian-mi-thian, on traverse un canal près duquel est la légation russe; en remontant ce canal, et du même côté, on rencontre la légation anglaise dont les bâtiments sont plus grandioses, l'architecture plus soignée qu'au Tsing-kong-fou, mais où il n'y a pas de parc, ni de place pour en créer un.

Ainsi l'installation de la diplomatie étrangère dans la capitale du Céleste Empire était devenue un fait accompli, et malgré les sourdes résistances du gouvernement chinois, les trois plus grandes puissances de l'Europe résidaient définitivement à Pékin. Les négociations politiques s'en ressentirent par la facilité et la promptitude avec lesquelles les plus graves décisions furent prises; auparavant il fallait des années pour que les ministres européens habitant à l'autre extrémité de l'Empire obtinssent des réponses, dénaturées le plus souvent par la mauvaise volonté des vice-rois de Canton et de Nankin; aujourd'hui on peut s'adresser directement et sans intermédiaire au pouvoir impérial.

VI

RÉVOLUTION DE PALAIS
ET NÉGOCIATIONS POLITIQUES
(MARS 1861 – MAI 1862)

RÉVOLUTION
DE PALAIS APRÈS LA MORT
DE L'EMPEREUR HIEN-FUNG
LA RÉGENCE DES DEUX IMPÉRATRICES – LE PRINCE
DE KONG PREMIER MINISTRE – MORT DES PRINCES
Y ET TCHOUNG DANS LEUR PRISON HONORABLE
EXÉCUTION PUBLIQUE DU GRAND MANDARIN
SOU-TCHOUEN – NÉGOCIATIONS EN FAVEUR
DES CHRÉTIENS – MISSIONS CATHOLIQUES
INSTALLÉES EN CHINE – IMMENSES
CONCESSIONS – DÉCRET IMPÉRIAL
FAVORISANT LA LIBERTÉ DE
CONSCIENCE – ADRESSE
DES NÉOPHYTES CHINOIS
AU MINISTRE DE FRANCE

L'empereur Hien-Fung n'était pas revenu ainsi qu'on l'avait annoncé; effrayé de la rapide victoire des Européens et de leur établissement dans sa capitale, il s'était enfermé dans son palais de Ge-holl, sur la frontière de Mandchourie, et y achevait, au milieu de son harem et de quelques favoris opposés à l'influence étrangère, une vie consumée par de précoces excès.

Le prince de Kong, un de ses frères cadets, qui seul avait eu le courage d'entrer en relations avec les armées alliées, lors de l'invasion, était resté à Pékin, et, sous le titre de ministre des Relations étrangères, y dirigeait réellement les affaires de l'empire.

Ce fut à lui que le ministre de France alla rendre une visite officielle, quelques jours après son arrivée à Pékin.

M. de Bourboulon fut reçu courtoisement à la pagode de Hia-hing-tse, où sont les bureaux du ministère; le prince était entouré de ses quatre assistants, les grands mandarins, Wen-Siang, Hen-Ki, Tchoung-Heun et Kwei-Liang. La conversation, qui eut lieu par l'entremise du secrétaire interprète, après l'échange de mutuels compliments, roula sur des sujets peu sérieux, et n'ayant aucun trait aux affaires. Les Chinois sont extrêmement curieux des choses de l'Europe, et s'en informent chaque fois qu'ils en trouvent occasion.

Cependant, sauf l'exécution des charges financières acceptées par le gouvernement chinois en indemnités des frais de guerre, il était difficile à la diplomatie européenne d'obtenir des concessions sérieuses du prince de Kong; ce dernier trouvait dans l'éloignement de l'empereur son frère, un motif de non-recevoir perpétuel, et d'un autre côté, il eût été maladroit, tout en exagérant la complète exécution des traités, de ne pas ménager la position du prince de Kong, véritable appui des Européens contre la camarilla hostile qui régnait à Ge-holl.

Cette fausse situation se prolongea pendant six mois jusqu'à la mort de l'empereur Hien-Fung qui eut lieu le 22 août 1861 : Hien-Fung, qui n'avait encore que trente-trois ans, usé et vieilli par la débauche, avait succombé aux suites d'une rapide consomption.

Le 25 août, le prince de Kong donnait avis par dépêche à M. de Bourboulon, que *l'empereur était parti dans la journée du 22, monté sur le dragon, pour rejoindre les pays d'En Haut, et qu'en conséquence les relations diplomatiques devaient être interrompues pendant le temps convenable.*

L'étiquette du deuil est très sévère en Chine, et comme nous aurons occasion de le dire plus tard, elle est particulièrement rigoureuse lors du décès du souverain régnant. La mort prématurée de Hien-Fung, qui ne laissait d'autre héritier qu'un faible enfant de six ans, allait mettre aux prises les deux partis qui se disputaient l'empire.

Le premier, composé des princes Y-Tsin-houang et Tchoung,

alliés à la famille impériale, et du grand mandarin Sou-Tchouen, avait formé dès l'époque de la retraite de l'empereur à Ge-holl un triumvirat destiné à exploiter sa faiblesse. S'enveloppant dans les mystères d'un éloignement dont la durée n'était pas calculable, et repoussant nettement les faits accomplis, il dictait, au nom du nouveau souverain qu'il gardait à vue, des arrêts de nature à détruire l'influence acquise par le parti opposé. Le triumvirat appuyait d'ailleurs son autorité sur un décret impérial qui l'avait constitué en conseil de régence.

Le prince de Kong et le prince de Tching, oncles du jeune empereur, soutenus par les grands mandarins Wen-Siang et Kwei-Liang, n'acceptèrent pas ce prétendu décret produit après coup, et non enregistré dans les formes voulues.

Une lutte devenait inévitable; il s'agissait de savoir qui l'emporterait, du parti favorable aux idées nouvelles ou de ses adversaires déclarés.

On comprendra avec quelle anxiété le ministre de France en attendait les résultats : il songeait aux conséquences possibles de la chute du prince de Kong pour les quelques Européens établis dans cette grande ville, loin de tout secours et à la merci d'une population qui pouvait devenir hostile.

L'odieux attentat de Toung-tcheou avait prouvé le peu de respect des Chinois pour les parlementaires, et leur facilité à violer cruellement le droit des gens. Le prince de Kong se rendit à Ge-holl vers la fin d'octobre, gagna à sa cause les deux impératrices, veuves de Hien-Fung, dont la seconde était la mère du jeune empereur, et, malgré l'opposition du conseil de régence, fit décider le retour de la cour à Pékin le 1er novembre.

La *Gazette officielle*, en annonçant cet heureux événement, défendait à la population de se porter sur le passage du cortège impérial, qui devait rentrer par la Porte du Nord, et les ministres européens avaient été priés de s'abstenir de diriger leurs promenades vers cette partie de la ville.

Le prince de Kong, accompagné des dignitaires de son entourage, ainsi que de tous les hauts fonctionnaires, partit le 30 octobre pour se rendre au-devant de la cour, qui fit son entrée au jour indiqué.

Le lendemain matin, les princes de Y et de Tchoung qui croyaient leur position au-dessus de toute attaque, furent arrêtés chez eux et conduits en prison, sans tenter aucune résistance.

Il n'en fut pas de même de Sou-Tchouen, le plus défiant et le plus audacieux des membres du conseil de régence : il s'était improvisé une garde, et suivait le cortège impérial à une journée de marche en arrière; le jeune prince de Tching, qui s'était chargé personnellement de l'arrêter, le rejoignit à quelques lieues de Pékin, dans un yamoun où il avait passé la nuit, traversa les rangs de ses gardes du corps, qui n'osèrent porter la main sur la personne sacrée de l'oncle du jeune empereur, lui signifia qu'en vertu de l'édit d'arrestation dont il était porteur, ou il ouvrait immédiatement la porte de sa chambre qu'il tenait hermétiquement fermée, ou il s'exposait à la voir enfoncer; dans ce dernier cas, il ne répondait plus des conséquences que pourrait entraîner sa résistance.

Sou-Tchouen entrouvrit sa porte :

– M'arrêter, dit-il, en vertu de quel ordre? Et qui a le droit de faire des édits, si ce n'est le conseil de régence?

– Si vous ne reconnaissez pas la légalité de l'édit, répondit le prince de Tching, c'est en mon nom personnel que je vous donne l'ordre de vous rendre prisonnier!

Et, en même temps, le prince, jeune et vigoureux, poussait la porte et mettait la main sur le vieux mandarin que ses partisans avaient abandonné et qui ne put se défendre plus longtemps.

Le même jour parut dans la *Gazette de Pékin* un décret impérial annonçant la dissolution du conseil de régence, et la mise en jugement des tout-puissants favoris du dernier empereur. Un autre décret proclamait le prince de Kong *i-tchen-wouang*, c'est-à-dire prince chargé de la direction suprême, ou autrement premier ministre; le titre de régente de l'empire était décerné à la première impératrice.

Cependant le *Tsing-pou*, ou haute cour de justice, fit son

rapport sur les accusés dans les vingt-quatre heures, et ils furent condamnés en dernier ressort par le grand conseil, composé des ministres et de tous les membres de la famille impériale.

Cet acte d'accusation est d'autant plus remarquable, que le principal point en est l'attentat de Toung-tcheou dirigé par le prince de Y, et qu'ainsi le manque de foi vis-à-vis des gouvernements européens est imputé comme un crime aux plus puissants personnages de l'empire.

Un tel langage mis dans la bouche du jeune souverain qui venait de monter sur le trône, les termes dans lesquels il est parlé dans ce document, solennellement adressé à tout l'empire, de ces nations étrangères si méprisées jusqu'alors, dénotaient un changement complet dans l'esprit de ce gouvernement, représenté si longtemps et à juste titre comme l'ennemi irréconciliable de toute civilisation nouvelle.

Voici le résumé de l'acte d'accusation :

« 1° – Avoir amené la destruction de l'armée mongole, et avoir fait mettre en doute par des étrangers la bonne foi du souverain;

« 2° – Au lieu de chercher un dénouement pacifique, n'avoir su imaginer qu'un guet-apens dont le résultat a été de déshonorer l'empire aux yeux des Européens, et de justifier de terribles représailles, entre autres l'incendie du Palais d'été;

« 3° – Avoir manqué de respect à l'autorité de l'empereur, en se servant de choses à son usage, en buvant dans sa coupe, etc., etc.;

« 4° – Avoir commis le crime de lèse-majesté, en s'arrogeant des prérogatives réservées à la personne sacrée du Fils du ciel, etc. »

Le 6 novembre au soir, la sentence de condamnation fut prononcée : les trois chefs de l'ancien conseil de régence devaient subir la mort lente, c'est-à-dire être coupés en morceaux membre par membre!

C'était la pénalité appliquée par la loi chinoise, dont le Tsing-pou est le dépositaire, aux crimes dont ces malheureux avaient été convaincus.

Cependant la peine fut commuée, et un des princes de la famille impériale porta aux princes de Y et de Tchoung, dans la prison honorable [1] où ils étaient détenus depuis leur arrestation, le décret de clémence qui leur permettait de se donner la mort eux-mêmes avec la ceinture de soic destinée à cet usage.

A la même heure (9 novembre 1861), Sou-Tchouen, qui n'avait pas obtenu cette faveur réservée aux membres de la famille impériale, avait la tête tranchée sur une des places de la ville chinoise, lieu habituel des exécutions des plus vulgaires criminels! Ce vieux mandarin resta impassible devant la mort. Assis stoïquement dans la charrette attelée d'une mule qui le conduisait au supplice à travers les rangs pressés d'une immense multitude, il se contentait de secouer de temps en temps sa belle robe de soie que couvrait la poussière des rues, comme s'il allait rendre une visite officielle à un grand personnage. Comme tous les Orientaux, les Chinois sont doués au plus haut point du courage passif qui les rend indifférents à la mort.

Ainsi se termina, sans secousses populaires, cette révolution de palais, qui a eu pour résultat d'installer définitivement aux affaires le parti favorable aux idées nouvelles. Désormais les négociations allaient devenir faciles; le prince de Kong était maître du gouvernement.

Cependant, la position faite aux missionnaires catholiques par les derniers traités n'était rien moins qu'assurée. Or, pour la France, la question des missions absorbe presque toute l'importance politique. On a dit avec raison que le gouvernement français agissait avec discernement en Chine en s'y plaçant sur le terrain religieux, et qu'il y avait acquis en influence ce qu'il n'avait pu encore gagner sur le terrain commercial et industriel. Malgré les traités, les autorités provinciales, s'autorisant d'un article du code des anciennes lois chinoises, prescrivaient dans leurs édits les rigoureuses péna-

1. La prison honorable est une geôle particulière réservée aux membres de la famille impériale. *(NdA)*

lités portées depuis un siècle contre les chrétiens. Il fallait à tout prix soustraire les chrétiens aux vexations et aux injustices dont ils étaient l'objet, et arrêter les persécutions qui se renouvelaient déjà dans l'intérieur de l'empire. Le ministre de France comprit qu'un décret impérial témoignant hautement de la liberté de conscience, et ordonnant la destruction des tablettes du code pénal où étaient inscrites les lois persécutrices, était le seul moyen pratique de mettre fin à ce fâcheux état de choses. L'obtention de ce décret fut le sujet de négociations diplomatiques qui durèrent plus de deux mois.

Rien de plus curieux que le récit des entrevues qui eurent lieu entre Wen-Siang, un des acolytes du prince de Kong, et M. Trèves, chargé des fonctions de secrétaire de la légation française.

Le négociateur chinois avait à sa disposition toute une série d'arguments aussi spécieux qu'habiles :

– Vous nous avez dit vous-même, répondait-il à M. Trèves, que vos missionnaires ne venaient dans notre pays que pour prêcher le bien et pratiquer la vertu; ce ne sont donc pas des hommes politiques dont vous inondez la Chine pour arriver à son absorption?

» Pourquoi ne respectent-ils pas mieux le caractère officiel de nos fonctionnaires? Pourquoi leur adressent-ils des lettres inconvenantes? Pourquoi, enfin, agissent-ils sur le peuple pour le détacher de la soumission qu'il doit aux autorités?

» J'accorde, pour vous être agréable, qu'ils prêchent le bien et pratiquent la vertu, mais vous ne sauriez croire quels embarras ils nous suscitent dans les provinces, et ce qu'il faut de patience à nos mandarins pour les y supporter.

» Il fut un temps où notre grand empereur Khang-Hi accorda à vos missionnaires une protection spéciale, les combla d'honneurs, les logea même dans son propre palais [1]. Je le comprends, parce qu'alors ils nous rendaient de grands ser-

1. Allusion à la position conquise en Chine par les jésuites à la fin du dix-septième et au commencement du dix-huitième siècle. *(NdA)*

vices; ils nous enseignaient le cours des astres, nous apprenaient à fondre des canons, nous accompagnaient à la guerre, et nous aidaient à rédiger les traités. C'étaient des hommes utiles, et vous n'ignorez pas qu'ils ne durent leur perte qu'à eux-mêmes; si vous avez étudié notre histoire et la leur, vous savez qu'ils eurent entre eux de très vives querelles; les différents ordres n'étaient pas d'accord sur les pratiques de leur religion; les uns voulaient conserver les formes du culte que nous rendons à nos ancêtres, les autres les repoussaient comme entachées de ce qu'ils appelaient superstition. Que sais-je? Quelle idée pouvons-nous avoir d'une doctrine sur laquelle ceux qui l'enseignent ne sont pas eux-mêmes d'accord? Toutes ces discussions vont-elles revenir? Vont-ils prêcher la doctrine chacun à leur guise? Vont-ils faire naître des dissensions dans le peuple qui les écoute?

» Je prévois bien des difficultés!...

M. Trèves, répondit victorieusement à ces arguments subtils du mandarin chinois, et quand enfin il vint à parler de la parfaite liberté des cultes qui régnait en France, comme Wen-Siang l'interrompait pour lui demander si les bouddhistes pourraient bâtir une pagode à Paris :

– Très certainement, Excellence, répondit-il.

Wen-Siang et ses deux acolytes parurent fort étonnés, et ne trouvèrent rien à répondre.

On se sépara, chacun ayant prouvé sa bonne foi; ce qui est un terme convenu dans la diplomatie chinoise; la nation qui en manque le plus met toujours la sienne en avant.

Cependant, le gouvernement chinois ne se pressait pas d'accomplir ses promesses; le ministre de France dut témoigner son mécontentement en s'abstenant au nouvel an de faire ni de recevoir aucune visite des hauts fonctionnaires de Pékin.

Enfin le 7 avril 1862 parut dans la *Gazette officielle* le décret impérial si longtemps attendu.

Ce décret, qui restera justement célèbre, ordonne :

« 1° – Que les missionnaires soient reçus avec honneur par les mandarins chaque fois qu'ils désireront les voir;

» 2° – Que les chrétiens chinois soient exemptés de toutes

contributions pour les cérémonies religieuses en dehors de leur culte;

» 3° – Que les anciennes planches, ayant servi à la réimpression des Codes [1] où étaient inscrites des peines et des mesures restrictives contre la religion catholique, soient entièrement détruites et anéanties;

» 4° – Qu'enfin, les établissements religieux, églises et autres lieux, ayant appartenu aux missions catholiques, avant leur expulsion au dix-huitième siècle par l'empereur Kia-King, leur soient rendus ou tout au moins compensés par la cession de propriétés équivalentes. »

Nos missionnaires accueillirent avec grande joie ces restitutions, au sujet desquelles Mgr Languillat, de la Compagnie de Jésus, l'un des évêques les plus distingués de Chine, disait que ce décret semblait avoir été promulgué par un empereur très chrétien. « A mon avis, Monsieur le Ministre, écrivait-il à M. de Bourboulon, l'obtention de cet édit impérial assurera à la légation de France une page immortelle dans les annales de nos missions! Le 22 mars 1692 et le 7 avril 1862, voilà deux dates que nous n'oublierons jamais! Daignez achever votre belle œuvre, Monsieur le Ministre, en obtenant du gouvernement que le décret soit imprimé sur papier jaune portant la figure du dragon [2]; et tel que le grand empereur Kiang-hi en donnait autrefois à chaque missionnaire. »

Les vœux de Mgr Languillat furent exaucés, et depuis ce temps nos missionnaires peuvent voyager partout avec ce document protecteur, qu'ils considèrent comme leur meilleur sauf-conduit.

Ainsi, non seulement l'exercice de la religion chrétienne, dégagée de toute restriction, est complètement libre, mais encore dans toutes les capitales des dix-huit provinces de l'empire chinois, dans un grand nombre de villes importantes, et même jusqu'en Mongolie et en Mandchourie, les

---

1. Le code chinois se réimprime tous les sept ans. *(NdA)*
2. Le jaune et le dragon sont les attributs du pouvoir impérial. *(NdA)*

missions ont été mises en possession de biens fonciers représentant une valeur financière considérable!

Nous n'entrerons pas dans de plus longs détails sur ce sujet qui appartiendrait plutôt à une histoire des missions catholiques qu'à une relation de voyage.

Qu'il nous suffise seulement de dire que le 13 mai 1862, cinq jours avant le départ de M. et de Mme de Bourboulon, qui retournaient en Europe par la Mongolie et la Sibérie, une députation des chrétiens chinois de toutes les provinces vint présenter au ministre de France une adresse témoignant de la plus profonde gratitude.

VII

PROMENADE DANS PÉKIN
LA VILLE TARTARE

LA VILLE MONGOLE
PLAN ET TOPOGRAPHIE
DE PÉKIN – MAGNIFIQUE
PANORAMA – REMPARTS,
PORTES, FORTIFICATIONS
ET FOSSÉS DE LA VILLE

Avant de visiter les monuments de Pékin, avant de se promener dans ses rues populeuses, avant d'admirer ses points de vue pittoresques et ses perspectives grandioses, il est de toute nécessité que le lecteur ait une idée exacte de la topographie de cette grande ville.

Pékin est situé par 114° 7' de longitude, et 39° 54' de latitude dans une grande plaine qui s'étend jusqu'au golfe de Pe-tche-li, à soixante-dix kilomètres à l'est.

Cette ville est à peu près à égale distance de deux cours d'eau, le Peï-ho et le Wen-ho, qui vont se réunir à quelques kilomètres au nord du Tien-tsin.

Les lacs et les fossés de Pékin sont alimentés par un canal qui vient des étangs de Youen-ming-youen, le Palais d'été, et qui traverse la face nord de l'enceinte de la ville mandchoue, sous une voûte fermée par une grille en bois qu'on découvre au loin de la campagne; un autre canal qui sort de la ville chinoise près de la Porte de Toung-pien relie Pékin au Peï-ho, et par suite à Tien-tsin, et au grand canal Impérial qui y amène les marchandises du centre, et même du sud de la Chine. C'est ce canal qui passe à Pa-li-kiao.

Le sol sur lequel est bâti Pékin est sablonneux; à quatre mètres de profondeur se trouve une couche argileuse qui semble appartenir à une formation récente. Les environs sont bien cultivés en légumes, sorghos et blés; de nombreux chemins creux, couverts de taillis ombrageant des cimetières, sillonnent la campagne environnante. De chaque porte partent en ligne droite des voies de quatre-vingts mètres de largeur, qui se prolongent jusqu'à cinq kilomètres de la ville; là elles sont remplacées par des routes mal entretenues. Une chaussée dallée dans un état de dégradation complet commence à la porte de Tchi-houa, et relie Toung-tcheou à Pékin; une autre chaussée partant de la Porte de Si-tche conduit à Youen-ming-youen.

Douze faubourgs entourent la capitale, mais ils ne sont pas bien considérables; on y voit un grand nombre de briqueteries et des établissements de maraîchers et de fleuristes. D'après le dernier recensement ordonné par l'empereur Hien-Fung, en 1851, la population de Pékin serait d'environ deux millions d'habitants, chiffre qui ne paraît pas exagéré aux Européens qui ont habité la ville. Le mot *Pe-king* signifie cour du nord, en opposition à *Nan-king* qui veut dire cour du midi.

C'était à Nankin que le souverain faisait autrefois sa résidence, mais les continuelles incursions des Tartares obligèrent, en 1403, l'empereur Yong-Leu à transporter sa cour dans les provinces septentrionales, pour être plus à portée de s'opposer aux envahissements des nomades; il substitua alors au nom de Chien-tien-fou, que portait sa nouvelle capitale, celui de Pékin qu'elle a gardé depuis. Pékin est resté dès lors, malgré les changements de dynastie, la capitale de l'Empire chinois. Son pourtour est de trente-trois kilomètres, et sa superficie de six mille hectares. Elle est composée de deux villes différentes, entourées chacune de remparts et de fossés, et qui ne sont reliées l'une à l'autre que par trois portes fortifiées : la ville mongole *(Nei-tchen)* ou la ville officielle et militaire au nord, et la ville chinoise *(Ouei-tchen)*, ou la ville marchande au sud.

La ville mongole a la forme d'un rectangle, dont les faces sont dirigées vers les quatre points cardinaux, et dont l'angle nord-ouest est abattu; neuf portes y donnent accès, savoir : au nord, *Ngan-ting-men*, « la Porte de la Paix », qui est celle par où les alliés entrèrent à Pékin et *Toa-chang-men*, « la Porte de la Victoire »; à l'ouest, *Si-tche-men*, « la Porte de l'Ouest » et *Pin-tse-men*, « la Porte de la Soumission »; à l'est, *Tong-tla-men*, « la Porte de l'Est » et *Tchi-koua-men*, « la porte du Peuple »; au sud enfin, *Tien-men*, « la Porte de l'Aurore », ainsi que *Hai-lai-men* et *Tchouen-tche-men*, deux portes ayant reçu les noms de deux empereurs.

Chacune des trois portes du sud de la ville mandchoue communique avec la ville chinoise par une demi-lune fortifiée. De toutes ces portes sortent des boulevards de trente mètres de largeur qui sont presque tous dirigés vers un des quatre points cardinaux et divisent la ville en grands carrés. Ceux-ci sont partagés à leur tour par des rues parallèles de dix mètres de largeur en carrés plus petits, reliés par une foule de ruelles étroites orientées de toutes les façons.

Les boulevards sont formés d'une chaussée pierrée élevée au-dessus des accotements; les autres rues sont en terre. Les maisons qui bordent les premiers ont un aspect misérable; elles n'ont pas d'étages, sauf quelques-unes qui possèdent un entresol servant de magasin. Quelques boutiques sont richement décorées en bois sculpté; on y rencontre cependant des établissements impériaux et des temples reconnaissables à leurs toits jaunes ou verts; les palais, les Fou et les hôtels des mandarins ont tous leur entrée dans des ruelles, et les grands arbres de leurs parcs en font seuls soupçonner le voisinage.

Au centre de la ville mandchoue est une enceinte formée par un mur de clôture percé de quatre portes fortifiées; c'est la Ville jaune ou *Houang-tchen*, dont la superficie est d'environ 668 hectares. Elle contient beaucoup de pagodes et de Fou appartenant aux grands dignitaires de l'empire : la partie occidentale en est occupée par des jardins impériaux, qui sont groupés autour de deux grands lacs artificiels; au centre est la montagne de Charbon, qui a quatre-vingts mètres de hauteur, et qui est le point le plus élevé de Pékin.

Cette colline touche à la partie septentrionale d'une troisième enceinte qui entoure le Palais impérial ou Ville rouge, *Houang-chan-ti-kong*; la Ville rouge forme un carré parfait, percé également de quatre portes, et entouré de profonds fossés. Sa superficie est d'environ quatre-vingts hectares.

On voit par ces détails que la ville mandchoue se compose réellement de trois villes entourées de remparts fortifiés, et qui pourraient être successivement défendues.

La ville chinoise forme à peu près un rectangle, dont l'une des bases est accolée à la face sud de la ville mandchoue et déborde cette face d'environ cinq cents mètres à l'est et à l'ouest. Sept portes y donnent accès, savoir : au nord, *Si-pien-mien*, *Toung-pien-men*, « petites portes de l'est et de l'ouest; à l'est, *Cha-coua-men* (nom propre); à l'ouest, *Couanza-men* (nom propre également); au sud *Yong-ting-men*, « la porte Sacrée », ainsi que *Tieg-tse-men* et *Nan-si-men*, « portes de droite et de gauche du Sud ».

Des trois portes qui relient la ville mongole et la ville chinoise, ainsi que de Cha-coua-men et de Couanza-men, partent de larges rues dans lesquelles viennent déboucher un grand nombre de ruelles.

La grande avenue du centre, qui part de Tien-men, partage la ville du nord au sud et vient aboutir à Yong-ting-men, après avoir traversé la vaste plaine cultivée qui occupe le sud de la ville chinoise, et qui ne contient que quelques pagodes isolées, outre les deux enceintes des temples du Ciel et de l'Agriculture.

Les rues de la ville chinoise sont tortueuses et très étroites; le commerce de Pékin s'y fait presque en entier, et on n'y rencontre ni palais impériaux ni résidences officielles.

Ces quelques détails topographiques ne laissent subsister aucune obscurité sur cette célèbre et mystérieuse capitale de la Chine, qui a eu le privilège d'occuper si longtemps la curiosité des Européens. Cette dernière considération me fera pardonner, je l'espère, cette longue et monotone énumération de noms et de choses bizarres.

Il n'existe aux environs de Pékin aucune colline, aucune hauteur même, qui permettent aux regards curieux d'en dominer l'immense panorama.

L'enceinte de ses hautes murailles qui l'enserrent de tous côtés n'offre aux yeux du voyageur qu'un vaste paravent projetant son ombre sur des fossés profonds et sur les misérables ruelles des faubourgs. Pour se rendre compte de l'aspect général de cette grande cité, il faut se placer sur le point culminant.

Que le lecteur veuille donc bien nous suivre un moment sur les remparts de la ville.

Descendons, au sortir de la légation française, la rue de Toun-thian-mi-thian, qui nous conduira en quelques minutes à la Porte de l'Empereur Hai-Lai; nous la franchissons par ses voûtes souterraines, et nous tournons à gauche dans la grande avenue qui sépare la ville mandchoue de la ville chinoise. C'est une large chaussée dallée, bordée d'un côté par de hautes murailles, de l'autre par des fossés pleins d'eau. En traversant un large canal sur un pont de pierre, nous arrivons à la petite Porte de l'Est *(Toung-pien-men)* située à l'extrémité de la ville chinoise, qui déborde l'angle sud-est de la ville mandchoue. Montons le talus en pente douce qui se présente devant nous : nous voici sur le terre-plein des remparts!

Quel magnifique panorama, et quelle étrange perspective pour les yeux d'un Européen habitué aux hautes maisons carrées, aux monuments réguliers, et à la monotonie de la couleur grise des édifices de toutes nos grandes villes!

Le ciel d'un azur profond, le soleil étincelant, projettent de grandes ombres d'un noir opaque; çà et là des rayons de lumière éclatante, glissant sur les tuiles vernissées, font ressortir comme des taches le jaune d'or, le bleu lapis, le rouge vermillon, qui se mêlent, qui se heurtent au vert sombre des cèdres, au pâle feuillage des robiniers.

Les pagodes, les temples, les kiosques, les tours, les portiques, se tordent en spirales, se dressent en lames recourbées, s'arrondissent en boules, s'élèvent en pointes aiguës et dentelées au milieu des troncs dénudés et des longues branches des arbres centenaires; les mâts des résidences princières laissent flotter au vent leurs longues banderoles. C'est un mélange inouï de formes et de couleurs.

Devant nous, à droite, voici les toits dorés du Palais impérial avec sa haute coupole de marbre blanc; plus loin la montagne de Charbon et ses cinq pagodes étagées les unes au-dessus des autres; puis le Pei-tha-sse, placé dans une presqu'île, qui se mire dans les eaux paisibles de la mer du Milieu, au centre même de la ville. En se portant vers le nord, le regard suit la sombre ligne des murailles chargées de tours, de pavillons et de batteries, jusqu'à cinquante mètres au-dessus du sol.

Si nous nous retournons à gauche, le coup d'œil change entièrement : c'est la ville chinoise! un amas inextricable de ruelles et de masures basses à un seul étage avec des toits en torchis et des tuiles rougeâtres. On aperçoit seulement la grande avenue du Centre qui forme une profonde ligne de démarcation, coupant la ville en deux. D'ici on distingue bien la foule compacte et affairée qui se presse dans cette grande artère; c'est la ville des marchands, de la populace, des mendiants.

Au loin, le regard s'arrête sur la masse sombre d'une forêt d'où ressortent les coupoles bleues de deux immenses rotondes : ce sont les temples célèbres du Ciel et de l'Agriculture avec leurs parcs renfermés dans une enceinte réservée.

Enfin, du côté de la campagne, au-dessus des misérables faubourgs qui entourent Pékin nous n'apercevons qu'une grande plaine couverte de luxuriantes cultures, mais où il n'y a pas un bosquet, pas un grand arbre même. Dans le nord de la Chine, par un singulier contraste avec nos habitudes européennes, il n'y a de planté que les villes : celles-ci, de loin, ressemblent à de grands bois; les campagnes, au contraire, sont trop bien cultivées pour qu'on y souffre des arbres, ces végétaux parasites qui mangent le suc nourricier de la terre réservée aux céréales.

A l'horizon, au-delà de la plaine, se dessinent des ombres

bleuâtres : ce sont les montagnes de Youen-ming-youen, le Palais d'été. Sous nos pieds s'étend ce prodigieux entassement de fortifications qui déroute toutes les idées qu'on peut avoir sur l'art de défendre les places fortes, et qui rappelle avec une forme étrange les gigantesques constructions du moyen âge.

Le talus par lequel nous sommes montés sur les remparts a une pente assez douce pour en permettre l'ascension à des cavaliers. Il y a quarante-quatre de ces talus, un à chaque angle des murailles, et deux à chaque porte.

On compte neuf portes dans la ville mandchoue, et sept dans la ville chinoise : chacune de ces portes forme une redoutable forteresse. Les abords en sont défendus à l'extérieur par des espèces de demi-lunes rectangulaires, percées sur une de leurs faces de voûtes de six mètres, qui communiquent par une chaussée pavée de grandes dalles, à d'autres voûtes traversant l'épaisseur des murailles; ces voûtes sont fermées chacune par des portes en bois garnies de clous en fer.

Quand le couvre-feu a sonné, personne ne peut plus entrer dans la ville ni en sortir; cependant, soyez certain que le chef de la porte, autrement dit le portier, ce prétorien mandchou à longues moustaches et à bonnet à queue de renard, sera toujours prêt, moyennant une rétribution convenable, à violer la consigne et à ouvrir les longues et sombres voûtes dont il tient les clefs. Sur chaque porte s'élèvent deux pavillons : celui qui regarde la ville a deux étages; il sert de magasin et de caserne; celui qui regarde la campagne forme une batterie à quatre étages de feux, dont chaque étage a douze embrasures de face et quatre de flanc. Voilà sans doute de formidables défenses. Mais ces batteries ne peuvent être armées, à cause de la faiblesse des planchers qui sont vermoulus, et sur lesquels nous ne nous hasarderons pas, de peur qu'ils ne s'écroulent sous nos pieds; à plus forte raison sont-ils hors d'état de supporter le poids des immenses canons chinois. L'ouverture de la face de la demi-lune est surmontée d'un corps de garde percé d'embrasures et de meurtrières. Nous pouvons voir d'ici les charbonnages et les inscriptions qui en couvrent les murs; il y a des dessins, des caricatures et des noms gravés par les touristes, mauvaise habitude que les Européens, sans s'en douter, partagent avec les Chinois. Les murailles des fortifications n'ont pas été épargnées : elles sont couvertes d'affiches et de réclames de toute sorte. Un mauvais plaisant a même collé un placard satirique sur l'arrêté officiel du préfet de la ville, portant l'énoncé bien connu : « Défense d'afficher en cet endroit. »

Dans l'espace vide qui s'étend entre la demi-lune et les flancs de ces énormes pavillons, est une place d'armes couverte où cinq cents hommes peuvent se ranger en bataille. Enfin les portes avec leurs casernements et leurs batteries ne sont pas les seules fortifications; chaque angle de la muraille est défendu par une tour ayant quatre étages de feux, et sur la face est il existe devant chaque courtine un grand bâtiment pouvant servir de magasin.

Ces fortifications étonnantes, qui ont dû exiger le travail de plusieurs générations, n'ont pu arrêter une poignée de soldats européens manquant de batteries de siège. D'ailleurs, depuis que les Mandchous ont conquis la Chine, Pékin a perdu son importance de place forte protégeant le pays contre les invasions du nord.

L'enceinte des remparts est formée de couches de chaux grasse éteinte et de terre végétale, soutenues par deux murs espacés de douze à quinze mètres. Ce terre-plein est couvert d'un dallage de briques fixées sur une couche épaisse de béton. Plusieurs cavaliers pourraient aisément s'y promener de front, et malgré les ronces et les herbes qui l'obstruent par endroits, c'est réellement une des plus belles promenades de la ville.

Mais sur tout cela planent l'abandon et la ruine.

PROMENADE DANS L'INTÉRIEUR DE PÉKIN – ANCIEN OBSERVATOIRE DES JÉSUITES LE TEMPLE DES LETTRÉS – LE TEMPLE DE CONFUCIUS – COUVENT DE LAMAS LA MONTAGNE DE CHARBON LA MER DES ROSEAUX LA PEI-THA-SSE, ETC.

Nous avons embrassé l'ensemble de Pékin du haut de ses impuissants remparts; descendons maintenant dans la ville, nous y trouverons des monuments grandioses et des points de vue pittoresques.

Cette grosse tour carrée qui domine les murs du sud-est, auxquels elle est adossée, c'est l'ancien observatoire des jésuites.

Elle fut construite jadis pour l'usage des astronomes chinois : au dix-huitième siècle, le P. Verbiest, président du tribunal des mathématiques, détermina l'empereur K'hang-Hi à remplacer les instruments indigènes par d'autres plus grands et plus compliqués, qui furent fabriqués à Pékin, sous la direction des jésuites et d'après les principes de l'astronomie européenne.

Quand les jésuites furent expulsés de l'Empire, l'observatoire fut abandonné, aucun savant du pays n'étant de force à leur succéder. Depuis plus d'un siècle que l'établissement est placé sous les scellés impériaux, rien n'est changé de place. Une lourde porte en bois vermoulu conduit dans une petite enceinte placée à la base des remparts, entourée de bâtiments dégradés et plantée d'arbres deux fois centenaires. C'est là que demeure le gardien de l'observatoire, invalide des âges passés, qui a l'air aussi vieux que les instruments qu'il est chargé de surveiller.

Cette cour contient, outre deux grandes sphères célestes, une horloge d'eau ou clepsydre dont la conception mécanique est un chef-d'œuvre de patience. Ce sont quatre bassins de cuivre placés sur des gradins en brique et régulièrement étagés; chaque bassin communique avec l'autre par un petit trop-plein, d'où l'eau tombe goutte à goutte. Dans celui du bas se trouve une planche sur le côté de laquelle est fixée une aiguille indicatrice. Dès que la quantité d'eau tombée était suffisante pour équivaloir à un quart d'heure, un gardien, frappant sur un tambour, annonçait les heures du haut des murailles. Cette primitive horloge ne fonctionne plus depuis longtemps.

Il règne dans la cour de l'observatoire une humidité pénétrante et une odeur de moisissure insupportable; les vieux murs sont couverts de mousse, les aciers et les fers sont rongés par la rouille, les bassins de cuivre et les pieds de bronze sont recouverts d'une épaisse couche de vert-de-gris. Le gardien de l'établissement s'est scrupuleusement abstenu de gratter les murs, de frotter ou de polir les instruments qui lui sont confiés, dans la crainte de se compromettre et d'aliéner les pouvoirs magiques que la tradition attribue à ces curieux spécimens de l'ancienne astronomie.

Au fond de l'enceinte se trouve un escalier qui conduit sur la plate-forme de la tour, élevée de quatre mètres au-dessus des murailles. Deux sphères armillaires, un horizon azimutal, un quart de cercle et un immense globe céleste y sont restés à la même place depuis cent quarante ans, tournés sans doute vers le même point de l'horizon où la main du P. Verbiest les avait dirigés. Un vieil escabeau en bois de fer se voit encore dans un coin de la plate-forme : peut-être a-t-il servi aussi à l'astronome.

Sur le globe céleste, dont la masse pèse au moins deux milliers, sont représentés les étoiles et les signes du zodiaque, mais tout cela est bien effacé et dégradé par le temps. Les pieds de tous ces instruments, coulés en bronze, sont formés par le dragon impérial qui y rampe dans toutes les postures : l'artiste qui les a conçus a véritablement accompli un chef-d'œuvre qui pourrait servir de modèle à la sculpture d'ornementation. Vue du centre de la ville, la tour de l'observatoire prend un aspect étrange : les leviers, les bielles, les grands bras de ses machines astronomiques s'y dessinent à l'horizon comme les membres d'une gigantesque araignée.

Tel est cet établissement élevé à l'époque de la plus grande autorité des missionnaires catholiques dans les conseils de l'Empire, et qui seul a été respecté et défendu contre le pillage et la destruction populaire auxquels furent livrées toutes leurs propriétés.

L'enceinte de l'observatoire est voisine de celle du temple des Lettrés; ce vaste yamoun, qui s'appelle le *Wen-hio-koung*, est la propriété du corps des lettrés. C'est là qu'ont lieu chaque année les examens littéraires; à cette époque, une foule nombreuse se presse à la porte pour en connaître les résultats. Vous savez qu'on ne peut arriver à aucune position en Chine sans avoir pris ses grades.

On trouve dans le Wen-hio-koung des salles spacieuses richement lambrissées pour les solennités littéraires; dans le jardin, qui est magnifique, il y a une pagode en l'honneur de Confucius, et une rangée de petites cellules où sont enfermés les aspirants lettrés qui y traitent par écrit la question assignée; ils n'ont le droit d'emporter avec eux que du papier blanc, une écritoire et des pinceaux; une sentinelle veille à la porte pour empêcher aucune communication des concurrents entre eux; ou avec le dehors. Le yamoun des lettrés est habité par un gouverneur ou surintendant littéraire.

Sortons maintenant, si vous le voulez, de ces rues étroites, et remontons par la grande avenue de l'Est jusqu'au nord de Pékin.

La foule se presse dans cette large artère de la ville mongole; il est prudent de marcher sur les côtés de la chaussée pour éviter d'être renversé par les chevaux, les mulets, les chameaux, les voitures, les chariots, les chaises à porteurs qui s'y croisent en tous sens.

Cet édifice, à gauche, à l'entrée de cette ruelle, est le tribunal des rites et le ministère des Affaires étrangères : c'est un ancien temple qui n'a rien de remarquable, sinon qu'il sert aux entrevues du prince de Kong et de ses confidents avec

Madame de Bourboulon en costume de voyage

Jonque de douane

Brouette à voile

Supplice des parricides

Supplice des incendiaires

GAUCHARD-BRUNIER sc.

Exécution du grand mandarin Sou-Tchouen

Boudoir de dame chinoise

Marchande de légume à Tien-tsin

Pékin : porte du yamoun

les ministres européens; c'est là que fut signé, le 25 octobre 1860, le traité de paix qui termina la dernière guerre.

Voici le grand mandarin Wen-Liang qui débouche par l'avenue pour se rendre au tribunal des rites!

Il est accompagné de toute la pompe orientale; des coureurs à cheval le précèdent; derrière sa chaise, et malgré l'absence de soleil, marchent ses porte-parasols; il est suivi de tout le tribunal, et, pour augmenter son cortège, chacun des mandarins subalternes traîne après lui de nombreux domestiques.

L'avenue de l'Est est une des plus populeuses et des plus commerçantes de la ville mongole; mais remarquez que, dans ce concours d'êtres humains, il n'y a presque pas de femmes; sauf celles de la plus basse classe, elles restent toutes enfermées dans les maisons. En manière de compensation, vous voyez nombre de soldats de police chargés de la voirie de la ville; ils balayent les rues, en enlèvent la boue et font écouler les eaux.

Quelle prodigieuse affluence de palanquins et de chaises à porteurs! En Chine, tout homme qui se respecte doit être à cheval ou en chaise : comme nous sommes à pied et que nous préférons ce mode de locomotion pour mieux voir, je suis sûr qu'on nous prend en pitié, et qu'on nous regarde comme des gens indignes de considération.

Il y a des loueurs de chaises qui en ont de grands dépôts, et l'on peut s'en procurer une pour le prix modeste d'une piastre par jour. Voici également des stations de voitures, ou plutôt de chariots avec un ou deux mulets d'attelage; ils ont un aspect séduisant; la caisse en est bariolée de couleurs éclatantes, l'intérieur en est garni de taffetas rouge ou vert, mais ces affreux véhicules ne sont pas suspendus, et c'est s'exposer à un supplice horrible que d'y accomplir une course à travers la ville.

Les avenues, jadis pavées de belles pierres de grès de quatre mètres carrés sur une épaisseur de quarante centimètres, n'ont subi aucune réparation depuis deux cents ans; la moitié de ces dalles, usées ou détruites par le temps, a été remplacée par de grands trous; pour faire rouler une voiture sur ces avenues qui ressemblent à un chantier de pierres dégradées et posées à plat, il faut être chinois. Quand on n'y verse pas, on y ressent des cahots affreux; cependant les gens de Pékin s'en accommodent; ils sont là paisiblement assis, et fument leur pipe. Le cocher, qui n'a d'autre siège que le brancard, s'y maintient par je ne sais quel prodige d'équilibre! Le prix est de convention avec le cocher, mais je pense que ma description ne vous donnera pas envie de tenter une promenade avec lui!

La longue perspective que présente l'avenue de l'Est, régulièrement percée et bâtie, est interrompue à moitié chemin par quatre arcs de triomphe, sous lesquels nous allons passer. En pierre et en bois, chargés de sculptures représentant des animaux fabuleux, des fleurs et des oiseaux, ils se composent de deux grands piliers surmontés d'un entablement avec toiture chinoise. Ce sont plutôt des portes que des arcs de triomphe.

Il y en a quatre pareils dans l'avenue parallèle, à l'ouest de la ville.

A notre droite, près des remparts, sont situés les greniers d'abondance que nous nous dispenserons d'aller visiter.

On n'y voit que d'immenses bâtiments dans un état de délabrement complet. Jadis ils contenaient des provisions de riz, de blé et d'orge, suffisantes pour subvenir pendant huit ans à la consommation de la capitale; la ville de Toungtcheou en possédait de plus vastes encore. Depuis l'avènement de la dynastie mandchoue, ils sont abandonnés et ne servent plus qu'à loger des mendiants et d'innombrables légions de rats.

Les deux côtés de l'avenue, à l'extrémité nord, sont occupés par les deux temples les plus célèbres de Pékin : à gauche le temple de Confucius, à droite celui des Mille Lamas.

Le temple de Confucius est une pagode circulaire entourée d'escaliers en marbre avec rampes sculptées; son toit est couvert de tuiles vernissées en vert émeraude. L'intérieur ne présente rien de remarquable que la vaste étendue de la salle des prières, entourée de galeries latérales en marbre blanc, sur les parois desquelles on remarque des tablettes de marbre noir, où sont gravées en lettres d'or des sentences tirées des écrits du philosophe.

On n'y voit d'autres statues que celles de Confucius et de son disciple Men-tseu; on n'y brûle pas d'encens; cependant la dénomination de temple de Confucius paraît fausse ou du moins le culte s'en est altéré; car ce philosophe professait la raison pure, et il y a ici des bonzes qui accomplissent des cérémonies religieuses.

Ces statues de lions à figures de singes, et cet escalier orné de tiares à cornes du temps des Ming conduit au portail du célèbre temple des Mille Lamas : vous devez être frappé, comme moi, de la ressemblance de ces tiares bouddhiques avec la tiare catholique.

La façade du temple des Mille Lamas est soutenue par des charpentes énormes auxquelles sont adaptés des châssis en bois sculpté garnis de papier en guise de vitres. C'est un grand bâtiment carré avec des pilastres, sans corniches ni moulures. Le couvent, qui est situé derrière le temple, est contenu avec ses jardins et ses dépendances dans une enceinte qui a au moins deux kilomètres de tour.

La porte en est scrupuleusement défendue à cette heure de la journée; nous aurons occasion d'y revenir plus tard; cependant, je vous dirai que dans l'intérieur du temple, qui est très riche, on admire une immense statue de Bouddha en bois doré qui a soixante-dix pieds de haut.

Cet établissement religieux appartient aux lamas, c'est-à-dire aux prêtres du bouddhisme réformé, qui diffère de la religion de Fô, professée par les bonzes chinois. C'est là que les Mandchous et les Mongols qui habitent Pékin en grand nombre, et qui sont plus religieux que les Chinois, vont régulièrement faire leurs dévotions.

Maintenant nous tournerons à gauche, nous passerons près de la Porte de *Ngau-ting*, par laquelle l'armée anglo-française est entrée dans Pékin, puis nous gagnerons le carrefour où s'élève la Tour de la Cloche.

La construction de cet édifice a beaucoup d'analogie avec

celle des portes de la ville, et doit remonter à la même époque. L'étage inférieur en est formé d'une arcade percée de deux ouvertures; au-dessus s'élève une tour rectangulaire que surplombe un large toit rouge avec un encadrement de tuiles vertes; quatre arceaux élégamment sculptés à jour laissent entrevoir le corps d'une immense cloche de bronze qui n'a pas de battant, mais sur laquelle on frappe avec de gros marteaux en bois de fer. Les gardes de la ville l'emploient la nuit en signe d'alarme, en cas d'attaque ou d'incendie; c'est le tocsin de Pékin.

Il y a plusieurs cloches de ce genre dans les autres quartiers : celles-là servent à annoncer les veilles de nuit, qui sont de deux heures; on annonce la première en frappant un seul coup qu'on répète de quart d'heure en quart d'heure; on frappe deux coups pour la seconde veille, trois pour la troisième, et ainsi de suite; la nuit est divisée en cinq veilles.

L'avenue qui part du carrefour de la Cloche, et qui remonte vers le nord-ouest, dans la direction de la Porte de Toa-chang, longe pendant quelque temps le plus septentrional des lacs de Pékin, appelé emphatiquement par les Chinois la *mer du Nord*. Il est alimenté par les eaux des fossés de la ville, qui s'y déversent au moyen d'une écluse surmontée d'une vaste grille en bois.

On ne remarque de ce côté d'autres monuments que le charmant temple de Fâ-qua qui appartient à la secte de Tao, et qui est situé au centre d'une petite île, à l'extrémité septentrionale de la mer du Nord.

La pagode principale est dans une position pittoresque, au milieu d'une végétation luxuriante; elle contient une foule d'idoles appartenant à ce culte bizarre, dernier vestige du fétichisme ancien, méprisé par la plupart des Chinois, et qui n'a plus d'adorateurs que dans les derniers rangs de la populace.

Mais il est temps que nous descendions directement vers la Porte de Hao, qui nous donnera accès dans l'enceinte de la Ville jaune.

Voici la mer des Roseaux, couverte de nymphéas bleus et

jaunes, de roseaux à aigrettes, de nélumbos; elle mérite justement son nom, car ces plantes aquatiques envahissent plus de la moitié de sa surface. L'aspect de ces grandes fleurs à odeur suave est délicieux au moment de leur floraison.

Passons sur ce ponceau la prise d'eau qui alimente la Ville jaune, traversons la Porte de Hao, qui ne diffère de celles de l'enceinte extérieure de la ville que par l'absence de corps de garde et de demi-lune, et pénétrons jusqu'au pied de la montagne de Charbon, qui est le point le plus élevé de Pékin.

La montagne de Charbon, *Mee-Chaen* est une colline surmontée d'un mamelon, qui est lui-même couronné par un kiosque à deux étages, d'une élégance merveilleuse; une foule de kiosques, de pagodes, de temples, de Fou, couvrent cette colline et s'entassent de façon pittoresque les uns au-dessus des autres, à différentes hauteurs. Un gazon toujours vert en recouvre toutes les pentes, tandis que dans toute la ville le plus petit brin d'herbe est brûlé par le soleil et par la poussière de Mongolie. Cette fertilité de la montagne de Charbon tient à l'humidité du sol et à l'immense amas de charbon de terre qui l'a formée. L'histoire raconte à ce sujet qu'aux temps passés un empereur chinois, menacé d'un long siège par les Tartares, fit entasser à cet endroit le combustible nécessaire au chauffage de la ville pendant plusieurs années. Quelle que soit la vérité de cette tradition, il est certain que la houille forme la base du sol de la montagne, et qu'elle y a été apportée à main d'homme. Le temps et la décomposition l'ont recouverte d'une épaisse couche de terre végétale.

Rien de plus amusant qu'une promenade au milieu du labyrinthe de petites ruelles que forment les édifices bâtis sur cette colline, où habitent seulement des bonzes et des personnages d'un rang élevé. Aussi n'y rencontre-t-on pas les immondices habituelles aux quartiers populaires. Ce sont des surprises de tous les instants : des ponts de rocaille, des fontaines avec des sculptures grotesques, des pagodes qui laissent entrevoir des dieux effrayants, puis des bosquets de camélias, de lilas, d'hydrangées, de vieux cèdres centenaires, des oiseaux joyeux qui chantent au milieu de cette nature en fête, et peu de Chinois, car le Chinois aristocratique ne se promène pas et ne sort de chez lui qu'en pompe.

Du sommet de la montagne de Charbon, la vue embrasse un panorama immense : c'est le point culminant de Pékin, et on l'aperçoit de toutes les parties de la ville. Si nous tournons à droite, voici un point de vue non moins splendide, c'est le Peï-tha-sse, qui s'élève dans une presqu'île au centre de la mer du Milieu.

Le Peï-tha-sse est à la fois une bonzerie et un monument funéraire élevé à la mémoire du dernier empereur de la dynastie des Ming.

Dans le Jardin impérial se trouve encore l'arbre où se pendit l'infortuné monarque, lorsque sa capitale fut occupée par l'armée tartare (1644). L'empereur mandchou, qui l'avait dépouillé de son trône, fit couvrir de chaînes l'arbre coupable d'avoir prêté ses branches au Fils du Ciel lorsqu'il avait voulu attenter à sa personne. Il voyait là un moyen habile de sauvegarder aux yeux du peuple conquis l'inviolabilité du prestige impérial dont il s'était revêtu par la force.

L'arbre est mort de vétusté, mais il porte encore sur son tronc desséché d'énormes chaînes de fer.

Le Peï-tha-sse, placé au milieu d'un massif de verdure sur une colline artificielle, est entouré de kiosques, de pagodes et de bonzeries. Sa coupole, arrondie en forme de chapeau, surmontée d'un clocheton à trois pointes, se détache avec vigueur au-dessus des eaux tranquilles. Cette coupole dorée, et les hauts mâts qui indiquent le monument impérial, s'élèvent au-dessus des grands arbres; le reste des édifices apparaît dans un désordre pittoresque au milieu de leur épais feuillage.

A l'extrême droite, on aperçoit le beau pont de marbre qui relie la Ville jaune à la ville mongole. Ce pont, analogue à celui de Pa-li-kiao, et qui paraît être de la même époque, est un chef-d'œuvre de sculpture : le marbre, fouillé à jour, s'y contourne en spirales gracieuses et prend toutes les formes que l'art et la patience des Chinois ont su lui donner.

Le pont a une écluse au moyen de laquelle on renvoie l'eau à volonté dans les deux parties du lac.

La mer du Milieu, qui a généralement peu d'eau, est entourée de vastes parcs impériaux, où l'on admire de superbes futaies; quelques Fou ou palais y sont seuls établis.

Arrêtons-nous, en passant, devant cette pagode située à l'angle nord-ouest de la Ville rouge : c'est là que les princes de la famille impériale vont passer leurs examens littéraires, dont ils ne sont pas plus exemptés que les simples mandarins. Elle est bien plus richement ornée que le temple des Lettrés, que nous avons vu au commencement de la journée; il y a deux petits pavillons en bois peint et sculpté avec un goût exquis; le toit du kiosque principal est surmonté d'un immense dragon à cinq griffes, l'emblème impérial : ses écailles vertes, sa langue rouge, ses yeux de porcelaine blanche et noire, ressortent sur les tuiles d'or; une foule d'autres animaux fabuleux hurlent, se tordent et se combattent dans les postures les plus incroyables sur les montants, les chambranles, les plinthes et les arceaux de cette pagode, une des plus curieuses et des mieux conservées de Pékin, où l'on en compte des milliers.

Voici les murs d'enceinte de la Ville impériale, reconnaissables à la couleur rouge des briques dont ils sont construits; un chapiteau couvert de tuiles vernissées en jaune d'or les recouvre dans toute leur étendue.

C'est de là que vient le nom de Ville rouge que les Chinois donnent au Palais impérial, dont les nombreux bâtiments couvrent une superficie de quatre-vingts hectares.

La Ville rouge, qui forme un quadrilatère, est défendue, outre ses murailles, par de larges fossés. Quatre portes y donnent accès sur les quatre faces principales.

Il est impossible d'y entrer et, quelle que soit notre curiosité, il faut nous contenter de la vue des toits dorés des grands pavillons qui s'y succèdent symétriquement.

Tous ces édifices sont recouverts de laque jaune, couleur exclusivement réservée à l'empereur.

Le Palais impérial est une enceinte inviolable : aucun Européen n'a pu y pénétrer dans les temps modernes.

Le capitaine Bouvier m'a raconté qu'ayant un jour franchi

les fossés sur un ponceau, il s'était introduit dans l'intérieur par une brèche de la muraille; mais à peine avait-il fait quelques pas qu'un mandarin militaire se présenta, suivi de quelques soldats, et comme le capitaine ne voulait pas tenir compte des supplications qu'il lui faisait pour l'inviter à repasser par la brèche, l'infortuné Chinois lui fit voir son cou avec un geste significatif qui voulait dire que s'il persistait à forcer la consigne, il recevrait une cravate de soie pour avoir laissé pénétrer un Européen dans le sanctuaire impérial.

Le capitaine ne voulut pas se charger la conscience de la mort d'un homme, et retourna dans la Ville jaune.

Il n'en était pas de même au dix-huitième siècle, alors que les missionnaires avaient obtenu toute la confiance de l'empereur K'hang-Hi; plusieurs d'entre eux furent admis dans la Ville impériale et en ont laissé des relations fidèles.

Voici ce qu'en dit le P. Grosier :

« Le palais de l'empereur comprend neuf vastes cours qui se succèdent les unes aux autres et qui se communiquent par des portes de marbre blanc, surmontées de pavillons sur lesquels éclatent l'or et le vernis. Des bâtiments ou des galeries forment l'enceinte de ces cours qui sont accompagnées latéralement d'un grand nombre d'autres destinées aux offices et aux écuries. La première, qui est celle d'entrée, est très spacieuse; on y descend par un escalier de marbre, orné de deux grands lions en airain et d'une balustrade de marbre blanc qui forme le fer à cheval; elle est arrosée d'un ruisseau qui la traverse en serpentant, et que l'on passe sur des ponts de marbre. Au fond de cette cour s'élève une façade percée de trois portes : celle du milieu est réservée à l'empereur; les grands passent par les portes latérales. Les portes introduisent dans une seconde cour qui est la plus vaste du palais; une immense galerie l'environne de toutes parts, et sur cette galerie sont placés les magasins de choses précieuses qui appartiennent en propre à l'empereur. Le premier de ces magasins est rempli de vases et d'autres ouvrages de différents métaux; le second renferme les plus belles espèces de pelleteries et de fourrures; le troisième des habits fourrés de petit-gris, des peaux de renard, d'hermine et de zibeline que l'empereur donne quelquefois en présent à ses officiers; le quatrième est un dépôt de diamants, de pierres précieuses, de marbres rares et de perles fines pêchées sur la côte de Tartarie; le cinquième, qui est à deux étages, est plein d'armoires et de coffres qui contiennent les étoffes de soie à l'usage de l'empereur et de sa famille; d'autres magasins renferment les armes, arcs, piques, sabres, gingolls, arquebuses enlevés à l'ennemi ou offerts par les princes tributaires.

« C'est dans cette seconde cour que se trouve la salle impériale, appelée *Tèa-ho-tien*, ou " salle de la Grande Union ". Elle est bâtie au bout de cinq terrasses placées les unes sur les autres, et qui se rétrécissent graduellement en s'élevant. Chacune de ces terrasses est revêtue de marbre blanc et ornée de balustrades artistement travaillées. C'est devant cette salle que se rangent tous les mandarins, lorsqu'aux jours marqués ils viennent renouveler leurs hommages et faire les cérémonies déterminées par les lois de l'Empire.

« Cette salle, qui est presque carrée, a environ cent trente pieds de longueur; son lambris est sculpté, vernissé en vert et chargé de dragons dorés; les colonnes qui en soutiennent le faîte ont six à sept pieds de circonférence à leur base, et sont enduites d'une espèce de mastic revêtu d'un vernis rouge écarlate; le pavé est couvert d'un tapis; les murailles sont sans aucun ornement, sans lustres, sans peintures et sans tapisseries.

« Le trésor, qui est au milieu de la salle, consiste en un vaste coffre formant une estrade assez élevée, sans autre inscription que le caractère *chin* qu'on peut interpréter par le mot *sacré*.

« Sur la plate-forme qui porte cette salle, on voit de grands vases de bronze dans lesquels on brûle des parfums les jours de cérémonie. On y voit aussi des candélabres façonnés en oiseaux et peints de diverses couleurs, ainsi que les bougies et les torches qu'on y allume.

« Cette plate-forme se prolonge vers le nord et porte deux

autres salles : l'une est une rotonde percée de beaucoup de fenêtres, et toute brillante de vernis; c'est là que l'empereur change d'habits avant ou après la cérémonie; l'autre est un salon dont une des portes est tournée vers le nord, et c'est par où l'empereur, sortant de son appartement, doit passer lorsqu'il vient recevoir sur son trône les hommages des grands de l'empire; alors il est porté en chaise par des officiers habillés d'une longue veste rouge brodée en soie et couverts d'un bonnet surmonté d'une aigrette. »

J'ajouterai à ces détails qu'il y a aussi dans l'intérieur des casernes et des écuries pouvant contenir quinze mille hommes de troupe et cinq mille chevaux et qu'enfin la Ville rouge constitue à elle seule une forteresse défendue par l'enceinte fortifiée de la Ville jaune, qui est contenue elle-même dans les remparts de la ville mongole. Ainsi il faudrait trois sièges successifs pour s'emparer du Palais impérial.

En contournant l'enceinte extérieure, nous arrivons à la Porte du Sud de la Ville jaune *(Tat-sing-men)*.

Les deux grands parcs qui bordent chaque côté de cette large avenue renferment d'anciennes bonzeries abandonnées depuis l'avènement des empereurs mandchous.

Dès qu'on a franchi la Porte de Tat-sing, on arrive sur une grande place où sont de vastes caves contenant des dépôts de charbon de bois et de combustible.

Mais le jour baisse, Pékin n'est pas éclairé la nuit, et nous n'avons pas de lanternes. Nous retournons donc à gauche, si vous le voulez bien, dans la rue de Toun-thian-mi-thian que voici devant nous, et qui nous ramènera à la légation française.

VIII

SUITE DE LA VILLE TARTARE
LA VILLE CHINOISE

LA BONZERIE
DE LA VILLE JAUNE
LA PAGODE IMPÉRIALE
L'ÉCURIE DES ÉLÉPHANTS
ÉTABLISSEMENTS DES MISSIONS
CATHOLIQUES, ANGLICANES ET GRECQUES
LA CATHÉDRALE – ATTELAGE DE DEUX CENTS
CHEVAUX – LE CARREFOUR DES EXÉCUTIONS
HORRIBLE SPECTACLE – RUE DES LIBRAIRES
MUSIQUE D'UN ENTERREMENT – PASSAGE
DU BRIC-A-BRAC – LA GRANDE AVENUE
DU CENTRE – OUVRIERS AMBULANTS
ORATEURS POPULAIRES – DISEURS
DE BONNE AVENTURE
TEMPLE DU CIEL

J'ai fait faire au lecteur dans le chapitre précédent une longue promenade dans la ville tartare. Je n'ai pu pourtant lui faire visiter la partie occidentale de cette grande cité, où se trouvent quelques monuments dignes d'intérêt, et dont je vais donner une description succincte [1].

Au-delà du pont de marbre jeté sur la mer du Milieu, la Ville jaune contient encore la Grande Place, le couvent des bonzes, le *Peh-tang*, établissement des missionnaires catholiques, et la pagode impériale de Kouang-min-tien.

---

1. Pour compléter son information, le lecteur se reportera à l'excellent plan de Pékin (reproduit *infra*, p. 110 et 111), dressé par M. le capitaine Bouvier. *(NdA)*

En dehors de la Ville jaune se trouvent l'évêché catholique ou *Nam-tang*, l'écurie des éléphants et le temple de la Tour.

La bonzerie de la Ville jaune, située au nord du Peh-tang, se compose d'une succession de bâtiments carrés enclavant de vastes cours; le temple principal est tout entier construit en marbre blanc; une série de piliers en marbre noir, formant une colonnade imposante, soutient l'arête aiguë du toit, qui déborde de plusieurs mètres au-dessus de l'entablement; l'entre-deux de ces piliers est occupé, à l'intérieur, par une série de petites chapelles contenant chacune la statue d'une des nombreuses divinités du panthéisme chinois; l'autel principal est orné de figures deux fois plus grandes que nature de la trinité bouddhique.

A droite de cette bonzerie, dont la porte s'ouvre sur un carrefour, on remarque des têtes de lions annonçant l'entrée de Fou ou palais qui appartiennent à de hauts dignitaires de l'empire.

L'enceinte du temple de la Tour borde l'avenue de Li-houa et est limitée par un canal qui fait communiquer, à travers la ville mongole, la prise d'eau du nord avec les fossés de la ville chinoise. Le temple, qui est en même temps un couvent considérable, jouissant d'une grande renommée, contient une tour élevée, analogue, comme architecture, à celle du Peï-tha-sse.

La Grande Place, qui touche aux murailles nord-ouest de la Ville jaune, n'a de remarquable que son étendue et sa régularité. Le centre en est orné d'une fontaine avec un bassin de marbre; des palais bâtis symétriquement et précédés de perrons monumentaux l'entourent de tous côtés, et contribuent à lui donner une forme parfaitement octogone.

La pagode impériale *Kouang-min-tien*, située au sud-ouest de la Ville jaune, est une des plus belles et des plus richement décorées de Pékin; elle s'élève au milieu d'un parc entouré de murs, où l'on remarque une vaste rotonde qui servait jadis de temple, et deux charmants kiosques qui surmontent la porte principale. La toiture du Kouang-min-tien est entièrement recouverte de tuiles d'un bleu lapis éclatant; des clochettes sont suspendues aux corniches des toits qui s'avancent au-dessus des balcons, et font entendre, lorsque le vent les agite, un tintement continuel. Les poutres qui soutiennent ces balcons sont massives et curieusement peintes de brillantes couleurs; le corps de l'édifice est construit en briques rouges vernissées; des drapeaux et des lanternes de toutes nuances sont attachés à chaque étage aux pilastres des balcons. A l'intérieur, il y a des peintures représentant des dieux et des génies, et des niches contenant des idoles en bois doré. Cet édifice, depuis longtemps abandonné par les hommes, n'est plus habité que par des chauves-souris et les hirondelles qui maçonnent leurs nids dans les enfoncements des corniches.

A l'angle sud-ouest de la ville tartare on peut voir encore les ruines des vastes bâtiments dont se composait l'écurie des éléphants. Jadis les empereurs de la dynastie des Ming y entretenaient trente éléphants. Depuis que les Mandchous, les barbares du nord, se sont emparés de l'Empire, les nouveaux souverains ont méprisé les pompes grandioses du despotisme asiatique, personnifiées par ce majestueux animal. Cependant il y reste encore un éléphant tout blanchi par l'âge, dont les défenses sont usées, et qui n'y voit plus que d'un œil; il doit avoir plus de cent ans, et son existence est une preuve irréfutable de la longévité qu'on attribue à ces colosses de la création. C'est le dernier et vénérable témoin des magnificences de cette cour du Fils du Ciel célébrée par les missionnaires et les voyageurs du dix-septième siècle.

Les établissements des missions chrétiennes se sont multipliés rapidement à Pékin et y ont repris une partie de leur splendeur passée. On compte déjà dans la capitale quatre établissements catholiques : le *Peh-tang* ou mission du nord, situé dans l'enceinte de la Ville jaune; le *Nam-tang*, ou mission du sud, qui contient la cathédrale, non loin de la Porte de Tchouen-tche; enfin les missions de l'est et du nord-ouest, placées dans les quartiers correspondants de la ville mongole. Ces deux dernières, qui sont plutôt des écoles pour les néophytes chinois, n'ont qu'une importance secondaire, et nous

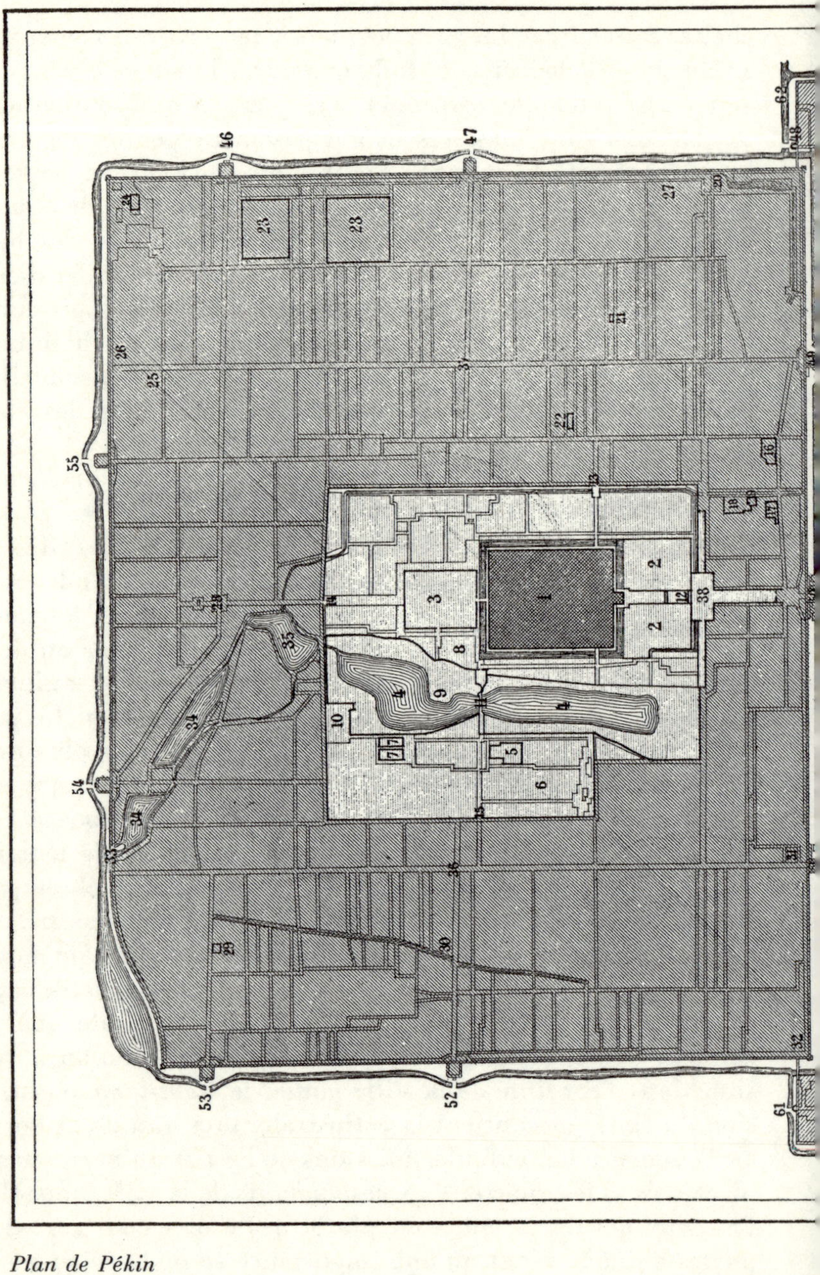

Plan de Pékin

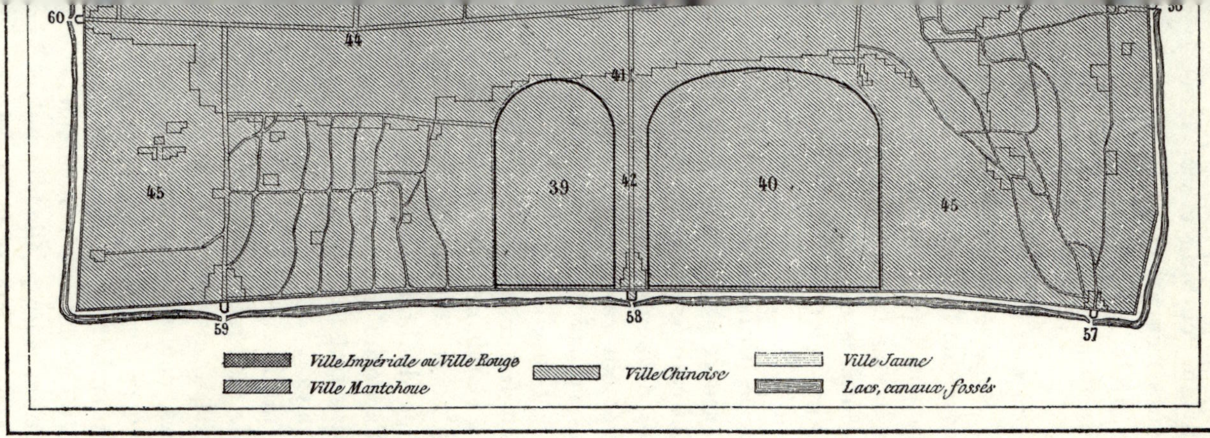

LÉGENDE.

1 Palais impérial.
2 Temples.
3 Montagne de charbon.
4 Mer du Milieu.
5 Le Peh-Tang.
6 Pagode impériale (Kwang-min-Tien).
7 Couvents de bonzes.
8 Pagode des examens.
9 Peï-tha-Sse.
10 Grande place.
11 Pont de marbre.
12 Porte de Tat-Sing.
13 Porte du Tong-houa.
14 Porte de Hao.
15 Porte de Si-houa.
16 Légation française.
17 Légation russe.
18 Légation anglaise.
19 Hôpital des missions de Londres.
20 Ancien observatoire des Jésuites.
21 *Yamoun* des affaires étrangères.
22 Mission catholique de l'Est.
23 Greniers d'abondance.
24 Mission religieuse russe.
25 Temple de Confucius.
26 Couvent des mille Lamas.
27 *Yamoun* des Lettrés.
28 Tour de la Cloche.
29 Mission catholique du Nord.
30 Bonzerie et tour.
31 Évêché catholique.
32 Écurie des Éléphants.
33 Temple de Fa-qua ou de Tao.
34 Mer du Nord.
35 Mer des Roseaux.
36-37 Arcs de triomphe de l'Ouest et de l'Est.
38 Magasins des charbons.
39 Temple de l'agriculture.
40 Temple du ciel.
41 Le grand pont.
42 La grande avenue.
43 Passage des Bimbelotiers.
44 Carrefour des exécutions.
45 Terrains en culture.
46 Tong-Tche.
47 Tchi-Koua.
48 Porte de Tong-Pien.
49 d° de Hai-tai.
50 Porte de Tien.
51 d° de Chouen-Che.
52 d° de Pin-Tse.
53 d° de Si-tche.
54 d° de Toa-chang.
55 d° de Ngan-Ting.
56 d° de Cha-coua.
57 d° de Tiang-tse.
58 d° de Houng-Ting.
59 d° de Nan-Si.
60 d° de Couan-tsu.
61 d° de Si-Pien.
62 Grand canal de Toung-tcheou.

les passerons sous silence; quant au Peh-tang et au Nam-tang, qui ont appartenu aux jésuites français et aux franciscains portugais au dix-huitième siècle, ils présentent assez d'intérêt au point de vue architectural, pour que nous en donnions la description.

Le Peh-tang, situé non loin de la mer du Milieu, contient toute une série de pavillons à un étage séparés par de vastes cours, et une ancienne chapelle avec une tour entourée d'une balustrade en fer formant terrasse sur laquelle on peut monter. On jouit sur cette terrasse de la vue d'un immense panorama; elle a servi à faire les premières épreuves photographiques qu'on ait essayées à Pékin, et que nous devons au zèle du révérend provicaire apostolique. Le parc du Peh-tang est superbe et tellement vaste que les Chinois lui donnent le nom de forêt, ce qui n'a rien d'exagéré pour qui a visité ces ombrages deux fois séculaires. Cet établissement, rendu tout récemment aux missions françaises, deviendra de la plus haute importance. Il avait été complètement ravagé au temps de l'expulsion des jésuites; mais les efforts de la populace de Pékin ont été impuissants contre l'enceinte de la chapelle, formée de grilles fleurdelisées en fer massif qu'on n'a pu desceller, mais qui portent encore visiblement les empreintes de la fureur populaire. On y voit aussi une porte d'honneur monumentale, en style du temps de Louis XIV, avec des colonnes doriques, des feuilles d'acanthe et deux vases grecs qui la surmontent; elle fait le plus singulier effet au milieu de l'architecture fantastique du pays.

Ce que le Nam-tang, ancien établissement des Portugais, cédé aussi à la France, contient de plus remarquable, c'est la cathédrale catholique : cet édifice, bâti du temps de Louis XV, se compose de deux tours carrées, comme celles de l'église Saint-Sulpice à Paris, et d'un corps de bâtiment avec des fenêtres à ogive et des portes surmontées de fleurons. La cathédrale de Pékin était dans un état de délabrement complet, et il a fallu de nombreuses réparations pour qu'elle fût rendue au culte. Enfin le jour de Noël 1861, la messe de minuit y fut célébrée en grande pompe, et les Chinois étonnés purent entendre le gong résonner dans leurs rues pour annoncer le passage du ministre de France, de Mme de Bourboulon et des gens de leur maison, se rendant au service divin; un grand nombre de Chinois catholiques assistaient également à la cérémonie. De ce jour, la liberté des cultes, décrétée par le gouvernement était un fait accepté par la population.

Pékin contient aussi une mission russe de la confession grecque, établie depuis longtemps à l'angle nord-est de la ville mongole; il y a aussi depuis 1861 une mission protestante adossée à l'enceinte du palais de la légation anglaise, et où se trouve un vaste hôpital.

Si la ville tartare contient un nombre aussi considérable de monuments intéressants, dont l'énumération et la description ont pu paraître un peu longues au lecteur, il n'en est pas de même de la ville chinoise, amas de ruelles et de masures plus faites pour inspirer le dégoût que pour attirer l'admiration : cependant, à plus d'un titre, elle paraîtra intéressante au voyageur curieux d'observer les mœurs intimes de la population; la ville chinoise de Pékin, c'est la vieille Chine avec toutes ses étrangetés et toutes ses laideurs pittoresques.

Nous laisserons donc raconter à Mme de Bourboulon la première excursion qu'elle fit au milieu de ce chaos humain.

« Je suis partie à cheval ce matin, avec sir Frederick Bruce et mon mari, pour faire une promenade dans la ville chinoise; nous étions sans autre escorte que quatre cavaliers européens et deux *ting-tchai* [1], ce qui prouve le degré de sécurité dont on jouit maintenant à Pékin.

« Qui eût pu prévoir cela, il y a deux ans, alors que l'entrée de cette ville mystérieuse était interdite sous peine de mort aux Européens!

« La curiosité de la population commence à s'émousser; on nous regarde, on se retourne pour nous voir plus longtemps,

1. Messagers chinois ou cavas attachés au service des légations européennes. *(NdA)*

mais nous ne sommes plus suivis par une masse de peuple, ce qui est un progrès véritable, et rend ces longues promenades plus faciles et plus agréables.

« Nous sommes sortis de la ville mongole par la porte de Tien, et suivant la large chaussée qui sépare les deux villes, nous avons fait notre entrée dans la ville chinoise par la porte de Tchouen-tche.

« Nous avons débouché alors sur l'avenue de l'Est qui est d'une assez belle largeur et régulièrement bâtie : de nombreuses boutiques de marchands de soieries, de porcelaines et de laques s'étalent des deux côtés de la rue; chaque marchand a devant sa porte une planche haute de dix à douze pieds soigneusement vernie et dorée, sur laquelle sont indiquées en gros caractères les marchandises qu'il débite : cette suite de pilastres, placés de part et d'autre le long des maisons et à égale distance, produit la perspective la plus agréable, et donne à ces longues rues l'apparence d'une décoration théâtrale. L'usage de cette sorte d'écriteaux est commun à tous les marchands des grandes villes de la Chine.

« En avançant dans l'avenue de l'Est, nous avons dû diriger rapidement nos montures sur le côté de la chaussée, pour éviter une formidable machine qui marchait sur nous, ébranlant sur son passage les maisons et le sol même qui tremblaient tout à l'entour.

« Qu'on se figure deux cents chevaux au moins attelés en éventail avec un câble presque aussi gros que le corps d'un enfant à un chariot sur lequel est placé un gigantesque monolithe! Pour combiner la simultanéité d'efforts qui leur permet de transporter des poids énormes, les Chinois sont d'une habileté merveilleuse; j'ai vu des portefaix transporter à dos des pièces de fonte ou des canons dont la pesanteur aurait fait reculer les Européens les plus vigoureux. Ce n'est pas par la force seulement, c'est par l'adresse qu'ils réussissent.

« Rien n'était plus étonnant que la manière dont les charretiers s'y prenaient pour pousser leurs chevaux; les coups de fouet et les excitations verbales se succédaient avec un ensemble merveilleux, et le chef du travail, l'ingénieur sans doute, précédant la lourde machine, devant laquelle il marchait à reculons, faisait avec ses bras un télégraphe animé, comme un capitaine de navire sur son bord, lorsqu'il commande une manœuvre difficile.

« Nous sommes arrivés au bout de la chaussée à un vaste carrefour formé par l'avenue de l'Est qui s'y termine et la grande rue qui traverse la ville chinoise de l'orient à l'occident, en reliant ensemble, par une voie directe, les portes de Conan-tsu et de Cha-coua.

« Ce carrefour populeux emprunte un caractère tout particulier à la grande quantité de revendeurs de la campagne qui viennent y étaler des viandes, du gibier et surtout des légumes; j'y remarquai des tas énormes d'oignons et de choux qui s'élevaient jusqu'à la hauteur des portes des maisons. Les paysans et paysannes, assis par terre sur une natte de jonc ou sur un escabeau en bois, fument tranquillement leurs pipes, tandis que les vieilles mules rétives, les ânes tout pelés, qui ont servi au transport des marchandises, errent sur le marché au milieu de la foule, allongeant leur long cou pour saisir au passage quelque légume ou quelque herbe moins surveillés.

« A chaque pas des citadins à la démarche nonchalante et prétentieuse, armés d'un éventail, au moyen duquel ils protègent leur teint blême et farineux contre les ardeurs du soleil, se rencontrent avec de robustes campagnards au teint cuivré, chaussés de sandales et coiffés de larges chapeaux de paille.

« Un pavillon, placé au milieu du carrefour et garni d'une devanture en papier huilé, contient un poste de soldats de police chargés de maintenir l'ordre dans le marché.

« Nous ne savions comment guider nos chevaux au milieu de cette cohue que les cris énergiques et les imprécations sonores de nos ting-tchai finirent cependant par faire ranger, et nous gagnâmes les abords du pavillon de police, espérant y être plus tranquilles et voulant tenir conseil sur la direction qu'il nous fallait suivre.

« Nous y étions à peine depuis quelques instants que mon cheval se mit à broncher et à renâcler énergiquement : j'avais toutes les peines du monde à le maintenir, lui ordinairement si doux et si obéissant. Certainement quelque chose l'épouvantait. Je levai machinalement la tête, et je pensai me trouver mal devant le spectacle horrible qui vint frapper mes yeux!

« Derrière et tout près de nous était une rangée de mâts, auxquels étaient fixées des traverses en bois; aux traverses étaient suspendues des cages en bambou, et dans chaque cage il y avait des têtes de mort qui me regardaient avec des yeux mornes tout grands ouverts; leurs bouches se disloquaient avec d'affreuses grimaces, leurs dents étaient convulsivement serrées par l'agonie du dernier moment, et le sang découlait goutte à goutte le long des mâts de leurs cous fraîchement coupés!

« En un instant nous nous lançâmes tous au galop pour nous dérober à la vue de ce hideux charnier, auquel je penserai longtemps encore dans mes nuits d'insomnie!

« Il paraît que j'ai été heureuse de ne voir que ce que j'ai vu! J'étais exposée, grâce à notre ignorance des lieux, à assister à quelque chose de plus hideux encore!

« Les malheureux dont les têtes étaient ainsi exposées à la vindicte publique, et il y en avait plus de cinquante, appartenaient à une bande de voleurs des environs de Pékin, qui avaient été arrêtés tout récemment, et dont l'exécution remontait seulement à la veille de notre promenade. On avait fabriqué des cages neuves pour l'exposition de ces têtes humaines qui, n'ayant subi aucune atteinte de décomposition, n'exhalaient encore aucune odeur fétide.

« Quelques jours auparavant, à ce qu'on m'a raconté depuis, un des jeunes gens de la légation avait passé par ce carrefour, et avait été obligé de fuir devant l'odeur empestée qui s'échappait des débris humains en putréfaction! Les cages pourries s'étaient disloquées et disjointes. Quelques têtes pendaient accrochées aux barreaux par leurs longues queues, d'autres étaient tombées à terre au pied des mâts.

« Tel est l'usage impitoyable de la loi chinoise, indigne d'un peuple aussi avancé en civilisation. Mais ces barbares coutumes remontent aux temps les plus éloignés : elles sont passées dans les mœurs, et les Chinois vaquent tranquillement à leurs affaires au moment des exécutions. Tandis que nous fuyions ce sinistre spectacle, la foule affairée des acheteurs et des revendeurs criait, se disputait, marchandait, sans même daigner jeter un coup d'œil à ces têtes de morts suspendues au-dessus des leurs.

« Je respirai enfin quand nous eûmes mis quelques centaines de pas entre nous et le carrefour des exécutions.

« J'avais hâte, toutefois, de rentrer à la légation, et nous tournâmes à gauche pour éviter de faire un grand détour, en allant rejoindre la Grande Avenue du milieu de la ville chinoise par le carrefour qu'elle forme avec celle de Chacoua, dans laquelle nous nous trouvions. Cette rue, dont j'ai oublié le nom, va aboutir à la Grande Avenue, près de la porte de Tien-men, mais elle est tellement étroite, tellement encombrée de gens et d'animaux, et elle fait tant de détours, que nous mîmes beaucoup plus longtemps à la parcourir, que si nous avions suivi tout droit par les avenues. A moins d'avoir du temps à perdre et de vouloir faire un voyage de découverte, ce qu'il y a de mieux à Pékin, c'est de ne pas quitter les larges chaussées qui sillonnent la ville aux quatre points cardinaux. Dans le cas contraire, on sait quand on part, mais on ne peut jamais prévoir quand on arrivera.

« La rue que nous venions de prendre, et que j'appellerai la rue des Bimbelotiers ou des Libraires, à cause du genre de commerce auquel se livrent ses habitants, est une de celles où la circulation est le plus difficile : à chaque pas, nous rencontrions des processions, des mariages, des enterrements, une foule pressée de badauds entourant des faiseurs de tours, des sorciers, des médecins ou des revendeurs au rabais. Les maisons, à un seul étage, sont toutes formées d'un magasin avec une arrière-pièce servant de logement; on y voit des livres empilés dans des rayons ou à terre, des estampes pendues au plafond, des peintures et des cartes de géographie en rouleaux, des caricatures et des affiches collées au châssis de la devanture; dans ces boutiques de libraires, on vend et on loue des journaux, entre autres la *Gazette de Pékin*; dans quelques-unes, on remarque à la place d'honneur de vieux livres coloriés ou des peintures sur feuilles d'arbres; ces peintures qui sont toujours d'un prix très élevé, s'obtiennent en faisant macérer les feuilles pour en enlever la partie compacte, après quoi on les couvre d'un enduit en poussière de talc, et, quand le tout est bien séché et bien homogène, on y trace des dessins colorés d'une manière très vive et très agréable à l'œil.

« Les boutiques de bimbelotiers et de merciers exposent des verroteries, des petits bijoux, des boutons, des épingles, des bracelets en jade, de la mercerie et tous les objets à bon marché qui servent aux gens du peuple.

« Mais quelle est cette bruyante musique qui se fait entendre? Ce charivari de flûtes, de trompes, de tam-tams et d'instruments à cordes a lieu pour célébrer les funérailles d'un des plus riches marchands du quartier!

« Voici sa porte devant laquelle l'administration des pompes funèbres (il y en a une à Pékin) a établi un arc de triomphe avec une carcasse de bois, recouverte de vieilles nattes et de pièces d'étoffes. La famille a installé les musiciens à la porte pour annoncer sa douleur, en écorchant les oreilles des passants.

« Nous pressons le pas pour ne pas nous trouver arrêtés au milieu de l'interminable cortège d'un enterrement : le plus beau jour de la vie d'un Chinois, c'est le jour de sa mort; il économise, il se prive de toutes les aisances de la vie, il travaille sans repos ni trêve pour avoir un bel enterrement.

« Nous ne sortirons pas de cette maudite rue! Voici un grand rassemblement qui nous barre le passage : on vient de placarder des affiches à la porte du chef de la police du quartier; on les lit à haute voix, on les déclame sur un ton ampoulé, pendant que mille commentaires, plus satiriques, plus impitoyables que le texte, se produisent au milieu des éclats de rire.

« Qu'a fait ce malheureux pour provoquer la vindicte populaire?

« Cette liberté de la moquerie, de la pasquinade, de la caricature, appliquée aux mandarins et aux dépositaires de l'autorité est un des côtés les plus originaux des mœurs chinoises; dans ce pays où un magistrat quelconque dispose si facilement de la vie de ses administrés, sous un prétexte de haute trahison ou de lèse-majesté, il lui est impossible de se soustraire à la satire populaire, qui le poursuit jusque dans sa maison, dans ses habitudes, dans son costume, dans ses mœurs.

« En Chine, on est libre d'imprimer et d'écrire ce que l'on veut; beaucoup de gens ont chez eux des presses mobiles, dont ils ne se font pas faute de faire usage, quand ils en veulent à quelque fonctionnaire. Les rues sont littéralement tapissées d'affiches, de réclames, de sentences philosophiques. Un poète a-t-il rêvé la nuit quelque strophe fantastique, vite il l'imprime, en gros caractères, sur du papier bleu ou rouge, et il l'expose à sa porte, c'est un moyen ingénieux de se passer d'éditeurs. Aussi peut-on dire que les bibliothèques sont dans les rues : non seulement les façades des tribunaux, les pagodes, les temples, les enseignes des marchands, les portes des maisons, l'intérieur des appartements, les corridors, sont remplis de maximes de toute sorte, mais encore les tasses à thé, les assiettes, les vases, les éventails, sont autant de recueils de poésie. Dans les plus pauvres villages, où les choses les plus nécessaires à la vie manquent, on est sûr de trouver des affiches.

« En attendant, la foule ne faisait que s'accroître : nos ting-tchai nous assurèrent que nous pouvions gagner la Grande Avenue par un passage couvert, qui s'ouvrait sur notre droite comme la gueule d'un four. Nous étions curieux de voir ce que pouvait être un passage de Pékin, et nous mîmes pied à terre, en recommandant aux domestiques chinois de nous ramener nos montures de l'autre côté, à la sortie.

« Ce passage, affecté au commerce du bric-à-brac, ou du *kou-toung*, qui est le nom que lui donnent les Chinois, est tout simplement une ruelle obscure où l'on peut à peine passer deux de front, couverte en mauvaises planches, pavée en terre, et à demi éclairée en plein jour par des lampes fumeuses.

« Il a environ cinq ou six cents pas de long, autant que j'ai pu le calculer, et si l'impatience d'en sortir ne m'a pas fait compter double.

« Ce ne sont plus des boutiques qu'on entrevoit dans ce couloir, ce sont d'informes amas de vieilles planches provenant de démolitions, dressées au hasard, les unes contre les autres, et soutenues par des piles de marchandises de tout genre, des vases, des porcelaines, des bronzes, des armes, de vieux habits, des pipes, des outils, des bonnets, des fourrures, des bottes, des engins de pêche et de chasse.

« Des objets sans nom et qui n'ont plus de forme, tous les reliquats, tous les résidus de la fabrication sont entassés là ! On ne comprend pas où peut se tenir le propriétaire de la boutique; mais pour peu que vos yeux se portent sur quelques-unes de ces marchandises, vous voyez sa tête hâve et son front chauve sortir comme une végétation maladive, de cette moisissure humaine.

« Il paraît cependant qu'il y a des objets de grande valeur au milieu de toutes ces vieilleries. Voici un amateur de bric-à-brac, le nez armé de formidables lunettes, qui examine en connaisseur, avec la moue caractéristique de la lèvre inférieure, des porcelaines antiques et de vieux bronzes.

« On m'assure que les marchands d'antiquaires sont ici d'une habileté à faire pâmer leurs confrères européens : au moyen d'une argile roussâtre, à laquelle ils font subir des préparations particulières et qu'ils enterrent pendant quelques mois, ils obtiennent des contrefaçons remarquables de vieilles porcelaines de la dynastie des Yuen, si recherchées par les amateurs. L'imitation est si parfaite que les plus malins y sont trompés.

« En Chine, comme ailleurs, les magasins de bric-à-brac ont le privilège de la plus grande malpropreté; s'il n'en était ainsi, les acheteurs ne croiraient pas, sans doute, à l'antiquité des objets qui sont offerts à leur convoitise; seulement, qui dit malpropreté chinoise exprime ce dont nous ne pouvons avoir l'idée et ce que je n'entreprendrai pas de décrire.

« Qu'il me suffise de dire que, dans ce passage où nous étions, la terre battue du sol était une bouillie de débris sans nom, que les planches de la toiture et des boutiques suintaient une humidité verdâtre et nauséabonde, que des enfants et des femmes en guenilles étaient vautrés dans tous les coins, et qu'il s'exhalait de tout cela une odeur fétide et insupportable que tempérait, heureusement pour nous, la fumée âcre et épaisse des lampes éclairées à l'huile de ricin.

« Qu'on juge avec quel plaisir nous avons retrouvé l'air pur, le ciel bleu et tout le confortable de nos appartements du Tsing-kong-fou. »

La ville chinoise de Pékin contient à son extrémité méridionale deux temples des plus célèbres de la Chine, tant par leur architecture que par les souvenirs historiques auxquels ils se rattachent. Ce sont les temples du Ciel et de l'Agriculture, placés au centre de parcs très vastes qui constituent une des plus belles promenades de la ville.

J'emprunterai la relation suivante à M. Trèves, qui, pendant son séjour à Pékin, avait fait de ces parcs, dont l'entrée est interdite au public, le but habituel de ses promenades quotidiennes.

Il faut convenir, quelque habitué qu'on soit à la Chine et aux mœurs de ses habitants, que l'avenue du centre de la ville chinoise présente le spectacle le plus animé, le plus bruyant qu'il m'ait encore été donné de voir dans aucun pays du monde.

« Les larges chaussées en sont couvertes de baraques de toute grandeur, de toute forme, de toute couleur : c'est l'aspect d'une foire en permanence, mais avec ce caractère spécial que tous les métiers sont pratiqués par des opérateurs ambulants qui transportent avec eux les outils de leur profession, et poussent, chacun à leur manière, un cri particulier.

« Je me rappelle avoir eu sous les yeux à la fois un forgeron ambulant, un barbier en plein vent et un restaurateur de rencontre : tous trois exerçaient leur industrie, entourés de leurs chalands, dans le même coin de la rue.

« Le forgeron, placé devant son établi, ressemblant assez à celui d'un tonnelier, faisait mouvoir son soufflet avec son pied, et, comme il n'avait pas d'étau, il tenait le fer de sa main gauche, enveloppée dans un morceau de cuir, tandis que de la droite il maniait avec dextérité sa lime dont l'autre bout était maintenu par un anneau; il faisait ainsi œuvre de tous ses membres à la fois.

« Le barbier était chargé par-devant d'une table et d'un escabeau en bois, auxquels faisait contrepoids par-derrière un lourd bassin en cuivre retenu par trois cordes, à une desquelles était pendu un petit tam-tam annonçant par son tintement continuel sa présence aux pratiques. Il passait, courbé sous le poids de son bagage. Un amateur se présente pour se faire raser la tête : en un clin d'œil le *frater* a placé sa table à deux pas du forgeron, il la cale avec un peu de boue, fait asseoir le patient sur l'escabeau, la figure tournée vers la forge qui vomit des étincelles, lui rabat le cou sur son genou en l'empoignant par sa queue qu'il enroule autour de son poignet, et, après lui avoir mouillé la tête avec de l'eau tiède, il lui frotte la nuque à tour de bras ou plutôt de main pour remplacer le savon absent et lui attendrir l'épiderme, enfin il tire de sa ceinture un rasoir en fer non poli qui a l'air d'un sabre, vu sa dimension et sa forme, et commence l'opération.

« A côté du barbier, un restaurateur ambulant s'est établi, sans se soucier de ce voisinage compromettant pour la propreté de sa cuisine qu'il porte suspendue avec le sac aux provisions à un long bâton de bambou. Il allume son fourneau, et annonce avec béatitude qu'il va offrir au public le thé merveilleux qui donne une longue vie, les tranches de la pastèque céleste qui inspirent la sagesse, l'eau-de-vie de sorgho qui dispense le courage aux cœurs faibles, accompagnés de petits poissons et de gâteaux frits à la graisse, le tout pour le prix extraordinaire de vingt sapèques par consommateur.

« Un peu plus loin, l'odorat est désagréablement affecté par le contenu de hottes portées à dos par deux hommes! Ils viennent de vider l'intérieur d'une de ces petites maisonnettes en paille élevées par les soins de l'édilité sur tous les points populeux de la ville. Ces hommes agitent une sonnette pour avertir de leur présence; ils font leur service gratuitement, ce genre d'engrais étant très recherché pour l'agriculture.

« Une bande de mendiants aveugles, et dans un costume plus que léger, car ils ont oublié leurs caleçons, passent en se tenant la main. Des enfants jouent au *Mont-de-piété*; l'un d'eux, qui a orné son nez d'une énorme paire de lunettes en papier, représente le prêteur sur gage impitoyable... Il manie avec dédain les objets que lui présentent ses camarades, offre des prix au rabais, et discute comme un vieux marchand consommé. Des porteurs d'eau poussent un cri strident, en maintenant d'une main l'équilibre de leurs seaux suspendus à un cerceau recourbé, tandis que de l'autre ils s'éventent avec célérité. Le marteau du forgeron retentit, le tam-tam du barbier tinte continuellement, la friture frémit dans la poêle du restaurateur, les mendiants nasillent leurs misères, les enfants poussent de joyeux éclats de rire, la foule trépigne, hurle, se presse, se démène!

« Un orateur populaire s'est établi à l'ombre d'un arbre : monté sur une grosse pierre de taille, il harangue les passants du haut de cette tribune improvisée; c'est un aspirant lettré, qui n'a jamais pu se faire recevoir aux premiers grades, et qui, n'ayant appris aucun métier manuel, gagne sa vie en récitant les vers des poètes et les chroniques des sages du temps passé.

« Le *tchou-chou-ti* ou lecteur public a le privilège d'attirer la foule autour de lui; car les Chinois, même ceux des classes inférieures, ont la passion des choses littéraires, et quittent volontiers des divertissements grossiers pour écouter la lecture des passages les plus intéressants et les plus dramatiques de leur histoire nationale. A l'aspect des physionomies, à l'approbation qui se manifeste vivement, on comprend tout l'intérêt que le peuple attache à ces récits historiques. Le tchou-chou-ti s'arrête, quand il est fatigué, et profite des entractes pour faire une quête qu'il accompagne, afin d'exciter ses auditeurs à la générosité, de commentaires sur la charité et les vertus privées des humbles, sur les vices et les iniquités des puissants qui oppriment le monde. Ces espèces de *clubs* en plein vent existent partout en Chine : ils sont tellement passés dans les habitudes que la police ne songe pas à y mettre obstacle. Voilà qui est singulier dans un pays où le despotisme a jeté de si profondes racines!

« L'avenue du Centre ne présente pas un spectacle aussi animé dans tout son parcours. Dès qu'on passe le carrefour qu'elle forme avec l'avenue de Cha-coua, les maisons deviennent plus rares et la foule moins nombreuse. A la hauteur des dernières habitations se trouve un pont suspendu jeté à une certaine hauteur et qui fait communiquer ensemble deux rues parallèles. Ce pont est solidement construit en pierre et en bois.

« Je descendis de cheval, et je montai les deux longs escaliers qui conduisent au sommet pour jouir de la perspective de l'avenue du Centre qu'il sépare à peu près en deux parties égales.

« La première, qui s'étend jusqu'à la porte de Tien, était celle que je venais de parcourir; c'est le centre le plus populeux de la ville chinoise. L'autre, qui passe entre les deux enceintes des temples du Ciel et de l'Agriculture, va aboutir à l'extrémité méridionale des remparts près de la porte de Young-ting; elle est presque inhabitée, ou du moins, si quelques maisons bordent l'avenue, des champs cultivés s'étendent autour. Du haut de ce pont, on aperçoit, au-dessus des grandes futaies de leurs parcs, les coupoles rondes des deux temples, et à droite et à gauche de vastes plaines plantées en sorgho, en maïs, et en blé; des maisonnettes de paysans, les clochetons de quelques pagodes, et les minarets du cimetière musulman varient un peu la monotonie du point de vue que bordent à l'horizon comme un rideau sombre les hautes murailles de la ville.

« Un industriel d'un nouveau genre s'était établi avec son

attirail au pied du parapet du pont : c'était un diseur de bonne aventure. Il était assis devant une table aux deux bouts de laquelle étaient des lanternes allumées quoiqu'il fît plein jour, profusion de lumière dont je n'eus pas l'occasion de m'expliquer le motif, car il ne savait pas lui-même; tel était *l'usage*, à ce qu'il m'assura!

« Ce pauvre diable ne paraissait pas avoir beaucoup de clients en ce lieu solitaire; aussi me décidai-je à lui demander de me prédire mon sort.

« La confiance que je lui témoignais lui fit grand plaisir; ses yeux s'animent, sa taille voûtée se redresse, il fait craquer tous ses doigts, rejette sa queue en arrière, et toute sa personne, quoique son costume n'ait rien de particulier, prend une allure magique. Il saisit quatre petites pièces en cuivre, les met dans un cornet, lève le cornet à la hauteur de l'œil avec un air fatal, l'agite et verse les piécettes sur la table; il les regarde, marmotte dans ses dents quelques mots cabalistiques, et recommence quatre fois la même opération; puis, il retire d'un sac quatre cubes en bois sur lesquels sont gravés des points, et qui ressemblent à des dés; il les range et forme des combinaisons entre ces cubes et des carrés qu'il a faits avec du charbon sur sa table. Dans ces carrés sont des dessins qui ont, autant que je peux le deviner, la prétention de représenter les divers événements de la vie; ce sont les pièces de cuivre qui déterminent l'emploi des dés et leur rangement.

« J'avoue que, quelque ému que je dusse être par l'appréhension de ma destinée qui s'agitait, je trouvai les combinaisons du bonhomme un peu longues, je lui mis un *tael* [1] dans la main, et je m'éloignai; mais j'avais compté sans mon sorcier qui, reconnaissant de ma générosité, me poursuivit en me prédisant toutes sortes de prospérités et de succès, qu'il avait soin d'assortir à mon âge; et aux goûts qu'il me supposait. Au moment où je passais à cheval sous le Grand Pont, du haut du parapet il m'annonça l'empire... sur le Monde!

« J'en avais pour mon argent!

---

1. Petit lingot d'argent servant de monnaie. *(NdA)*

« Quelques minutes après, j'arrivais à l'endroit où l'avenue du Centre se trouve bordée de chaque côté par les enceintes des temples du Ciel et de l'Agriculture, le premier à gauche, le second à droite. Je n'eus pas besoin d'en faire le tour pour en gagner les portes; les fossés qui touchent à l'enceinte sont comblés en certains endroits par le sable de Mongolie qu'y amoncellent les vents d'ouest, et mon cheval était habitué à franchir, d'un bond, le mur dont la crête dépassait de quelques pieds à peine le niveau du sol exhaussé.

« Je me trouvais dans le parc du temple du Ciel, où il est défendu à quiconque de s'introduire, mais où le prince de Kong avait bien voulu nous autoriser à diriger nos promenades. Il y a quelque chose de saisissant et de profondément triste à la fois dans cette vaste solitude, dans cette absence de tout bruit et de tout mouvement, qui succède subitement au tumulte de la ville.

« Ce sont de grandes avenues droites dallées en pierre, bordées de chaque côté de balcons de marbre, et entourées de futaies magnifiques d'arbres deux fois séculaires. Ces arbres sont disposés en vastes carrés coupés régulièrement par les avenues, qui sont toutes de même largeur et aménagées sur le même modèle. Sous ces futaies composées en grande partie d'arbres verts, aucun buisson, aucune fleur, aucune herbe même ne peut pousser. Le sol est couvert d'une couche épaisse de feuilles effilées et jaunies, dont se sont dépouillés les cèdres et les pins; on n'entend rien que le battement cadencé du pic noir qui frappe sur les vieux troncs, et le gémissement du vent qui souffle dans les clairières.

« Le temple du Ciel est rond, surmonté de deux toits qui ont l'air de deux vastes chapeaux chinois. C'est la forme la plus usitée dans la construction des temples, mais cet édifice est d'une dimension inusitée : il a au moins cinq cents mètres de circonférence! Les tuiles des toits vernissées en bleu azur sont placées de manière à faire saillie les unes au-dessus des autres comme les écailles d'un lézard; une mousse épaisse et noirâtre couvre en partie la surface du toit supérieur, l'autre est moins dégradé. L'intervalle des deux toits est construit avec des carreaux de faïence d'un bleu plus clair, ornée de peintures aux vives couleurs; quatre écussons en bois verni et sculpté, formant un riche ornement et sur lesquels sont inscrits des caractères dorés et le dragon impérial, sont placés aux quatre points cardinaux en face des grands escaliers. La partie inférieure de l'édifice se compose de châssis en bois verni, veiné et d'un ton de rouge laque admirable, dans lequel sont enchâssés des panneaux en émail d'un bleu très foncé parsemé d'étoiles d'or. Au-dessus, et sous le second toit, on retrouve le même encadrement de faïences d'un bleu pâle avec des peintures encore plus riches. Une masse de cuivre doré ayant la forme d'un immense plumet, couronne l'édifice.

« On ne remarque aucune sculpture à l'extérieur du temple, mais l'œil est surpris de l'élégance avec laquelle sont nuancés les différents tons de ces couleurs éclatantes, qui produisent un ensemble harmonieux, et dont on ne peut bien rendre compte par une description orale. On peut dire de cet édifice, comme de certains tableaux : le dessin manque, mais la couleur en est charmante.

« L'intérieur, dans lequel on pénètre par quatre portes très hautes et à deux battants a été entièrement dévasté : on y remarque des statues de dieux d'une dimension gigantesque; les larves d'insectes qui vivent dans le bois ont rongé l'intérieur de ces divinités périssables, et, pour peu qu'on les touche brusquement, elles tombent en poussière.

« La partie des toits qui surplombent en saillie est recouverte d'une toile métallique, pour empêcher, à ce que m'a assuré un gardien, les hirondelles d'y nicher.

« Il doit y avoir bien longtemps, à en juger par l'état de dégradation des autres parties de l'édifice, que ces soins méticuleux ont été pris dans un but de conservation.

« La forme du temple du Ciel est peu gracieuse, lourde et écrasée, mais la haute terrasse sur laquelle il est placé et qui double presque sa hauteur, les nombreux balcons de marbre qui l'entourent, les quatre magnifiques escaliers qui y conduisent, lui donnent un aspect imposant et grandiose.

« J'ai compté trente-deux marches aux escaliers construits

en marbre, ou plutôt en pierres d'albâtre; une rampe en pente douce couverte de sculptures les sépare en deux parties; un vaste brûle-parfums en bronze est placé sur un piédestal au pied de chacun d'eux. L'architecture des balcons est très gracieuse; il y en a trois rangs superposés; ils supportent des pilastres peu élevés, carrés par le bout, sur lesquels sont sculptées des têtes d'animaux. L'enceinte du temple de l'Agriculture est beaucoup moins large quoique aussi profonde que celle du temple du Ciel; l'aménagement du parc est le même, mais les futaies sont plus dévastées : beaucoup d'arbres sont tombés de vétusté et ont laissé place à de nombreuses clairières; tout annonce que cet édifice est encore plus antique que son voisin. »

SUITE
DU RÉCIT
DE M. TRÈVES
LE TEMPLE DE L'AGRICULTURE
UNE RONDE DE NUIT – LES ENVIRONS
DE PÉKIN – LE CIMETIÈRE FRANÇAIS
LA ROUTE DU PALAIS D'ÉTÉ

« J'ai dit que le temple de l'Agriculture est moins ancien que celui du Ciel; mais il est entouré d'un labyrinthe de balcons, d'un dédale d'escaliers surmontés de monolithes d'une forme étrange qui donnent à l'ensemble de l'architecture un aspect bizarre et unique au monde. Sur tous ces marbres sont sculptés en relief les flots de la mer, des fleurs, des champs de blé, des oiseaux, et tous les monstres qu'a su enfanter l'imagination des sculpteurs chinois.

« Cet édifice, orné et décoré dans le même goût que le temple du Ciel, n'en diffère que par ses dimensions moins considérables et par ses trois toits superposés; les peintures sont moins riches, quoique mieux conservées. En général les émaux, les porcelaines et les laques sont mieux entretenus, ce qu'on pourrait attribuer à la fête de l'agriculture qu'y célèbre encore tous les ans l'empereur actuel.

« Le sol y paraît aussi plus humide et moins sablonneux que celui du monument rival. Malgré les soins des gardiens, la mousse et les plantes parasites recouvrent d'un épais tapis les dalles des escaliers et des avenues; ces braves gens font dans toutes ces vieilles pierres une abondante récolte d'excellents champignons qu'ils vont vendre en ville. C'est, avec le logement et le chauffage, le plus clair de leurs appointements.

« L'enceinte du temple de l'Agriculture contient en outre de vastes dépendances : on y voit la plaine, où chaque année l'empereur et les princes de sa famille viennent, à l'époque des premiers labours du printemps, préparer de leurs mains augustes une étendue de terrain déterminée par les rites religieux; enfin une des avenues conduit à des bâtiments abandonnés, entourant une vaste cour au milieu de laquelle se dresse une tourelle de dix mètres d'élévation. Jadis les empereurs, montant sur la terrasse de cet édifice, y sacrifiaient des brebis au maître du ciel, et les précipitaient la gorge ouverte sur le parvis de la cour où les devins consultaient leurs entrailles fumantes. Il y a bien longtemps, dit-on, que ces hécatombes sanglantes ont été abandonnées, cependant on y voit encore les carcasses et les cendres des victimes.

« Le jour touchait à sa fin, et de nombreuses bandes de corbeaux, dont les aïeux se nourrissaient sans doute des restes du sacrifice, et qui ont gardé l'habitude de nicher dans cette nécropole, arrivaient en croassant se percher sur les corniches : la lune, qui se levait à l'horizon, blanchissait d'une lueur fantastique les portiques de marbre blanc, auxquels les rangs pressés de ces oiseaux de mort faisaient une couronne funèbre plus noire que la nuit!

« Il était temps de rentrer! Je savais, par expérience, qu'il n'est pas commode de circuler dans Pékin après le coucher du soleil, et je pressai l'allure de mon cheval, devant lequel courait mon domestique chinois, une lanterne à la main.

« A sept heures du soir, on ferme les portes de la ville, le gong sonne le couvre-feu, et la garde va occuper les postes désignés pour la nuit.

« L'avenue du Centre présentait un spectacle tout différent de celui auquel j'avais assisté quelques heures auparavant : on n'y rencontrait plus que quelques passants attardés et silencieux, pressant le pas pour regagner leur logis, et des chiens errants cherchant une maigre nourriture dans les tas d'immondices.

« La police interdit les assemblées nocturnes, qui ne sont pas du reste dans les mœurs de la population; deux heures après la tombée de la nuit, tous les habitants sont couchés, et on ne connaît ni les bals, ni les concerts, ni les soupers. Les tribunaux, le commerce, les opérations financières, les affaires sérieuses s'expédient dès le point du jour. A midi tout est terminé. Le reste de la journée jusqu'à la nuit est consacré au plaisir. Aux heures où l'on remarque le plus de mouvement dans les grandes villes d'Europe, celles de Chine jouissent du calme le plus profond; chacun est rentré dans sa famille, les boutiques sont fermées, les lecteurs publics ont terminé leurs stances, les théâtres ont fini leurs représentations.

« Toutes les ruelles qui viennent déboucher dans l'avenue du Centre étaient déjà fermées par des portes à claire-voie, que gardait le *ti-pao* chargé de la police du quartier. Quand on veut rentrer ou sortir, il faut parlementer avec lui et lui expliquer pourquoi on se trouve dehors à cette heure indue : quelques sapèques de gratification sont en général la meilleure explication.

« Il y a un de ces gardes de police attaché à la surveillance nocturne de chacune des rues de la ville et il est responsable de ce qui s'y passe; aussi n'entend-on presque jamais parler à Pékin de vols avec effraction et encore moins d'attaques à main armée : il y existe pourtant un grand nombre de coupeurs de bourse et de filous d'une adresse étonnante.

« A chaque pas je rencontrais des gardiens de nuit : ils se promènent en frappant sur un cylindre de bois qui produit un son analogue à celui d'une crécelle; dès qu'ils entendent du bruit, ou qu'ils voient quelque chose de suspect, ils ont bien soin de frapper à coups redoublés sur leur instrument, ce qui veut dire aux voleurs et aux malintentionnés : " Je suis là ! Sauvez-vous ! Vous reviendrez un peu plus tard. " D'ailleurs, pour qu'on les voie de plus loin, ils portent une lanterne allumée à la ceinture.

« Pékin n'est pas éclairé, il est vrai, mais les Chinois ont une passion inexplicable pour les lanternes; on ne saurait s'en passer même par le plus beau clair de lune. Les porteurs de chaise, les mendiants, les gardiens de police en sont munis; les enfants même en ont de proportionnées à leur taille.

« J'ai rencontré, en rentrant dans la ville mongole, une patrouille de nuit chargée de faire la ronde. L'officier commandant qui la précédait à cheval faisait porter devant lui une énorme lanterne où étaient inscrits son nom et ses titres; chaque homme de la patrouille en avait une plus petite ayant une forme de poisson, d'oiseau, de chevaux. Toutes ces lumières, s'agitant dans l'obscurité, et éclairant seulement les jambes des soldats de police, dont le haut du corps et la tête restaient dans l'ombre, produisaient l'effet le plus singulier.

« Malheureusement ce spectacle pittoresque fut interrompu par un vacarme épouvantable, qui me fit prendre le galop aussitôt : les gardiens de chaque rue transversale, afin de reconnaître la patrouille et de prouver qu'ils veillaient, signalaient son passage en frappant à tour de bras sur leurs cylindres, et en réponse les soldats de la patrouille agitaient tous ensemble une cliquette attachée à leurs bras.

« Ces bruits sont extrêmement incommodes tandis que l'oreille n'y est pas habituée, et je leur ai dû bien des nuits d'insomnie dans les premiers temps de mon séjour à Tien-tsin.

« En rentrant à la légation et dès que j'eus fait de la lumière dans ma chambre, j'ai aperçu nos deux braves veilleurs de nuit, car il y en a dans toutes les grandes maisons de Pékin. Ils ont soin d'accourir dès qu'ils sont bien sûrs qu'il y a quelqu'un, et alors ils font assaut de zèle.

« Je riais en moi-même de voir la manière fanfaronne avec laquelle l'un d'eux agitait ses bras d'un air terrible, en indiquant les coins obscurs du jardin à l'autre qui les fouillait tour à tour avec son trident de fer comme s'il eût voulu transpercer tous les voleurs. S'ils en avaient aperçu un, comme ils auraient pris la fuite!

« Dieu merci, nos veilleurs de la légation, quoiqu'ils portent à leur ceinture le tam-tam et la crécelle, insignes de leurs fonction, n'en font pas usage à leur grand regret comme leurs confrères de la rue. Ce vacarme nocturne leur a été expressément défendu. »

La province de Pe-tche-li, dans laquelle se trouve Pékin et qui est la plus septentrionale de la Chine proprement dite, se divise en neuf départements dont chacun a sa ville capitale. Nous avons eu occasion de parcourir celui dont Tien-tsin est le chef-lieu; le département de Pékin est moins fertile encore; bordé au nord-ouest par une chaîne de petites montagnes qui le séparent de Suan-hoa-fou, il ne se compose guère que de grandes plaines sablonneuses arrosées par les rivières Peï-ho et Wen-ho, dont les vallées seules possèdent une richesse naturelle. Mais, si la nature a refusé ses dons aux environs de Pékin, l'industrie humaine en a changé complètement l'aspect, à force de travail. Les irrigations, les transports de terre végétale, l'abondance des engrais ont formé un sol artificiel; aux environs du village de Hai-tien, les empereurs, en bouleversant le terrain à force de bras, ont placé un paysage pittoresque au milieu d'une plaine nue et aride : des collines rocailleuses, de plantureux vallons, des forêts d'arbres magnifiques, des lacs, des cascades, toutes les créations de l'art secondé par le temps y ont avantageusement remplacé la nature.

Ces immenses travaux de terrassements s'étendent à plus de quarante kilomètres au nord-ouest de Pékin. Au nord de la capitale, se trouvent des champs de blé, de sorgho et d'orge; au sud, d'immenses marais et des rizières alimentées par les eaux du Wen-ho; et enfin, c'est à l'est que vient aboutir la chaussée de Pa-li-kiao, sur laquelle est assise la ville de Toung-tcheou, que nous avons décrite précédemment. Quand on débouche de la capitale par la porte de Pin-tse, on se trouve sur la grande route du nord-ouest qui conduit aux ruines du

Palais d'été. Au pied des murailles, une enceinte plantée de grands arbres renferme l'ancien cimetière portugais, où ont été déposés les corps des victimes de l'attentat de Toung-tcheou et du général Collineau.

A quelques kilomètres plus loin, on rencontre le cimetière français, qui contient le monument consacré à la mémoire des officiers et soldats morts pendant la campagne de Chine. Rien de plus triste que l'aspect de cette nécropole ! On y arrive par une porte dégradée, entourée de murs qui tombent en ruine; un frère catholique, qui est à la fois gardien du cimetière et maître d'école, y habite une mauvaise masure entourée d'une haie de sorghos; derrière s'étend un jardin maraîcher, où de maigres légumes croissent difficilement au milieu des gravats et des vieilles pierres moussues qui encombrent le sol.

Après le potager, viennent les tombes. Elles sont alignées à une distance égale et toutes construites sur le même modèle adopté jadis par les missionnaires : ce sont des carrés égaux coiffés d'une demi-sphère avec un rebord; on dirait de vastes chapeaux ronds. Ces pierres blanches sont lugubres à voir dans la monotonie de leur forme et dans la régularité de leur position. Devant chaque tombe, un monolithe dressé sur un socle contient les inscriptions funéraires. Au loin, par les brèches de la muraille, on aperçoit au-dessus de la plaine les pics bleuâtres des montagnes. Le sol du cimetière est recouvert d'une mousse noire toute desséchée par le soleil; on n'y voit d'autres arbres que d'humbles mélèzes nouvellement plantés dans les intervalles des tombes, et qui végètent à peine dans ce terrain ingrat.

Le monument expiatoire élevé à l'armée française par les soins du capitaine Bouvier se trouve près de l'entrée : il est carré, plus haut que large, et très simplement orné; une grille en fer en entoure la base et en défend l'approche; devant est l'aigle impérial, derrière deux épées en croix avec la Légion d'honneur en sautoir. L'un des côtés porte cette inscription : « A la mémoire des officiers et soldats morts pendant la campagne de Chine. – 1860. » Sur l'autre, on lit les noms des victimes de l'attentat de Toung-tcheou et des officiers tués en combattant.

A quelques pas plus loin, une large pierre tumulaire est posée à plat sur le sol : c'est là qu'a été transporté le corps du lieutenant de Damas, tombé au combat de Tchang-kia-ouang.

Il y a une mélancolie saisissante dans cet humble cimetière, où reposent, à quatre mille lieues de la patrie, quelques-uns des glorieux enfants de la France. Aucun bruit n'y rappelle le pays natal, et le nasillement des écoliers chinois, qui répètent leurs leçons, vient seul en interrompre le morne silence.

Le cimetière français est situé à l'ouest-nord-ouest, à huit kilomètres de Pékin, dans un vallon aride; plus loin, en avançant vers le village de Hai-tien, on aperçoit vers la droite le célèbre temple de la Cloche.

L'architecture religieuse des Chinois ne ressemble en rien à la nôtre. Nous, cherchant à mettre en harmonie le mystère imposant dont s'entourent nos cérémonies sacrées avec l'ensemble d'édifices voués au recueillement et à la prière, nous personnifions la majesté de Dieu par des églises grandioses, fermées de toute part, d'un style grave, un peu sombre et mélancolique. La dévotion des bouddhistes est moins exigeante, et s'accommode de constructions analogues à celles des particuliers. Aussi les Chinois choisissent-ils, pour élever un temple, un site riant et pittoresque, avec des eaux pures, de grands arbres et une végétation fertile; ils y creusent des étangs et des ruisseaux et y tracent une foule d'allées tournantes, près desquelles ils multiplient les arbustes et les fleurs; par ces avenues fraîches et parfumées, on arrive à plusieurs corps de bâtiments entourés de galeries, dont les piliers sont couverts de plantes grimpantes : on se croirait dans une résidence champêtre consacrée aux plaisirs des sens plutôt que dans un sanctuaire dédié à la divinité.

Tel est le temple de la Cloche, qui doit son nom à un énorme instrument qui n'a pas la même forme que ses homonymes d'Europe. C'est un cône allongé et presque cylindrique, tout entier en bronze pur, sans alliage, d'environ cinq mètres de haut sur trois de diamètre et huit centimètres d'épaisseur. Cette cloche pèse soixante mille kilogrammes et est couverte de frises, de filets, de moulures et de plus de trente-cinq mille caractères en ancien chinois et en langue mandchoue, ciselés en relief et d'une netteté admirable. Comme elle n'est pas mobile et n'a pas de battant, on se contente de frapper dessus avec un pilon en bois mû avec des cordes; ce qui produit, malgré la pureté du métal, un son sourd à vibrations peu prolongées et indistinctes. Non loin, au milieu d'un vaste amphithéâtre de hautes collines, s'élève le temple de Pi-yun-tse. L'avenue par laquelle on arrive à l'édifice sacré a plus d'un kilomètre de longueur; elle est ombragée des deux côtés par une allée de sapins plantés à égale distance et habités par des écureuils et des faisans. L'architecture du temple est assez grandiose : ce monument, placé au pied d'une éminence, est entouré de galeries et de terrasses superposées qui vont toujours en diminuant jusqu'au faîte; il s'élève ainsi, degré par degré, avec ses mille salles et ses mille corridors.

La grande chaussée dallée en granit, qui conduit aux ruines qui furent le Palais d'été, passe près du village de Hai-tien. Les coteaux environnants sont couverts de jardins et de belles habitations appartenant aux mandarins attachés à la personne de l'empereur. Un grand lac de forme carrée précède l'entrée du palais. A gauche une route dallée conduit à un nouveau village, habité également par les gens de service du palais, ainsi que l'indiquent les tuiles jaunes des toits. Au nord on aperçoit les montagnes que domine la tour du Guet, du haut de laquelle les gardiens chargés de veiller sur les abords de la résidence royale purent signaler, en 1860, l'approche des barbares de l'Occident.

Tout ce paysage, quoique artificiel, est admirablement tourmenté; les terres provenant des étangs ont formé de hautes collines rocailleuses, jetées çà et là au milieu de vallées verdoyantes, où le trop-plein des eaux est détourné au profit d'immenses rizières.

IX

LE GOUVERNEMENT

AUTORITÉ
DE L'EMPEREUR – LE CORPS
DES LETTRÉS – DIVISION DES GRADES
ET BOUTONS DES MANDARINS – L'OFFICE
DES CENSEURS – LE CONSEIL DES MINISTRES
LA COUR DE CASSATION – LES SIX COURS
SOUVERAINES OU MINISTÈRES
ADMINISTRATION SUPÉRIEURE
ET GOUVERNEMENT
DES PROVINCES

Il y a un ancien proverbe chinois qui dit : « Quand les sabres sont rouillés et les bêches luisantes, les prisons vides et les greniers pleins, les degrés des temples usés par les pas des fidèles et les cours des tribunaux couvertes d'herbes, les médecins à pied et les boulangers à cheval, l'empire est bien gouverné. »

Malheureusement ce proverbe, s'il a jamais trouvé application, est tombé en désuétude depuis bien longtemps. L'insurrection des Taï-ping, l'intervention armée des Européens, la faiblesse de caractère de l'empereur Hien-Fung ont amené un état de décadence, un mépris des vieilles institutions qui semblent annoncer la prochaine dissolution de ce vaste empire.

Son organisation était pourtant un modèle dans le genre despotique. L'empereur est considéré comme le père et la mère de ses sujets; manquer au respect et à l'obéissance qu'on doit aux délégués de son pouvoir, c'est commettre un crime contre la piété filiale, vertu fondamentale qui est l'objet de tous les éloges des moralistes. La piété filiale sert de base à la morale publique; être bon ou mauvais citoyen, c'est être bon ou mauvais fils. Tels sont les principes du pouvoir impérial établis par les King ou les cinq livres canoniques des Chinois, anciens monuments dus à leurs premiers sages, et qui, depuis plus de quatre mille ans, sont les codes de leur religion, de leurs lois et de leur organisation administrative. Mais si le souverain possède un pouvoir paternel illimité vis-à-vis de ses sujets, il est lui-même Tien-tse ou le fils du Ciel, c'est-à-dire que le *Tien* ou l'être suprême peut, en cas d'indignité, lui retirer la souveraineté qu'il a reçue par le mandat céleste. Quelle que soit la valeur de cette théorie, malgré les nombreuses révolutions qui se sont opérées en Chine, malgré les vingt-deux dynasties qui s'y sont succédé pendant la période historique, le profond respect qu'inspire la dignité impériale n'a pas diminué, et l'affection pour toute dynastie nouvelle est érigée en maxime de droit public.

L'autorité de l'empereur est donc absolue; il fait la loi ou l'abolit à son gré; il a droit de vie et de mort; tout pouvoir administratif et judiciaire émane de lui; tous les revenus de l'empire sont à sa disposition; cependant, il n'absorbe pas à lui seul l'autorité; il la délègue à ses ministres qui la transmettent aux gouverneurs de provinces, d'où elle arrive de degré en degré jusqu'aux chefs de famille dont l'ensemble forme la nation. On n'aborde le fils du ciel qu'avec une extrême servilité dans les formes extérieures, mais sa puissance est très contenue, dans une certaine limite, par les règles et les usages. Quand on approche de son trône, on frappe neuf fois la terre du front; mais il ne peut choisir un sous-préfet que sur une liste de candidats dressée par les lettrés, et s'il négligeait, le jour d'une éclipse, de jeûner et de reconnaître les fautes du ministère, cent mille pamphlets autorisés viendraient lui enseigner ses devoirs et le rappeler à l'observation des antiques usages.

Deux institutions, le corps des lettrés et l'office des censeurs, font ou devraient faire contrepoids au despotisme impérial.

Le corps des lettrés forme une véritable aristocratie qui n'est pas le résultat des hasards de la naissance, mais qui se renouvelle perpétuellement par les examens et les concours. Cette institution, qui est la noblesse du talent, a contribué puissamment à la longue durée de l'empire, et a seule la puissance de le maintenir encore sur ses bases ébranlées. Les titres héréditaires n'y sont pas reconnus, sauf pour les descendants du célèbre Confucius, mais on y donne des titres rétrogrades qui anoblissent les ancêtres de l'homme illustre que l'on veut récompenser, marque d'honneur à laquelle les Chinois attachent un grand prix. Tous les magistrats, officiers civils et employés, qui font partie exclusivement de la classe des lettrés, sont désignés par la qualification générique de *Kouang-tou*, qu'on a traduit mal à propos par le mot mandarin. On n'arrive aux emplois supérieurs de l'administration qu'en se faisant recevoir aux premiers grades des lettrés. Les uns sont la conséquence absolue des autres. Les mandarins sont divisés en neuf ordres qu'on distingue les uns des autres par des boutons de la grosseur d'un œuf de pigeon qui se vissent au-dessus du chapeau officiel. Les trois premiers ordres ont le bouton rouge, le plus élevé est en corail uni, le second est vermillon ciselé, le troisième couleur ponceau; le quatrième et le cinquième ont le bouton bleu opaque (en lapis-lazuli) et bleu transparent (en verre bleu), le sixième est blanc opaque (en jade blanc), le septième en cristal de roche, le huitième et le neuvième en cuivre doré et ouvragé. Telle est l'organisation de ce remarquable corps des lettrés, qui, sans la fraude dans les examens et sans la corruption dans la pratique, formerait la plus rationnelle des institutions gouvernementales qu'on puisse citer chez aucun peuple du monde.

L'office des censeurs, analogue à ce qu'on voyait chez les Romains, se compose de magistrats qui, sans aucune autorité directe, jouissent du droit de remontrance dans toute son étendue. Les censeurs exercent leur inspection sur les mœurs et la conduite des mandarins, des ministres, des princes et de l'empereur même. On a trouvé au Palais d'été quelques-unes de ces remontrances à propos d'abus de pouvoir qui montrent jusqu'à quel point les empereurs sont, ou consentent à paraître, justiciables de leur contrôle.

Le gouvernement suprême se compose, outre l'office des censeurs :

1° du conseil privé *(Neï-ko)*, dont sont membres huit tchoung-tang ou grands lettrés, quatre Mandchous et quatre Chinois. Le conseil privé est chargé, suivant le livre officiel des statuts, de mettre en ordre et de manifester la pensée de l'empereur dans les formes administratives; c'est une sorte de conseil d'État.

2° du conseil des ministres, composé des huit membres du Neï-ko et des présidents et vice-présidents des six cours souveraines ou ministères. Le conseil des ministres délibère avec l'empereur sur toutes les affaires politiques.

3° de la cour de cassation où entrent tous les membres des ministères et les censeurs; elle statue sur les appels en matière criminelle et sur les sentences de mort; ses décisions doivent être rendues à l'unanimité; dans le cas contraire, c'est l'empereur qui juge en dernier ressort.

Les six cours souveraines ou ministères sont : le *Li-pou* ou cour des emplois civils, qui correspond à notre ministère de l'Intérieur; le *Hou-pou* ou cour des revenus publics (ministère des Finances); le *Ly-pou* ou cour des rites, qui est à la fois le ministère des Affaires étrangères et celui des Beaux-Arts [1]; le *Ping-pou* ou ministère de la Guerre et de la Marine, le *Hing-pou*, cour des châtiments (ministère de la Justice), et enfin le *Koung-pou*, le ministère des Travaux publics.

L'administration supérieure comprend en outre : l'Office des colonies, chargé de la surveillance des Mongols, des Tibétains et des tribus mahométanes de la frontière occidentale, l'Académie des Han-lin (*han-lin-youen*, la « forêt de pinceaux »), qui partage avec la cour des rites la direction de l'instruction publique, et enfin le conseil d'administration du palais, chargé de toutes les affaires de la maison de l'empereur.

Tels sont les principaux ressorts du gouvernement chinois; ressorts usés par trois mille ans de frottements.

1. Depuis 1862, les deux services sont autonomes, ce qui fait que Pékin possède désormais un véritable ministère des Affaires étrangères. *(NdA)*

Les provinces sont administrées par un gouverneur général qui représente l'empereur; après lui viennent le gouverneur civil et le gouverneur militaire, puis une foule de mandarins dont le pouvoir et les attributions dépendent du chef civil ou du chef militaire. Pour empêcher les conspirations, les empereurs mandchous ont décrété que nul ne serait fonctionnaire dans son pays natal, et ne pourrait exercer de charges dans la même province pendant plus de trois ans. Le Code chinois interdisait déjà aux fonctionnaires d'acquérir des biens ou de se marier dans leur juridiction territoriale. Ces mutations perpétuelles ont beaucoup contribué à affaiblir le lien gouvernemental, et ont motivé en partie les dernières insurrections. L'empire tout entier est divisé en communes composées théoriquement de cent familles, dont le chef, nommé à l'élection, est responsable des impôts, de l'entretien des routes et de l'accomplissement des corvées publiques.

Il est inutile d'entrer dans des détails plus circonstanciés sur le gouvernement chinois, sujet qui a été supérieurement traité par Abel de Rémusat, dans ses *Mélanges asiatiques*, plus récemment dans l'ouvrage de M. Pauthier, intitulé : *Chine moderne*, et enfin dans les livres si populaires du P. Huc; cependant il nous a paru utile de mettre sous les yeux du lecteur un aperçu concis de cet antique gouvernement, qui a été trop décrié peut-être après avoir été trop admiré. Qui pourrait nier d'ailleurs que la forme administrative adoptée par une nation n'ait un rapport direct avec ses mœurs et ses coutumes ?

X

LA RELIGION

INDIFFÉRENCE
DES CHINOIS EN MATIÈRE
DE RELIGION – MUSULMANS,
CHRÉTIENS ET JUIFS – RELIGION DE LAO-TSEU
IDOLES DU TEMPLE DE FA-QUA – ABJECTION
DES PRÊTRES – DOCTRINE DE CONFUCIUS
LE BOUDDHISME – RÉFORME DE TSONG-KABA
LAMAS ET BONZES – MME DE BOURBOULON
DANS LE TEMPLE DES MILLE LAMAS – VISITE
A LA BONZERIE DE HO-KIEN – MAGNIFIQUES
JARDINS – MARTYRS VOLONTAIRES
MOULINS A PRIÈRES
SINGULIER MODE
DE SÉPULTURE
REPAS DE LA
COMMUNAUTÉ

La religion joue un moins grand rôle en Chine que dans tout autre pays. Le fond du caractère chinois, c'est le scepticisme. Le Chinois ne poursuit avec ardeur que les richesses et les jouissances matérielles; les choses spirituelles ayant rapport à l'âme, à Dieu, à une vie future, il y croit peu, ou plutôt il ne veut pas s'en occuper. Cette indifférence qui fait le désespoir de nos missionnaires est confirmée par un fait récent assez concluant. Lors de l'enterrement d'un prince de la famille impériale, qui eut lieu à Pékin en 1861, on convoqua, pour augmenter la pompe de la cérémonie funèbre, des prêtres de toutes les religions qui existent dans la ville. Il y avait là, pêle-mêle, des docteurs de la raison, des lamas jaunes du culte réformé, des bonzes et des imams *hoeï-hoeï* ou musulmans chinois. Est-ce le signe d'une sage tolérance? Non. C'est seulement la preuve du mépris qu'affichent en Chine les hautes classes de la société pour les formes religieuses.

On compte dans ce pays trois religions principales : la religion de Lao-tseu, celle de Confucius, et celle de *Fô* ou le bouddhisme, qui est la plus répandue. On y rencontre, en outre, un assez grand nombre de mahométans qui habitent différentes provinces et dont nous parlerons plus tard en décrivant la ville de Luan-Hoa-fou, des chrétiens, dont le décret sur la liberté de conscience a beaucoup amélioré la position, et enfin quelques juifs dont il n'existe plus qu'un petit nombre de familles et une synagogue dans la province de Ho-nan.

La religion de Lao-tseu passe pour être la religion primitive de la Chine. Ses sectateurs admettent beaucoup de dogmes qui leur sont communs avec ceux de Confucius, mais ils croient à l'existence des dieux intermédiaires, des génies et des démons. Ce culte a dégénéré en idolâtrie. Les prêtres et prêtresses, voués au célibat, se livrent à la magie, à la nécromancie et à une foule d'autres superstitions. On les appelle *tao-sse* ou docteurs de la raison, parce qu'un dogme de leur croyance, enseigné par Lao-tseu, leur fondateur, admet l'existence de la raison primordiale qui a créé le monde. Lao-tseu vivait il y a deux mille quatre cents ans, à la même époque que Confucius, avec qui il eut de fréquentes disputes sur le dogme; ces disputes se continuèrent après leur mort, et les annales chinoises sont remplies du récit des querelles des tao-sse avec les disciples de Confucius. Les superstitions extravagantes des premiers, la prétention qu'ils affichaient de connaître l'élixir dispensant l'immortalité, donnèrent de puissantes armes à leurs adversaires qui les couvrirent de ridicule. Actuellement, la religion de Lao-tseu n'est plus pratiquée que dans la plus basse classe du peuple.

La pagode de Fâ-qua, dont nous avons parlé et qui est située dans une île de la mer du Nord, à Pékin, appartient aux prêtres tao-sse. Les vastes salles en sont occupées par une armée de dieux et de génies monstrueux en bois peint et sculpté; dans les galeries latérales, une foule d'autres figures représentent des héros ou des saints canonisés de cette secte populaire. Au centre de l'édifice se trouvent cinq statues gigantesques; celle du milieu, assise sur un coussin, la poitrine et le ventre découverts, est une représentation du dieu qui doit venir sauver les hommes; les quatre autres, qui lui servent d'acolytes, sont des dieux inférieurs; le premier tient un long serpent enroulé autour de son corps; le second porte un parasol sur la pointe duquel sont attachés des nuages en papier; le troisième, qui a une figure effroyable, brandit un sabre à deux tranchants; le quatrième, enfin, joue de la mandoline.

Les prêtres de ce temple, au nombre d'une quinzaine au plus, n'ont pas de costume particulier, ou plutôt ils sont couverts de guenilles sordides. Leur tête est rasée, mais non pas complètement comme celle des bonzes, car ils se laissent croître sur le sommet du crâne une épaisse touffe de cheveux qu'ils maintiennent avec une épingle de métal. C'est leur seul signe distinctif. La misère de ces malheureux et le mépris dont ils sont poursuivis sont tels que le nombre en va toujours diminuant. On les laisse vivre dans l'abjection au fond de leur temple sans s'occuper d'eux, sauf quelques adeptes qui vont quelquefois consulter les sorts ou brûler du papier peint et des bâtons de parfums au pied des idoles. Ces rares aumônes ne pourraient suffire à leur entretien, s'ils n'y joignaient la mendicité qu'ils exercent en grand et de la manière la plus importune. Pour le Chinois, travailleur par excellence, tout prêtre est un paresseux, un frelon qui vit dans la ruche aux dépens des abeilles; aussi le Tao-sse en est-il réduit, dans sa vieillesse, à louer pour quelques sapèques l'enfant d'une famille pauvre dont il fait son disciple ou plutôt son domestique, et qui plus tard devient son successeur.

La religion, ou plutôt la doctrine de Confucius, est suivie par les lettrés : l'empereur lui-même s'en est déclaré le patriarche. Elle a pour base un panthéisme philosophique diversement interprété suivant les époques. Quoique l'existence d'un Dieu tout-puissant, punissant le crime et récompensant la vertu, ait été admise par ce grand philosophe, le peu de soin qu'il a pris de baser ses principes de morale sur l'idée divine, a amené peu à peu ses disciples au matérialisme. Pour Confucius, le bien et la justice parmi les hommes sont en conformité avec l'ordre éternel de la nature; ce qui est mal au point de vue de la morale, pèche contre l'harmonie du Grand Tout. Il ne s'est, dans aucun de ses ouvrages, livré aux spéculations philosophiques sur l'origine, la création ou la fin du monde; il n'est jamais religieux, mais il enseigne admirablement la piété filiale, l'amour de l'humanité, la charité, la renonciation de soi-même; enfin c'est un grand moraliste qui a donné les préceptes du beau et du bien, mais qui n'a voulu préjuger en rien les destinées de l'homme et la nature de la Divinité. Confucius, né l'an 551 avant Jésus-Christ, et mort en 474, était donc contemporain des premiers philosophes grecs, de Cyrus et d'Eschyle. Voltaire a dit de lui :

De la seule raison salutaire interprète,
Sans éblouir le monde éclairant les esprits,
Il ne parla qu'en sage et jamais en prophète;
Cependant on le crut, et même en son pays.

Jamais il n'a été donné à un homme d'exercer, pendant tant de siècles, un aussi grand prestige sur ses semblables. Depuis deux mille quatre cents ans, trois cents millions d'hommes rendent un culte à la fois civil et religieux à ce grand citoyen. Il n'est pas une ville qui n'ait un temple élevé en son honneur; son image se trouve dans toutes les académies, dans les pagodes des lettrés, dans les yamoun destinés aux examens littéraires; dans les plus humbles écoles des villages les plus reculés, maîtres et élèves se prosternent devant sa tablette au commencement et à la fin des classes.

La religion de Confucius n'a ni images ni prêtres : chacun la pratiquant comme il l'entend, les mandarins ont ajouté à cette pure doctrine des cérémonies officielles telles que le culte rendu aux ancêtres, aux astres et aux génies du ciel et de la terre; mais eux-mêmes tournent en ridicule ces vieilles croyances conservées pour garder un prestige vis-à-vis du peuple, et sont les premiers à se moquer des jours fastes et néfastes des horoscopes, de l'astrologie et de la divination par les sorts publiés tous les ans par l'Almanach impérial.

Le principal temple de Confucius à Pékin est situé au nord de la ville; nous avons déjà parlé de ce monument; à l'intérieur, l'œil ne trouve rien de remarquable que sa vaste étendue, la grandeur des salles, la décoration et la dorure des plafonds, et surtout la quantité de tablettes contenant des maximes du philosophe gravées en caractères dorés qui sont suspendues de toute part aux murailles. Sur un piédestal est un cadre plus grand que les autres qui porte l'inscription suivante : « Au très saint maître Confucius ». Malheureusement les pratiques superstitieuses se sont glissées dans le culte, et les offrandes déposées par les gens simples, telles que les pièces d'étoffes de soie, les vases consacrés remplis de riz, de fruits secs et d'autres aliments, servent à entretenir la paresse des desservants qui balayent le temple, entretiennent les lumières, époussettent les tablettes, et qui se sont constitués d'eux-mêmes les prêtres de Confucius.

La troisième religion de la Chine est le bouddhisme, qui, on le sait, prit naissance dans l'Inde plusieurs siècles avant Jésus-Christ. Son fondateur se disait appelé à réformer l'antique religion des Hindous, le brahmanisme; il considérait tous les hommes comme égaux devant Dieu, et les admettait tous sans distinction de castes aux fonctions sacerdotales et civiles ainsi qu'aux récompenses de la vie future. Cette religion de douceur et de fraternité était trop en opposition avec les traditions aristocratiques des brahmanes pour qu'ils pussent l'accepter sans résistance. Ils lui opposèrent toutes les armes dont ils pouvaient disposer, spirituelles, temporelles, même les invasions barbares, et finirent par en triompher après une lutte de mille ans. Refoulé au nord et à l'est de l'Himalaya, le bouddhisme est encore aujourd'hui la religion qui compte le plus de sectateurs sur la surface du globe. Il commença à pénétrer en Chine vers le premier siècle de notre ère, et y fit bientôt de grands progrès parmi le peuple dont ses pompes religieuses séduisirent l'imagination. Les Chinois, par une mutilation du nom de Bouddha, ont appelé le bouddhisme la *religion de Fô.* Mais une nouvelle réforme se produisit, il y a quelques siècles, au sein même du bouddhisme, dans la Tartarie chinoise. Vers 1400, un prophète appelé Tsong-Kaba changea l'ancienne liturgie et introduisit dans les cérémonies du culte des innovations qui présentent une analogie frappante avec certains rites du catholicisme. La réforme de Tsong-Kaba triompha rapidement dans tous les pays compris entre les monts Himalaya, les frontières russes et la grande muraille; la Chine, le Japon et toute l'Indochine restèrent attachés au culte primitif. Les *lamas* ou prêtres réformés adoptèrent le bonnet et les vêtements jaunes, les bonzes gardèrent le bonnet rouge et les habits gris. Les deux sectes, d'abord rivales, vivent aujourd'hui dans un parfait accord, et se regardent comme étant de la même famille. Cependant elles ont des temples différents, et ne confondent pas leurs rites.

Les Mongols et les Mandchous, étant tous du culte réformé, ont plusieurs temples à Pékin, entre autres le célèbre couvent des Mille Lamas, mais on compte dans cette ville un plus grand nombre d'établissements religieux appartenant aux bonzes. Nous laisserons raconter à Mme de Bourboulon la visite qu'elle fit au commencement de l'année 1861 au temple des Mille Lamas :

« L'entrée de la lamaserie est remarquable par la profusion de statues qui entourent le péristyle du temple principal : on y voit des lions, des tigres et des éléphants accroupis sur des blocs de granit. Les grandes rampes qui bordent les escaliers sont également ornées de mille figures bizarres représentant des dragons, des chimères, des licornes et autres animaux fabuleux. Dès qu'on a monté les degrés qui mènent à la porte d'honneur, on arrive sur un vaste perron, et on a devant soi une des façades du temple bâtie tout entière en bois verni et sculpté. D'énormes charpentes soutiennent le bâtiment dont l'intérieur est éclairé par des châssis de papier. Chaque poutre, chaque panneau, chaque morceau de bois a été ciselé, taillé, fouillé à jour. C'est un entrelacement inouï de feuilles, de fruits, de fleurs, de branches mortes, de papillons, d'oiseaux, de serpents! Au milieu de cette végétation luxuriante en bois sculpté et pour former repoussoir, un monstre à tête humaine apparaît parfois ouvrant une large bouche et laissant voir avec une affreuse grimace ses longues dents pointues.

« Lorsque nous eûmes pénétré dans l'intérieur du sanctuaire, nos yeux mirent quelque temps à s'habituer à l'obscurité mystérieuse qui nous enveloppait. Les châssis de papier éclairent encore moins que les fenêtres à vitraux coloriés de nos églises. La cérémonie religieuse avait commencé, et le coup d'œil était vraiment imposant. Au fond, en face de nous, sur une espèce d'autel qui a la forme d'un cône renversé, est assise la trinité bouddhique, environnée d'une foule de demi-dieux et de génies, ses satellites ordinaires. La statue du Bouddha, en bois doré, est gigantesque : elle a, dit-on, soixante-dix pieds de haut. La figure du dieu est belle et régulière, et, à part la longueur démesurée des oreilles, rappelle bien le type caucasique. Les lamas mongols, à qui appartient ce temple, ont mieux conservé les traditions religieuses que leurs rivaux les bonzes, et savent bien que le prophète Bouddha venait des pays d'Occident.

« Devant les statues des dieux, est une table sur laquelle sont des vases, des chandeliers, et des brûle-parfums en bronze doré. L'intérieur du temple est orné de sculptures et de tableaux ayant rapport à la vie du Bouddha et aux transmigrations de ses plus fameux disciples. Dans les chapelles latérales, formées par des pilastres carrés sans corniches ni moulures, sont les images des dieux inférieurs : des gradins, ornés de vases de cuivre en forme de coupe pour les offrandes et de cassolettes où brûlent sans cesse des parfums, conduisent jusqu'aux pieds des idoles. De riches étoffes en soie chargées de broderies d'or forment sur la tête de tous les dieux comme de grands pavillons d'où pendent des banderoles couvertes d'inscriptions et des lanternes en papier peint ou en corne fondue.

« Sur un siège doré, en face de l'autel, est assis le grand

lama, chef de la communauté; son costume touche de très près à celui des évêques catholiques : il porte dans la main droite un long bâton en forme de crosse, sur sa tête est une espèce de mitre jaune, et ses épaules sont couvertes d'une chape violette retenue sur la poitrine par une agrafe. Les simples lamas sont accroupis symétriquement dix par dix sur des nattes qui recouvrent de larges planches presque au niveau du sol; toutes ces rangées de divans sont séparées l'une de l'autre par un espace vide ménagé là pour qu'on puisse circuler librement. Les prêtres sont tous coiffés d'un chapeau en peluche jaune orné d'une chenille de la même couleur, chapeau qui ressemble beaucoup à un casque de carabinier. Ils ont tous la longue robe jaune, la ceinture de soie rouge, et les pieds nus, car, en signe d'humilité, ils ont laissé leurs bottes de velours écarlate sous le vestibule. Chacun d'eux est tourné vers le chœur, assis les jambes croisées au rang que lui assigne sa dignité.

« Mais voici que résonne le gong, qui appelle au recueillement et à la prière! Le grand lama s'agenouille sur le coussin de crin qui lui a été préparé devant son siège doré; chacun des assistants se prosterne sur les nattes, les bras étendus dans la posture d'une profonde adoration; puis un maître de cérémonie qui fait l'office de sacristain agite une clochette, et les lamas murmurent à voix basse des prières qu'ils lisent sur un formulaire en papier de soie que chacun d'eux tient déroulé devant lui. En ce moment, un de nos compagnons, qui, arrêté devant des bas-reliefs, les examinait attentivement les mains croisées derrière le dos, est invité par un des prêtres à prendre une posture plus décente. Un nouveau coup de gong annonce le commencement des chants sacrés : c'est une psalmodie à deux chœurs qui se répondent alternativement. Dans ce plain-chant, où chaque chanteur tient la même note, nous entendons des basses très remarquables, mais le chant est toujours le même; il ne varie que d'intensité.

« Après la musique vocale, imposante quoique un peu monotone, vint la musique instrumentale : trois lamas battaient la mesure; l'un frappait sur un tambour, l'autre sur un bassin de cuivre, le troisième agitait une crécelle ronde grosse comme un crâne; ajoutez les clochettes, les conques marines et le gong, et vous aurez une idée de ce charivari! Le service dura une heure environ avec des alternatives de chant, de musique instrumentale et de rigoureux silence. A certains passages, les lamas se frappaient la tête sur le sol devant la statue du dieu, tandis que le grand prêtre, levant ses bras au ciel, semblait appeler ses bénédictions. Le son des cloches, les prosternements, le chant sacré, l'odeur de l'encens, la tonsure et enfin le costume des officiants m'ont vivement rappelé les cérémonies du catholicisme. C'est aussi l'avis de nos missionnaires qui attribuent au réformateur du bouddhisme, dans le quinzième siècle, des voyages en Asie Mineure, qui, en lui faisant connaître les rites de l'église, lui inspirèrent l'idée de les introduire dans l'ancien culte.

« Il n'y a pas à Pékin de temple plus riche et qui attire plus de dévots que celui des Mille Lamas; les croyances religieuses sont encore toutes-puissantes chez les Tartares, les Mongols et les Mandchous; ils professent un grand respect pour leurs prêtres, et j'ai dû constater après avoir assisté tant de fois aux basses servilités des bonzes mendiants, à leurs cyniques comédies de dévotion, et au mépris dont ils sont l'objet presque partout, que leurs confrères les lamas ont conservé un maintien plus digne, une réserve plus sacerdotale, et un cérémonial imposant qui expliquent en partie l'immense succès du bouddhisme, cette religion fameuse qui compte en Asie plus de trois cents millions de sectateurs. »

Les bonzes, en effet, sont loin d'avoir la même importance dans la société chinoise que les lamas au Tibet et dans la Tartarie. Les plus célèbres bonzeries sont dans un état de décadence complet, et l'incrédulité toujours croissante ne semble pas annoncer qu'elles soient prêtes à recouvrer leur ancien lustre. A certaines époques de l'année, on y voit un assez grand nombre de visiteurs qui y sont attirés plutôt par la curiosité que par la dévotion; on y va faire des parties de plaisir, des voyages d'agrément, mais on n'y accomplit pas de pèlerinages. Aussi les bonzes, ne pouvant plus vivre en communauté parce que la charité est insuffisante pour les nourrir, ont-ils pris le parti de se disséminer dans les villages, vivant comme ils peuvent sans discipline et sans hiérarchie. Pour se faire bonze, il suffit de se raser la tête et d'endosser une robe à larges manches; quand on ne veut plus l'être, on laisse repousser sa queue et on prend des habits plus courts. Il y a de nombreux couvents de bonzesses, surtout dans le midi de la Chine : le révérend William Milne, missionnaire protestant, résida pendant quelque temps dans un de ces couvents Ning-po; il nous a laissé un tableau peu flatteur des mœurs et de la conduite de ces nonnes chinoises vouées au culte de la déesse Kouanyin, une des divinités de la triade bouddhique. Rien n'égale la déconsidération où sont tombés les bonzes et les bonzesses que la loi chinoise frappe d'une sorte de mort civile : il leur est défendu de visiter leur père et leur mère, de sacrifier à leurs ancêtres, et même de porter le deuil de leurs parents morts, sous peine de cent coups de bâton. On les met en scène sur le théâtre, où l'on ne manque jamais de leur faire jouer les rôles les plus infâmes; les empereurs eux-mêmes les raillent et excitent le peuple contre eux dans leurs édits ou *Chan-Yu*; enfin les Taï-ping ont cru rendre leur insurrection populaire en les massacrant partout sur leur passage!

« Dans un voyage que je fis, nous écrit M. Trèves, pour visiter la ville de Ho-Kien, chef-lieu du département où se trouve Tien-tsin, je passai deux jours dans une bonzerie située aux environs de la ville et où je reçus la plus complète hospitalité. Cette bonzerie, une des plus vastes et des mieux entretenues que j'aie encore vues, est située sur le penchant d'une colline agreste, où sont disséminés dans un désordre pittoresque les vingt-cinq pagodes, temples et kiosques dont elle se compose.

« Dès que j'eus reçu à Ho-Kien, où j'étais assez mal logé,

l'invitation hospitalière de l'administrateur de la bonzerie, je m'acheminai, sous la conduite d'un jeune bonze qu'on m'avait envoyé comme guide, vers le parc dont on apercevait les hautes futaies; après avoir franchi quelques kilomètres, nous nous engageâmes sous l'ombre épaisse d'une allée bordée d'arbres centenaires. Elle décrivait mille détours capricieux à travers des ravins, des étangs, des ruisseaux bordés de plates-bandes, de fleurs odorantes et d'arbustes aromatiques, et nous amena, au débouché de grottes profondes taillées en plein rocher, en face d'un lac majestueux, au-dessus duquel le temple principal élevait ses portiques de marbre soutenus par douze colonnes de granit.

« Rien de plus saisissant que l'aspect architectural et grandiose de ce monument qui se reflète dans les eaux paisibles du lac. Au milieu des nymphéas roses qui étalent leurs brillantes corolles au-dessus de leur tige d'un vert tendre moucheté de noir, se promènent des canards mandarins couleur de feu et d'azur; des gouramis [1] et des daurades aux écailles d'or et d'argent se jouent à la surface de l'eau et sautent pour attraper les mouches luisantes qui forment des chœurs aériens; de temps en temps des tortues, effrayées par notre passage, se laissent tomber dans le lac, semblables à de grosses pierres qui roulent; de petits oiseaux gazouillent sur les longues branches de saules pleureurs et de peupliers argentés. Le spectacle de ce paysage enchanteur me fit une vive impression; je ne crois pas avoir vu dans aucun autre pays du monde un parc où la nature secondée par l'art se soit présentée à moi sous des dehors aussi séduisants.

« Une réception amicale m'attendait : on me fit entrer dans la salle des visiteurs, et l'on plaça devant moi tous les rafraîchissements compatibles avec les règles du jeûne bouddhique. Je passai le reste du jour à visiter les jardins et les nombreux édifices qu'ils renferment; puis, la nuit venue, on me servit

---

1. Le gourami *(osphromenes olfax)* devient très grand. C'est un excellent poisson, qui appartient à la famille des Pharyngiens labyrinthiformes. *(NdA)*

à souper dans la chambre vaste et commode qu'on m'avait assignée.

« Le lendemain j'assistai à un service religieux, pendant lequel je fus frappé de l'ensemble et de l'harmonie des chants sacrés. Parmi les cinquante bonzes qui faisaient partie de la communauté, il y avait des enfants qui n'avaient pas quinze ans et des vieillards plus qu'octogénaires : ces fraîches voix de soprano mêlées à des basses caverneuses produisaient une psalmodie assez mélodieuse, quoique un peu monotone. J'assistai aussi dans le temple à une cérémonie bizarre, où de vieilles dévotes vinrent offrir des bâtons de parfums et des cierges à l'idole du Bouddha. Le grand prêtre leur fit l'imposition des mains, pendant qu'elles allumaient leurs offrandes et se prosternaient en frappant le parvis du front. Ces cierges, que j'examinai après coup, sont faits avec de la bouse de vache mêlée avec de la cire et des résines odoriférantes; ils se composent d'une sébile de bois, au fond de laquelle sont attachés trois bâtons de cire, un perpendiculaire et deux autres formant le cône; trois plus petits bâtons sont placés horizontalement, de manière que le cierge se compose de sept becs de flamme alimentés par des mèches nitrées : on dirait un if en miniature.

« Je visitai ensuite des grottes, où vivent cinq ou six fanatiques devenus complètement étrangers au monde extérieur et qui, absorbés dans leurs niches par une conversation intime avec le Bouddha, ne paraissent jamais que dans les postures de la dévotion la plus outrée. Ce sont les saints de la communauté, dont la présence lui assure la vénération des fidèles. Deux d'entre eux s'étaient infligé volontairement des supplices ridicules : l'un avait suspendu à sa poitrine et à son bras gauche, au moyen de deux crochets de fer qui paraissaient s'enfoncer dans ses chairs saignantes, des lampes à trois et à cinq becs, qu'il faisait brûler pour la rédemption des hommes; l'autre était debout, les deux bras et les deux jambes écartés, retenus dans cette position gênante par de lourdes chaînes attachées au plafond. Il devait rester ainsi trois mois durant. Je ne fus pas dupe de ces prétendues mortifications;

le bonze aux lampes avait collé sur son front un morceau de peau couleur de chair, dans lequel était fixé le crochet, et le sang qui découlait n'était probablement que du sang de poulet; quant à celui qui faisait l'X, je le reconnus dans la foule des bonzes qui me reconduisirent à mon départ; ses trois mois de position forcée n'avaient pas duré longtemps. Je n'en parus pas moins admirer le dévouement dont faisaient preuve les deux patients pour racheter nos péchés, et je déposai, pour ma part, dans le bassin des aumônes une généreuse offrande.

« Deux choses m'étonnèrent encore plus que ces jongleries religieuses : ce furent le moulin à prières et le mode de sépulture adopté par les bonzes. Le moulin à prières ou la prière tournante, comme on l'appelle, ressemble assez à un dévidoir; on y attache des banderoles d'étoffe ou de papier, sur lesquelles sont imprimées les prières qu'on veut adresser au ciel; puis le postulant fait tourner le moulin de sa main droite, tandis que la gauche est appuyée sur son cœur. Au bout d'un quart d'heure de cet exercice, quand il a été fait avec la contrition et la rapidité suffisantes, on s'est acquis, à ce qu'assurent les bonzes, les indulgences divines. Il existe d'autres moulins encore plus ingénieux et plus commodes pour les paresseux, qui peuvent rester couchés et fumer leur pipe, tandis que la prière tournante intercède pour eux. Ceux-là, qui sont plus vastes et plus compliqués, sont mis en mouvement par le vent, et même par des chutes d'eau.

« En visitant le cimetière, je fus frappé de la forme des tombes qui simulent des pyramides renversées; voici l'explication qu'on m'en donna : quand un bonze est mort, on l'enterre assis, c'est-à-dire qu'on fait prendre au cadavre la posture dans laquelle le vivant se mettait en prière, les jambes repliées, les mains jointes et la tête penchée sur la poitrine. Le cadavre ainsi disposé est mis dans une grande jarre de terre sur laquelle on en place une autre de même dimension, mais renversée, pour servir de couvercle; le tout est hermétiquement fermé par une maçonnerie en briques de la hauteur des jarres.

« La veille de mon départ, je fus invité à un grand dîner

où je fus très étonné, quoique la règle du Bouddha établisse l'abstention de tout aliment qui ait eu vie ainsi que de l'ail et de l'huile, de voir servir des poulets, du porc rôti, des ragoûts de mouton, du poisson et des nids d'hirondelles. Mais tous ces plats succulents n'étaient que des imitations destinées à plaire aux yeux plutôt qu'au palais, et que le frère cuisinier était arrivé à produire par un miracle de l'art culinaire : ces prétendus plats de viande ne contenaient que des purées de pois, de fèves et d'autres légumes farineux cuits dans un moule qui leur avait donné la forme voulue, et recouvertes au moyen du four de campagne d'une croûte dorée et appétissante. Des fruits, des confitures, des gâteaux de farine d'orge sans levain et de l'eau-de-vie de riz complétaient le repas, auquel j'ajoutai deux bouteilles de chartreuse qui furent très bien reçues par les bonzes.

« La bonzerie de Ho-Kien me confirme dans l'idée que j'avais déjà conçue des prêtres du Bouddha : c'est qu'ils sortent tous des classes les plus basses de la société, où ils se recrutent parmi les enfants abandonnés ou vendus par leurs parents, qu'ils sont affreusement sales et débauchés, et qu'enfin ils n'ont aucune influence ni crédit parmi le peuple qui les confond tous dans le même mépris. Cela donne beau jeu à nos missionnaires, dont la religion est fondée sur une morale plus pure, et qui, malgré la résistance des mandarins de province, balancent, aux applaudissements des administrés, les excès du despotisme des administrateurs. »

XI

LA JUSTICE ET LA POLICE

ADMINISTRATION
JUDICIAIRE – TRIBUNAUX
DES PRÉFETS – LE DROIT D'APPEL
LE CODE PÉNAL – LE LIVRE DE MÉDECINE
LÉGALE – APPLICATION
DE LA PÉNALITÉ
SUPPLICES

Il y a en Chine un rapport immédiat entre l'application pénale de la justice et l'organisation de la famille. Si l'empereur est le père et la mère de ses sujets, les magistrats qui le représentent à tous les degrés sont aussi le père et la mère de leurs administrés. Tout attentat contre l'autorité est un attentat contre la famille. L'impiété, un des plus grands crimes prévus et réprimés par la loi, n'est autre chose que le manque de respect aux parents. Voici comment le Code pénal a défini l'impiété : « Est impie qui insulte ses proches parents, qui leur intente procès, qui ne porte pas leur deuil, qui ne respecte pas leur mémoire, qui manque aux soins dus à ceux à qui il doit l'existence, de qui il tient l'éducation ou dont il a été protégé et secouru. » Les peines encourues pour le crime d'impiété sont terribles; nous en parlerons plus tard.

En transportant ainsi le sentiment de la famille dans le domaine politique, les législateurs chinois ont créé une machine gouvernementale d'une force prodigieuse, qui dure depuis trente siècles et que n'ont pu détruire ni même ébranler sérieusement les nombreuses révolutions et changements de dynastie, les oppositions de race entre le nord et le sud, l'immensité territoriale de l'Empire, l'incrédulité religieuse, et enfin le culte égoïste des intérêts matériels développés à l'excès par une civilisation caduque et immobile.

Nous avons cité, dans un chapitre précédent, parmi les cours suprêmes siégeant à Pékin, la cour d'appel ou de cassation (Ta-li-sse). Après elle viennent les prétoires de justice qui siègent dans les chefs-lieux de chaque province, et qui sont présidés par un magistrat spécial portant le titre de commissaire de la cour des délits; un autre magistrat de grade inférieur y remplit les fonctions d'accusateur public. On trouve ensuite dans les villes de deuxième et de troisième ordre des tribunaux inférieurs qui n'ont qu'un seul juge, le mandarin ou le sous-préfet du département. Les peines appliquées par ce dernier sont limitées : quand le crime a mérité un châtiment plus grand, l'accusé est renvoyé devant le prétoire siégeant au chef-lieu de la province; si ce tribunal déclare qu'il a encouru la mort, la procédure doit être expédiée à la cour d'appel de Pékin; celle-ci juge en dernier ressort aux assises d'automne. Aucun tribunal de province n'a donc le droit de prononcer la peine de mort; toutefois en certains cas, lorsqu'il y a révolte à main armée, un gouverneur peut être investi de pouvoirs judiciaires analogues à ceux que confère en Europe l'état de siège. Enfin, il y a dans toutes les localités une salle des instructions où le sous-préfet qui fait sa tournée trimestrielle doit s'informer de tout ce qui se passe, juger les différends, et faire un cours de morale au peuple; mais cette excellente institution, qui a une certaine analogie avec nos justices de paix, est tombée en désuétude par suite du relâchement des liens gouvernementaux et de l'incurie des mandarins.

Il résulte de cette organisation judiciaire que le sous-préfet est investi de tous les pouvoirs correctionnels dans le ressort de sa juridiction administrative, état de choses très vicieux et qui a enfanté d'énormes abus.

Il n'y a pas d'avocats en Chine, et, comme on le voit, très peu de juges : aussi la manière de rendre la justice est-elle extrêmement sommaire, et les garanties qu'elle offre à l'accusé à peu près nulles. Les amis ou parents peuvent, il est vrai, plaider sa cause, mais il faut que cela convienne au mandarin chef du tribunal. Quant aux témoins, ils sont exposés à recevoir des coups de rotin, suivant que leur déposition plaît ou ne plaît pas; en général les dépositions les plus longues sont celles qui plaisent le moins au mandarin; car il a une foule d'affaires à expédier, et son temps ne suffirait pas à les examiner toutes dans leurs plus petits détails. Aussi la damnation ou l'acquittement dépendent-ils des officiers de justice subalternes qui ont préparé la procédure d'une manière favorable ou contraire à l'accusé suivant qu'ils en ont reçu plus ou moins d'argent.

Le droit d'appel existe : le condamné peut en référer au prétoire de la province et même jusqu'à Pékin à la cour de cassation, mais les difficultés sont telles, les chances de succès si minimes, les distances si grandes, que les affaires criminelles se jugent presque toutes dans les tribunaux des mandarins chargés de l'administration locale. On trouve dans la loi chinoise une disposition qui pourrait être de nature à mitiger les excès de pouvoir des juges départementaux : les mandarins ne sont justiciables que de l'empereur et de la cour suprême pour les délits ordinaires; mais le privilège cesse quand ils ont commis un des grands crimes spécifiés par le Code tels que rébellion, désertion, parricide, inceste, majesté, et même, quand un juge ou le président d'un prétoire sont convaincus par suite d'appel d'avoir rendu un arrêt erroné, ils sont condamnés à recevoir un certain nombre de coups de rotin. Mais, pour en arriver là combien en ont-ils fait distribuer à tort et à travers?

Il existe en Chine un grand nombre de lois disséminées dans les édits impériaux, dans les recueils de jurisprudence, dans les livres canoniques, mais il n'y a pas, à vraiment parler, de code civil, ni pénal. Les magistrats ont la plus complète latitude pour interpréter la loi qui est d'une grande élasticité, parce qu'elle est mal définie. Le principal recueil de jurisprudence est le livre des lois de la dynastie des Tsing; il a été traduit en anglais sous le titre inexact de *Code pénal chinois*. Il est divisé en sept sections : lois générales, civiles, fiscales, actuelles, militaires, criminelles et lois sur les travaux publics. A ce livre est annexé un traité de médecine qui a la prétention de déterminer par l'examen de certains signes physiques s'il y a eu crime, comment et dans quelle circonstance le crime a été commis. Ainsi un noyé qui a été tué ou étouffé, avant d'être jeté à l'eau doit avoir la plante des pieds entièrement décolorée et l'écume à la bouche, sinon la mort a été volontaire ou accidentelle; il y a aussi un moyen, grâce à certaines préparations pharmaceutiques, de faire reparaître sur un cadavre les coups et les blessures qui ont amené la mort. Le but de ce traité, où on trouve beaucoup de fables au milieu d'observations ingénieuses, est de remplacer les autopsies auxquelles répugnent extrêmement les mœurs chinoises.

Quelques-unes des lois contenues dans le recueil des Tsing méritent d'être citées : la loi sur la trahison est atroce.

Est coupable de trahison tout individu qui a trempé dans un complot ayant pour but de troubler l'État, et d'attenter à la personne ou à la propriété du souverain. Le coupable est condamné à subir la mort lente, c'est-à-dire aux plus affreux supplices. Tous ses parents mâles jusqu'au troisième degré doivent avoir la tête tranchée. Tous les individus convaincus de connivence, soit en ne dénonçant pas l'inculpé, soit en approuvant ses tentatives criminelles, sont frappés de la même peine. Ainsi la loi chinoise prescrit la destruction de toute la famille dont un des membres s'est rendu coupable du crime de haute trahison, et, de plus, elle admet la complicité morale avec toutes ses conséquences effroyables puisque l'approbation même tacite est considérée comme un crime.

Une loi étrange est celle qui rend responsable tout propriétaire d'un terrain où est trouvé un cadavre : en pareil cas, il doit une indemnité à la famille de la victime, qui, si elle n'a pas été satisfaite, peut le traduire devant le tribunal. Cette loi amène de nombreux abus; on a vu des mandarins prévaricateurs s'entendre avec des parents avides pour dépouiller par de longs procès et au moyen de difficultés juridiques un riche propriétaire qu'on faisait passer par toutes les frayeurs de la loi criminelle. Aussi, quand un Chinois veut se venger de quelqu'un, il ne peut mieux faire que de déposer furtivement un cadavre la nuit sur son immeuble; on a même vu des gens aller se tuer par vengeance dans le jardin, dans la maison, dans la chambre de leur ennemi.

Une autre loi plus rationnelle rend responsable le maître de la mort de ses serviteurs : si un de vos domestiques est mort, vous devez prouver qu'il a été bien soigné, bien nourri, et qu'aucune brutalité, ni aucune négligence n'a causé son décès.

Tout coupable qui avoue a droit à une réduction de peine. Un contumace qui livre son complice plus criminel que lui est gracié.

Parmi un grand nombre d'autres lois, telles que celles contre les solliciteurs d'emploi, contre les concurrences déloyales, contre les marchands qui vendent à faux poids, les lois relatives au mariage, au respect des vieillards, les unes sont empreintes d'une cruauté excessive, d'autres sont bizarres, il y en a enfin d'ingénieuses et de libérales, mais spécifier tous ces détails nous entraînerait bien au-delà du cadre de ce recueil : disons seulement qu'on trouve dans le Code chinois les circonstances atténuantes, la non-rétroactivité, le droit de grâce du souverain, le droit d'appel aussi étendu que possible. Il est vrai que tout cela est mal combiné, mal appliqué, et a dégénéré par suite du relâchement de la centralisation administrative en une réelle tyrannie et une prévarication sans pudeur de la part des magistrats chargés de la justice. L'autorité ayant perdu sa force, le peuple vit comme il l'entend, sans se préoccuper des lois que les magistrats appliquent suivant leur caprice. Voilà où en est réellement arrivée de notre temps la savante organisation judiciaire des Chinois, qui a été beaucoup trop préconisée. S'il y a des choses dignes d'approbation dans la jurisprudence chinoise, en revanche l'application de la pénalité est effroyable. L'homme est considéré comme un être sensible seulement à la douleur physique et à la mort; les législateurs n'ont pas cherché à frapper le coupable dans son honneur, dans son amour-propre, ni même dans son intérêt. L'échelle pénale se compose surtout de la bastonnade appliquée avec un épais bambou du gros ou du petit bout et depuis dix jusqu'à deux cents coups, suivant que le délit est plus grave ou que l'objet volé a plus d'importance. La bastonnade se donne de suite et devant le tribunal. Les peines les plus ordinaires sont ensuite la cangue, le carcan, la prison et le bannissement perpétuel en Tartarie pour les mandarins qui ont commis des fautes politiques. Nous avons dit que la haute cour d'appel décidait seule de la peine de mort, mais les souffrances infligées par l'ordre des tribunaux inférieurs sont si affreuses, les bourreaux sont si ingénieux à varier les tortures sans amener la mort, le régime des prisons est si odieux, enfin un homme condamné à la cangue, au carcan ou à la cage est exposé à des angoisses si terribles, que, lorsque l'ordre de mort arrive de Pékin, tous ces malheureux marchent gaiement au supplice, comme si leur dernier jour était celui de leur délivrance.

Les exécutions à mort, horriblement variées dans les âges passés, se réduisent maintenant à trois : la strangulation, la décapitation et la mort lente ou le supplice des couteaux. La strangulation s'opère au moyen d'un lacet de soie que deux bourreaux tirent de chaque côté, ou d'un collier de fer qui se serre par-derrière avec une vis; ce dernier moyen a une grande analogie avec le supplice du *garote* encore usité de nos jours en Espagne. La strangulation par le lacet de soie est réservée aux princes de la famille impériale; le collier de fer sert à faire disparaître à l'ombre des prisons ceux dont on a intérêt à cacher la mort.

Sur la place publique il n'y a pas d'autre supplice que la décapitation, appliquée à tous les crimes vulgaires. Les apprêts en sont très simples et les péripéties très rapides, vu la trempe et la lourdeur des sabres et l'habileté des bourreaux. Jamais la guillotine n'atteignit à la dextérité foudroyante des satellites du terrible Ye [1], ce vice-roi dont les Anglo-Français délivrèrent la province de Canton; il ne leur fallait que quelques minutes pour faire tomber une centaine de têtes. Il est vrai que leur maître se vantait de leur avoir dressé la main aux dépens de plus de cent mille victimes en moins de deux ans.

La mort lente ou le supplice des couteaux est infligé pour le crime de trahison ou de lèse-majesté, pour le parricide et l'inceste. Les apprêts de ce supplice doivent redoubler encore les angoisses du condamné : attaché solidement à un poteau, les mains et les pieds serrés par des cordes, il a le cou pris dans un carcan; puis le magistrat chargé de veiller à l'exécution tire d'un panier couvert un couteau sur le manche duquel est désignée la partie du corps qui doit être frappée par le bourreau. Cette affreuse torture se continue ainsi jusqu'à ce que le hasard ait désigné le cœur ou tout autre organe vital. Disons vite que, le plus souvent, la famille du condamné achète à prix d'argent l'indulgence du juge, qui s'arrange pour tirer tout de suite du panier le couteau qui doit donner le coup mortel.

Devant de telles pénalités, devant les hideux et fréquents spectacles qu'elles donnent, comment s'étonner que les Chinois soient familiarisés de bonne heure avec la mort, et que les femmes et les enfants même possèdent au plus haut degré le courage passif qui la fait affronter avec calme? Pour beaucoup de ces pauvres gens, ce n'est que la fin d'une misérable et douloureuse existence.

1. Ou Ye Ming-Tchen, qui joua un rôle d'importance dans la seconde guerre de l'opium, en reconduisant la politique de son prédécesseur, hostile aux Anglais. *(NdE)*

SCÈNES
DU PRÉTOIRE
DE JUSTICE A TIEN-TSIN
LA BASTONNADE – VOLEUR
CONDAMNÉ AU SUPPLICE DE LA CANGUE
ET NOURRI PAR SA FEMME – LES JUGES,
LE BOURREAU ET LES OFFICIERS DE JUSTICE
LA POLICE DE PÉKIN – LES MENDIANTS
LA MAISON AUX PLUMES DE POULE
LES INCENDIES – POMPES
ET POMPIERS, ETC.

Nous avons parlé avec assez de détails, dans le chapitre précédent du système de la pénalité chinoise. Nous croyons convenable d'épargner aux lecteurs l'énumération des supplices dont l'ancienne législation menaçait les coupables et dont les représentations plastiques étalées dans les prétoires, suffisent pour révéler aux générations actuelles la sévérité impitoyable et l'épouvantable recherche de cruauté de leurs ancêtres. Au lieu de nous appesantir sur ce sujet nous préférons puiser dans les souvenirs de M. Trèves, le récit *de visu* d'une cause et d'un jugement moderne.

« ... Les environs de Tien-tsin étaient infestés depuis quelque temps par de nombreuses bandes de voleurs affiliés à la secte du " Nénuphar blanc " [1]. Tchoung-heou, le gouverneur de la ville, ayant reçu de Pékin l'ordre d'agir énergiquement pour rétablir la sécurité, a envoyé des détachements de soldats, qui ont ramassé indistinctement dans les villages suspects tous les individus qui leur sont tombés sous la main. Il doit y

---

1. La secte en question, qui s'est formée dans le Pe-tche-li, dans le Kan-sou et dans tout le Nord-Ouest entretient des rapports avec les rebelles du Sud. Cette insurrection fomentée en partie par les musulmans s'était rendue extrêmement redoutable et avait été sur le point de s'emparer de la ville de Tien-tsin. *(NdA)*

avoir beaucoup d'innocents parmi ces malheureux; ou du moins, la plupart ne sont coupables que de connivence avec les voleurs. Quelques mendiants sans aveu ont été aussi arrêtés dans la ville. Le gouverneur a tenu de grandes assises; les coupables ont été jugés sommairement : quelques-uns ont eu la tête tranchée, beaucoup ont été condamnés à la cangue, mais aucun de ceux qui ont été arrêtés n'a échappé aux coups de bâton. Ces exécutions ont répandu la terreur; les vols et les attaques à main armée ont presque cessé, et, quoique quelques innocents aient payé pour les coupables, Tchoung-heou a pu se vanter hautement auprès du gouvernement de Pékin d'avoir fait son devoir.

« J'ai eu la curiosité d'assister à une des dernières séances de justice, et, sur ma demande, une place m'a été réservée d'où je pouvais voir sans être vu.

« Le prétoire n'a rien de remarquable au point de vue architectural. Il est défendu par un grand mur de clôture presque aussi élevé que l'édifice principal. La première cour d'entrée est entourée de bâtiments qui servent de prisons; on y remarque des loges basses, grillées avec d'énormes barreaux en bambou, où on renferme les prisonniers pendant la nuit. Dans cette cour gisaient accroupis en plein soleil une foule de malheureux aux membres décharnés, à la face livide, et recouverts à peine de quelques sordides haillons. Les uns étaient attachés par le pied à une chaîne de fer rivée à un cône en fonte d'un poids tel qu'ils ne pouvaient le changer de place, et ils tournaient autour comme des bêtes fauves, dans un rayon de quelques pieds; d'autres avaient les jambes et les bras entravés, et ne pouvaient marcher qu'en faisant de petits sauts saccadés et très douloureux, à en juger par la contraction de leurs muscles. Un de ces condamnés avait une main et un pied retenus par une planche en bois haute à peine de quelques décimètres; un soldat de police le tirait en avant par une chaîne de fer attachée à un lourd collier qui emprisonnait son cou, tandis qu'un autre bourreau le fustigeait par-derrière pour le faire avancer. Le malheureux se traînait avec peine sur sa jambe restée libre, le corps courbé en deux, dans la position la plus pénible. Dans un coin de la cour, d'autres prisonniers subissaient leur condamnation à la cangue et à la cage. J'y remarquai une scène touchante : un voleur était enterré tout vivant dans une cage de bois. Qu'on se figure un lourd cuvier renversé sous lequel on fait accroupir un être humain, après avoir fait passer sa tête et ses mains dans des trous ronds tellement étroits qu'il ne peut ni les remuer ni les retirer. La cage de bois pèse sur ses épaules; quelque mouvement qu'il fasse, il faut qu'il la traîne avec lui. Quand il veut se reposer, il doit s'accroupir sur les genoux dans la posture la plus fatigante; quand il veut faire de l'exercice, il peut à peine soulever cette lourde machine. On recule d'effroi en songeant à ce que doit être l'existence d'un homme condamné à un mois d'un pareil supplice. Cet infortuné ne pouvait ni manger ni boire, sa femme s'était chargée de ce soin : elle était debout près de la cage, et tirait d'un panier qu'elle avait apporté quelques grains de riz et de petits morceaux de porc qu'elle lui faisait avaler avec des bâtonnets; elle essuyait de temps en temps avec un vieux morceau d'étoffe la figure livide de son mari qui ruisselait de sueur, tandis que son petit enfant, qu'elle portait attaché par une courroie sur son dos, souriait dans son ignorance de la douleur, et jouait avec les boucles de la chevelure flottante de sa mère. Ce spectacle m'a vivement ému. et j'ai pressé le pas pour ne pas céder à la tentation de me révolter contre ces atrocités.

« L'entrée du prétoire est décorée d'un portail extérieur où sont peintes en couleurs éclatantes des scènes mythologiques.

« Mais voici que les portes à deux battants s'ouvrent avec fracas devant la foule qui se presse dans la première cour. Au fond de la grande salle, sur une estrade élevée, j'aperçois Tchoung-heou dans son costume d'apparat, entouré de ses conseillers et officiers de police subalternes. Devant lui, sur une table recouverte d'un tapis rouge sont les cahiers des procédures criminelles, pinceaux et palette pour l'encre de Chine, un casier recouvert d'étoffes où sont les codes et les livres de jurisprudence qu'il doit consulter, enfin un vaste étui contient des morceaux de bois peints et chiffrés. Derrière le mandarin, est son porte-éventail et deux enfants richement vêtus de soie, qui élèvent au-dessus de sa tête les insignes de sa dignité. Sur les douze marches de pierre qui mènent à l'estrade sont échelonnés, d'abord le bourreau, reconnaissable à son chapeau en fil de fer et à sa robe rouge; il appuie sa main droite sur un énorme rotin, tandis que la gauche est armée d'un sabre recourbé; puis ses aides et les greffiers de justice qui agitent tous, avec un cliquetis épouvantable différents instruments de torture, et qui poussent à l'unisson des cris affreux pour jeter l'effroi dans le cœur des coupables. Tout autour sont groupés des soldats de police, coiffés du bonnet mandchou à gland rouge, et armés d'une pique courte et de deux sabres contenus dans le même fourreau. L'intérieur du tribunal est orné de draperies rouges, sur lesquelles sont inscrites des sentences, et de lanternes représentant des monstres; enfin, tout a été fait pour frapper par le spectacle imposant de l'appareil judiciaire la foule avide et curieuse qui se répand sous les portiques des galeries latérales.

« J'assistai, d'un cabinet réservé situé derrière l'estrade de justice, à la condamnation d'une dizaine de voleurs. Je ne m'étendrai pas sur les scènes de torture qu'amenèrent leurs négations répétées. L'accusé persistait à nier, le juge jetait devant le bourreau un de ces bâtons peints ou jetons placés sur sa table dans un étui et qui contenait la désignation du nombre de coups de rotin ou le genre de torture qui devait être infligé. L'exécution se faisait immédiatement, sous les yeux du juge et des greffiers, qui enregistraient soigneusement les demi-aveux que laissait échapper la victime au milieu de ses cris de douleur. Qu'il me suffise de dire avec quelle incroyable abnégation les inculpés supportaient d'affreuses tortures sans vouloir avouer ni dénoncer leurs complices, et avec quelle extrême indifférence la multitude assistait à ces scènes d'horreur. Les Chinois sont là comme à un spectacle qu'ils regardent avidement. Quand le coupable avoue, on le poursuit de huées pour railler son manque de courage; s'il persiste dans son silence, malgré les tourments, toutes les bouches exaltent sa fermeté. Les curieux s'installent au prétoire de justice pour toute la journée : ils y sont accroupis dans toutes les positions buvant et mangeant les provisions qu'ils ont eu soin d'apporter, riant à haute voix et s'interpellant les uns les autres.

« L'indifférence pour la mort et le mépris de la douleur sont poussés à un point excessif dans ce pays : j'ai rencontré plusieurs fois à Pékin des bandes de condamnés à mort et qu'on traînait au supplice : ces malheureux se retournaient en me voyant passer, me montraient du doigt, et chuchotaient entre eux comme s'ils n'eussent pas été à quelques minutes du moment fatal qui fait trembler tous les hommes. »

La police de Pékin est assez bien organisée, et on jouit dans cette capitale d'une sécurité aussi grande que dans les principales villes d'Europe. Le préfet de police, qui est toujours un Mandchou, s'intitule le *général des neuf portes.* Il a sous ses ordres plusieurs brigades de soldats de police et des ti-pao, veilleurs de nuit chargés individuellement de la surveillance d'un certain nombre de maisons. Les soldats de police, distribués par escouades dans de nombreux corps de garde, font des patrouilles toute la nuit et maintiennent le bon ordre dans la journée. Ils portent un double sabre, une pique, et un fouet dont ils ne ménagent pas l'usage. Les ti-pao veillent chacun dans leur quartier, où ils signalent leur présence aux commandants des patrouilles en agitant la crécelle qu'ils portent à leur ceinture. Comme ils sont responsables des vols, incendies ou accidents qui ont lieu dans leur circonscription, toute négligence de leur part est sévèrement punie. Pendant une fête donnée par le consul de France à Tien-tsin, on vola les ifs qui illuminaient la porte d'honneur. Le ti-pao fut mandé et reçut l'ordre d'avoir à livrer les voleurs dans le délai de trois jours, sous peine de recevoir lui-même la bastonnade; au temps voulu, ce pauvre homme, qui n'avait pu mettre la main sur les coupables, apporta sur son dos au consulat deux ifs tout neufs qu'il avait fait faire à ses frais, et dont la peinture noire n'était pas encore sèche. On conçoit que les conséquences d'une responsabilité poussée aussi loin sont de nature à redoubler le zèle des veilleurs de nuit.

Les portes de Pékin sont fermées tous les soirs au couvre-feu : il est difficile alors de circuler dans les rues de la ville; la police, qui proscrit toutes les réunions nocturnes, a le droit de vous demander où vous allez et de vous arrêter si vous n'avez pas une bonne raison à donner. D'ailleurs, les barrières à claire-voie qui isolent chaque quartier étant closes, les ti-pao qui les gardent ne les ouvrent, comme nous l'avons dit, qu'à prix d'argent. « La nuit est faite pour dormir.» Cet axiome des philosophes chinois est rigoureusement appliqué dans l'ordre administratif. Aussi les mandarins, comme les plus infimes artisans, se lèvent-ils à la pointe du jour.

Le service de la voirie laisse beaucoup à désirer à Pékin : les rues sont pleines d'immondices, et le moindre vent y soulève des nuages de poussière. Il n'y a pas de balayeurs, ni d'arrosage public; mais les particuliers sont tenus, sous peine de bastonnade, d'arroser le devant de leurs portes.

Deux choses sont excessivement incommodes dans la capitale de la Chine : les mendiants et les incendies.

Au matin, la ville est envahie en quelques minutes par des bandes d'aveugles, de manchots, de boiteux, de pieds-bots, de paralytiques, de lépreux, d'épileptiques, qui, s'échappant avec le premier rayon de soleil des masures où la police les confine pendant la nuit, se répandent dans les plus beaux quartiers, aux portes mêmes des palais dont ils assourdissent les maîtres par l'importunité de prières et la vivacité de leurs récriminations. Loin d'être interdite, la mendicité est protégée par l'État : les mendiants forment une immense association qui a des règles fixes. Ils ont un roi nommé à l'élection, un trésorier chargé du partage des aumônes et des vivres. La part de mise dans l'association se compose d'infirmités ou de maladies plus ou moins hideuses. Quand des désordres ou des vols ont lieu dans la ville, le préfet s'en prend au roi des mendiants, qui est responsable de ses sujets. Pékin tout entier a l'air d'une immense cour des Miracles, et dans les premiers temps qu'on y séjourne la vue de toutes ces misères, de toutes ces plaies vraies ou simulées, cause un profond dégoût : peu à peu cependant on s'y habitue, et on arrive à jeter dédaigneusement, comme les riches Chinois, quelques sapèques à la volée au milieu des troupes de gueux, sans être autrement affecté de leurs souffrances. On trouve dans les mendiants chinois une variété de types, un chaos de guenilles, un ensemble de physionomies repoussantes et grotesques que Callot lui-même aurait été impuissant à reproduire : ici c'est un nain haut de deux pieds, gras et luisant, qui passe, tenant par la main un géant décharné et tellement maigre qu'on peut compter les os de son échine; ces deux personnages sont couverts d'étoffes grossières en feutre de poils de chameau dans lesquelles ils se sont taillé des robes et un capuchon; on dirait des malades d'hôpital. Ce feutre est si plein de trous, si imprégné d'ordures, que le Mongol à qui il servait de couverture de cheval l'a cédé à quelque revendeur parce qu'il le trouvait trop sale; c'est tout dire. Le géant s'arrête, ouvre une bouche large comme un four, et, pour montrer qu'il a faim, mange l'herbe des rues et fouille avidement dans les tas d'immondices tandis que le nain, afin d'attirer les sapèques, danse avec des postures grotesques et en poussant des rires stridents. Plus loin, c'est un faux épileptique qui se roule dans la poussière en faisant des contorsions impossibles. Puis des bandes d'aveugles qui s'avancent en file en barrant la rue et sous la conduite d'un borgne; ces aveugles ont la spécialité d'être tous plus ou moins musiciens, et se livrent impunément au charivari le plus odieux. Beaucoup de mendiants stationnent dans les endroits populeux de la ville, presque entièrement nus, à l'exception d'un caleçon en guenille; personne ne s'en formalise. Pour attirer l'attention, ils se frappent à tour de bras sur le bas des reins, et si ces claques sonores ne tirent pas l'aumône du passant, ils le poursuivent d'imprécations. Ces pauvres trop peu vêtus, qui laissent croître leurs barbes et leurs cheveux, forment sans doute une des tribus de l'association, car plusieurs fois Mme de Bourboulon leur fit distribuer des vêtements, et le lendemain ils reparaissaient dans le même costume, ou même un peu moins habillés.

Les mendiants chinois simulent les infirmités avec une rare habileté : il ne faut pas trop s'affliger en les regardant; s'il faut en croire un mandarin de la police, à l'heure où ils sont enfermés dans leurs bouges, les aveugles voient, les paralytiques marchent, les manchots retrouvent leur bras, les bossus perdent leur bosse, les lépreux reprennent leur teint naturel.

C'est le long des murailles de la ville chinoise que sont confinés les mendiants : ils habitent là de misérables huttes en torchis et des cabanes construites avec des matériaux de démolition; leur quartier est séparé de la ville par des portes où veillent des soldats de police. Tous ceux qui sont trouvés la nuit dans Pékin reçoivent la bastonnade.

Il existe en dehors de la porte de Tchi-Houa, dans les faubourgs de la ville tartare, un établissement philanthropique encore plus curieux. C'est la maison aux plumes de poule. Qu'on se figure deux vastes hangars en bois, construits avec des poutres non équarries et couverts de lattes cimentées avec de la boue. Le sol, soigneusement battu, est couvert d'une couche épaisse de plumes de volailles achetées par l'entrepreneur dans tous les marchés et les restaurants de Pékin. Aussitôt que le couvre-feu a sonné, les bandes de mendiants se précipitent dans cet asile, où, moyennant une sapèque qu'ils payent en entrant, ils reçoivent l'hospitalité pour la nuit. Tout le monde étant rentré, le gardien abaisse, au moyen d'une mécanique, une grande pièce de feutre de la dimension de la salle : cette couverture publique reste suspendue à quelques pouces au-dessus de la tête des dormeurs qu'elle défend contre le vent, contre la froidure des hivers rigoureux et contre la pluie, qui passe facilement à travers les trous de la fragile toiture. La plume et la concentration de tous ces corps humains suffisent pour entretenir dans ces établissements une chaleur suffocante. Le soir, lorsque les soldats de police amènent dans ce taudis les mendiants retardataires, il faut avoir vu grouiller, se démener, se tordre cette cohue forcenée, pour comprendre ce que peut être la maison aux plumes de poule. Les rayons des lanternes venant à tomber dans ce trou profond sans horizon, où s'agitent, comme dans un boyau de mine, des centaines de créatures, on se croirait à l'entrée d'une bouche de l'enfer. C'est un entassement de bras, de jambes, de têtes. On y voit toutes les infirmités, tous les âges et tous les sexes, et quand les malheureux que les soldats poussent à coups de fouet et de bâton y sont brusquement jetés, ils sont accueillis dans cette géhenne par un tonnerre de huées et de blasphèmes! On dirait alors que tout va s'écrouler, et on se précipite vers la porte, heureux d'échapper à des odeurs insupportables, à la vue et aux clameurs de ce pandémonium humain : on se demande après si on n'a pas rêvé.

Les incendies sont excessivement communs dans le nord de la Chine; la mauvaise disposition des cheminées et des kang, dont les briques ne sont pas assez épaisses et communiquent, en rougissant, le feu aux poutres sur lesquelles elles s'appuient, l'usage si habituel des pétards et des pièces d'artillerie qu'on tire sans précaution jusque dans les maisons, enfin et surtout les matériaux inflammables des habitations chinoises, construites entièrement en bois verni, avec des châssis en papier, expliquent suffisamment la fréquence des sinistres.

Il ne se passe presque pas de nuit à Pékin qu'on n'entende le cliquetis précipité des crécelles et les cris des veilleurs de nuit qui annoncent le feu, tandis qu'au loin résonnent sourdement les tambours et les gongs du guet. Les mugissements entrecoupés de ces gigantesques bassins de cuivre sont d'un effet encore plus sinistre que le tocsin.

Dès qu'un incendie est signalé, on voit sortir de chacun des quartiers de la ville les brigades de pompiers courant au pas gymnastique. Les pompes, aspirantes et refoulantes, très lourdes et d'une grande force, sont placées sur des traverses en bambou que tiennent dix ou douze porteurs. Les points d'appui et d'équilibre sont si bien observés dans ces transports à bras, que la rapidité extrême de la marche n'en est pas retardée.

Les porteurs sont précédés et suivis du reste de la brigade, armée de haches, d'outils de démolition et de lanternes. Chaque quartier de la ville a sa brigade de pompiers et sa pompe : ces pompiers, qui n'ont pas d'uniformes, composent une milice spéciale et sont tenus, sous peine de châtiments sévères, d'accourir au premier signal. Quant aux pompes qui paraissent être une imitation des nôtres, elles ont la forme de dragons ou de serpents marins et on leur en donne le nom.

Les soldats de police éloignent les voleurs, trop disposés à profiter du désordre, font la chaîne, remplissent d'eau les cuves où s'alimentent les pompes, et montent la garde autour des objets mobiliers qu'on enlève aux flammes; les pompiers arrachent les poutres de bambou, enfoncent les portes, montent sur les toits pour jeter de l'eau, et font la part du feu avec une libéralité qui fait le désespoir des propriétaires, dont on démolit les habitations, souvent éloignées de plus de cent mètres du foyer de l'incendie. En somme, l'organisation générale est bonne, mais elle manque de direction et d'unité; les chefs ne savent ni commander, ni se faire obéir.

Une chose étonnante, c'est la rapidité avec laquelle on reconstruit les maisons détruites. Il est vrai que les matériaux ne sont ni onéreux, ni difficiles à transporter.

LA FAMILLE, SON RÉGIME PATRIARCAL, LE RESPECT DÛ AUX VIEILLARDS LE CULTE DES ANCÊTRES ET LA FÊTE DES MORTS – RIGUEUR DU DEUIL IMPÉRIAL – PASSION DES CHINOIS POUR LES CERCUEILS – CÉRÉMONIE DES FUNÉRAILLES – LES CIMETIÈRES CONDITION SERVILE DES FEMMES – LA POLYGAMIE L'INTERDICTION FAITE AUX VEUVES DE SE REMARIER LES FIANÇAILLES – FÊTE DU MARIAGE LA DAME, LA JEUNE FILLE ET LES PETITS PIEDS – ORNEMENTS, OBJETS DE TOILETTE, ETC.

Nous avons dit comment les législateurs chinois avaient appuyé l'autorité de l'empereur sur le respect patriarcal si puissant en Chine. La vénération pour la vieillesse est aussi une loi de l'État. On rencontre souvent dans les rues de Pékin des vieillards impotents, trop pauvres pour louer des chaises à porteurs, qui sont assis dans des charrettes à bras traînées par leurs petits-enfants : sur leur passage, ils reçoivent les hommages de tous les jeunes gens, qui cessent leurs jeux ou leurs travaux pour prendre une attitude respectueuse. Le gouvernement est le premier à encourager ces sentiments, en donnant des robes jaunes aux vieillards d'un âge très avancé. La robe jaune (on sait que cette couleur est réservée aux membres de la famille impériale) est la plus grande distinction qu'on puisse accorder à un particulier.

A l'âge de soixante et dix ans, tout Chinois est tenu de donner un repas et une fête à sa famille et à ses amis : il est arrivé à l'âge *vulnérable*, et s'il a employé sa vie à accumuler des richesses, s'il a de nombreux enfants, il a acquis, suivant l'adage populaire, le comble du bonheur dont on puisse jouir ici-bas.

Le culte des ancêtres, si répandu, et qui est la religion du foyer domestique, doit son origine aux mêmes idées : c'est une chose touchante que cette vénération pour les aïeux, ce souvenir permanent donné à leur mémoire, et cette participation muette qu'on leur accorde dans les destinées de la famille. Il n'est pas une cabane, si pauvre soit-elle, où les tablettes sur lesquelles sont gravés les noms des ancêtres, depuis celui qui passe pour le fondateur de la famille jusqu'au grand-père défunt, n'occupent la place d'honneur dans une niche au fond de la chambre. Chez les gens riches, il y a une pièce réservée, espèce de sanctuaire domestique, qui contient tous les portraits et les reliques de famille. Devant un autel richement orné, près duquel on entretient constamment des lampes allumées, on vient au temps prescrit par les rites brûler des parfums, présenter des offrandes et faire des prostrations. Le chef actuel de la famille ne prendrait pas une décision importante sans aller méditer dans le temple des ancêtres qu'il semble ainsi inviter à prendre leur part des biens et des maux qui arrivent à leurs descendants.

Au dix-huitième siècle, ce culte et les hommages rendus à la mémoire de Confucius excitèrent des discussions entre les missionnaires catholiques. Les uns voulurent les tolérer comme innocents, les autres les condamnèrent comme idolâtres, et furent appuyés par la cour de Rome. Ces querelles malheureuses déplurent au gouvernement chinois qui y vit une preuve d'intolérance, et ordonna des persécutions contre les chrétiens. Le culte domestique des ancêtres est d'accord avec les soins qu'on donne à leurs tombeaux : au mois d'avril on célèbre la fête du *Tchang-feu* ou des morts. Hommes, femmes, enfants, et jusqu'aux animaux, sont ornés de petites branches de saule pleureur, symbole de la douleur et du souvenir; on se rend ensuite aux tombeaux des aïeux soigneusement entretenus et décorés de fleurs pour cette occasion; on émaille le sol qui les entoure de découpures en papier doré, on y brûle des cierges et des bâtons d'encens, et d'après les traditions, on dépose tout autour des plateaux et des vases pleins de mets délicats.

L'étiquette du deuil est rigoureusement observée : il dure trois ans pour un père ou une mère, et pendant ce temps les mandarins mêmes ne peuvent exercer aucune fonction publique, ils doivent vivre dans la retraite, ne rendre aucune visite, et interrompre toute relation officielle. La couleur la plus généralement adoptée pour les vêtements de deuil est le blanc.

Durant le séjour de M. et de Mme de Bourboulon à Pékin, l'empereur Hien-Fung étant mort, le deuil impérial fut décrété dans toute la Chine. La sévérité de ces prescriptions est extrême. Aucun homme ne peut se faire raser la tête pendant quatre-vingt-dix jours; toute réjouissance de famille est interdite pendant un an et un jour; les fêtes publiques, les théâtres, les représentations des bateleurs sont fermés pour trois ans; il y a vacances des tribunaux, et aucun mariage ne peut être contracté pendant un laps de temps déterminé par la loi. On raconte qu'un garde-magasin chinois de la légation, ayant appris que l'empereur était à l'extrémité et étant pressé de s'établir, demanda un congé pour aller se marier au plus vite; mais comme il n'avait pas vu sa femme, suivant la coutume chinoise, et que les circonstances ne lui avaient pas laissé le temps de se renseigner auprès des entremetteurs, il revint quelques jours après fort piteux, déclarant que son épouse n'était ni belle ni jeune, et qu'il avait été odieusement trompé.

Rien n'égale le calme étonnant des Chinois en face de la mort. Les malades meurent sans frémissements, sans lutte, avec cette résignation calme qui est un des caractères les plus curieux des races orientales. Le P. Huc rapporte que, lorsque des néophytes chrétiens venaient l'appeler pour administrer les derniers sacrements, ils ne manquaient pas de lui dire : « Le malade ne fume plus sa pipe »; c'était une formule pour indiquer que le danger était pressant.

En Europe, on s'abstient généralement de parler de cercueil : c'est un objet lugubre qui entre furtivement dans les maisons, et qu'on dérobe à la vue des parents. En Chine, on en fait montre. Chez les riches particuliers, près du temple réservé aux ancêtres, est la chambre où sont classés et numérotés les cercueils de tous les membres de la famille. On fait des économies pour s'acheter une bière plus riche que celle des autres, et un fils ne croit pas pouvoir faire un plus beau cadeau à son pèrc vieux et malade que celui d'un cercueil qu'il a payé du produit de son travail. Ces trophées de la mort sont les ornements de la maison. Aussi faut-il voir avec quels soins ils sont sculptés, dorés et peints en couleurs éclatantes.

La fête funéraire d'un enterrement est la plus grande occasion pour les Chinois de déployer leur luxe et de faire ostentation de leurs richesses. On a vu des familles se ruiner pour célébrer le décès d'un de leurs membres.

Dès le matin, l'administration des pompes funèbres établit à la porte de la maison mortuaire une espèce d'arc de triomphe en nattes sous lequel des musiciens gagés exécutent des airs tristes et solennels. La salle d'entrée, drapée dans toute sa hauteur, reçoit les amis et les connaissances du défunt, dont le portrait est placé au-dessus des statues des dieux domestiques et de l'autel des ancêtres. Un repas somptueux est servi sur des tables dressées à l'avance, et tous les invités doivent par convenance s'y asseoir et manger, car c'est le mort, devant lequel sont placés ses mets favoris, qui est supposé vous recevoir et manger avec vous. On ne voit pas le cercueil : il est placé dans une chambre retirée. Bientôt le gong annonce le départ du cortège : en tête s'avancent les porte-bannières déployant des drapeaux et des cadres peints sur lesquels sont tracées des inscriptions louangeuses; derrière eux la troupe des musiciens où dominent les instruments à vent, trompes, flûtes, cornes et surtout l'inévitable tam-tam, font entendre sans interruption des mélodies un peu monotones, mais d'un effet très lugubre; puis viennent des bonzes qui portent sur leur dos des autels et les statues des divinités. Ces prêtres précèdent la bière entourée d'un immense catafalque et de draperies avec des glands de soie. Les dorures, les couleurs les plus gaies, les plus éclatantes et les plus bariolées ornent le char funèbre et les panneaux du catafalque décorés de dessins sur verre. Cette lourde machine n'est pas traînée par des mulets; elle est conduite à bras comme un palanquin, et il faut au moins quarante hommes qui se relayent successivement pour la transporter. Une troupe de pleureuses, tête baissée et voilée, suivent le cercueil et accompagnent les musiciens de leurs cris nasillards; enfin vient la famille cachée dans des chaises à porteurs toutes drapées d'étoffes blanches. Il est de bon goût qu'aucun parent du défunt ne se laisse voir, à cause de la douleur où on suppose qu'il doit être plongé.

Tout se passe avec le plus grand silence : les Chinois qui aiment tant à tirer des pétards s'en abstiennent dans cette occasion.

Il ne faut pas croire qu'une pompe funèbre de ce genre soit celle d'un riche ou d'un mandarin; un pauvre ouvrier se privera toute sa vie de manger à sa faim pour avoir un bel enterrement, et le mendiant qui sent la mort approcher ne trouve pas de meilleur moyen d'exciter la générosité que de dire qu'il n'a pas de quoi s'acheter un cercueil convenable.

Les enterrements des grands personnages se font avec une ostentation extraordinaire : on porte devant eux tous les objets qui leur ont servi pendant leur vie, les meubles, les uniformes, les armes, les insignes des dignités; plusieurs milliers de personnes accompagnent le cortège, mais on n'y voit jamais de soldats, même pour les mandarins militaires.

Il n'y a pas de cimetières publics à Pékin. Les cercueils très grands et très lourds sont recouverts d'un enduit qui les rend imperméables à l'air, et permet de les conserver longtemps sans inconvénient, même dans les maisons. Aussi les gens riches gardent-ils quelquefois le corps de ceux qu'ils ont aimés dans une pièce réservée de leur habitation de ville. Mais il est généralement d'usage d'enterrer les morts dans la campagne au milieu d'un jardin qui appartient à la famille. Quant aux pauvres, qui n'ont pas un pouce de terrain à eux, leurs cercueils sont déposés dans un endroit isolé ou même jetés dans les fossés de Pékin. Lorsqu'on parcourt les environs des grandes villes, les yeux sont frappés de la quantité de tombeaux disséminés dans la campagne. Ce sont de petites éminences coniques en forme de pains de sucre, émaillées de gazon fleuri et entourées de saules pleureurs, de genévriers et d'arbres verts. Les cercueils posés à plat sur le sol qui n'a pas été creusé, sont recouverts d'un monticule de terre, mais les pluies d'orage suivies de grandes sécheresses lavent les terres, fondent l'enduit, font craquer le bois, et les cadavres pourrissent au grand air. C'est un spectacle affreux, auquel il faut s'habituer en Chine. Le gouvernement ne prend aucun soin de faire disparaître ces épaves de la mort, aussi horribles à la vue que dangereuses pour la santé publique. Dans quelques villes, il existe, dit-on, des sociétés philanthropiques qui font donner la sépulture aux pauvres; mais la seule chose que nous ayons pu constater, c'est la spéculation de certains industriels, qui, moyennant un droit assez élevé, conservent dans des locaux affectés à cet usage les corps des marchands ou des riches particuliers des provinces éloignées, morts en voyage, et que leurs familles font réclamer et transporter à grands frais.

Le mariage est loin d'être célébré avec la même pompe que les funérailles.

La condition de la femme est servile en Chine. Il y a un proverbe qui dit : « La jeune fille est soumise à ses parents, l'épouse à son mari, la mère à son fils. » La femme est considérée comme inférieure à l'homme; sa naissance est un malheur; une fille ne peut être qu'à la charge à sa famille, car elle doit être enfermée jusqu'à l'époque de son mariage, et comme elle n'exerce aucune industrie, elle ne saurait dédommager ses parents des dépenses qu'elle leur occasionne. Elle vit en recluse dans la maison paternelle, mangeant seule à l'écart, regardée comme une servante et en remplissant les fonctions. Toute son instruction consiste à savoir manier l'aiguille et à préparer les aliments. Le gouvernement, qui attache une si grande importance à l'instruction publique, et qui a multiplié avec tant de soins les écoles et les maisons d'éducation, n'a pas songé aux enfants du sexe féminin. La femme, c'est la propriété de son père, de son frère, de son mari. Elle n'a même pas d'état civil. On la marie sans la consulter, sans lui faire connaître son futur époux, sans daigner lui en dire le nom.

Chez les riches Chinois, les femmes mariées sont complètement confinées dans le gynécée. Lors des rares occasions où leur maître les autorise à se visiter entre elles ou à aller visiter leurs parents, elles ne sortent que dans des chaises hermétiquement closes. Les Chinois de haut rang sont très jaloux de tout ce qui touche à leurs femmes, reléguées au fond d'un corps de bâtiment réservé. Aucun des membres de la diplomatie européenne n'eut occasion, malgré des relations journalières et une certaine intimité avec les mandarins, d'apercevoir ni leurs épouses, ni leurs filles, ni même les femmes âgées de leur famille. Pendant la guerre, lorsque les officiels européens pénétraient jusque dans les appartements les plus secrets pour faire des casernements, les jeunes femmes étaient cachées dans des coffres ou sous des monceaux de vêtements. Elles se familiarisèrent peu à peu cependant avec les figures européennes, et dans les derniers temps de l'occupation, chaque fois que la musique militaire passait, faisant retentir les rues de la ville de ses vigoureuses harmonies, on voyait de petites mains ouvrir les châssis des fenêtres, et de jolies têtes aux longues tresses brunes se pencher pour écouter.

Il n'en est pas de même dans les classes pauvres : les femmes sortent à visage découvert et jouissent d'une certaine liberté chèrement achetée par les travaux pénibles et fatigants auxquels elles sont condamnées. Ces malheureuses créatures, qui servent de bêtes de somme à leurs maris sont dégradées, courbées en deux, vieilles et laides à vingt ans.

La polygamie existe en Chine, quoiqu'elle ne soit pas reconnue par la loi qui ne fait que la tolérer. Quelque nombre de femmes qu'ait un grand personnage, il n'a jamais qu'une épouse légitime, la première. Les Chinois appellent les autres *petites femmes* ou femmes de second rang. Celles-ci doivent obéissance à la femme légitime qui seule ne peut être répudiée sans raisons légales. La loi ne dit rien des autres, que le mari peut traiter suivant son caprice.

Les veuves ne doivent pas se remarier; l'usage fait considérer cela comme un déshonneur, et comme digne du mépris public. La loi interdit même aux veuves de mandarins de convoler en secondes noces : la gloire qu'elles ont eue de vivre avec un homme honoré de distinctions publiques doit leur suffire.

Les mariages ou du moins les fiançailles sont souvent conclus avant que les contractants aient atteint l'âge d'adolescence. Cela dépend des conventions entre les parents, et, comme l'obéissance des enfants est absolue, la pensée ne leur viendrait même pas de s'opposer aux arrangements qu'on a pris pour eux. La cérémonie des fiançailles est considérée comme le mariage définitif; personne n'oserait contester la sainteté de cet engagement qui est si solennel qu'une fiancée qui perd son fiancé ne peut se remarier; il n'en est pas de même du jeune homme.

Après les fiançailles, on fixe en famille l'époque de la fête du mariage qui est quelquefois ajournée à plusieurs années. Cela dépend de la volonté des parents, des horoscopes des deux fiancés, et des prescriptions de l'Almanach impérial, dont la science astrologique décide pour chaque semaine, pour chaque jour de l'année, les temps fastes et néfastes.

Une jeune Chinoise n'apporte aucune dot; ce sont les parents de l'époux qui payent une somme d'argent pour l'acheter, et qui font les cadeaux d'étoffes, de meubles et de provisions. Si le père de l'épousée n'a pas d'enfants mâles qui héritent de lui à l'exclusion absolue des filles, il s'engage par avance à lui laisser une partie de sa fortune; car ce sont ses neveux ou ses collatéraux masculins qu'il préférera pour légataires de ses biens, afin d'être assuré que ses héritiers accompliront les cérémonies rituelles devant sa tombe et devant l'autel de ses ancêtres, ce dont une femme est regardée comme indigne.

Les premières démarches sont toujours confiées à des entremetteuses appelées *mei-jin*, et c'est seulement quand les conditions sont réciproquement acceptées, que les deux familles échangent des visites. Tout le monde alors peut voir la jeune fille, excepté celui qui l'épouse : il doit s'en tenir à ce que lui en rapportent ses parents.

Les cérémonies du mariage varient beaucoup dans leurs formes, suivant les provinces. A Pékin, la mariée se rend en pompe au domicile de son époux qui la reçoit à la porte de sa maison : elle est parée de ses plus beaux vêtements en soie brodée d'or et d'argent; ses longues nattes noires sont diaprées de pierreries et de fleurs artificielles (si la famille ne possède pas de bijoux, l'usage est d'en louer pour la journée chez les prêteurs sur gages), sa figure est fardée, ses lèvres rougies, l'arc de ses sourcils est noirci, et ses vêtements sont inondés de musc. Un palanquin richement orné et entouré de musiciens l'attend à la porte : elle se présente devant sa mère qui lui attache sur la tête le voile nuptial dont elle est entièrement recouverte. Il est d'usage que la mère et la fille se confondent alors en gémissements, et la timide épouse doit être entraînée de force de la maison paternelle; agir autrement serait manquer aux lois de la pudeur et du bon goût. Au moment où le palanquin atteint la porte du domicile conjugal, on tire un feu d'artifice et les spectateurs font le plus de bruit possible pour marquer leur joie. L'épouse doit faire quatre génuflexions devant son époux et maître qui vient la recevoir; puis les deux conjoints font leurs prières devant l'autel des ancêtres, accomplissent les libations prescrites, et boivent le vin consacré dans la même coupe. Un grand repas où se réunissent les hommes des deux familles achève la journée; les femmes mangent de leur côté, et c'est seulement dans la chambre nuptiale que l'épouse enlève le voile sous lequel sont cachées pendant toute la cérémonie sa figure et sa taille.

Le type convenu de la beauté chinoise a été très exagéré et presque dénaturé par les peintures grotesques qu'on fabrique à Canton pour l'exportation européenne. Beaucoup de Chinoises ont le teint et tous les attraits des créoles; une main petite et charmante, de jolies dents, des cheveux noirs superbes, la taille longue, mince et souple; leurs yeux, un peu relevés vers les tempes, donnent à leur physionomie quelque chose de piquant; leur grâce indolente et leur mignardise sont loin d'être sans charmes. Deux choses leur nuisent beaucoup, l'étrange abus du fard dont elles se couvrent la figure et qui détruit leur beauté de bonne heure, et surtout la mode des petits pieds qui paraît ridicule et repoussante à un Européen.

Cet usage barbare, beaucoup moins commun à Pékin que dans les provinces du sud, a été vivement combattu par les empereurs mandchous, qui ont rendu plusieurs fois des édits sévères contre ce système de mutilation. Les dames tartares et chinoises qui composent la cour des impératrices, ainsi que les femmes des nombreux fonctionnaires qui résident dans la capitale, ont conservé leurs pieds naturels; mais telle est la force de la mode que beaucoup d'entre elles ont adopté le brodequin de théâtre avec lequel il est tout aussi difficile de marcher. Dans ces chaussures, un haut talon fixé sous la plante des pieds dissimule leur forme naturelle et force celle qui les porte à s'appuyer seulement sur l'extrémité des doigts. Les brodequins de contrebande sont employés aussi les jours de fête par les femmes du peuple qui, forcées de conserver leurs pieds naturels pour aider leurs maris dans leurs pénibles travaux, se donnent au moins le plaisir d'avoir de temps en temps la démarche à la mode.

La mutilation qu'on fait subir aux femmes chinoises remonte à une haute antiquité. On prétend qu'une impératrice née avec le pied bot imposa cet usage aux dames de sa cour, et que de là il se répandit dans tout l'empire. Ce qu'il y a de certain, c'est que la jalousie des hommes, la paresse et la vanité des femmes le firent adopter généralement. Avoir un petit pied, c'est prouver qu'on est riche, qu'on peut vivre sans rien faire puisqu'on est dans l'incapacité de travailler. Une Chinoise de bonne famille se croirait déshonorée si ses parents n'avaient pas pris soin de la déformer. D'ailleurs elle se marierait difficilement, car un pied long de deux ou trois pouces est un de ces charmes irrésistibles que les poètes indigènes ont célébré sur tous les tons de l'enthousiasme.

Les habitants des villes de la côte, qui sont en rapport journalier avec les Européens, répondent aux observations qu'on leur fait à ce sujet en se moquant de la compression exagérée que nos dames font subir à leur taille; leur argument, qui ne manque pas d'à-propos et de justesse, a souvent embarrassé leurs interlocuteurs.

Pieds mutilés

Dès qu'une petite fille a atteint l'âge de six ans, sa mère lui comprime les pieds au moyen de bandelettes huilées : le pouce est replié sous les quatre autres doigts qui sont rabattus eux-mêmes sous la plante du pied. Ces ligatures sont serrées de plus en plus tous les mois, et on arrive ainsi, lorsque la jeune fille est adulte, à faire prendre à son pied la forme d'un poing fermé. Les conséquences de cette mutilation sont souvent graves, en interrompant la circulation et en amenant des plaies difficiles à guérir. Aussi existe-t-il une corporation de pédicures : ce sont de vieilles femmes, qui, sous prétexte des soins à donner, pénètrent dans toutes les maisons, où en réalité elles servent aussi d'intermédiaires pour les mariages. C'est par elles qu'on a pu avoir ces détails, car une Chinoise, à quelque classe de la société qu'elle appartienne, et quelque peu honnête que soit d'ailleurs sa conduite, ne ferait voir à aucun prix son pied nu; ce serait même l'offenser que de chercher à voir ses brodequins. On conçoit aisément quelle peine les femmes doivent avoir à marcher. Elles s'avancent en sautillant, les bras étendus en guise de balancier; on dirait qu'elles sont montées sur des échasses. Cependant, telle est la force de l'habitude que les jeunes filles jouent à cloche-pied des journées entières, exécutent les postures de danse les plus difficiles et renvoient avec une adresse merveilleuse le volant sur le revers de leurs petits brodequins, qui leur servent de raquettes.

Avoir les ongles des mains très longs est encore un genre de beauté fort estimé. Les dames riches y attachent une extrême importance, et dans la crainte de les casser, elles y adaptent des étuis en argent qu'elles emploient en même temps comme cure-oreilles.

La coiffure des femmes varie dans chaque ville; voici les plus usitées à Pékin : les jeunes filles laissent tomber leurs cheveux en touffe sur leur front et de chaque côté de la figure; par-derrière ils sont divisés en une multitude de tresses ornées de rubans et de fleurs artificielles; lorsqu'elles sont fiancées, elles relèvent leurs cheveux à la chinoise, et les retiennent avec l'épingle d'argent en signe de leur engagement; enfin, le jour de leur mariage, on leur fait subir l'opération du *kai-mien*, qui consiste à leur raser le front jusqu'à une certaine hauteur, puis à enrouler leurs longues nattes sur un coussinet en carton doublé en soie noire posé sur la nuque; ce coussinet, qui supporte les fleurs artificielles en pierres précieuses non taillées, en plumes d'oiseaux, ou simplement en papier et en verre coloré, suivant le rang et la fortune, est attaché aux cheveux par la grande épingle en argent d'un pied de long qui traverse tout le chignon et qui a la même signification en Chine que la bague d'alliance en Europe.

Outre le fard dont elles se peignent, le noir qui teint leurs sourcils, leurs cils et le tour de leurs yeux, les Chinoises mettent deux larges mouches de taffetas noir sur chacune des tempes; cette mode, qui est également suivie par quelques hommes, a une raison médicale, les médecins indigènes considérant que ce taffetas entretient sur la peau une irritation favorable à la santé.

Leur costume se compose d'une tunique ou robe de dessous descendant jusqu'à mi-jambe, et d'un caleçon de soie serré à la taille dont l'extrémité est plissée comme des manchettes et nouée avec un ruban. Elles portent des bas fabriqués d'étoffes différentes cousues ensemble, piquées et doublées en coton. Une robe longue, fendue sur le côté, peu ample, formant une sorte de fourreau qui s'adapte au corps, recouvre entièrement les vêtements de dessous; les manches sont larges et pendantes; le collet, qui monte très haut, est très étroit et s'attache par des agrafes ainsi que les revers de la robe qui se croisent sur la poitrine de manière à en dissimuler les contours. Il serait aussi indécent pour une dame chinoise de laisser voir ses mains que de montrer ses pieds; aussi ses manches lui servent-elles à la fois de gants et de manchon.

Quelque temps avant le départ de Mme de Bourboulon pour la Sibérie, les chrétiens de la province de Pe-tche-li lui firent hommage d'une robe de princesse impériale : des broderies exquises, représentant le dragon à cinq griffes, des animaux et des fleurs fabuleuses, encadrées dans des passementeries en soie blanche sur fond écarlate et terminées par une étoffe rayée des couleurs de l'arc-en-ciel et doublée de brocart d'or, enrichissent ce beau spécimen de l'industrie chinoise. Les dames de haut parage exécutent elles-mêmes presque tous les objets nécessaires à leur toilette, surtout les broderies et les fleurs artificielles. C'est leur principale occupation au fond du harem où les confine la jalousie de leurs époux. Elles passent le reste du temps à se parer, à cultiver les fleurs dans des jarres de porcelaine, à jouer avec des chiens et des oiseaux privés, et à se faire représenter les ombres chinoises, distraction qui passionne ces malheureuses privées de tout commerce d'esprit.

Ce qui donne un caractère particulier au costume des habitants du Céleste Empire, ce sont les accessoires de toilettes, c'est-à-dire les éventails, les parasols, les pipes, les tabatières, les blagues à tabac, les étuis à lunettes, les bourses. Tout cet attirail de petits objets usuels dont les Chinois ne se séparent jamais est suspendu à leur ceinture par des cordons de soie; il faut y ajouter les montres d'or que les mandarins et les riches marchands recherchent beaucoup et sont fiers de montrer en toute occasion.

L'usage de l'éventail est général dans les deux sexes et dans toutes les conditions : hommes, femmes, enfants, riches, pauvres, prêtres, lettrés, soldats, l'ont sans cesse à la main. Les élégants, à la place des cannes et cravaches de nos dandys, agitent leur éventail avec prétention; les évolutions que les jeunes filles font faire au leur composent, dit-on, un langage muet, mais significatif. Les mères se servent de l'éventail pour endormir leurs enfants au berceau, les maîtres pour frapper leurs écoliers récalcitrants, les promeneurs pour écarter les moustiques qui les poursuivent; les ouvriers, qui portent le leur dans le collet de leur tunique, s'éventent d'une main en travaillant de l'autre; les soldats manient l'éventail sous le feu de l'ennemi avec une placidité inconcevable. Il y a des éventails de deux formes, ouverts ou pliants : les premiers sont en feuilles de palmier ou en plumes; ce sont des espèces d'écrans; les seconds sont formés de lames d'ivoire ou de papier; ils servent d'albums autographiques, et c'est sur un éventail en papier blanc qu'un Chinois prie son ami de tracer une sentence, des caractères ou un dessin qui puisse lui rappeler son souvenir. Les albums-éventails sur lesquels sont apposés les sceaux d'hommes illustres ou de grands personnages acquièrent avec les années une haute valeur.

XII

VIE ET MŒURS

INTÉRIEUR
DES MAISONS CHINOISES
DE HAUT RANG – PARESSE
DES CHINOIS – OÙ ELLE LES MÈNE – LE JEU
L'IVROGNERIE – L'OPIUM – MAISONS DE THÉ
RESTAURANTS – VISITES – INVITATIONS
UN DINER CHEZ UN HAUT
FONCTIONNAIRE

On connaît déjà la distribution et l'aménagement intérieur d'un palais ou Fou chinois : plus de la moitié du terrain est occupée par des allées, des cours, des jardins; on y voit des rocailles, des ponts rustiques, des viviers avec des gouramis et des poissons rouges, des volières peuplées de paons, de faisans dorés et de perdrix du Pe-tche-li; et surtout de nombreuses jarres de porcelaine ou de terre cuite peinte et vernie, contenant des arbres en miniature, des vignes, des jasmins, des plantes grimpantes et des fleurs de toute espèce. La chambre principale du rez-de-chaussée est ouverte du côté du jardin; une cloison en treillis à jour forme la séparation du salon et de la chambre à coucher. Le rez-de-chaussée comprend la salle à manger, la cuisine et quelquefois une salle de bains. Quand il y a un étage supérieur, appelé *leou*, il contient des chambres et des magasins; la salle d'entrée est invariablement consacrée aux ancêtres et aux génies de la famille. Dans chaque pièce on retrouve le *kang*, qui sert à la fois de lit, de canapé et de sièges dans tout le Nord, et des nattes épaisses qui garnissent le plancher. Les meubles proprement dits sont en petit nombre : quelques chaises ou tabourets en bois dur sur lesquels on pose des coussins, une petite table en laque rouge, un brûle-parfum et des chandeliers en bronze doré et émaillé, des jardinières et des corbeilles contenant des fleurs, des tableaux sur papier de riz, et enfin la tablette inévitable contenant quelque sentence morale ou une invocation aux ancêtres. Il n'y a point de fenêtres proprement dites : des ouvertures carrées, percées sur le côté quand la pièce donne sur la cour ou sur les jardins, ménagées entre les doubles poutres qui soutiennent le toit lorsqu'on pourrait être vu de la rue ou des maisons voisines, laissent pénétrer un faible jour à travers les interstices d'un grillage composé de minces lames de bois entrecroisées qui forment une jalousie fixe.

C'est dans ces mystérieux appartements que les gens riches passent la moitié de leur existence, s'adonnant à une voluptueuse paresse; il est presque impossible à un Européen d'y pénétrer, et, autant les Chinois sont disposés à être communicatifs dans les affaires, dans les fêtes, dans les réceptions, autant ils sont réservés dans tout ce qui touche à leur vie intime.

La paresse physique est poussée à un haut point en Chine; il est considéré comme malséant de marcher, de se promener, de se servir de ses membres. Rien n'étonne plus les indigènes que le besoin de locomotion qui nous caractérise. Ils s'accroupissent sur leurs mollets, allument leur pipe, déploient leur éventail, et contemplent d'un œil goguenard les promeneurs européens qui vont et viennent d'un bout à l'autre de la rue, en marquant le pas avec une précision mathématique. Quand on fait à pied des visites officielles, il faut s'excuser de n'être venu ni à cheval ni en palanquin, car c'est marquer peu de considération pour le personnage qu'on va voir ainsi. Le palanquin surtout est d'un usage incessant. A Pékin, il y a de grands établissements pour la location des palanquins, où l'on en trouve de disponibles à toute heure. On paye environ une piastre par jour pour ceux qui sont portés par six hommes; pour quatre hommes, c'est une demi-piastre; deux hommes, cent sapèques. La légation de France a pour son service vingt-quatre porteurs revêtus de tuniques bleues avec collets et bordures aux trois couleurs. Les palanquins sont généralement ouverts par-devant et par-derrière; il y a une fenêtre ou plutôt un carreau fixe sur le côté, et une banquette transversale sur laquelle on s'assied.

La passion du jeu est l'un des fléaux de la Chine; fléau qui en a engendré mille autres dans tous les rangs, tous les âges de la société. Dans les rues de Pékin, on rencontre une foule de petits tripots ambulants, tantôt un jeu de dés placé dans un gobelet de cuivre sur un escabeau, tantôt une loterie composée de bâtonnets contenant des numéros que le croupier fait sauter dans un tube en fer-blanc. La foule se presse autour de ces industriels, et l'ouvrier qui passe, cédant à une tentation irrésistible, vient y perdre en quelques heures les pénibles épargnes de son travail. Les coolies attachés à l'armée française perdaient leurs appointements du mois le lendemain de la paye; quelques-uns ayant engagé leurs habits aux croupiers qui sont en même temps prêteurs sur gages, s'échappaient au milieu des huées de la populace, et revenaient au camp à peine couverts d'un caleçon. Les combats de coqs et de cailles ont encore le privilège d'exciter les passions aléatoires des rois, qui y risquent des enjeux considérables. Les gens riches, les marchands sont aussi joueurs que la plèbe; ils se réunissent dans des maisons de thé où ils passent jour et nuit à jouer aux cartes, aux dés, aux dominos et aux dames. Les cartes, longues de quinze centimètres environ, sont très étroites; elles sont assez semblables aux nôtres, avec des figures et des points marqués de différentes couleurs; le jeu le plus usuel paraît être une sorte de bésigue. Les dames sont carrées, et les cases rondes; les dominos plats avec des marques rouges et bleues; on joue aussi aux dames avec des dés, ce qui compose une manière de trictrac. Les dés sont préférés par les joueurs de profession, comme étant le jeu de hasard par excellence. Après y avoir perdu leur argent, ils jouent leurs champs, leur maison, leurs enfants, leurs femmes et jusqu'à eux-mêmes, quand ils n'ont plus rien et que leur adversaire consent à accepter ce suprême enjeu. Un marchand de Tien-tsin, qui avait à la main gauche deux doigts de moins, les avait perdus aux dés. Les femmes et les enfants jouent au volant; c'est un de leurs exercices favoris et ils y sont d'une adresse peu commune. Le volant se compose d'un morceau de cuir roulé en boule surmonté de rondelles de métal pour le rendre plus lourd; trois longues plumes sont implantées dans des trous percés dans des rondelles. C'est avec la semelle de brodequin qu'on renvoie lc volant : il est très rare que les joueurs manquent leur coup.

Le jeu, qui paralyse le travail, est une des causes permanentes du paupérisme : il en est une autre plus désastreuse encore, la débauche. Le vernis de décence et de retenue dont s'enveloppe la société chinoise cache la corruption la plus profonde. La moralité publique n'est qu'un masque jeté sur une perversité de mœurs qui dépasse tout ce qu'on a pu lire sur les anciens, tout ce qu'on sait des mœurs actuelles des Persans et Hindous.

L'ivrognerie, telle qu'on l'entend en Europe, est le moindre de leurs vices. Le vin de raisin a été défendu, il y a des siècles, par des empereurs qui firent arracher les plants de vigne. Cette interdiction ayant cessé avec la dynastie mandchoue, on cultive le raisin pour la table, mais on ne fait usage que du vin de riz ou *samchow*. On en extrait, ainsi que du gros millet ou sorgho, une eau-de-vie aussi forte que la nôtre et qui produit une ivresse terrible. L'abus qu'en firent nos soldats dans la campagne de Chine amena beaucoup de dysenteries mortelles dans l'armée.

Les maisons de thé vendent des liqueurs alcooliques, mais ce sont surtout les restaurants et les auberges qui en font un grand débit.

Nous ne parlerons pas de la production du thé, ni de la vaste industrie qu'il alimente; c'est un sujet qui appartient en propre à la Chine méridionale; disons seulement que l'usage du thé n'est pas moins répandu dans le Nord que dans le Sud : entrez-vous dans une maison? aussitôt on vous offre le thé, c'est le signe de l'hospitalité. On vous en sert à profusion; dès que votre tasse est vide, un serviteur muet la remplit, et ce n'est qu'après en avoir avalé une certaine quantité, qu'il vous sera permis par votre hôte d'exposer l'objet qui vous amène. Les maisons de thé sont aussi multipliées que les cafés et les cabarets en France; l'élégance de l'ameublement et du service ainsi que l'élévation des prix les distinguent entre elles : le riche marchand et le désœuvré élégant, évitant de s'y rencontrer avec l'ouvrier aux mains noires et le rude campagnard, ne se réunissent que dans les maisons consacrées par le bon ton. Les maisons de thé se reconnaissent au laboratoire qui occupe le fond des salles et qui est garni de vastes bouilloires, de théières massives, de tours et d'étuves alimentant d'eau bouillante des chaudrons monstrueux aussi hauts qu'un homme. Une horloge singulière est placée au-dessous du laboratoire : elle se compose d'un gros bâton d'encens moulé portant des marques à égale distance, afin que le progrès de la combustion de la mèche donne la mesure des heures. C'est ainsi que les Chinois peuvent se servir littéralement de l'expression *consumer le temps*. Le matin et le soir les salles sont pleines d'habitués qui, moyennant deux sapèques, prix d'entrée, viennent y parler d'affaires, y jouer, y fumer, y entendre de la musique, et assister aux farces des saltimbanques et aux tours de force des jongleurs et des athlètes. Ces deux sapèques donnent encore droit à une consommation de dix tasses de thé (tasses minuscules, il est vrai), que de nombreux garçons portent en courant dans toutes les directions sur des plateaux garnis de gâteaux et de fruits secs.

« Un jour, nous écrit M. X., officier au 101e de ligne, nous avons voulu dîner à la chinoise dans un restaurant chinois; le prix convenu d'avance par l'entremise de nos coolies était de deux piastres par personne, ce qui constitue une somme considérable, eu égard au bon marché des denrées alimentaires. Comme préparation au dîner, il nous a fallu franchir un dédale de ruelles peuplées de bouges où croupissent, en empoisonnant l'air de leurs exhalaisons, des milliers de mendiants en guenilles. A l'entrée du carrefour où s'élève le restaurant, il y a des tas d'immondices composées de vieilles bottes de légumes, de charcuterie pourrie, de chiens et de chats morts, et dans tous les coins des ordures aussi désagréables à l'odeur qu'à la vue. Il faut avoir l'estomac solide pour avoir encore faim après avoir traversé cet étalage peu appétissant. A la porte de l'établissement sont assis des buveurs qui paraissent fort peu se soucier de ce voisinage pestilentiel; nous avons le courage d'en faire autant, après avoir admiré les deux lanternes monstrueuses qui décorent l'entrée et l'enseigne qui porte en grosses lettres : *Aux trois vertus par excellence.* Espérons que la probité sera une de ces trois vertus, et que le restaurateur nous en aura donné pour notre argent.

« Notre entrée dans la salle principale excite une certaine émotion; quelque habitués que les Chinois soient à nous voir, notre vue excite encore chez eux une curiosité mêlée d'effroi, surtout dans ce quartier où les Européens s'aventurent rarement. On nous a préparé deux tables carrées entourées de bancs en bois, sur lesquels on a placé, par une gracieuse exception, des coussins rembourrés. Deux garçons s'empressent autour de nous avec des théières en grès rouge et des tasses en métal blanc; il n'y a pas de cuillers, on jette de l'eau chaude sur une pincée de feuilles de thé placée dans chaque tasse et nous sommes forcés d'aspirer l'infusion par un petit trou ménagé dans le couvercle de nos tasses [1]. Après nous être acquittés de ces fonctions en vrais Chinois, nous demandons le premier service, qui se compose d'une foule de petits gâteaux à la graisse, sucrés, mais très mauvais, de fruits secs et, comme hors-d'œuvre, d'une sorte de caviar ou de salaison où entrent des intestins, des foies, des rates de poisson, le tout confit au vinaigre, puis des crevettes de terre, cuites à l'eau salée : ce sont tout bonnement de grosses sauterelles; ce mets, en usage dans les pays chauds, n'est réellement pas mauvais. Nous ne faisons pas grand honneur au premier service, que remplace immédiatement le second. Les

1. Toutes les tasses à thé ont un couvercle en métal pour conserver l'arôme et empêcher que le buveur n'avale les feuilles. *(NdA)*

garçons placent sur la table des assiettes ou plutôt des soucoupes, car elles en ont la forme et la dimension, et des plats ou plutôt des bols contenant du riz accommodé de diverses manières avec de la viande coupée en petits morceaux et dressée en pyramides. Des bâtonnets accompagnent ces plats succulents. Comment allons-nous faire ? Il faut être tout ce qu'il y a de plus Chinois pour pouvoir manger avec ces deux petits morceaux, dont l'un, fixe, se tient entre le pouce et l'annulaire, tandis que l'autre, mobile, se manie avec l'index et le doigt du milieu. Les indigènes portent la soucoupe à leurs lèvres et avalent le riz en le poussant avec les bâtonnets : c'est ce que nous essayons en vain de faire, d'autant plus que nous rions tellement qu'il nous est impossible de nous livrer à une expérimentation sérieuse. Nous ne pouvons cependant compromettre notre dignité de civilisés en mangeant avec nos mains comme des sauvages ! Heureusement l'un de nous plus avisé a apporté un nécessaire de campagne, contenant une cuiller, une fourchette et un couteau. Chacun plonge successivement la cuiller dans le bol qui est devant lui, mais avec une certaine défiance qui paralyse la dégustation de ces mets de haute saveur. Enfin apparaissent des plats moins mystérieux et en quantité suffisante pour rassasier cinquante personnes : des poulets, des canards, du mouton, du porc, du lièvre rôti, des poissons et des légumes bouillis. On nous sert en même temps du vin blanc de raisin et du vin de riz dans des tasses microscopiques en porcelaine peinte; aucune de ces boissons, même le thé, n'est sucrée; en revanche elles sont bouillantes ! Le repas se termine par un potage qui n'est autre chose qu'un gros ragoût nageant dans une sauce abondante.

« Plus rassasiés que satisfaits, nous aurions voulu quelques mets plus chinois, des nids d'hirondelles ou une fricassée de racines de ging-seng, mais il paraît qu'il faut commander ces mets recherchés plusieurs jours à l'avance et qu'ils se payent au poids de l'or. Nous allumons nos cigares, en dégustant du tafia qui commence à être très répandu dans les restaurants chinois, et nous regardons autour de nous : la fin

Cour de l'observatoire des jésuites

Le temple du Ciel, à Pékin

Maître d'école

Moulin à prières

ED. VAUMORT.

Cérémonie religieuse dans une lamaserie

Voleur conduit par des ti-pao

Condamné à la cangue

Supplice du dépècement

Intérieur d'une maison chinoise

de la journée s'avance; les salles, d'abord à peu près vides, se garnissent de nombreux consommateurs, qui, après nous avoir épiés à la dérobée, se livrent sans contrainte à leurs occupations habituelles. Des jeunes gens fardés et costumés comme les femmes circulent autour des tables, les garçons chantent à haute voix le nom et le prix des consommations que répète à l'unisson un huissier placé près du comptoir où siège le maître de l'établissement. Des marchands jouent à pigeon-vole : l'un annonce les chiffres de un à dix avec ses doigts; les autres doivent deviner dans ses yeux et lever en même temps que lui le même nombre de doigts; le perdant boit une tasse de vin de riz.

« Cependant la salle se remplit d'odeurs nauséabondes, où domine la fumée de l'opium. C'est l'heure des fatales ivresses! Les fumeurs au teint jaune, aux yeux caves, se retirent mystérieusement dans des cabinets placés au fond de la salle. On les voit s'étendre sur des lits garnis de nattes et d'un oreiller en crin dur; puis d'épais rideaux de feutre se ferment, impuissants à dérober aux yeux les orgies qui se préparent. Il est temps de partir : même pour de vieux soldats, bronzés par tous les climats, il y a en Chine des choses qui font monter la rougeur au front et le dégoût aux lèvres! »

Dans le récit suivant, que nous devons encore à M. Trèves, on pourra, aux habitudes grossières du restaurant public, comparer le cérémonial, l'étiquette et la recherche d'un repas d'apparat donné par un grand personnage :

« La Chine est le pays des apparences : apparences de vertu, apparences de probité! Aussi, est-ce le pays où les règles de politesse, où les convenances obséquieuses sont poussées le plus loin. Depuis que nous sommes à Pékin, depuis que nous avons prouvé notre force supérieure dans la dernière guerre, la diplomatie européenne est traitée sur un pied d'égalité par les agents du gouvernement chinois. Les entrevues ont lieu au yamoun des Affaires étrangères; le prince Kong, par déférence, rend les visites que lui font les ministres européens, mais ne reçoit personne chez lui. Il y a ici en ce moment de malheureux ambassadeurs coréens qui sont traités encore avec moins d'égards que nous ne l'étions il y a quelques années. Ils attendent depuis six mois avec leurs cadeaux et leurs tributs que le représentant de l'empereur daigne les recevoir, et ils attendront peut-être encore longtemps. On les a éloignés dans un Fou en ruine, non loin de la légation française; tous les matins, en me promenant à cheval, je les vois devant leur porte faisant des échanges de marchandises avec les colporteurs du quartier pour se payer des frais de leur ambassade indéfiniment prolongée. Ils ont un costume plein d'originalité, entièrement blanc, avec une espèce de bonnet composé d'une carcasse en fil d'archal peint. J'ai voulu leur négocier l'achat d'un de ces bonnets pour ma collection, mais cela est impossible : il paraît qu'un officier coréen qui rentrerait dans son pays sans son couvre-chef, insigne de son grade, serait déshonoré et de plus condamné à s'ouvrir le ventre! On comprendra que je n'aie pas insisté.

« Voici quels sont mes rapports de cérémonial avec les mandarins des affaires étrangères. Quand je veux faire une visite, pour ne pas surprendre celui que je vais voir, je me fais précéder d'un domestique portant ma carte; j'agis ainsi sans façon pour gagner du temps, car je devrais, suivant les règles de l'étiquette, envoyer ma carte deux heures auparavant, et attendre qu'on m'en ait renvoyé une autre avant de partir. Ces cartes chinoises ordinairement sur papier rouge (elles sont grises en ce moment à cause du deuil impérial), portent au milieu en gros caractères le nom du mandarin, sur les côtés le nom de la personne à laquelle elles sont adressées, en bas quelques détails sur les affaires courantes, sur l'invitation qu'on vous fait, et enfin le salut final qui est toujours : " Je baisse la tête devant vous. " Mon nom chinois de cérémonie est *Tou-ta-loié*, qui veut dire l'homme considérable, ou littéralement *Tou*, vieillard respectable. *Tou* est tout ce qui reste de Trèves, car

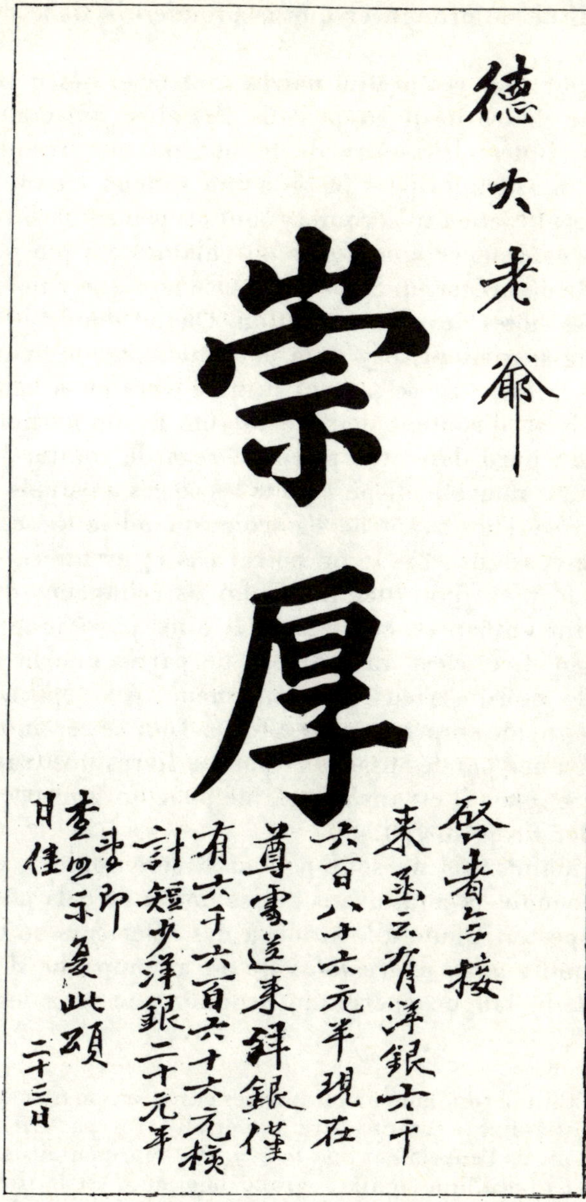

Carte de visite chinoise

il est poli de ne prononcer que la première syllabe de votre nom [1].

« Lorsque tous ces préliminaires sont terminés, je me fais porter en chaise jusqu'au pied de l'escalier qui conduit au salon des hôtes; le maître de la maison m'y reçoit en se tenant à ma droite, puis passe à ma gauche en me priant d'aller devant, et en m'accompagnant un peu en arrière. Dans le salon commence une foule de salamalecs que j'ai pris l'habitude d'abréger, quelque mauvaise idée que j'aie pu donner à mes hôtes de mon éducation. Quand deux Chinois de haut rang se visitent, il y en a pour une grande heure : dès le bas de la salle, ils se saluent jusqu'à terre en se tenant les mains; ils se disputent d'abord le côté le moins honorable (le côté du nord dans une pièce est regardé comme la place d'honneur); nouvelle dispute pour les sièges auxquels ils font aussi la révérence avant de s'asseoir; quand le thé est servi, autres discussions : " – Je ne boirai pas le premier. – Buvez donc. – Je n'en ferai rien... " Enfin ils échangent quelques phrases insignifiantes, et après avoir ainsi passé longtemps à ne se rien dire, c'est au moment de partir que le visiteur aborde le motif sérieux qui l'a amené. Au départ, même politesse, même empressement affecté. Tout ce cérémonial est réglé d'avance par les usages et par les livres qui traitent de la matière, mais il est insupportable pour un Européen habitué à aller droit au fait.

« Les mandarins ne sont pas aussi cérémonieux avec les gens du peuple, et nous avons dû les imiter en cela pour nous faire respecter. Toute allocution à des inférieurs se termine par les mots *allez et tremblez* qu'on accompagne d'un claquement de langue énergique pendant que tous les fronts

---

1. Les Chinois donnent aux ministres européens le titre de *Tsiun-tchai*, c'est-à-dire « commissaire impérial ». En parlant à M. de Bourboulon, ils l'appelaient *pou-ta-gen*. *Pou* représentait le nom de famille, et *ta-gen*, qui signifie « grand homme », est le titre donné aux personnages importants. *Sen-tchen* ou « lettré » était le nom chinois des attachés et des interprètes de la légation. *(NdA)*

s'abaissent jusqu'à terre. Les coups de bâton sont d'un grand usage; la police s'en sert pour disperser les foules; il faut quelquefois en user avec les manœuvres qu'on emploie. Les ouvriers des corps d'état plus élevés s'en offensent (il faut convenir qu'il y a bien de quoi), cessent de travailler, et s'en vont en grommelant quelquefois entre leurs dents *quai-tsen* (diable), injure adressée ordinairement aux Européens; mais ils ne cherchent jamais à se venger et les assistants, toujours enchantés de voir battre quelqu'un, accompagnent leur fuite de grands éclats de rire.

« On entre difficilement en rapport avec les hommes du peuple; ils nous montrent plutôt de la crainte que de la déférence. Dernièrement un de nos interprètes s'était perdu dans la campagne aux environs de Pékin; il demanda son chemin à un paysan sans pouvoir obtenir de réponse. Furieux de ce mutisme, il le poursuit à cheval à travers champs; le Chinois hors d'haleine tombe à plat ventre au milieu d'un champ de sorgho, et, se voyant au pouvoir de son interlocuteur, grommelle entre ses dents *hou, hou* (hein, hein?), et *chem-no* (je ne comprends pas). Ce ne fut qu'après avoir répété trois fois sa question que notre interprète obtint une réponse par signes.

« Un Chinois ne peut se figurer qu'un Européen puisse parler sa langue : avant même que vous ouvriez la bouche, et devinant votre intention, il vous dit l'éternel *Je ne comprends pas* et se sauve à toutes jambes, ou bien s'il craint de ne pouvoir vous échapper, il vous répète en tremblant les phrases consacrées par la politesse : Où allez-vous? Quel âge avez-vous? Comment vous appelez-vous? et s'obstine à ne pas avoir l'air de vous comprendre. Qu'on juge par là à quel point il est difficile de s'exercer à parler le chinois avec les gens du pays.

« Depuis quelque temps je me suis fait un ami indigène; Hen-ki, membre du conseil des affaires étrangères, me montre sa confiance et recherche mon intimité. Je l'avais reçu à dîner : là, mettant de côté les règles du cérémonial, grâce à de nombreuses libations de champagne, de chartreuse et de marasquin, il m'avoua, entre boire, et en tapant sur le couvercle de la belle montre en or qu'il venait d'acheter, que nous savions fabriquer en Europe des choses admirables, que la fourchette et la cuiller étaient plus commodes que les bâtonnets, que le café valait bien le thé, etc., opinions bien osées chez un mandarin de haut rang; enfin, avant de partir, il me fit la grâce de donner l'ordre à son secrétaire intime de nous chanter quelque chose. Ce dernier, qui pendant tout le repas s'était tenu derrière son maître, soutenant d'exclamations approbatives chaque parole qu'il prononçait, se mit à entonner une sorte de plain-chant plus propre à endormir qu'à exciter la joie; Hen-ki, au comble du bonheur, frappait des pieds en cadence et l'accompagnait en pinçant de la mandoline. Telle fut cette réception que le mandarin voulut me rendre, offre que j'acceptai avec une certaine curiosité.

« Le matin du jour convenu, une lettre de Hen-ki ornée de fleurs dessinées au trait vint me rappeler ma promesse. Je me rendis avec l'interprète à son Fou situé dans l'enceinte de la Ville jaune; il vint nous recevoir au bas de l'escalier d'entrée, et, me prenant par la main, me conduisit lui-même à travers le temple des ancêtres jusqu'à la salle à manger, fort jolie pièce octogonale, dont les panneaux en bois sculpté contenaient de belles peintures sur papier et sur verre. Quatre grands bahuts incrustés de mosaïque et d'ivoire et couverts de potiches en jade, laques, cristal de roche, porcelaine, en garnissaient les angles; la table, ronde et très élevée, occupait le milieu de la pièce; enfin des fleurs en pots, camélias, hydrangées, rosiers, *lien-wa* ou nymphéa à fleurs roses, donnaient à la salle à manger l'aspect d'une exposition d'horticulture.

« Hen-ki, nous faisant passer devant lui, m'invita à m'asseoir et prit place en face de moi; l'interprète se mit entre nous deux. En ce moment retentit dans la cour un bruit épouvantable : c'était une servante qui annonçait, en frappant sur le gong à coups de marteau, le commencement du repas des illustres seigneurs. Trois domestiques se tenaient derrière nous, prêts à accomplir nos volontés au moindre geste; un maître d'hôtel apportait les plats. Je remarquai que la salle à manger était carrelée avec de larges dalles de pierre de différentes couleurs formant une sorte de mosaïque. Aucune natte ne protégeait les pieds contre une vive sensation de froid; l'hiver, cette pièce est chauffée par de petits réchauds portatifs dont la fumée de charbon de terre se condense en vapeurs d'acide carbonique tellement insoutenables qu'on est forcé de laisser toutes les portes ouvertes. Un bon système de chauffage est ce qui manque le plus dans l'intérieur des maisons chinoises, qui réunissent d'ailleurs l'élégance au confortable. Heureusement nous étions au mois de juin et il faisait très chaud.

« On servit d'abord sur la table le dessert, composé de mets rafraîchissants, tels que des tranches de pastèque, de la crème fouettée, du sirop de fruits, du fromage de Mongolie en forme de tablettes, très dur et ressemblant à du plâtre; puis vint le premier service : des entremets sucrés, confiseries et sucreries de toute sorte auxquelles la graisse rance qui avait servi à les fabriquer donnait un goût insoutenable. Deux bols pleins de graines de pastèque accompagnaient ces douceurs. Hen-ki épluchait les graines avec ses grands ongles et les croquait avec des grimaces de satisfaction, tandis que dans l'autre coin de sa bouche il aspirait majestueusement la fumée de sa pipe : on eût dit, tellement l'expression en était différente, que la figure de l'illustre mandarin était composée de deux parties étrangères l'une à l'autre, celle qui mangeait et celle qui fumait! Les graines de pastèque sont d'un goût agréable qui rappelle celui des amandes fraîches; elles sont d'un usage d'autant plus répandu qu'on prétend qu'elles font trouver le vin meilleur. Nos serviteurs étaient constamment occupés à nous verser de différents vins, du champagne, du madère, du bordeaux, du vin de riz et du thé, dans de petites tasses, grandes tout au plus comme celles avec lesquelles les enfants jouent à la dînette.

« Les vins d'Europe, surtout les deux premiers, commencent à être répandus en Chine, ainsi que le curaçao, le marasquin et la chartreuse; on prétend même que la maladie qui emporta l'empereur Hien-Fung à la fleur de l'âge avait été causée par l'abus excessif qu'il avait fait des liqueurs d'importation européenne.

« Aux entremets succéda une profusion de plats. Quatre fois la table fut desservie et se garnit de nouveau des mêmes viandes, mais différemment accommodées, des volailles de toute espèce, du gibier, préparés avec du riz et des sauces fortement épicées ; du porc sous toutes les formes, rôti, en ragoût, braisé ; des poissons, parmi lesquels figurait le fameux bar tacheté si prisé des Apicius chinois, des légumes, haricots blancs ou verts, pois, lentilles, et même des pommes de terre de Mongolie servies par attention pour nous. Aucun mets extraordinaire, ni rat, ni chat, ni chien ne frappa nos regards. Un chien de lait forme, assure-t-on, un plat très recherché dans toute la Chine méridionale, mais je ne sache pas qu'à Pékin, les jolis petits chiens qu'on élève comme objets de luxe aient jamais été destinés à la casserole. Les viandes et les poissons sans os et sans arêtes étaient, par un artifice particulier à la cuisine chinoise, recousus dans leurs peaux grillées et dorées au four de campagne.

« Alors commença une scène de politesse : Hen-ki voulant absolument nous servir, quoique nous eussions préféré puiser dans les bols avec nos cuillers, enlevait avec ses doigts la peau qui recouvrait les viandes, et y plongeant ses bâtonnets qu'il avait déjà fourrés dans sa bouche, mettait dans nos soucoupes un morceau de chaque mets. J'ai oublié de dire qu'on ne nous changeait pas de soucoupe, en sorte que, grâce à l'empressement de notre hôte, nous eûmes en quelques minutes devant nous une véritable pyramide de viandes, de poissons, de légumes entremêlés, dont les sauces se disputaient et ne présentaient plus au goût qu'une saveur indéfinissable. Cependant Hen-ki était enchanté, riait, causait et mangeait avec enthousiasme ; il approchait sa figure de son bol et, manœuvrant ses bâtonnets avec une rapidité incroyable, envoyait dans sa large bouche et souvent sur sa belle robe, sur la table, et jusque sur nous des parcelles de viande, des grains de riz, et surtout de larges gouttes de sauce ; cette déglutition rapide était accompagnée de phrases de politesse : “ Mangez donc de ce plat, nous disait-il la bouche pleine, je l’ai fait faire pour vous; acceptez-en encore un peu, vous me comblerez de bonheur ”, et ainsi de suite. J’aime à croire que le mandarin faisait franchement appel à notre appétit, et qu’il ne ressemblait pas à ces Européennes maîtresses de maison qui vous supplient d’accepter une aile de perdreau non entamé, et qui vous jettent un regard furibond quand, de guerre lasse, vous ne croyez pas pouvoir refuser. Une corbeille de petits gâteaux à la farine de froment sans levain, imbibés de graisses et remplis de graines aromatiques, avait été placée à notre portée; on voit que Hen-ki n’avait rien négligé pour nous rendre un dîner agréable.

« A mesure que les appétits se calmaient, la conversation allait en se ranimant; heureux de ne pas avoir à traiter de questions politiques toujours embarrassantes pour la dissimulation chinoise, le mandarin se livrait à toute sa gaieté naturelle, et nous accablait de questions sur l’Europe dont les coutumes excitaient au plus haut point son étonnement. J’entendais par la fenêtre de la salle à manger restée ouverte un sourd murmure dans la cour intérieure, et de temps en temps une tête curieuse apparaissait dans la pénombre, nous fixant avec de grands yeux étonnés. Toute la partie féminine de la maison, les épouses de Hen-ki et de ses fils, leurs sœurs, leurs filles, et les nombreuses servantes avaient été mises en émoi par la présence des deux étrangers; ces pauvres recluses n’avaient peut-être pas eu l’occasion de rencontrer des Européens dans les rues de Pékin, et elles voulaient s’assurer si nous avions vraiment le nez au milieu de la figure, et si nous mangions par la bouche.

« Enfin, sur l’ordre de notre hôte, on enleva les bols et les soucoupes qui couvraient la table, et on apporta un grand plat rond divisé en quatre compartiments qui contenait quatre différentes sortes de potages. Nous avions commencé par le dessert, il était juste que nous finissions par la soupe! Ce dernier service, le service d’honneur, était composé de mets gélatineux, qui ont la réputation d’être de puissants stimulants, et que les Chinois payent des prix excessifs : il y avait une gelée de nids d'hirondelles à l'essence de citron, des ailerons de requins bouillis et fondus dans une sauce gluante, des foies et des rates de poissons à la sauce aux huîtres, et enfin une soupe de ging-seng à la purée de volaille.

« Je goûtai de tous ces mets qui constituent le *nec plus ultra* de la cuisine chinoise, et je dois déclarer, qu'à l'exception du dernier qui est réellement d'un goût exquis, les trois autres me parurent insignifiants et même désagréables. Les nids d'hirondelles sont aussi fades que du blanc-manger, les ailerons de requin rappellent de mauvais pieds de veau à la gelée; quant à la soupe au poisson, on dirait du caviar pourri. Pour comble d'hospitalité, on avait essayé de nous faire du café (quel café!), qu'on apporta sur la table en même temps qu'une cave à liqueurs dernièrement achetée à Shang-haï, et dont notre hôte paraissait aussi fier que de sa montre.

« Cependant les confidences de Hen-ki devenaient de plus en plus intimes, sa langue s'épaississait et ses yeux se fermaient sous l'influence de libations répétées. Nous nous retirâmes après l'avoir remercié de sa cordiale réception, et en le priant de ne pas se déranger pour nous reconduire, mais il était ferré sur l'étiquette, et il nous suivit jusqu'à nos chaises à porteurs [1].

« Pendant tout ce dîner, qui avait duré plusieurs heures, aucun de ses trois fils, dont deux étaient déjà mandarins à bouton blanc, n'avait osé, quelle qu'en fût son envie, et par respect pour leur père, se présenter dans la salle à manger pour nous offrir leurs compliments. »

---

1. Quand vous arrivez chez un Chinois, il est de règle qu'il vous attende à l'entrée de sa maison, et qu'il vous prie deux fois de passer devant lui à toutes les portes des nombreuses pièces que vous franchissez; quand vous voulez sortir, la bienséance exige que vous lui rendiez la pareille en le suppliant également à chaque porte de se dispenser de vous reconduire. *(NdA)*

XIII

ÉDUCATION

ÉCRITURE
CHINOISE
SON IMPORTANCE
ET SES DIFFICULTÉS – INSTRUCTION
GÉNÉRALE – LA PRESSE NATIONALE
LA LITTÉRATURE – LE THÉATRE
REPRÉSENTATIONS THÉATRALES
CHEZ UN MANDARIN
MARIONNETTES ET
OMBRES CHINOISES

Le livre des rites veut que l'éducation d'un enfant riche commence à l'instant même de sa naissance, et ne tolère les nourrices qu'en imposant aux mères de grandes précautions pour les choisir. On sèvre un enfant aussitôt qu'il peut porter la main à sa bouche. A six ans on lui enseigne les éléments de l'arithmétique et de la géographie; à sept ans on le sépare de sa mère et de ses sœurs, et l'on ne permet plus qu'il mange avec elles; à huit ans on le forme aux règles de la politesse; l'année suivante on lui apprend le calendrier astrologique; on l'envoie à dix ans aux écoles publiques où le maître lui enseigne à lire, à écrire et à compter; depuis treize ans jusqu'à quinze, il reçoit des leçons de musique, en chantant des versets moraux qui remplacent nos cantiques; à quinze ans viennent les exercices du corps, l'usage des armes et l'équitation; enfin à vingt ans, s'il en est jugé digne, il reçoit le bonnet viril et change ses habits de coton pour des vêtements de soie et les fourrures : c'est aussi l'âge du mariage.

Les maîtres d'école chinois sont des lettrés déclassés qui n'ont pu parvenir aux grades des fonctions civiles. Ils font chanter à leurs écoliers leurs leçons à haute voix et paraissent

交左宗棠差遣並奏保在前自請議處各等語李元度著即行
革職加恩免其治罪仍交左宗棠差遣以觀後效曾國藩並著
交部議處欽此　上諭鄭元善奏勇目失利逃遁一摺投誠勇
目宋景詩隨同勝保勦賊失利輒敢不候軍令率衆逃遁寔屬
目無法紀宋景詩即行革去叅將著鄭元善督飭派員妥辦宋
景詩前在山東投誠迭經諭知勝保妥為辦理勝保不察誠偽
力主撫議迨該勇目逃遁為時已閱兩旬復不即行奏報顯係
意存迴護究屬非是勝保著交部議處以示懲儆欽此

Gazette officielle de Pékin

avoir compris depuis longtemps l'importance de l'enseignement mutuel. C'est avec leurs queues et des martinets qu'ils châtient les récalcitrants, en leur frappant de grands coups sur les mains ou sur le dos. Les peines morales sont également appliquées; un écriteau attaché sur le dos dénonce l'écolier paresseux au mépris public. Les enfants les plus pauvres sont reçus gratis dans les écoles.

L'importance que les Chinois attachent à l'écriture, à la lecture, à la grammaire, à la connaissance approfondie de la langue, tient à la difficulté même de cette langue.

L'écriture ancienne des Chinois était *idéographique*, c'est-à-dire qu'elle représentait les objets par des caractères dessinés comme les hiéroglyphes égyptiens, au lieu d'être *phonétique*, c'est-à-dire composée de signes correspondants aux sons de la langue parlée. Les caractères primitifs au nombre de deux cent quatorze étaient des figures grossières qui représentaient imparfaitement des objets matériels. L'écriture idéographique, dont l'emploi par des peuples à demi sauvages s'explique aisément, doit être d'un usage fort difficile quand elle s'applique à des civilisés ayant à exprimer des idées abstraites. Les Chinois ont su modifier ingénieusement leurs caractères, de manière à les rendre susceptibles de satisfaire aux besoins de leur civilisation croissante : la colère était désignée par un cœur surmonté d'un lien signe d'esclavage, l'amitié par deux perles exactement pareilles, l'histoire par une main tenant le symbole de l'équité. Ces ingénieuses figures ne suffisant bientôt plus, on les combina à l'infini, on les altéra en les multipliant et il faut toute la science d'un vieux lettré pour reconnaître les dessins de l'écriture primitive dans les caractères actuels qui sont au nombre de plus de quarante mille. Ainsi s'est formée l'écriture moderne, écriture figurée qui ne correspond pas à la langue parlée, exception unique parmi les peuples civilisés.

On comprendra donc facilement que savoir lire et écrire la langue chinoise soit une science qui demande de longues études aussi bien aux gens du pays qu'aux étrangers : d'ailleurs elle varie jusque dans ses formes grammaticales; on y distingue trois sortes de styles, le style antique ou sublime employé dans les anciens livres canoniques, le style académique qui est adopté sur les documents officiels et littéraires, et le style vulgaire.

Les Chinois attachent un grand prix à une belle écriture; un calligraphe ou, selon leur expression, un « pinceau élégant » est digne d'admiration. Le capitaine Bouvier et un des interprètes de la légation de France rendaient un jour visite à Tchong-louen, un des hauts fonctionnaires de Pékin : son fils, mandarin à bouton bleu, jeune homme de vingt-deux ans, déjà père d'un enfant, c'est-à-dire d'un fils, car les filles ne comptent pas, était prêt dans le salon de réception. Tchong-louen, voulant donner une idée de son précoce mérite à ses visiteurs, envoya chercher une grande pancarte de carton sur laquelle le jeune homme avait tracé en contours superbes le mot *longévité*, et la leur fit voir avec la même fierté que s'il se fût agi de l'attestation d'une action d'éclat ou d'un ouvrage littéraire. Il y a des pancartes semblables, des modèles d'écritures, pendus dans les chambres des maisons, comme on le fait en Europe pour les dessins d'académie.

L'aspect de l'écriture chinoise est étrange; les caractères sont placés les uns au-dessous des autres en lignes verticales, et vont de droite à gauche; en un mot, sur ce point comme sur tant d'autres, les Chinois procèdent d'une manière absolument inverse de la nôtre. La position dans laquelle sont placés les caractères est d'ailleurs fort importante; par exemple le nom de l'empereur doit s'écrire avec deux lettres plus hautes que les autres; y manquer serait se rendre coupable de lèse-majesté. Tout le monde connaît l'encre de Chine : c'est avec cette substance délayée dans l'eau et un pinceau que les Chinois tracent les caractères de leur écriture, en tenant leur main perpendiculaire au lieu de la placer horizontalement sur le papier.

La langue parlée est beaucoup moins difficile; elle se compose de monosyllabes dont la réunion variée à l'infinie exprime toutes les idées. Il faut y ajouter les accents qui donnent une tonalité et une expression différente aux racines monosyllabiques. La langue du Midi diffère assez de celle du Nord pour que les indigènes ne puissent se comprendre sans le secours du pinceau. En outre chaque province a son patois particulier.

Malgré les difficultés que présentent l'écriture et la lecture des caractères chinois, la Chine est assurément le pays du monde où l'instruction primaire est le plus répandue. On trouve des écoles jusque dans les plus petits hameaux dont les agriculteurs s'imposent volontairement pour entretenir les maîtres. Il est très rare de rencontrer un Chinois complètement illettré. Les ouvriers, les paysans sont capables de faire eux-mêmes leur correspondance, de déchiffrer les affiches et proclamations gouvernementales, de tenir note de leurs affaires journalières. L'enseignement des écoles primaires a pour base le *San-tse-King*, livre sacré attribué à un disciple de Confucius, qui résume en cent soixante-dix-huit vers toutes les sciences et toutes les connaissances acquises. Cette petite encyclopédie, convenablement expliquée et développée par le professeur, suffit pour donner aux enfants chinois le goût des choses positives, et les mettre à même de travailler à acquérir une instruction plus sérieuse. Il existe aussi dans les grandes villes des collèges où les enfants des lettrés et des mandarins reçoivent une éducation complète. Tel est entre autres le collège impérial à Pékin.

Les citoyens du Céleste Empire jouissent de la liberté de la presse la plus complète, mais à leurs risques et périls : l'autorité, qui n'a droit d'empêcher aucune publication, se venge après coup par le bâton des pamphlets ou des satires virulentes qu'on publie chaque jour sur son compte. Un grand nombre de petites presses mobiles existent chez les particuliers qui en usent et en abusent. Il n'y a pas un pays au monde où les murailles soient placardées d'autant d'affiches.

L'art typographique a été pratiqué de temps immémorial chez les Chinois; mais comme leur alphabet se compose de plus de 40 000 lettres, ils ne pouvaient se servir de types mobiles; ils se sont donc bornés à tailler en relief sur une planche de bois dur, les caractères dont ils ont besoin, à enduire ces caractères avec leur encre, et à en tirer un nombre déterminé d'empreintes en y appliquant successivement différentes feuilles de papier. Les reliefs, à l'inverse des nôtres, réunissent ces feuilles en volumes en les attachant par les bords; une note de la préface indique ordinairement l'endroit où ont été déposées les planches qui ont servi à la première édition de l'ouvrage. Il y a à Pékin plusieurs journaux quotidiens, entre autres la *Gazette officielle*, journal du gouvernement, à laquelle on s'abonne moyennant une piastre par trimestre. Cette feuille, imprimée en forme de brochure, est un carré long qui a une douzaine de pages et dont la couverture porte l'image du philosophe Meng-tseu. On y trouve un aperçu de toutes les affaires publiques et des principaux événements, les placets et les mémoires adressés à l'empereur, ses décrets, les édits des vice-rois des provinces, les fastes judiciaires et les lettres de grâce, des tarifs de douane, un courrier de la cour, les nouvelles diverses, incendies, crimes, etc., enfin les événements heureux ou malheureux de la guerre contre les rebelles taï-ping. On y convient même d'avoir été battu, franchise qu'il est bon de signaler aux journaux officiels de l'Europe et de l'Amérique.

Les Chinois attachent un respect traditionnel et quasi religieux à la conservation des papiers imprimés et écrits, on les recueille soigneusement et on les brûle quand on les a lus, afin de les dérober à toute profanation. On prétend même que des sociétés se sont formées qui payent des porteurs chargés d'aller de rue en rue avec d'énormes corbeilles pour en ramasser tous les fragments. Ces chiffonniers d'un nouveau genre reçoivent une prime pour le sauvetage des épaves de la pensée humaine.

Les arts, comme la littérature, ont été poussés assez loin dans le sens utilitaire et industriel. L'art plastique, le beau absolu sont des idées incomprises.

Si l'on a pu reconnaître la supériorité avec laquelle les Chinois ont traité l'économie sociale, la philosophie, l'histoire, toutes les sciences morales et politiques basées sur l'expérience et le raisonnement, il faut bien avouer aussi la rareté des œuvres purement littéraires. Il ne faut point en conclure qu'il n'y ait pas en Chine comme en tout pays civilisé abondance de poètes, de romanciers et d'auteurs dramatiques, mais leurs productions peu estimées et peu rétribuées sont éphémères; on fabrique une ode, une pièce de circonstance; on la récite, on la joue au milieu des applaudissements; le lendemain il n'en reste plus rien.

Ce n'est pas que le goût des représentations théâtrales ne soit très vif dans la nation, mais on rougirait d'attacher une trop grande importance à un divertissement futile. Les directeurs des troupes sont le plus souvent les fabricants des pièces qu'ils font représenter, ou du moins ils les modifient suivant les exigences des acteurs et la convenance des costumes. Il n'existe pas de théâtres permanents, ni autorisés à Pékin : le gouvernement en tolère la construction provisoire sur les places de la ville pour un temps limité à l'époque des fêtes publiques, mais il y en a dans beaucoup de maisons de thé analogues à nos cafés chantants, et chez tous les gens riches qui, chaque fois qu'ils ont loué une troupe d'acteurs pour se réjouir ou pour célébrer un anniversaire de famille, ont soin dans un but de popularité de laisser entrer librement la foule dans la partie de leur maison réservée au théâtre.

« Je viens d'assister, dit M. Trèves, à une représentation théâtrale donnée par le secrétaire d'État Tchong-louen dans le jardin de son palais de la ville tartare en l'honneur de la nouvelle année. Le théâtre ressemble à ceux que l'on élève à Paris sur l'esplanade des Invalides, lors de la fête de l'empereur : c'est un grand quadrilatère de la forme d'un temple grec soutenu de chaque côté par quatre colonnes rubanées de bleu de ciel, de jaune d'or et d'écarlate, et dont le fronton est surchargé de sculptures et d'ornements. La scène, beaucoup plus large que profonde, est une plate-forme parquetée et surélevée de deux mètres environ. Un vaste paravent la sépare des coulisses situées à l'arrière où les acteurs s'habillent et se fardent. Les décors n'existent pas; il y a seulement deux ou trois chaises et un tapis. La salle circulaire, et très vaste en proportion de la scène, est dallée sur le devant en pierre de marbre; elle est à ciel ouvert, et les spectateurs n'ont d'autre abri que les grands arbres qui l'ombragent.

« Nous prenons place sur une estrade réservée, élevée exprès pour nous en face de la scène; des deux côtés sont des loges grillées avec des jalousies en bambou d'où les femmes de notre hôte et celles de ses invités assistent au spectacle; de peur qu'on ne les entrevoie, elles se sont voilé la figure avec un filet de soie à réseau. Les visiteurs d'un rang moins élevé sont assis au premier rang sur des chaises disposées autour de petites tables pouvant contenir quatre ou cinq personnes. Derrière eux on voit onduler comme une fourmilière de têtes humaines : c'est la foule des spectateurs populaires qui se pressent et s'entassent pour jouir du spectacle qu'ils doivent à la munificence de l'illustre Tchong-louen. A Pékin comme à Paris, les gens du peuple affrontent volontiers pour leur plaisir la fatigue de se tenir debout et sans point d'appui pendant des heures entières. Quelques bons pères de famille ont deux ou trois enfants juchés sur leur dos et sur leurs épaules mais je n'aperçois aucune femme.

« Cependant, sur un signe parti de notre tribune, l'orchestre placé sur un des côtés de la scène et composé de deux flûtes, d'un tambour et d'une harpe, attaque un charivari qui tient lieu d'ouverture; puis le paravent s'écarte, les acteurs paraissent tous ensemble en costume de ville, et, après s'être inclinés si profondément que leur front touche la terre, ils détachent près de la rampe le chef de la troupe qui vient nous réciter le répertoire pompeux des œuvres dramatiques qu'ils vont représenter. Il paraît que nous allons voir un drame tragique représentant la conquête de la Chine par les Tartares, et une fable en action, le mariage de l'Océan et de la Terre.

« La première pièce débute par l'entrée subite d'un officier en costume du temps des Ming suivi de deux estafiers : il entame un long récitatif chanté avec accompagnement de voltige et de tours de force qui consistent par exemple à tenir sa lance en équilibre sur le bout de son nez; c'est l'exposition! Peu à peu l'action dramatique se déroule : l'officier sort, et est remplacé par la princesse et ses suivantes; cette belle personne, qui est la fille de l'empereur détrôné, vient exposer ses chagrins; elle sanglote à fendre le cœur, elle s'arrache les cheveux, et ne veut pas être consolée. Les actrices paraissent fort jolies et cependant ce sont des jeunes gens, car l'empereur Hien-Fung a défendu aux femmes de paraître sur la scène, la profession de comédien étant regardée comme déshonorante. Ils sont si bien frisés, si bien habillés, ils trébuchent si naturellement sur leurs pieds chaussés du brodequin de théâtre qu'il est impossible de ne pas se faire illusion. Voici le prince chinois (l'inévitable amoureux) qui s'est introduit furtivement dans le palais pour enlever sa fiancée! Surprise, duo d'amour moitié chanté, moitié parlé; la princesse, s'approchant de la rampe en mettant la main sur son cœur, exprime sa joie par une psalmodie monotone, qui se termine en une note aiguë qu'elle conserve sur le même ton et sans respirer pendant quelques minutes. Ce tour de force musical hautement apprécié par les connaisseurs excite un enthousiasme indescriptible; les spectateurs se lèvent, on entend sortir de toutes les bouches l'exclamation *hao* (bon), et en même temps on frappe de grands coups sur les tables avec les tuyaux des pipes; c'est la manière d'applaudir. Mais, ô trahison! le conquérant tartare se précipite dans la salle suivi de ses gardes! Il voit tout, il sait tout! Il roule des yeux furieux, brandit un sabre d'une main, une hache de l'autre, et marche à grandes enjambées alternatives comme les traîtres de nos mélodrames. La princesse se jette à ses genoux; il la repousse brutalement et fait charger de chaînes le prince amoureux, son rival. Le conquérant tartare s'est fait une figure effroyable; il a des sourcils hérissés comme des poils de sanglier, et une barbe noire en soie tressée qui tombe en anneaux sur sa vaste poitrine. Les costumes sont magnifiques, éclatants d'or, d'argent et de broderies, et imitent avec une exactitude rigoureuse ceux de l'époque où s'est passé le drame qu'on représente. Mais je ne continuerai pas cette énumération des scènes, d'autant plus que, ne sachant pas le chinois, et l'intrigue allant toujours en se compliquant, je finis par en perdre le fil : il me paraît seulement que, méprisant la règle des trois unités, l'auteur fait entre deux scènes franchir à ses personnages plusieurs années de leur existence. Enfin au dénouement l'usurpateur étranger vainqueur de tous ses ennemis vient mettre sa gloire et sa couronne aux pieds de la fille de l'empereur chinois qu'il avait détrôné, et cette dernière, oublieuse de son amour et du sang de son père qui crie vengeance, accepte la main et la moitié du trône offertes par le galant vainqueur, consacrant ainsi le pouvoir impérial dans une nouvelle dynastie.

« La pièce s'était jouée sans interruption ni entractes : dès qu'elle fut finie, le directeur de la troupe nous récita une moralité historique, dans laquelle il annonça au milieu de l'approbation générale qu'il avait voulu démontrer dans ce drame la légèreté et l'inconstance des femmes dont tout citoyen sensé doit se défier.

« Dans la seconde pièce, allégorie du mariage de l'Océan et de la Terre, les acteurs ont tous des masques plus ou moins singuliers. Il y a des diables, des génies, des licornes, des hippogriffes, des poissons; les figurants changés en plantes marines ont caché leurs têtes sous des enveloppes de carton peint représentant des fleurs de lien-wa et de nénuphar avec les corolles ouvertes; d'autres, portant les flots de la mer en guise de tête, exécutent à un moment donné une danse de caractère en s'agitant en mesure sous leurs surtouts de carton, tandis que l'orchestre gronde; c'est l'Océan en courroux.

« Mais la journée s'avançait; la foule se retira avec un ordre et une décence admirables, sans bruit, sans disputes. La nuit est faite pour dormir, a dit le législateur chinois, et aucun théâtre ne doit rester publiquement ouvert après le coucher du soleil.

« Cette représentation chez Tchong-louen est analogue à celles que j'ai déjà vues dans les maisons de thé à Tien-tsin : là, on paye cent sapèques d'entrée (environ un franc), mais on a le droit de consommer un certain nombre de tasses de thé, de petits gâteaux et de fruits secs. Le théâtre est moins luxueux, mais la salle est entourée de vastes galeries où vont se placer en dehors de la foule les lettrés et les riches négociants. »

Outre les théâtres véritables, il y a à Pékin quantité de bateleurs, de saltimbanques, d'escamoteurs, des troupes d'acrobates, des danseurs et danseuses de corde, et enfin des hippodromes ambulants.

Certains industriels montrent des marionnettes qui sont absolument semblables à celles d'Europe. Lequel des deux peuples a enseigné à l'autre cette invention singulière? Le mot d'*ombres chinoises* dont nous nous servons semblerait prouver que les Chinois ont eu la priorité. Le bateleur qui met les poupées en mouvement, monté sur un tabouret, est enveloppé jusqu'à la cheville du pied dans de larges draperies de cotonnade bleue. Une boîte représentant un petit théâtre est appuyée sur ses épaules et s'élève au-dessus de sa tête; ses mains agissent sans qu'on devine le moyen mécanique qu'il emploie, pour imprimer des allures de comédie à de très petits automates.

Les marchés de Pékin ne présentent rien d'extraordinaire aux recherches d'un amateur européen. Dans les derniers temps de séjour de M. et de Mme de Bourboulon, l'immense curiosité qui les avait accueillis à leur arrivée s'étant émoussée peu à peu, il leur devint facile de parcourir toute la ville en voiture et à cheval, et de pénétrer plus en détail les mœurs intimes des habitants. Une vieille Galloise, femme de charge du ministre d'Angleterre, allait chaque jour en charrette faire ses emplettes au marché, disputant et criant après les marchands, au milieu d'une population paisible et courtoise. Elle y fut plus d'une fois victime de l'astuce des vendeurs qui dépasse tout ce qu'on voit en ce genre dans les marchés européens : un jambon de magnifique apparence n'était souvent qu'un morceau de bois enveloppé d'une terre grasse et rouge artistement recouverte d'une peau de cochon, des volailles empaillées avec soin avaient en place de chair de l'étoupe et des cailloux. Vingt coups de bâton punissent ces fraudes, mais ne sauraient les empêcher, l'amour du gain étant plus fort que la crainte de la douleur.

On élève beaucoup de moutons et de cochons dans les campagnes du Pe-tche-li. Ces deux espèces animales forment le fond de la cuisine chinoise. Les cochons, qui appartiennent à la race cochinchinoise, sont de petite taille et noirs; leur chair est exquise, et les Chinois, bons charcutiers, la préfèrent justement à toutes les autres. Ils en font des jambons excellents et des sortes de rillettes dont ils sont très friands. L'espèce bovine sert rarement à la boucherie : amenée en grands troupeaux de la Terre-des-Herbes, dans l'intérieur de l'empire, elle est utilisée pour le labour et pour le trait. Belle et vigoureuse en Mongolie, elle dégénère rapidement autour de Pékin. Il en est de même des chevaux tartares. On pourrait en dire autant de l'espèce humaine : sol épuisé, la Chine n'a point de bons pâturages pour les animaux serviteurs de l'homme, et depuis bien des siècles, ses institutions séniles ferment à celui-ci la voie de tout progrès moral ou physique.

XIV

UNE VISITE A YOUEN-MING-YOUEN, PALAIS D'ÉTÉ DE L'EMPEREUR KHIEN-LOUNG

A trente *lis* [1] ou trois lieues au nord-ouest de la porte de Pékin appelée Si-tche-men (la « porte située directement à l'ouest »), on trouve un grand bourg que l'on nomme Haï-tien, habité naguère encore, comme autrefois Versailles, par une population nombreuse, attachée à la cour des empereurs chinois, ou qui vivait uniquement des nombreuses industries que ces empereurs se plaisaient à entretenir et à encourager. Au-delà de ce bourg, est situé un parc immense, plus grand à lui seul que toute la ville de Pékin, et ayant aussi deux enceintes carrées concentriques, dans lesquelles se trouvaient disséminés quarante palais d'architecture purement chinoise, dont le lecteur trouvera ici des spécimens dessinés d'après quelques-uns des quarante magnifiques dessins coloriés et exécutés sur soie par des artistes chinois, lesquels dessins ornent un album provenant du cabinet de l'empereur Khien-loung, et acheté dans ces derniers temps par la Bibliothèque impériale de Paris [2].

---

1. Après avoir étudié la ville de Pékin avec la légation française que nous suivrons bientôt dans les déserts de la Mongolie, le lecteur sera sans doute intéressé par un pèlerinage au Versailles de la Chine, et il ne lui déplaira pas de retrouver cette résidence impériale telle qu'elle était avant l'exécution militaire du 18 octobre 1860, qui la livra aux flammes. *(NdA)*

2. Cet album est l'œuvre de deux artistes chinois nommés Tang-Taï et Tchin-Youen, qui l'exécutèrent pour l'empereur Khien-loung en 1744; la description en langue chinoise qui accompagne les dessins a été rédigée par Wang-Yeou-tun, alors ministre des travaux publics. *(NdA)*

Ce fut l'empereur Ioung-Ting qui, sur les recommandations de son père, le célèbre K'hang-Hi, contemporain de Louis XIV, choisit cette localité, au nord-ouest de Pékin, pour y établir sa résidence d'été; mais ce fut son petit-fils, l'empereur Khien-loung, mort en 1796, après un règne de soixante ans, qui fit de cette résidence l'ensemble le plus extraordinaire de palais, de pavillons, de kiosques, de pièces d'eau, de rochers, de collines et de vallées factices que la main de l'homme ait jamais créé.

Dans les premiers temps de la monarchie chinoise on voit les souverains de ce pays, comme d'ailleurs ceux des autres monarchies asiatiques, rechercher avec passion le luxe des palais et des grands parcs réservés. Ainsi on lit dans le philosophe Meng-tseu (368 avant J. C.) :

« Sen-Wang, roi de Tsi, interrogea Meng-tseu en ces termes : " J'ai entendu dire que le parc de Wen-Wang avait soixante-dix lis (sept lieues) de circonférence; les avait-il véritablement? " Meng-tseu répondit : " C'est ce que l'histoire rapporte. " Le roi dit : " D'après cela, il était donc d'une grandeur excessive? " Meng-tseu dit : " Le peuple le trouvait encore trop petit. " Le roi ajouta : " J'ai un parc qui n'a que quarante lis (quatre lieues) de circonférence, et le peuple le trouve encore trop grand; pourquoi cette différence? " Meng-tseu répondit : " Le parc de Wen-Wang avait soixante-dix lis de circuit; mais c'était là que se rendaient tous ceux qui avaient besoin de cueillir de l'herbe ou de couper du bois. Ceux qui désiraient prendre des faisans ou des lièvres allaient là. Comme le roi avait son parc en commun avec le peuple, celui-ci le trouvait trop petit (quoiqu'il eût sept lieues de circonférence); cela n'était-il pas juste?

» Moi, votre serviteur, continua le philosophe, lorsque je commençai à franchir la frontière, je m'informai de ce qui était principalement défendu dans votre royaume, avant d'oser pénétrer plus avant. Votre serviteur apprit qu'il y avait un parc de quatre lieues de tour; que l'homme du peuple qui y tuait un cerf était puni de mort, comme s'il avait commis le meurtre d'un homme; alors ce parc est une véritable fosse de mort de quatre lieues de circonférence ouverte au sein de votre royaume. Le peuple, qui trouve ce parc trop grand, n'a-t-il pas raison? " Le roi parla d'autre chose. »

Le célèbre empereur des Tsin, Chi-Hoang-Ti, qui, deux cent cinquante ans avant notre ère, fit brûler tous les livres, après avoir détruit tous les royaumes féodaux qui s'étaient formés en Chine sous les précédentes dynasties, se fit faire des jardins de plaisance de trois cents lis (ou trente lieues) de circonférence, qu'il peupla de quadrupèdes, de poissons, d'oiseaux, d'arbres, de plantes et de fleurs de tous les pays. Les historiens chinois disent qu'il y réunit plus de trois mille espèces d'arbres. Il y fit construire en outre autant de palais qu'il avait détruit de principautés; et ces palais étaient bâtis sur le modèle le plus beau qu'avait offert chacune de ces mêmes principautés.

L'empereur Wou-ti des Han (140 av. notre ère), qui avait porté ses armes jusqu'aux bords de la mer Caspienne et aux frontières de l'Inde, se fit construire un parc qui avait plus de cinquante lieues de tour, parsemé de palais, de kiosques, de grottes, de décorations de toutes sortes. Trente mille esclaves y étaient continuellement occupés; toutes les provinces de l'empire devaient y envoyer chaque année ce qu'elles avaient de plus rare, en plantes, en fleurs, en arbrisseaux et en arbres de toutes sortes. Un autre empereur de la même dynastie ne partageait pas de tels goûts de magnificence et négligeait ses jardins de plaisance. Un de ses ministres lui ayant fait des observations à ce sujet, l'empereur répondit :

– Je veux faire un jardin de toute la Chine; si mon prédécesseur avait employé en défrichements les sommes immenses qu'il a dépensées à agrandir et embellir ses parcs, bien des milliers d'hommes, qui manquent de riz, en auraient abondamment.

Le frère Attiret, né à Dôle, en Franche-Comté, et qui fut attaché comme peintre au service de l'empereur Khien-loung, décrit ainsi, dans une lettre datée de Pékin, le 1er novembre

1743, la résidence d'été de ce prince, à Youen-ming-youen (*Lettres édifiantes et curieuses*, vol. 35) :

« Pour les " maisons de plaisance ", dit-il, elles sont charmantes. Elles sont construites dans un vaste terrain où l'on a élevé à la main de petites montagnes hautes depuis vingt

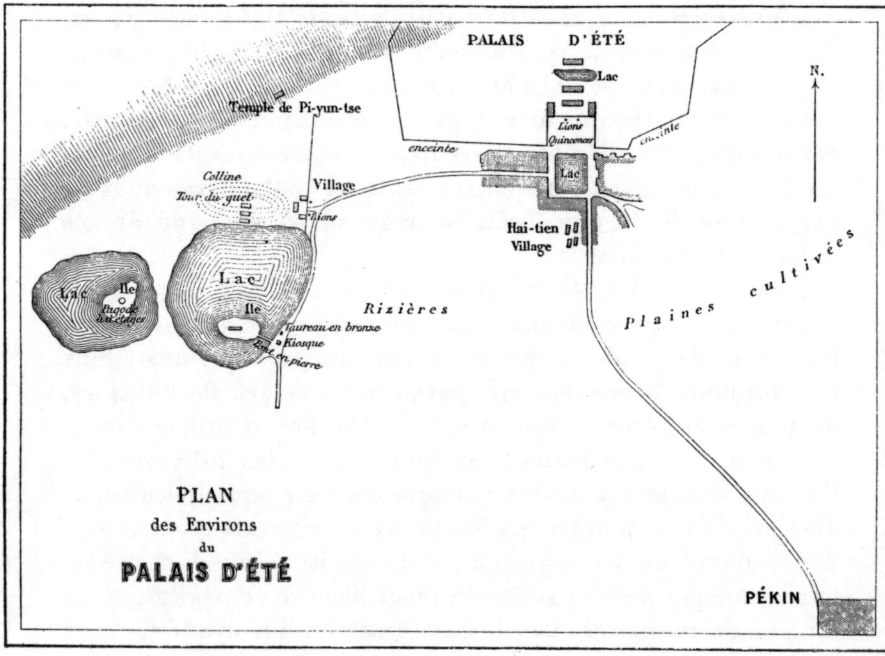

jusqu'à cinquante ou soixante pieds, ce qui forme une infinité de petits vallons. Des canaux d'une eau claire arrosent le fond de ces vallons, et vont se joindre en plusieurs endroits pour former des étangs et des mers. On parcourt ces canaux, ces bassins, ces étangs sur de magnifiques barques. Dans chacun de ces vallons, sur le bord des eaux, sont des bâtiments parfaitement assortis de plusieurs corps de logis, de cours, de galeries ouvertes et fermées, de jardins, de parterres, de cascades, etc., ce qui fait un assemblage dont le coup d'œil est admirable. On sort d'un vallon, non par de belles allées droites comme en Europe, mais par des zigzags, par des circuits, qui sont eux-mêmes ornés de petits pavillons, de petites grottes, et au sortir desquels on retrouve un second vallon tout différent du premier, soit pour la forme du terrain, soit pour la structure des bâtiments.

« Toutes les montagnes et les collines sont couvertes d'arbres, surtout d'arbres à fleurs, qui sont ici très communs. C'est un vrai paradis terrestre. Les canaux ne sont point comme chez nous bordés de pierres de taille tirées au cordeau, mais tout rustiquement avec des morceaux de roches, dont les uns avancent et les autres reculent, et qui sont posés avec tant d'art, qu'on dirait que c'est l'ouvrage de la nature. Tantôt le canal est large, tantôt il est étroit; ici il serpente, là il fait des coudes, comme si réellement il était maîtrisé par les collines et les rochers. Les bords sont semés de fleurs qui sortent des rocailles, et qui paraissent être le produit de la nature; chaque saison a les siennes. Outre les canaux, il y a partout des chemins, ou plutôt des sentiers, qui sont pavés de petits cailloux, et qui conduisent d'un vallon à l'autre. Ces sentiers vont aussi en serpentant; tantôt ils suivent les bords des canaux, tantôt ils s'en éloignent.

« Arrivé dans un vallon, on aperçoit les bâtiments. Toute la façade est en colonnes et en fenêtres; la charpente dorée est peinte et vernissée, les murailles de briques grises bien taillées sont bien polies, les toits couverts de tuiles vernissées, rouges, jaunes, bleues, vertes, violettes, qui, par leur mélange et leur arrangement, font une agréable variété de compartiments et de dessins. Ces bâtiments n'ont presque tous qu'un rez-de-chaussée; ils sont élevés de terre de deux, quatre, six ou huit pieds. Quelques-uns ont un étage (au-dessus du rez-de-chaussée). On y monte non par des degrés de pierre façonnée avec art, mais par des degrés faits par la nature. Rien ne ressemble tant à ces palais fabuleux de fées, qu'on suppose au milieu d'un désert, élevés sur un roc dont l'avenue est raboteuse, et forme mille sinuosités.

« Les appartements intérieurs répondent parfaitement à la magnificence du dehors. Outre qu'ils sont très bien distribués, les meubles et les ornements y sont d'un goût exquis et d'un très grand prix. On trouve dans les cours et dans les passages des vases de marbre, de porcelaine et de cuivre, pleins de fleurs. Au-devant de quelques-uns de ces bâtiments, au lieu de statues immodestes, sont placées sur des piédestaux de marbres des figures, en bronze ou en cuivre, d'animaux symboliques, et des urnes pour brûler des parfums.

« Chaque vallon a sa maison de plaisance; petite, eu égard à l'étendue de tout l'enclos, mais en elle-même assez considérable pour loger le plus grand de nos seigneurs d'Europe avec toute sa suite. Plusieurs de ces maisons sont bâties de bois de cèdre, qu'on amène à grands frais de cinq cents lieues d'ici. Mais combien croiriez-vous qu'il y a de ces palais dans les différents vallons de ce vaste parc? Il y en a plus de deux cents, sans compter autant de maisons pour les eunuques; car ce sont eux qui ont la garde de chaque palais, et leur logement est toujours à côté, à quelques toises de distance; logement assez simple, et qui, pour cette raison est toujours caché par quelque bout de mur ou par les montagnes factices.

« Les canaux sont coupés par des ponts de distance en distance. Ces ponts sont ordinairement de briques, de pierres de taille, quelques-uns de bois, et tous assez élevés pour laisser passer librement les barques. Ils ont pour garde-fous des balustrades de marbre blanc, travaillées avec art, et sculptées en bas-reliefs; du reste, ils sont toujours différents entre eux par la construction. N'allez pas vous persuader que ces ponts sont construits en ligne droite; ils vont en tournant et en serpentant; de sorte que tel pont, qui pourrait n'avoir que trente à quarante pieds de longueur s'il était en droite ligne, par les contours qu'on lui fait faire, se trouve en avoir cent ou deux cents. On en voit qui, soit au milieu, soit à l'extrémité, ont de petits pavillons de repos, portés sur quatre, huit ou seize colonnes. Ces pavillons sont, d'ordinaire, sur ceux des ponts d'où le coup d'œil est le plus beau; d'autres ont, aux deux bouts, des arcs de triomphe en bois ou en marbre blanc, d'une très jolie structure, mais infiniment éloignée de toutes nos idées européennes.

« J'ai dit plus haut que les canaux vont se rendre et se décharger dans des bassins, dans des mers. Il y a, en effet, un de ces bassins qui a près d'une demi-lieue de diamètre en tous sens, et auquel on a donné le nom de *mer*. C'est un des plus beaux endroits de ces jardins de plaisance. Autour de ce bassin, il y a, sur les bords, de distance en distance, de grands corps de logis, séparés entre eux par des canaux et des montagnes factices, ainsi que je l'ai dit.

« Mais ce qui est un vrai bijou, c'est une île ou rocher d'une forme raboteuse et sauvage, qui s'élève au milieu de cette mer à six pieds ou environ au-dessus de la surface de l'eau. Sur ce rocher est bâti un palais, où cependant l'on compte plus de cent chambres ou salons. Il a quatre faces, et il est d'une beauté et d'un goût que je ne saurais vous exprimer. La vue en est admirable. De là on voit tous les palais, qui sont espacés sur les bords de ce bassin; toutes les montagnes qui s'y terminent, tous les canaux qui y aboutissent pour y porter ou pour en recevoir les eaux, tous les ponts qui sont sur l'extrémité ou à l'embouchure des canaux, tous les pavillons ou arcs de triomphe qui ornent ces ponts, tous les bosquets qui séparent ou couvrent tous les palais, afin d'empêcher que ceux qui sont d'un même côté ne puissent avoir vue les uns sur les autres.

« Les bords de ce charmant bassin sont variés à l'infini; aucun endroit ne ressemble à l'autre; ici, ce sont des quais de pierres de taille où aboutissent des galeries, des allées et des chemins; là, ce sont des quais de rocaille, construits en manière de degrés avec tout l'art imaginable; ou bien ce sont de belles terrasses, et de chaque côté un escalier pour monter aux bâtiments qu'elles supportent, et au-delà de ces terrasses, il s'en élève d'autres avec d'autres corps de logis en amphithéâtre; ailleurs, c'est un massif d'arbres en fleurs qui se présente à vous; un peu plus loin vous trouvez un bosquet d'arbres sauvages, et qui ne croissent que sur les montagnes les plus désertes. Il y a des arbres de haute futaie et de construction, des arbres étrangers, des arbres à fleurs, des arbres à fruits.

« On trouve aussi sur les bords de ce même bassin quantité de cages et de pavillons, moitié dans l'eau et moitié sur terre, pour toutes sortes d'oiseaux aquatiques; comme sur terre on rencontre de temps en temps de petites ménageries et de petits parcs pour la chasse. On estime surtout une espèce de poissons dorés dont, en effet, la plupart sont d'une couleur aussi brillante que l'or, quoiqu'il s'en trouve un assez grand nombre d'argentés, de bleus, de rouges, de verts, de violets, de noirs, de gris de lin, et de toutes ces couleurs mêlées ensemble. Il y en a plusieurs réservoirs dans tout le parc; mais le plus considérable est celui-ci : c'est un grand espace entouré d'un treillis de fil de cuivre très fin pour empêcher les poissons de se répandre dans tout le bassin.

« Enfin, pour vous faire mieux sentir toute la beauté de ce seul endroit, je voudrais pouvoir vous y transporter lorsque ce bassin est couvert de barques dorées, vernies, tantôt pour la promenade, tantôt pour la pêche, tantôt pour le combat, la joute et autres jeux; mais surtout par une belle nuit, lorsqu'on y tire des feux d'artifice, et qu'on illumine tous les palais, toutes les barques, et presque tous les arbres; car, en illuminations, en feux d'artifice, les Chinois nous laissent bien loin derrière eux, et le peu que j'en ai vu surpasse infiniment tout ce que j'avais vu dans ce genre en Italie et en France. »

Voici maintenant comment Wang-Yeou-tun, ministre des travaux publics (Koung-pou chang-chou), décrivait en 1744, un an seulement après le frère Attiret, la même scène, dont la peinture originale, avec la description chinoise en regard, figure sous le n° 29 dans l'Album de l'empereur Khien-loung :

« *Fang-hou-ching-king*, " Site sans rival ", comme un vase dessiné avec art.

« Sur la mer (le grand bassin ainsi nommé) est la montagne des trois génies; on y parvient sur des esquifs, ou bien on y est conduit sur des chars à voiles poussés par le vent. En faisant ce voyage, on ne s'entretient que de choses légères (*hiu-yu*, litt. « discours, conversations vides »). Chacun doit savoir que les choses qui excitent les passions de l'homme, comme l'or et l'argent, sont absentes de ces palais; et même, comment des étrangers *(i jen)* peuvent-ils habiter cet impérial domaine? C'est un séjour qui ne convient qu'aux immortels. S'ils avaient habité un instant dans ces demeures, ils s'inquiéteraient peu d'en chercher d'autres dans des lieux éloignés.

« Ce site en forme de vase ou de coupe quadrangulaire a fait donner ce nom à l'ensemble des édifices qui forment cette habitation. A l'orient est le " palais des perles " qui brillent comme les pistils de fleurs abondantes; à l'occident sont trois grands bassins d'eau, formant comme des croissants de la lune. Une verdure naissante brille dans les intervalles vides. Enfin tout ce qui se découvre à la vue fait de ce lieu un site sans rival. »

Les lecteurs seront peut-être curieux d'apprendre comment l'empereur Khien-loung lui-même a décrit ce site. Nous donnons donc ici la pièce de vers composée par lui à ce sujet, et que nous avons traduite aussi littéralement que possible. Cette pièce de vers est extraite d'un livre chinois intitulé *Yu tchi Youen-ming-youen chi*, « Vers composés par l'empereur < Khien-loung > sur les jardins de la clarté sphérique. » Ce livre en renferme quarante, d'inégale grandeur, une sur chacun des dessins ou plutôt des peintures qui composent l'album que possède aujourd'hui la Bibliothèque impériale de Paris. Ces pièces de vers de l'empereur Khien-loung sont toutes accompagnées d'un long commentaire sans lequel il serait impossible de comprendre les vers de Sa Majesté, tant elle y étale d'érudition et de recherche dans les expressions les plus poétiques et les plus choisies, justifiant ainsi ces vers de Voltaire (*Épître* CVII) :

Reçois mes compliments, charmant roi de la Chine;
Ton trône est donc placé sur la double colline!

On sait, dans l'Occident, que, malgré mes travers,
J'ai toujours fort aimé les rois qui font les vers....
Ô toi que sur le trône un feu céleste enflamme,
Dis-moi si ce grand art dont nous sommes épris
Est aussi difficile à Pékin qu'à Paris?
Ton peuple est-il soumis à cette loi si dure,
Qui veut qu'avec six pieds d'une égale mesure,
De deux alexandrins côte à côte marchants,
L'un serve pour la rime et l'autre pour le sens? etc.

Nous répondrons seulement ici à la question de Voltaire que la pièce de vers suivante de l'empereur Khien-loung est en vers rimés de sept syllabes chacun, et formant deux quatrains. Dans ce genre de vers la première, la troisième et la cinquième syllabes sont longues ou brèves à volonté; la deuxième et la quatrième doivent alterner et la sixième être pareille à la deuxième. Des quatre syllabes finales trois doivent être identiques pour la désinence ou rime et l'accent; il est d'usage que la finale du troisième vers ne rime pas. La césure est après la quatrième syllabe.

1. *Perspective fuyante représentant des nuages, que reflète le bassin des eaux.*
2. *(Il semble) que l'on peut prendre à la main, dans le vide, les pins et les cyprès qui se confondent avec le ciel.*
3. *Le bruissement des ailes des oiseaux qui volent sur les hauts sommets < produit comme > un chant qui répond aux six modulations musicales.*
4. *Sur de petites îles sinueuses, Phébé* [1] *présente l'empreinte de ses trois sceaux.*

1. En chinois *han-tchen*, littéralement le *froid crapaud*. Le sens figuré provient, chez les Chinois, d'une fable supposant qu'une femme nommée Tchang-ngo, ayant été changée en crapaud, se réfugia dans la lune, dont elle devint la reine; c'est pourquoi nous avons cru pouvoir traduire ce nom ainsi. *(NdA)*

5. *Les inventions que l'habile architecte-mécanicien de l'État de Lou conçut dans son esprit n'étaient pas des œuvres comparables à celles-ci.*
6. *Ce que les hommes de l'État de Tsi ont rapporté* < *des îles enchantées* > *ne sont que de vains récits.*
7. *Ici la terre a une végétation si luxuriante qu'elle semble vouloir en disputer* < *à l'homme* > *la possession; c'est vraiment le séjour ou la demeure des immortels.*
8. *Si l'on comparait* < *ce lieu enchanté* > *aux douze salles ou palais d'or* < *de la fable* >, *il ne rougirait pas de cette comparaison.*

A chaque pièce de vers consacrée à chacune des quarante aquarelles de l'Album de ses palais d'été, l'érudit empereur a ajouté un commentaire qui paraîtrait plus long que clair aux lecteurs de ce recueil. Nous nous bornerons à l'échantillon précédent, en ajoutant toutefois que ces pièces de vers sont d'inégale étendue, quelques-unes ayant seize vers, voire plus ou moins, au lieu de huit; mais toutes sont rendues d'une intelligence très difficile par les tournures archaïques et la grande érudition dont l'impérial auteur aimait à embellir sa poésie.

Le palais principal de tous ceux que renfermait la grande enceinte de Youen-ming-youen, et dont notre gravure n'offre que la porte d'entrée avec ses colonnes rostrales, est ainsi décrit par le frère Attiret :

« L'endroit où loge ordinairement l'empereur, et où logent aussi toutes les femmes, l'impératrice *(Hoang-héou)*, les femmes de second rang *(héou-feï)*, les princesses, celles qui, à divers titres, sont attachées à la cour, ainsi que les eunuques, etc., est un assemblage prodigieux de bâtiments, de cours, de jardins, etc.; en un mot, c'est une ville qui a au moins l'étendue de notre petite ville de Dôle; les autres palais ne sont guère que pour la promenade, pour le dîner et le souper.

« Cette habitation ordinaire de l'empereur est située immédiatement après les portes d'entrée, les premières salles, les salles d'audience, les cours et les jardins. Elle forme une île. Elle est entourée de tous les côtés par un large et profond canal; on pourrait l'appeler un sérail. C'est dans les appartements qui la composent que l'on voit tout ce qui se peut imaginer en fait de meubles, d'ornements, de peintures (j'entends dans le goût chinois), de bois précieux, de vernis du Japon et de la Chine, de vases antiques de porcelaines, de soieries, d'étoffes d'or et d'argent! On a réuni là tout ce que l'art et le bon goût peuvent ajouter aux richesses de la nature.

« De cette demeure principale de l'empereur, le chemin conduit tout droit à une petite ville bâtie au milieu de tout l'enclos. Son étendue est d'un quart de lieue en tous sens. Elle a ses quatre portes, aux quatre points cardinaux, ses tours, ses murailles, ses parapets, ses créneaux. Elle a ses rues, ses places, ses temples, ses halles, ses marchés, ses boutiques, ses tribunaux, ses palais, son port; enfin, tout ce qui se trouve en grand dans la capitale de l'empire s'y trouve en petit....

« Vous avez lu sans doute qu'à la Chine il y a une fête fameuse appelée la *fête des lanternes*; c'est le 15 de la première lune qu'elle se célèbre. Il n'y a point de si pauvre Chinois qui, ce jour-là, n'allume quelques lanternes. On en fait et on en vend de toutes sortes de figures, de grandeurs et de prix. Ce jour-là toute la Chine est illuminée, mais nulle part l'illumination n'est si belle que chez l'empereur, et surtout dans le palais dont je vous fais la description. Il n'y a point de chambre, de salle, de galerie où il n'y ait plusieurs lanternes suspendues au plancher. Il y en a sur tous les canaux, sur tous les bassins, en façon de petites barques que les eaux amènent et ramènent. Il y en a sur les ponts, sur les montagnes et presque à tous les arbres. Elles sont toutes d'un travail fin, délicat, en figures de poissons, d'oiseaux, d'animaux, de vases, de fruits, de fleurs, de barques de toutes grandeurs. Il y en a de soie, de corne, de verre, de nacre, et de toutes matières. Il y en a de peintes, de brodées, de tout prix. J'en ai vu qui n'avaient pas été faites pour mille écus. C'est en cela, et dans la grande variété que les Chinois donnent à leurs bâtiments que j'admire la fécondité de leur esprit.

« En Chine, on aime aussi la symétrie, un bel ordre, un bel arrangement, comme en Europe. Le palais de Pékin est dans ce goût. Les palais des princes et des seigneurs, les ministères, les maisons des particuliers un peu riches, suivent aussi cette loi. Mais, dans les maisons de plaisance, on veut que presque partout il règne un beau désordre, une anti-symétrie. Aussi n'ai-je vu aucun de ces petits palais, placés à une assez grande distance les uns des autres dans l'enceinte des maisons de plaisance de l'empereur, qui aient entre eux aucune ressemblance. On dirait que chacun est fait sur les idées et le modèle de quelque pays étranger.

« Au reste ces petits palais ne sont pas de simples pavillons champêtres. J'en ai vu bâtir un l'année dernière, dans cette même enceinte, qui coûta à un prince, cousin germain de l'empereur, soixante *ouen* (quatre millions et demi), sans parler des ornements, et ameublements intérieurs qui n'étaient pas sur son compte.

« Encore un mot de l'admirable variété qui règne dans ces maisons de plaisance; elle se trouve non seulement dans la position, la vue, l'arrangement, la distribution, la grandeur, l'élévation, le nombre des corps de logis, en un mot dans le total, mais encore dans les parties différentes dont ce tout est composé. Il me fallait venir ici pour voir des portes, des fenêtres de toutes façons et de toutes figures : de rondes, d'ovales, de carrées, en forme d'éventail, de fleurs, de vases, d'oiseaux, d'animaux, de poissons, enfin de toutes les formes régulières et irrégulières.

« Je crois que ce n'est qu'ici qu'on peut voir des galeries telles que je vais vous les dépeindre. Elles servent à joindre des corps de logis assez éloignés les uns des autres. Quelquefois du côté intérieur, elles sont en pilastres, et en dehors elles sont percées de fenêtres différentes entre elles pour la figure. Quelquefois elles sont toutes en pilastres, comme celles qui vont d'un palais à un de ces pavillons ouverts de toutes parts, qui sont destinés à prendre le frais. Ce qu'il y a de singulier, c'est que ces galeries ne vont guère en droite ligne; elles font cent détours, tantôt derrière un bosquet, tantôt derrière un rocher, quelquefois autour d'un petit bassin; rien n'est si agréable. Il y a en tout cela un air champêtre qui enchante et qui enlève. »

Une des vues a pour titre en chinois *Phung-tao-yu-thaï*, « l'île des Génies et la Tour des pierres précieuses ».

« Au milieu d'une mer fortunée, dit le ministre des Travaux publics Wang-Yeou-tun, on a formé trois îles de différentes dimensions. On doit supposer qu'elles ont été formées exprès pour y passer des journées à étudier, à peindre; en les voyant on se croit transporté par la pensée dans la galerie de la montagne des immortels. Ce ne sont que des monticules, des kiosques. On dirait que l'on a sous les yeux l'habitation des " douze salles d'or " [1]. Les galeries de jade *(yu-leou)* sont au nombre de douze. L'illusion que l'on éprouve est telle que l'on confond le vrai avec le faux, le petit avec le grand. Si l'on parvenait à bien comprendre l'idée qui a présidé à cette création, on verrait que l'on a voulu représenter trois vases qui ont été décorés selon les règles de l'art. »

Cette appréciation du ministre chinois est peut-être un peu exagérée; mais on conviendra néanmoins, à la vue de notre gravure (laquelle, quoique exécutée fidèlement, est encore bien loin de représenter la peinture originale avec ses couleurs si variées et si brillantes), on conviendra, disons-nous, qu'elle ne manque pas d'une certaine justesse.

Une autre vue de l'Album, qui représente un rocher surplombant un lac, et au-dessous duquel est un kiosque, n'a pas besoin de description. Ce qu'en dit Wang-Yeou-tun est insignifiant; il compare le rocher en surplomb à un balcon en saillie qui semble se pencher en avant pour contempler les eaux claires et profondes qui sont à ses pieds; une petite

---

1. Allusion à une expression contenue dans le huitième vers du poème ci-dessus. *(NdA)*

cascade qui tombe produit un murmure comme le choc de pierres précieuses.

Une troisième figure *Khiô-yoûen-foûng-hô*, « la cour des boissons fermentées au milieu des fleurs de nélumbo agitées par le vent. » Voici comment la décrit le ministre chinois :

« La cour des boissons fermentées du lac Sî-hoû était, du temps des Soung, le lieu où se consommait le plus de rafraîchissements; les fleurs du nélumbo y étaient recueillies en abondance; c'est pourquoi on avait donné ce nom à ce site. Dans ce lieu-ci, les robes roses *(entendez : les fleurs du nélumbo)* impriment partout leur mouvement. Le grand arc-en-ciel y projette son ombre; l'air et la lumière s'y jouent à l'envi l'un de l'autre; c'est pourquoi on lui a donné le nom qu'il porte. »

Le ministre des travaux publics de l'empereur Khien-loung, aurait pu donner sur les quarante vues des Jardins de plaisance dont il est question des notices plus techniques, plus instructives pour nous; mais ce n'était pas là son but. Comme les gens de lettres qui, sous Louis XIV, décrivaient les merveilles du parc de Versailles dans des espèces de pastorales, en empruntant à la mythologie toutes ses fictions, et à la rhétorique toutes ses figures, Wang-Yeou-tun s'efforce aussi, avant tout, de montrer toute l'habilité de son pinceau par l'élégance recherchée de son style qui aux yeux des Chinois est d'autant plus beau qu'il est plus difficile à comprendre; c'est-à-dire que, d'après les expressions choisies dont il est orné, et l'érudition littéraire dont l'auteur fait preuve, il faut en quelque sorte reconnaître à fond toute la littérature chinoise pour pouvoir l'apprécier convenablement et même en saisir le vrai sens.

On ne sait pas généralement que dans la grande enceinte de Youen-ming-youen, il y avait comme une ville bâtie à l'européenne et où l'empereur Khien-loung avait voulu reproduire toutes les merveilles hydrauliques du parc de Versailles. Voici comment un missionnaire français, le P. Bourgeois, dans une lettre à M. de Latour, ancien imprimeur-libraire de Paris, et datée de *Péking, octobre 1786*, décrit ces constructions nouvelles.

« Vous jugerez mieux de ces maisons européennes bâties à Youen-ming-youen par les vingt planches gravées qui les représentent et que je vous envoie. C'est le premier essai de gravure sur cuivre fait en Chine, sous les yeux et par les ordres de l'empereur Khien-loung. Ces maisons européennes n'ont que des ornements et des meubles européens. Il est incroyable combien ce souverain est riche en curiosités et en magnificences de tout genre, venues de l'Occident.

« Dans la salle qu'il a fait nouvellement bâtir pour placer les Tapisseries de la manufacture des Gobelins que la cour de France lui a envoyées en 1767, il y a partout des travaux magnifiques. Observez que, cette salle, d'une dimension de soixante-dix pieds de long, sur une belle largeur proportionnée, est à ce point remplie de machines qu'à peine peut-on circuler; et telle de ces machines a coûté deux ou trois cent mille livres, parce que le travail en est exquis, et que les pierres précieuses dont on les a enrichies sont innombrables.

« Vous souhaitez savoir si les belles eaux jaillissantes du parc de Youen-ming-youen vont encore, et si, depuis le décès du P. Benoist, nous avons des missionnaires en état de réparer les défauts des conduites, etc. La machine qui fait monter les eaux dans le château d'eau, construite par le P. Benoist, s'est à la vérité dérangée ou usée à la longue. On n'a pas cherché à la réparer, et les Chinois qui n'abandonnent que forcément leurs anciens usages, y sont revenus promptement, c'est-à-dire à l'usage des bras. C'est dans cette nation un système politique, d'employer et de faire vivre des gens dont la foule prodigieuse embarrasse, et dont l'oisiveté est dangereuse. Par exemple, on sait quand l'empereur doit aller se promener dans le quartier des bâtiments européens; un ou deux jours auparavant, on emploie tant de monde à porter l'eau que le bassin immense du château d'eau est suffisamment rempli, et les eaux jouent sur le passage de l'empereur.

« Au nombre des pavillons dispersés dans le parc de Youen-ming-youen, il y en a qui ne sont que des lieux de repos pour le prince quand il va se promener dans ses jardins; les autres sont habités par la famille impériale. Chaque prince, fils de l'empereur, a un quartier déterminé avec ses dépendances, ses officiers, ses gens, etc. A l'âge de vingt-cinq à trente ans, il obtient ordinairement un régulat, ou gouvernement, et alors il quitte Youen-ming-youen pour venir à Pékin. Chaque quartier de cette ville est décoré de grands palais pour les princes ou rois vassaux de l'empire, et beaucoup de ces édifices ont été élevés sous la dynastie précédente. Ces régules avec tout leur monde sont en état d'arrêter des émeutes et de faire éteindre les incendies [1]; ils volent au feu les premiers, surtout quand il est dans l'enceinte du palais.

« J'ai encore à vous parler de *Ouan-chaou-chan*, " la nouvelle montagne aux dix mille longévités " qui est un des plus jolis endroits de la Chine; il est presque contigu à Youen-ming-youen, n'en étant séparé que par une chaussée, et il présente une montagne détachée de cette chaîne immense d'autres montagnes, qui commençant à soixante-dix lieues d'ici, sur les bords de notre mer orientale, va se terminer aux confins de l'Europe, ou peut s'en faut.

« Young-ting (père de Khien-loung et fils de K'hang-Hi) a orné cette montagne de quantités de beaux bâtiments chinois; il y a en a de différentes hauteurs. La cime est couronnée d'un palais superbe qui se voit de plusieurs lieues. Au bas de cette montagne, du côté du midi, il y a une nappe d'eau, de l'étendue de près d'un quart de lieue; elle baigne en partie une terrasse par laquelle finit le pied de la montagne. Au milieu des eaux s'élèvent je ne sais combien de bâtiments chinois de toutes formes. On tient sur cette espèce de lac des

1. C'est Khoubilaï khan qui, lorsqu'il se fut rendu maître de la Chine, en 1620, et qu'il eut fixé à Pékin sa résidence d'hiver, établit cette organisation dirigée principalement contre les émeutes ou soulèvements de la population. *(NdA)*

barques magnifiquement décorées, semblables à de petits vaisseaux; elles donnent quelquefois le spectacle d'un combat naval. L'empereur régnant (Khien-loung) aime beaucoup ce site; il avait envie d'en faire sa maison de plaisance; mais l'étiquette et la coutume, qui ont tant d'empire sur l'esprit des Chinois, se sont opposées à son goût et à son désir. Un empereur doit lui-même bâtir son palais, et il ne peut demeurer dans aucun des lieux qu'ont habités ses prédécesseurs. » (*Essai sur l'architecture des Chinois*, etc., p. 64 et suiv., Paris, 1803. Cet ouvrage de M. de Latour n'a été tiré qu'à trente exemplaires.)

L'auteur des *Temples anciens et modernes* a donné, dans ses *Essais sur l'architecture des Chinois*, p. 173 et suiv., une description de ces vingt planches gravées en Chine représentant les palais à l'européenne. Nous croyons devoir rapporter ici l'extrait suivant de la description de la Planche X, qui a pour titre sur sa gravure originale, et en chinois : *Haï-an thang tching-mien*, c'est-à-dire « Façade méridionale du petit palais de la mer sereine » :

« Bâtiment à dix mètres de face, composé d'un avant-corps au milieu avec attique, et de deux bâtiments aussi en avant-corps aux extrémités. Ces trois parties de la façade sont décorées de pilastres, et de deux colonnes qui flanquent la porte d'entrée. Cette porte s'ouvre au-dehors sur un palier d'où partent à droite et à gauche deux escaliers, dont les divers contours viennent se terminer à une cour ou à un jardin.

« Des deux côtés de chaque escalier règne une suite de jets d'eau qui s'élancent de vases placés sur les rampes, et suivant leurs contours. Ils produisent le même effet que les jets d'eau qui bordent la cascade de Saint-Cloud, ou ceux du perron qui, à Versailles, conduit de la pièce du Dragon à la terrasse. Toutes ces eaux viennent se rassembler dans un bassin sous forme triangulaire.

« Sur deux des côtés du triangle sont placés douze animaux de différentes espèces, six de chaque côté. Ce sont ces animaux qui donnent au bassin la dénomination d'*horloge d'eau* parce que, à chaque heure du jour, et selon le nombre des heures, ces animaux lancent par la gueule des gerbes d'eau qui retombent paraboliquement au centre du bassin.

« Au sommet du triangle tourné vers le palais est un groupe de rochers surmontés d'une vaste coquille d'où sort encore un jet d'eau; il en tombe aussi en cascades de toutes les parties du groupe de rochers. Enfin, vis-à-vis de ce groupe, et à la base du triangle, est la plus grosse gerbe d'eau, qui prend naissance dans un grand vase élevé au-dessus du niveau du bassin.

« Ce bassin est accompagné à droite et à gauche de deux espèces de pyramides d'une composition si bizarre qu'il n'est pas possible d'en donner l'idée et la description. On omet ici bien des accessoires qu'un œil un peu exercé pourra saisir, mais que ma plume ne saurait rendre. »

Le P. Benoist, missionnaire français qui était le directeur des constructions hydrauliques dont il vient d'être question, écrivait de Chine en 1752 :

« J'ai fait cette année une conduite d'eau dans la chambre même que l'empereur occupe pendant les grandes chaleurs de l'été; ce prince a fait disposer vis-à-vis de son lit de repos une espèce de cour dont le toit, construit en nacres de perles transparentes, laisse pénétrer la lumière de telle sorte qu'on ne s'aperçoit pas que cette pièce hors d'œuvre soit couverte. Au fond, on a élevé un monticule où sont faits en différents petits paysages des palais, maisons de plaisance et moulins à battre le riz; toute cette scène champêtre est animée par plusieurs jets d'eau, cascades et autres jeux hydrauliques propres à récréer la vue, à donner de la variété et un air de fraîcheur à ce monticule dont l'effet est pittoresque. »

Et dans une autre lettre, en date de 1754, il dit :

« Je suis encore occupé de machines hydrauliques pour l'empereur. Actuellement, nous en posons une dans l'intérieur du palais. Elle doit porter l'eau autour d'un trône du prince par différents circuits et dans des canaux de marbre. Tout ce qu'on ne ferait en Europe qu'en plomb, en fer fondu ou même en bois se fait ici en cuivre; et ce qui coûterait dix pistoles en France revient à l'empereur à plus de dix mille livres. Jugez de la dépense sans qu'on puisse, à cause de la trop prompte exécution, assurer la solidité des travaux. »

C'est dans cette résidence d'été que l'empereur Khien-loung reçut en 1793 lord Macartney, ambassadeur d'Angleterre, et en 1795 l'ambassade hollandaise, dont Van Braam a publié la relation [1]. Voici comment s'exprime ce dernier (t. I, p. 220 et suiv.) :

« Après avoir marché un quart d'heure le long du grand chemin, nous sommes parvenus à un vaste et magnifique palais, au devant duquel est une place très considérable. Sur chacun des côtés de cette place est une cour pavée assez spacieuse qui correspond à une des ailes du bâtiment. Ces ailes semblent destinées à loger les officiers de la cour, et les mandarins inférieurs. Deux piédestaux de marbre blanc, placés dans les cours, portent deux très grands lions de bronze, et qui peuvent passer pour être bien exécutés par l'artiste, parce qu'ils le sont d'après l'idée que les Chinois se forment de cet animal, inconnu à leur pays.

« Le premier salon, placé au levant du bâtiment est fort grand, et garni de beaucoup de lanternes à la chinoise. A son milieu est une estrade et un fauteuil, ce qui constitue le trône impérial. Après avoir traversé ce salon nous nous sommes trouvés sur une cour intérieure pavée et de forme carrée. Au nord et à l'ouest elle offre, dans les bâtiments qui la bordent, une vue aussi belle et aussi riche que celle de la façade de l'est par laquelle nous étions arrivés : tandis que le côté sud

1. *Voyage de l'ambassade de la Compagnie des Indes orientales hollandaises vers l'empereur de Chine*, en français, Philadelphie, 1797 et 1798. *(NdA)*

n'a que la grande porte d'entrée et, à chacun de ses côtés, des logements de domestiques.

« Intérieurement à cette porte qui correspond à la façade du nord, et comme pour la couvrir, est un rocher considérable, placé sur une base de pierres. Le transport de ce rocher doit avoir occasionné une peine et un travail immense, ainsi que l'opération de le mettre sur sa base, car il forme une masse prodigieuse par son volume et par sa pesanteur. Des inscriptions de la main de l'empereur et de celles de plusieurs autres personnages du plus haut rang, à l'imitation au prince, décorent ce rocher de toute part. Dans quelques points on y a mis de petits arbres et des fleurs.

« Cette cour montre au milieu de la façade septentrionale deux petits cerfs et deux grues de bronze dont l'exécution est médiocre. Le bâtiment au nord renferme un salon d'audience impériale, ayant un trône au centre et des lanternes à tous les points. Notre conducteur nous a fait remarquer du côté gauche du trône contre la muraille, le carrosse dont lord Macartney a fait présent à l'empereur l'année dernière. Il est peint avec une grande délicatesse, parfaitement verni, et tout le train en est doré; les harnais et le reste de l'équipage sont dans le coffre même de la voiture que recouvre une grande chemise de toile. J'aperçus avec surprise, vis-à-vis du carrosse et du côté opposé du salon, une chose qui contrastait fort avec cette voiture, c'est-à-dire un chariot chinois à quatre roues égales, fort commun, peint en vert, et ayant en tout la forme des chariots avec lesquels on va chercher du fumier en Hollande.

« J'avoue que ce spectacle fit travailler mon imagination. Avait-on placé ce chariot en ce lieu comme un sujet de critique, en voulant opposer l'idée de son utilité à celle de la superfluité d'une voiture somptueuse, du moins quant à la Chine? Je me livrais ainsi aux conjectures lorsqu'on m'apprit que ce chariot est celui dont on fait usage lors de la cérémonie annuelle où l'empereur rend un hommage solennel à l'agriculture dans le temple de la Terre.

« En traversant de petits appartements qui se trouvent derrière ce salon nous avons gagné le troisième corps de logis, ou bâtiment de l'ouest, qui a seulement un petit salon à son milieu. Le surplus est composé d'un grand nombre de pièces resserrées, très irrégulières et ouvrant l'une dans l'autre, ce qui semble en faire un labyrinthe.

« Lorsque nous les eûmes toutes considérées, le mandarin nous introduisit dans le cabinet favori de l'empereur, portant le nom de *Tien* (le Ciel). C'est réellement le lieu le plus agréable de tous ceux qu'on nous a montrés, tant à cause de sa situation que par les différents aspects qu'il fait découvrir. Rien n'égale la perspective dont l'empereur peut y jouir, car ce cabinet est dans une partie du bâtiment placé sur un lac fort étendu qui en baigne les murs. Ce lac a été le premier objet qui eût attiré nos regards. A son milieu est une île assez grande sur laquelle on construit plusieurs bâtiments qui dépendent de ce séjour impérial, et qu'ombragent de gros arbres. Cette île communique au continent qui l'avoisine, par un superbe pont de dix-sept arches, fait de pierres de taille et placé à l'est.

« En tournant vers l'ouest, l'œil découvre un lac plus petit que le premier, dont il n'est séparé que par une large avenue. Au milieu du second lac est une espèce de citadelle de forme ronde, et au centre de laquelle est un bel édifice. Une ouverture pratiquée dans un point de l'avenue qui partage les deux lacs, fait communiquer les eaux tandis qu'un pont de pierres, d'une hauteur considérable et d'une seule arche, supplée à ce que cette ouverture ôte à la communication terrestre.

« Encore plus à l'ouest et à une grande distance, deux tours arrêtent la vue au-dessus de hautes montagnes.

« Enfin au nord-ouest s'offre une magnifique suite d'édifices appartenant à des temples construits au pied, au milieu et au sommet d'une montagne entièrement formée par l'art, avec des fragments de rochers naturels; ce qui, indépendamment de la dépense des bâtiments, doit avoir énormément coûté, puisque ce genre de rocher ne se trouve qu'à de grandes distances du lieu. Ce travail semble même retracer l'entreprise de géants qui voulaient escalader les cieux.

« L'intérieur du cabinet de l'empereur est orné par une bibliothèque, et par une armoire ouverte, où sont rassemblées les productions chinoises les plus précieuses et les plus rares en pierres et en antiques. »

Ces objets précieux du cabinet de l'empereur ont été rapportés depuis en Europe où ils ont figuré dans des ventes publiques très recherchées des amateurs. Ils ornent maintenant leurs propres cabinets. Mais ce qui est à jamais regrettable, c'est la perte de la grande bibliothèque formée par Khien-loung dans sa résidence d'été et qui a été incendiée en 1860 par lord Elgin, avec tous les palais que ce grand empereur y avait fait construire. Nous sommes heureux que les représentants de la France en Chine n'aient pas voulu se rendre complices de cet acte de sauvage barbarie.

Nous tenons d'un officier supérieur français qui avait visité le Palais d'été avant l'incendie, que ce qu'il avait vu de plus remarquable en était la Bibliothèque; elle comprenait, nous disait-il, trois grandes galeries comme celles du Louvre, toutes pleines de livres, rangés du haut en bas, à la manière chinoise, couchés dans leur enveloppe de carton le plus souvent couvert de soie. C'était une collection des éditions les plus belles et les plus rares des principaux ouvrages chinois dont le catalogue seul, rédigé par les plus savants lettrés de l'Académie impériale des Han-lin, forme cent vingt-huit volumes. Le nombre des ouvrages qu'il décrit s'élève à dix mille cinq cents. Mais il y en a un grand nombre de très volumineux, tels que le *Kou-kin-thou-cho-sti-tching*, « Encyclopédie d'ouvrages choisis avec figures, tant anciens que modernes » publié sous le règne du célèbre empereur K'hang-Hi (de 1662 à 1724), et formant à lui seul cinq mille volumes. On dit que trente exemplaires en ont été tirés.

Comme nombre et comme choix, la Bibliothèque du Palais d'été pouvait être comparée à celle qui fit jadis l'orgueil d'Alexandrie. Elle était, comme celle-ci, l'expression de la civilisation de tout un monde, et, comme elle, elle a disparu dans des flammes qui n'étaient pas allumées par les nécessités de la guerre.

En résumé, nous ne pouvons mieux clore cette monographie nécrologique d'une des plus grandes merveilles de l'Orient, qu'en empruntant à la relation officielle de l'expédition de Chine en 1860 (publiée par le lieutenant de vaisseau Pallu) les paroles suivantes : « L'impression que produisit la vue du Palais d'été sur les alliés, sur des hommes très différents les uns des autres par l'éducation, par l'âge et par l'esprit, fut la même : on ne chercha pas si les genres étaient comparables; on fut frappé d'une manière absolue, et on l'exprima en disant que tous les châteaux impériaux de France n'auraient point fait un Youen-ming-youen! »

Qu'ajouter à un pareil aveu?

Mappemonde chinoise

XV

DE PÉKIN A TCHANG-PING-TCHEOU

LE GRAND PLATEAU CENTRAL
DE L'ASIE – RAPPORTS ENTRE
LA CHINE ET LA RUSSIE – DIFFICULTÉS
DU TRAJET PAR VOIE DE TERRE – RAISONS
DE L'ADOPTER NÉANMOINS – PRÉPARATIFS
DE DÉPART – PANIQUE AU SORTIR DU PALAIS
DE LA LÉGATION – FAUBOURGS AU NORD DE PÉKIN
ROUTES MAL ENTRETENUES – L'AGRICULTURE
ET LA PÊCHE DANS LE PE-TCHE-LI – ENTREVUE
AVEC UN MAITRE D'ÉCOLE – SA MAISON
ET SES FEMMES – ASPECTS DE LA VILLE
DE TCHANG-PING-TCHEOU
UNE AUBERGE CHINOISE

Quand on jette les yeux sur une mappemonde, on est frappé du contraste que présente, avec les vastes océans du sud, l'immense étendue des terres au nord et dans le centre du continent asiatique. Le nord, c'est la Sibérie, ce grand désert où, malgré l'intempérie des saisons, la Russie a planté, par ses colonies militaires, de puissants jalons de civilisation; le centre, c'est l'empire chinois, l'empire du Milieu, avec sa double ceinture de tributaires nomades; au nord-ouest, les Mandchous, dont la dynastie règne maintenant sur la Chine; au nord et au nord-est les Mongols, puis des Kirghizes, des Tartares, et cent autres tribus. Ce grand centre de l'Asie, presque inconnu encore à l'Europe, sera sillonné un jour, en dépit des distances, par les chemins de fer et les télégraphes de la civilisation occidentale, allant se relier aux Amériques par le Kamtchatka et le détroit de Behring; déjà des ingénieurs européens ont signalé cette grande voie du continent asiatique, qui doit unir tous les peuples de notre planète plus sûrement que les télégraphes sous-marins qu'on a essayé d'établir dans les profondeurs des océans Atlantique et Pacifique.

Ce que nous savons de ces régions ne nous vient certes pas des géographes chinois, qui n'ont guère du monde une idée plus exacte que celle qu'en avaient les Grecs au temps d'Hérodote. Il suffit pour s'en assurer de jeter les yeux sur la mappemonde, dressée en 1840 par un lettré d'origine mandchoue : la surface de la terre y est occupée par trois continents, entre lesquels s'étend un vaste Océan; l'un est composé des deux Amériques, l'autre de l'Asie, l'Eurόpe et l'Afrique, le troisième envahit tout le sud. L'Amérique du Nord est toute petite, celle du Sud au contraire s'étend presque d'un pôle à l'autre; l'Asie, l'Afrique et l'Europe, singulièrement réduites, forment à peine un tiers de la terre : on y voit la Contrée des Chiens, vaste pays imaginaire qui s'étend au nord-est de la Chine dans l'espace occupé par la mer de Tartarie; la Cochinchine occupe tout le continent indien, deux vastes golfes coupent l'Afrique en deux parties réunies par un isthme, enfin l'Europe placée dans une position moins septentrionale n'est plus qu'une bande de terre sans profondeur. Le troisième continent, celui du sud et le plus vaste, est appelé la Contrée des Perroquets. Ces oiseaux venant en Chine de la Malaisie, il est évident que le géographe a fait une seule terre de la Nouvelle-Guinée, de l'Australie et de toutes les îles des groupes océaniens. Les Chinois donnent aux Anglais le nom de In-Ko, aux Français celui de Fa-Ko, aux Russes celui de Go-losso. Ils n'ont pas idée de l'importance relative des différentes nations de l'Europe, qu'ils ont confondues longtemps dans le même mépris. La guerre de 1860 a sans doute changé leur manière de voir.

Les Russes se sont réservé jusqu'ici le monopole des communications par terre entre l'Europe et l'empire chinois; aucun agent européen, autre que les leurs, n'a encore pu traverser ces espaces inhospitaliers.

Avant le traité de 1858 qui a ouvert la Chine, les communications se bornaient entre les deux empires, par suite de la défiance habituelle du gouvernement chinois, à une grande caravane qui partait tous les deux ans seulement de K'achta, sur l'extrême frontière de la Sibérie; elle était envoyée par les Mongols, et des marchandises, russes ou européennes, étaient consignées à des négociants chinois de la ville de Kalgan, à la frontière de l'Empire du Milieu. Aucun trafiquant russe ne pouvait pénétrer en Chine.

Dans ces dernières années, depuis la conclusion du traité qui consacrait la liberté du commerce, les rapports entre ces deux pays ont pris plus de développement, et les marchands sibériens accompagnent eux-mêmes leurs draps, leurs tissus et leurs fourrures jusqu'en Chine, où ils les échangent contre les produits du pays.

Ce commerce, plus facile et plus direct que celui que font les nations occidentales par les mers du Sud tend à prendre une grande importance.

Le ministre de France à Pékin comprit qu'il y avait un service positif à rendre aux sciences et même aux intérêts français en pénétrant dans ces régions presque inconnues que suivent les marchands russes et en soulevant ainsi un coin du voile de mystère qui les enveloppait encore.

Cinq fois déjà M. et Mme de Bourboulon avaient fait par mer la traversée de Chine en France; ils ne se sentaient guère attirés par la perspective de ce long et monotone voyage, où l'on n'aperçoit que le ciel et l'eau et où l'on est exposé pendant trois mois aux chaleurs torrides et énervantes des mers équatoriales. D'autre part, toutefois, le trajet par voie de terre présentait des difficultés, des fatigues et même des dangers qu'il était facile de prévoir : il ne s'agissait de rien moins que de parcourir huit mille kilomètres au moins parmi des peuplades presque sauvages, dans des steppes et des déserts sans routes frayées, de franchir des montagnes escarpées, de traverser à gué de larges rivières, enfin de se réduire pour la vie matérielle à coucher sous la tente et à manger du laitage et du biscuit de mer détrempé.

Il y avait bien là de quoi donner à réfléchir à une femme habituée à vivre au milieu de tout le confortable et de tout le luxe de la civilisation européenne.

D'après les renseignements qu'on recueillit, la partie difficile du voyage ne s'étendait pas à moins de deux mille kilomètres qu'il fallait franchir pour arriver à la frontière de Sibérie : une fois là, le service des postes, admirablement organisé jusque dans les parties les plus lointaines de l'empire russe, fournirait des moyens de transport rapides, sinon commodes.

C'était la Mongolie qu'il fallait traverser, pays immense habité par des peuples nomades et pasteurs, tributaires du gouvernement chinois, auquel ils doivent gratuitement leurs services pour les transports de voyageurs et de marchandises.

M. de Baluseck, ministre de Russie à Pékin, et Mme de Baluseck étaient venus par cette voie dans la capitale de la Chine; or Mme de Bourboulon ne doutait point qu'elle ne fût capable d'autant de courage que Mme de Baluseck : le retour par voie de terre fut donc décidé.

Alors il fallut s'occuper des nombreux préparatifs qu'exigeait ce long voyage. Le prince Kong, régent de l'empire chinois, fut prévenu des intentions du ministre de France et promit que des mandarins chinois et mongols de rang supérieur escorteraient les voyageurs jusqu'aux limites de l'empire, et que, tout en assurant leur sécurité, ils feraient préparer à l'avance des chevaux, des relais, et même des tentes et des campements.

On expédia par la voie des mers pour la France tous les gros bagages inutiles ou embarrassants. Quinze jours aussi avant le départ définitif, une caravane de dix chameaux fut envoyée à K'achta, aux confins de l'empire russe, avec du vin, du riz et autres provisions de bouche de toute espèce, afin de pouvoir remplacer les vivres épuisés durant la traversée de la Mongolie.

M. Bouvier, capitaine du génie, se chargea de diriger les charrons chinois qui devaient construire une dizaine de petites voitures de transport, assez légères pour être traînées par les cavaliers nomades, et assez solides pour passer partout dans le désert.

Ces voitures, dans lesquelles prirent place un sous-officier du génie et deux soldats qui retournaient en Europe avec le capitaine Bouvier, ainsi que les domestiques de la légation, qui devaient accompagner le ministre de France, furent expédiées trois jours avant le départ définitif pour Kalgan, ville frontière de la Mongolie.

Une petite caravane de chameaux portant à dos les bagages et les caisses de provisions, précéda aussi à Kalgan l'arrivée des voyageurs qu'elle devait suivre, et auxquels sa présence devait assurer les ressources nécessaires.

Pain, riz, biscuit, thé, café, vins, liqueurs, beurre salé, conserves de viandes, légumes en boîtes achetés à Pékin, ou venus de Shang-haï par l'entremise de négociants européens, vêtements de tout genre, surtout de ces chaudes pelisses mongoles, doublées en fourrures ou en peaux de mouton, si nécessaires pour affronter les vents glacés du désert, enfin tout ce qu'il avait été possible de prévoir, en fait de provisions de bouche ou de choses nécessaires à la vie, avait été réuni et emballé avec soin.

Toutes ces précautions prises, le jour du départ fut fixé au 17 mai de grand matin.

Les chemins étaient en fort mauvais état, on avait à franchir des défilés montagneux; aussi fut-il décidé qu'on ferait à cheval le trajet de deux cent six kilomètres qui séparait Pékin de Kalgan.

Le 17 mai, à six heures du matin, les voyageurs étaient réunis devant le palais de la légation française, au milieu d'une foule empressée de badauds chinois.

Mme de Bourboulon, qui avait adopté dès ce moment le costume d'homme qu'elle devait porter dans tout le voyage, c'est-à-dire une veste en drap gris à parements en velours, de larges pantalons en étoffe bleue, des bottes à l'écuyère, et par-dessus, à volonté, un manteau mongol à capuchon doublé de fourrure, montait son cheval favori, qui l'avait amenée à Pékin et avait été son compagnon pendant toutes ses excursions dans la ville et dans les campagnes environnantes.

Le ministre de France et le capitaine Bouvier, qui retournait avec lui en France, étaient montés sur des chevaux anglo-indiens achetés à Pékin à des officiers anglais qui avaient fait la dernière campagne.

Sir Frederick Bruce, ministre d'Angleterre, M. Wade, secrétaire de la légation anglaise, savant sinologue, M. Trèves, lieutenant de vaisseau de la marine française et un des jeunes interprètes français se trouvaient aussi au rendez-vous ; de ces messieurs, les premiers voulaient pousser jusqu'à la grande muraille, les autres se proposaient seulement une promenade jusqu'aux tombeaux des Ming, à trente kilomètres au nord-est de Pékin.

Deux mandarins chinois, l'un de rang distingué, décoré du bouton rouge, l'autre ne portant encore que le bouton blanc, attendaient gravement le moment du départ, qui devait les revêtir de leurs fonctions, consistant à accompagner les voyageurs jusqu'à Kalgan, à veiller à leur sécurité et à leur faire fournir, sur réquisition, tout ce qui leur serait nécessaire.

De nombreux *ting-tchai*, espèce de messagers officiels de la légation anglaise, et d'autres domestiques indigènes venaient ensuite.

Tous ces Chinois étaient gravement juchés sur de mauvaises rosses fourbues et couvertes de plaies, les genoux relevés à hauteur du coude, et se tenant à la crinière de leur monture comme les singes sur les chiens au cirque.

Enfin, en dernier lieu, deux litières à brancard portées par des mules remplaçaient avantageusement pour la force sinon pour la docilité les porteurs habituels. L'une de ces litières était destinée à Mme de Bourboulon, dans le cas où elle se sentirait fatiguée de ce long voyage à cheval, l'autre servait d'équipage à cinq charmants petits chiens chinois et japonais qu'elle amenait avec elle en Europe.

Le mandarin à bouton rouge vint prendre les ordres des ministres et donna le signal du départ.

En ce moment, de bruyantes détonations retentirent : des fusées, des serpenteaux, des pétards éclatèrent de tous côtés, à la porte, dans les jardins et jusque sur les murs de la légation.

Une confusion inexprimable s'ensuivit : personne ne s'attendait à cette politesse à bout portant, organisée avec mystère par les serviteurs chinois de la légation.

Une des mules brisa le brancard de la litière à laquelle elle était attelée et se jeta au milieu des curieux effrayés; il fallut une heure pour recomposer la cavalcade et remplacer la mule qui s'était échappée; un grand nombre des Chinois de la suite, qui avaient été jetés par terre, avaient dû courir après leurs chevaux et se précipiter à la recherche de leurs sangles, de leurs coussins et de leurs couvertures fort compromises au milieu de la foule populaire qui entourait la cavalcade. Il est vrai que le Chinois monte sur n'importe quoi, et n'importe comment : c'est son lit (coussins et couvertures) qui lui sert de selle; il s'y hisse avec grand-peine, mais il en descend avec une facilité étonnante; dix fois dans une journée, il tombera de cheval, dix fois il y remontera avec la même parfaite quiétude. Il est vrai aussi que, par une sorte de grâce d'état, il ne se fait jamais de mal.

Ces domestiques du Céleste Empire font un excellent service en voyage : ils ne se plaignent de rien, se contentent de peu pour leur nourriture, et opposent à tous les accidents une résignation inouïe.

C'est là un des caractères spéciaux de cette race jaune, qui n'a pour résister à l'activité dévorante des Européens qu'une inaltérable passivité.

Cependant Mme de Bourboulon, dont le cheval épouvanté du bruit et de la foule s'était emporté à travers la ville, attendait depuis une heure environ sur une grande place, près de la porte de Ngau-bing : « C'est la première fois, dit-elle dans son carnet de voyage, que je me suis trouvée absolument seule au milieu de cette grande ville; j'ai pu arrêter mon cheval près d'une pagode que je ne connaissais pas, car je n'avais pas visité ce quartier de Pékin; mon costume d'homme a excité la curiosité, et bientôt une foule immense m'a entourée. Quelque pacifique et respectueuse même qu'elle fût à mon égard, j'avoue que j'ai trouvé le temps long, et que j'éprouvai un sensible plaisir aussitôt que je pus rejoindre la cavalcade où l'on commençait à s'inquiéter de mon absence. »

Enfin, tout le monde étant réuni, on franchit par cette même porte de Ngau-bing l'enceinte murée de la ville défendue là par un petit poste de tigres impériaux, et on entra dans le faubourg du nord.

Sauf cette manifestation inopportune des serviteurs chinois de la légation de France (pour les Chinois il n'y a pas de fête possible sans feux d'artifices), aucun honneur officiel ne fut rendu aux voyageurs, et ils quittèrent la ville comme de simples particuliers.

Cet incident moitié tragique, moitié comique, qui avait signalé le moment du départ, eût été d'un sinistre présage pour les superstitieux Chinois; il n'en aurait pas fallu tant pour arrêter un mandarin.

La grande route de Mongolie qu'on suit au sortir de la porte de la Victoire est bordée de chaque côté de deux rangées de maisons et de petites pagodes où des bonzes sollicitent les aumônes des fidèles, à grand renfort de cloches et de tam-tams.

Des robiniers, des saules et des jujubiers sont plantés des deux côtés, une foule de petites guinguettes bariolées en rouge, en vert et en bleu et surmontées des affiches les plus engageantes y débitent aux passants le thé, l'eau-de-vie de sorgho, les œufs durs, les poissons frits et fumés, les gâteaux à la graisse, les fruits confits au sucre et au sel, et surtout des tranches de pastèques. On y rencontre aussi, comme partout, des preneurs de rats.

Des caravanes de chameaux dirigées par des Mongols et des Turcomans, des Tibétains aux figures sauvages, aux accoutrements bizarres y campent, entourés de curieux et d'une foule de petits marchands ambulants qui cherchent à faire quelques bonnes affaires aux dépens de la naïveté des barbares; ceux-ci y étalent leurs ballots de marchandises au soleil pour les faire sécher, et réparent leurs vêtements avariés par leur longue route dans le désert, afin de faire bonne mine à leur prochaine entrée dans la capitale.

Des troupes de mulets avec leurs clochettes y apportent les denrées des provinces du sud-ouest, le sel du Tte-chouen, le thé de Hou-pé.

Quelquefois d'immenses troupeaux de bêtes à cornes, de chevaux et de moutons envahissent les larges avenues sous la conduite des habiles cavaliers du Tcha-kar qui les rassemblent en poussant des cris gutturaux et à grands coups de lanière; ces cavaliers, qui portent un uniforme bleu, font partie de la grande organisation militaire appelée le Tchakar, qui relève directement du domaine privé de l'empereur, dont ils surveillent les pâturages et les troupeaux sur cette lisière de la Terre des Herbes, comprise entre la grande muraille, le grand coude du Hoang-ho et la Mandchourie. Les cavaliers du désert, Mandchous ou Mongols, forment la force la plus réelle et la plus dévouée sur laquelle puisse compter le Fils du ciel; au nombre de vingt ou trente mille braves, mais mal armés et indisciplinés, ils soutinrent, à la bataille de Pa-li-kiao, tout le choc de l'armée anglo-française, alors qu'aux premiers coups de canon les milices chinoises avaient déjà pris la fuite.

Peu à peu, à mesure que les voyageurs traversaient les faubourgs, la foule diminuait, les maisons devenaient plus rares et on entrait dans ces immenses plaines qui entourent Pékin et dont le sol, composé d'un tuf calcaire recouvert à peine d'une légère couche de terre végétale, est peu favorable à la culture.

La chaussée, assez bien entretenue au sortir de la ville, devenait très mauvaise : de grandes dalles de granit oolithique usées par les eaux et par le frottement des lourdes voitures de pierre qui viennent à Pékin, y forment des escaliers abrupts qui font trébucher les chevaux à chaque pas.

Du reste, le temps était magnifique, l'air frais, l'atmosphère très pure, et peu après on retrouva un sol bien cultivé, comme il l'est en général dans toute la province du Pe-tche-li. Ici l'agriculture, comme dans tout le Céleste Empire, est la profession la plus honorable. Les Européens ont pu voir le prince Kong, régent de l'Empire, se rendre en grande pompe, vers la fin de mars 1861, au temple de l'Agriculture situé à l'extrémité de la ville chinoise à Pékin, et là, après avoir offert un sacrifice au dieu protecteur des hommes, qui les encourage au travail en leur donnant tous les biens de la terre, diriger lui-même la charrue et tracer plusieurs sillons; une foule de grands personnages, les ministres, les maîtres de cérémonie, les grands officiers de la couronne, et enfin trois princes de la famille impériale, ainsi qu'une députation de laboureurs, accompagnaient le représentant de l'empereur. Aussitôt que le prince Kong eut terminé le labourage de la parcelle réservée qui était désignée par une étiquette jaune, et qu'on eut replacé dans leur fourreau les outils destinés au chef de l'État, les trois princes de la famille impériale, puis les neuf premiers dignitaires de l'empire conduisirent successivement la charrue jusqu'à ce que le champ fût labouré en son entier; derrière eux des mandarins inférieurs ensemencèrent les sillons ouverts, tandis que les laboureurs recouvraient avec des râteaux et des rouleaux les germes sacrés confiés à la terre. Pendant toute la cérémonie, des chœurs de musique et de symphonie ne cessèrent de se faire entendre.

Cette intelligente protection, cet anoblissement de l'agriculture ont eu d'immenses résultats : aucun pays du monde n'est cultivé avec tant de soins et peut-être avec plus de perfection que la Chine. Il n'y a pas un pouce de terrain perdu.

Dans le Pe-tche-li la propriété territoriale étant très divisée, les exploitations agricoles se font sur une petite échelle, mais l'intelligence avec laquelle elles sont irriguées remédie aux graves inconvénients du morcellement. On rencontre peu de villages; en revanche un grand nombre de petites fermes et de métairies s'élèvent çà et là, ombragées par quelques grands arbres. Les bâtiments tiennent peu de place, et les paysans sont si économes du sol qu'ils établissent leurs meules et leurs herbes sur les toits de leurs maisons disposés en plate-forme.

S'ils ménagent le terrain, ils ne se ménagent pas la peine; grâce à l'abondance des bras et au bon marché de la main-d'œuvre, ils ont pu adopter le mode de culture par rangées alternatives qui leur permet de ne jamais laisser reposer la terre, et d'avoir des récoltes pendant tout l'été. Ainsi, entre les rangées de sorgho *(Holcus sorghum)* qui s'élèvent jusqu'à dix et douze pieds de haut, ils sèment une céréale d'une taille plus faible, le petit millet *(Panicum Italicum)*, qui s'accommode de croître à l'ombre de son gigantesque voisin. Quand le sorgho est moissonné, le millet exposé au soleil mûrit à son tour; des fèves *(Dilichos sinensis)* sont plantées en rangées au milieu des champs de maïs, et elles ont donné leur récolte avant que celui-ci, qui est tardif, ne soit assez monté pour les étouffer; la terre, retirée des fosses d'écoulement ou d'irrigation, est plantée de ricins ou de cotonniers dont les larges panaches verts encadrent en guise de haies les champs de céréales; enfin, quand le sol est trop aride ou qu'ils n'ont pu en enlever les pierres ils y sèment du pin à résine ou du *cath-se*, plante oléagineuse qui s'accommode des plus mauvais terrains.

Rien de plus animé que le tableau que présentent les vastes plaines de Pe-tche-li à l'époque des moissons. Les efforts du laboureur ont produit leurs fruits; les récoltes de toute sorte viennent gonfler ses greniers; les batteurs, les vanneurs, les moissonneurs, accompagnés de troupes de femmes et d'enfants qui glanent, font retentir l'air de leurs chants joyeux, et, à demi nus sous un soleil ardent, la queue enroulée autour du crâne, ils travaillent avec ardeur depuis le point du jour jusqu'à la tombée de la nuit, ne s'interrompant quelques minutes que pour manger des oignons et une poignée de riz, pour tirer quelques bouffées de leurs pipes, et pour s'éventer avec ardeur quand le soleil devient trop chaud, et que la sueur inonde leurs membres robustes.

Les eaux de cette province ne sont guère moins exploitées que le sol.

La pisciculture est pratiquée sur une grande échelle et de la manière la plus intelligente. Au commencement du printemps, un grand nombre de marchands de frai de poisson parcourent les campagnes pour vendre cette précieuse semence aux propriétaires d'étangs. Les œufs fécondés par la laitance sont transportés dans des tonnelets garnis de mousse humide. Il y a aussi des marchands d'alevins, habiles plongeurs qui vont prendre dans les trous des fleuves avec une poche à mailles très serrées des petits poissons nouvellement nés; on élève cet alevin dans des étangs particuliers d'où il est répandu, quand il est plus fort, dans les lacs et les grandes réserves. Les Chinois sont parvenus à conserver dans des bassins artificiels et à nourrir en domesticité les espèces les plus intéressantes et les plus productives de leurs fleuves. Dans les vastes étangs situés près du temple du Ciel, à Pékin, on élève des dorades, une sorte de brème qui pèse jusqu'à vingt-cinq livres, des carpes et le fameux gourami ou *kia-yu*, poisson domestique; matin et soir les gardiens apportent des herbes et du grain aux poissons qui s'en nourrissent avec avidité, et qui atteignent en peu de temps des proportions considérables grâce à cet engraissage forcé. Dans ces conditions, un étang rapporte plus à son propriétaire que les meilleures terres de labour.

Les côtes de la mer à l'embouchure du Peï-ho sont garnies sur toute leur étendue de parcs pour prendre le poisson à marée basse. Ce sont des madragues consistant en plusieurs carrés de cotonnade bleue tendus en travers sur des bouts de rotin qui sont fixés eux-mêmes à de petits piquets se déployant comme les feuillets d'un paravent; on se sert aussi de la seine et d'un chalut qui se traîne à fond. On prend dans le golfe de Pe-tche-li des plies, des soles, des flétans, des crapauds et des brèmes de mer, des dorades, des merlans, des germons, des morues et une foule d'autres poissons. On y rencontre des cétacés, cachalots et dauphins, plusieurs espèces de squales parmi lesquelles le requin tigre *(Squalus tigrinus)*, dont la peau rayée et tachetée sert à divers usages industriels, et d'énormes tortues de mer.

La pêche des rivières qui nous est mieux connue se fait de différentes manières fort ingénieuses : il y a la pêche avec des cormorans privés, la pêche au feu, au trident, à la nasse et à l'échiquier; on tend aussi des trémails pour barrer le cours d'eau à l'époque des migrations des poissons voyageurs.

Le Peï-ho, peuplé de nombreux pêcheurs, présente l'aspect le plus animé : de grandes barques contiennent des familles entières; les femmes sont occupées à raccommoder les filets, à fabriquer des nasses en osier, à vider et à saler les produits de la pêche, à transporter dans les étuis les poissons qu'on veut conserver vivants; les petits enfants, le corps entouré d'une ceinture natatoire en vessie de porc, courent sur les bordages et grimpent comme des chats aux mâts et le long des cordages; des hommes laissent tomber à l'eau perpendiculairement leurs vastes échiquiers qu'ils relèvent sans peine par un mécanisme ingénieux en pesant de tout le poids de leur corps sur un montant en bois qui forme balance; d'autres visitent les filets dormants qui occupent tout le fond du fleuve et qui sont reconnaissables aux morceaux de bois flottant çà et là; enfin quelques-uns descendent le courant en harponnant les gros poissons avec un trident attaché à leur poignet par une forte corde. Pour ne pas effaroucher leur proie, ils ont imaginé de construire une sorte de radeau composé de deux poutres reliées entre elles par des barres de bois; c'est absolument la forme d'une échelle; l'avant est taillé en pointe; à l'arrière, qui est carré, est placée une pagaie avec laquelle ils peuvent godiller. Par un miracle d'équilibre, ils parviennent à se tenir debout, un pied sur chacun des montants, le bras levé et armé d'un trident et le cou tendu pour apercevoir le poisson qui dort au soleil à la surface de l'eau. C'est un spectacle émouvant que de voir cinq ou six pêcheurs descendant le courant du fleuve en ligne sur ces frêles esquifs; ils ont pour coiffure un grand chapeau de paille, et pour vêtement une casaque en jonc tressé imperméable et une culotte formée de petites tiges de roseaux non aplaties et cousues ensemble; leurs jambes et leurs bras nus sont nerveux et bronzés, leur figure est énergique et son expression calme annonce l'habitude du danger. Cependant, quoiqu'il arrive souvent que la proie harponnée plus vigoureuse que le harponneur lui fasse perdre l'équilibre et le précipite dans l'eau où il n'a d'autre ressource, s'il ne veut être entraîné dans ses profondeurs, que de couper la corde attachée à son poignet, on entend rarement parler d'accidents, car tous sont d'excellents nageurs. La nuit, il se fait un bruit étrange sur les eaux qui sont illuminées par les torches de résine; les pêcheurs parcourent en tous sens le fleuve en exécutant des roulements précipités sur des tambours de bois afin de chasser le poisson vers les endroits où sont tendus les filets.

C'est à travers des scènes variées de cette nature que vers une heure de l'après-midi arrivèrent les voyageurs européens à Cha-ho, village assez important, muré comme tous ceux du nord de la Chine, avec un faubourg situé entre deux bras de la rivière Cha-ho (« rivière de Sable »), petit affluent du Peïho.

« En arrivant à Cha-ho, nous souffrions tous de la chaleur : dix-huit kilomètres franchis à cheval par un soleil ardent me faisaient désirer un peu de repos. A l'entrée du village, nous sommes allés frapper à la porte d'une maison assez vaste pour y demander l'hospitalité : c'était une école mutuelle, car on entendait le nasillement des enfants qui y répétaient leurs leçons. Le maître d'école, un Chinois bourru, effaré de ma présence, se tenait en travers de sa porte et faisait mine de ne pas vouloir me laisser entrer.

« Enfin, nous fûmes rejoints par le gros de l'autre troupe, et sur les explications en bon chinois de M. Wade, mon bourru, se métamorphosant subitement, plia sa maigre échine en deux et m'introduisit, avec force salutations, dans l'appartement de ses femmes, composé d'une seule pièce située au fond de la classe.

« Là, et avant d'avoir eu le temps de me reconnaître, je fus enlevée à force de bras par ces dames et transportée sur le *kang* ou lit de repos, où j'étais à peine étendue qu'on m'offrit l'inévitable thé.

« Je me laissais aller à une douce somnolence, quand une inquiétante pensée vint me rendre toute mon énergie : j'étais couchée sur un amas de loques et de haillons de toutes couleurs, et certainement le kang devait posséder d'autres habitants que moi. Je me levai aussitôt, malgré les protestations de mes Chinoises, et allai m'asseoir dans la cour sous les galeries.

« Après tout, c'est là un des inconvénients qu'on ne saurait éviter dans les maisons chinoises et dont je devais bien prendre mon parti. Dès que je fus un peu reposée, je remontai, vers les trois heures, en litière pour gagner la ville de Tchang-ping-tcheou, où nous sommes arrivés ce soir à six heures et demie. En chemin, nous avons eu un coup de vent tellement fort que les deux mules qui portent ma litière, l'une dans les brancards de devant, l'autre dans ceux de derrière, avaient de la peine à avancer. »

Entre Cha-ho et Tchang-ping-tcheou, le pays continue à être très plat et d'une monotonie extrême, mais il est des mieux cultivés; les champs de tabac, de blé, de maïs, de sorgho s'y succèdent alternativement, coupés de place en place par de petits fossés d'irrigation.

Vers le soir, on reconnut qu'on approchait de la ville à la masse des grands et beaux arbres, qui formaient à l'horizon un rideau sombre interrompu de temps en temps par les clochetons des pagodes et les coupoles des temples.

C'est une chose remarquable dans le nord de la Chine que les arbres, si rares dans les campagnes où on les détruit parce qu'ils nuiraient à l'agriculture, sont si nombreux dans les villes qu'ils leur donnent l'aspect de grands parcs à haute futaie. Pékin, plus que tout autre ville, a l'air d'une forêt coupée par des lacs et des rivières; les maisons s'y cachent sous l'ombrage de grands robiniers et des pins majestueux.

Tchang-ping-tcheou est située à trente-neuf kilomètres ouest-nord-ouest de Pékin; c'est une ville importante de second ordre, ainsi que l'annonce la terminaison *tcheou* [1]. Située au milieu d'un pays excessivement plat, non loin des rives d'un

1. *Fou*, en chinois, désigne une ville de premier ordre; *tcheou*, une ville de deuxième ordre; *hien*, une ville de troisième ordre. Toute agglomération de maisons qui constitue une ville est toujours entourée de remparts. *(NdA)*

affluent du Peï-ho, sur lequel est jeté un beau pont droit, solidement construit en pierres, elle est régulièrement bâtie, bien percée, et relativement propre; on y compte à peu près quarante mille habitants.

On y remarque, entre autres monuments sur la grande place où viennent aboutir les quatre principales rues, un très bel arc-de-triomphe en pierres, couvert de sculptures étranges, qui a été élevé par un empereur de la dynastie mandchoue à la mémoire d'un grand mandarin né à Tchang-ping-tcheou.

En Chine, ces monuments remplacent les statues qu'on élève en Europe aux grands hommes.

Un mandarin de l'escorte avait pris les devants pour requérir et faire préparer des logements dans la ville; les auberges où l'on passa la nuit (car on dut en occuper deux, à cause du grand nombre de personnes qui accompagnaient les voyageurs), étaient bien tenues et avaient été nettoyées avec soin.

Toutes ces auberges chinoises sont construites sur le même plan, et nous pensons qu'il est intéressant d'en donner, une fois pour toutes, une description succincte.

Elles se composent invariablement d'un quadrilatère comprenant, suivant leur importance, une ou deux grandes cours bordées de bâtiments à un étage.

La seconde cour est réservée aux voyageurs de distinction.

Le devant de l'auberge est occupé par des auvents et des galeries où sont placées des tables pour les buveurs de thé.

Un grand portail, sur les côtés duquel sont les cuisines et le restaurant, nous conduit dans la première cour, dans le milieu de laquelle est un puits ou citerne, d'où on tire l'eau avec de grands seaux en osier; tout autour, sont rangés des chevalets supportant des auges en bois, dans lesquelles chaque voyageur dépose pour ses animaux la ration de paille de sorgho hachée et de son, qui forme leur maigre nourriture; il est presque impossible de se procurer de l'avoine dans le nord de la Chine.

Aucun de ces animaux n'étant attaché, ils errent en liberté toute la nuit, hennissent, brament, beuglent et se battent, sans que leurs maîtres, qui dorment à côté malgré ce vacarme effroyable, daignent s'en occuper.

Notons cependant que par suite d'une invention qui dénote la patience d'observation des Chinois, ils ont trouvé un moyen qui les réduit généralement au silence : ils leur relèvent la queue en l'air et la fixent pour la nuit au moyen d'une courroie et d'un morceau de bois attaché sur la croupe; dans ces conditions la mule la plus bruyante, privée du libre maniement de sa queue, se tait piteusement, et laisse dormir son maître.

Tant que la caravane fut sur le territoire chinois, les mandarins d'escorte avaient soin de faire évacuer à l'avance les bâtiments de l'arrière-cour complètement réservés aux voyageurs européens, qui y trouvaient dressés leurs lits de voyage et un souper à demi civilisé.

Quant à leur suite, Chinois de tous grades, ils s'accommodaient des places libres sur les kangs, ou bien encore s'étendaient roulés dans leurs couvertures sur les nattes qui garnissent les dortoirs.

Ces auberges, dont l'entrée est indiquée la nuit par de monstrueuses lanternes de couleur, ont des pancartes faisant réclame en lettres de deux pieds de haut.

On y lit des inscriptions de ce genre : « Hôtel des bons rapports sociaux, loge les hôtes passagers, se charge de toutes affaires et en garantit le succès. » Ou bien encore : « Hôtel de la vertu récompensée, Wei-tchau vend bon marché et achète cher. »

On peut juger par ces inscriptions fidèlement traduites de la naïveté des réclames chinoises.

C'est un spectacle bien curieux pour un Européen que l'agitation et le bruit étourdissant qui se font dans ces hôtelleries à la tombée de la nuit, surtout dans les grandes villes commerçantes de la frontière de Mongolie : les voyageurs vont ça et là en demandant des renseignements, les porteurs de bagages se disputent, le maître de la maison vocifère, les domestiques répètent ses ordres, les garçons du restaurant chantent à tue-tête les notes des consommateurs, les mendiants nasillent leurs misères, les charretiers, les chameliers jurent après leurs animaux qui répondent chacun dans leur langage, tandis que tous les chiens du voisinage aboient en se disputant les os et les débris des cuisines.

XVI

DE TCHANG-PING-TCHEOU A SUAN-HOA-FOU

VISITE
A LA SÉPULTURE
DES MING – MONOLITHES
A L'ENTRÉE – SPLENDIDE
PANORAMA – AVENUE BORDÉE
DE STATUES D'ANIMAUX GIGANTESQUES
ARCS DE TRIOMPHE – DÉJEUNER SUR
LES PIERRES SÉPULCRALES – ENCEINTE
DES MONUMENTS FUNÉRAIRES – BEAU
MAUSOLÉE EN MARBRE
MAGNIFIQUES
SCULPTURES

La nuit s'écoula sans événement notable à Tchang-ping-tcheou, et le lendemain matin à sept heures et demie, les voyageurs montèrent à cheval pour aller visiter la sépulture des empereurs de la dynastie des Ming *(Ta-ming-feuti)* située à onze kilomètres au nord-est.

Nous ne pouvions passer aussi près de cette agglomération de monuments qu'on nous avait vantés à Pékin comme un des plus beaux spécimens de l'art chinois au dix-septième siècle sans nous détourner pour aller les voir. Nous serons les premiers Européens qui aient foulé de leurs pieds profanes la sépulture des princes de cette grande dynastie chinoise.

« Nous sommes partis ce matin par un temps superbe sous la conduite d'un mandarin de Tchang-ping-tcheou.

« Au sortir de la ville, dans la direction du nord-est, le pays commence à devenir plus accidenté; l'œil est flatté de

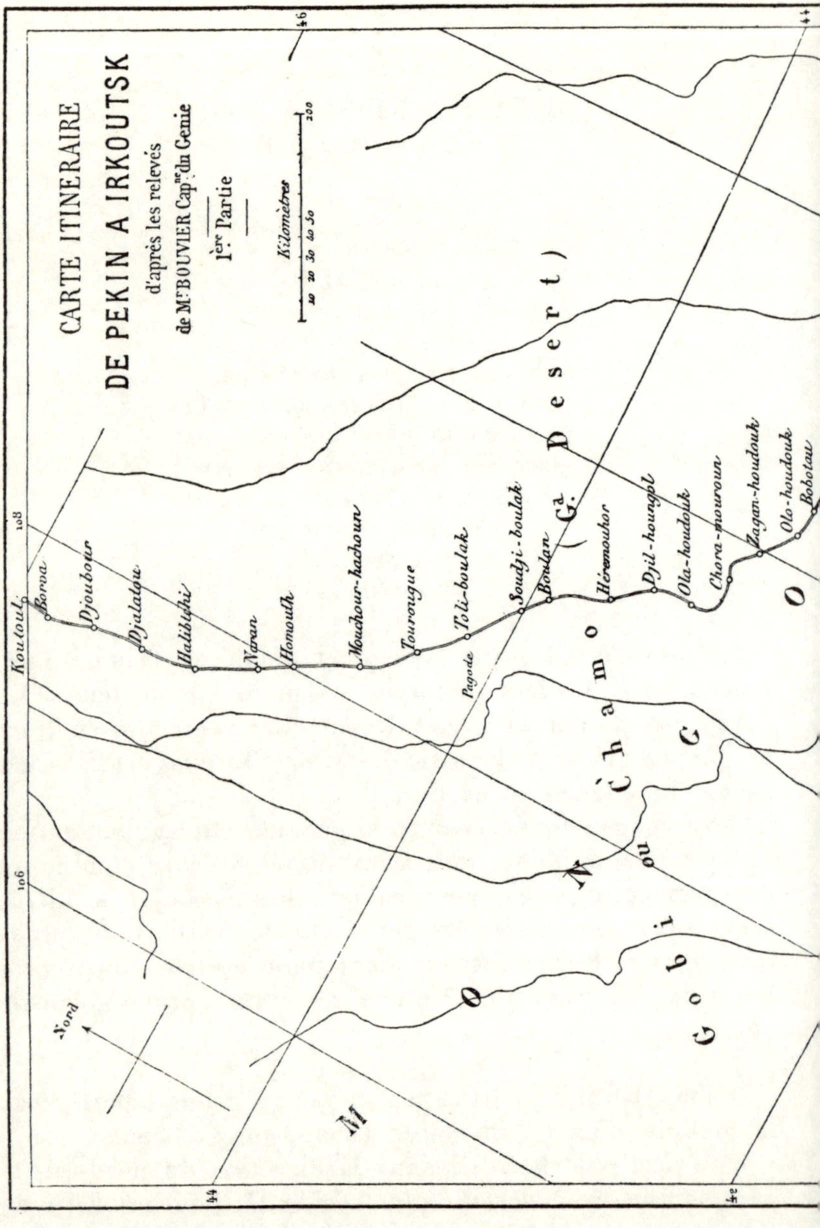
CARTE ITINERAIRE
DE PEKIN A IRKOUTSK
d'après les relevés
de Mr. BOUVIER Capne du Genie
1ère Partie
Kilomètres
10 20 30 40 50
200
Nord
Koutoul
Boroa
Djoubour
Djalalou
Halibichi
Naran
Homouth
Mouchour-hachoun
Tourougue
Pagode
Toli-boulak
Soudji-boulak
Boulan
Hèremouhor
Djil-houngol
Ola-houdouk
Chora-mouroun
Zagan-houdouk
Olo-houdouk
Bobotau
(Gd. Desert)
Gobi ou Chamo
108
106
46
44
42

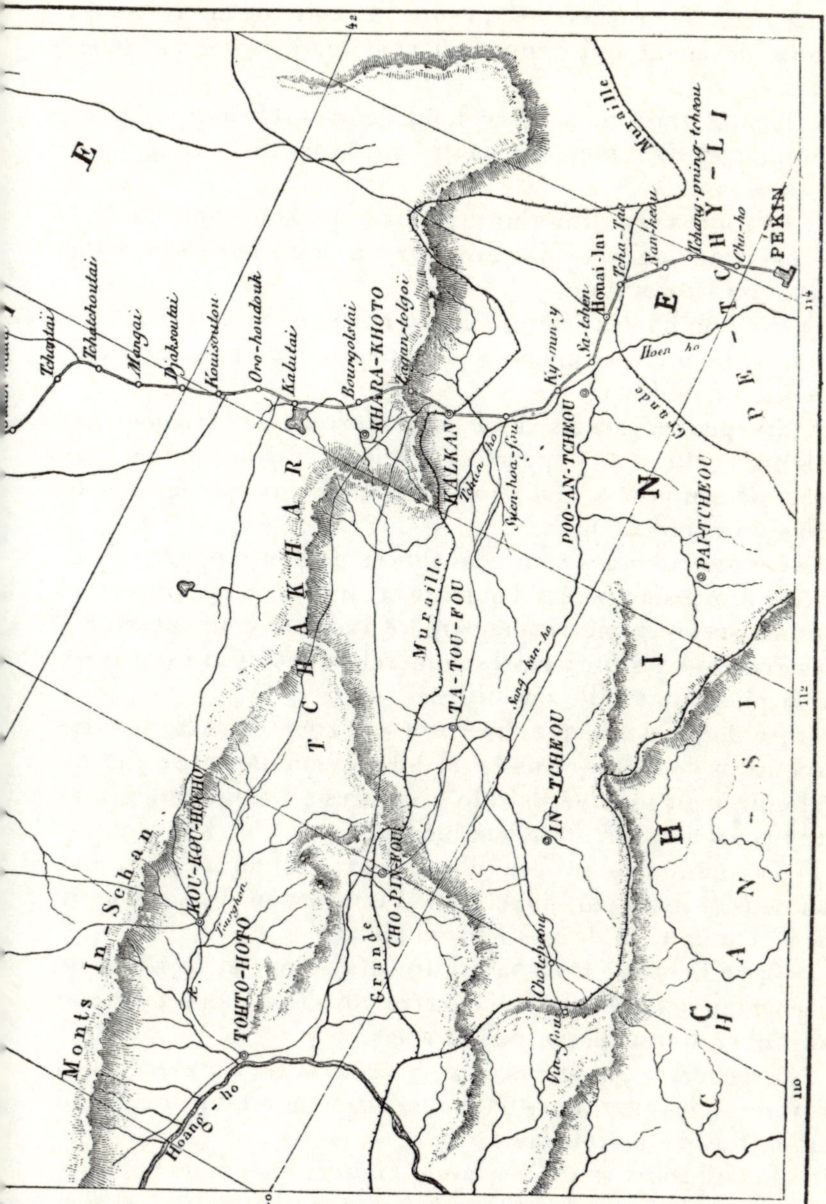
E
T C H A K H A R
Monts In-Schan
KOU-KOU-HOCHO
TOHTO-HOTO
Hoang-ho
CHO-PIN-FOU
Grande Muraille
TA-TOU-FOU
KALKAN
KHARA-KHOTO
Zagan-tolgoï
Bourgolstai
Kalutai
Oro-houdouk
Kouisoutou
Djaksoutai
Mangai
Tchatchoutai
Tcheutai
Suen-hoa-fou
Ky-mun-y
Sa-tchen
Houai-lai
Tcha-Tao
Nan-keou
Tchang-pning-tcheou
Chu-ho
PÉKIN
Muraille
Hoen ho
POO-AN-TCHEOU
PAO-TCHEOU
Sang-kan-ho
IN-TCHEOU
Chotcheou
Yue-fou
T C H Y - L I
P E - T C H E - L I
C H A N - S I
CH
40
42
110
112
114

l'aspect des collines couvertes d'arbres verts, pins et mélèzes entremêlés de rochers de granit; le bord de la route est planté de ricins qui agitent au vent leurs larges panaches verts.

« Bientôt après nous descendons dans un chemin creux où l'on ne voit rien que deux hautes murailles de terre jaune et de pierres.

« La route se continue ainsi pendant quelque temps jusqu'à un carrefour auquel on arrive par un pont délabré jeté sur un torrent rocailleux.

« Sur une hauteur devant nous, nous apercevons une réunion de monolithes gigantesques en pierre de taille et d'une architecture bizarre.

« Six pierres brutes d'un seul morceau en forment les colonnes : elles sont supportées par des piédestaux carrés couverts de sculptures mythologiques, et décorés de figures de lions de grandeur naturelle.

« Ces six colonnes sont couronnées de douze pierres de la même dimension posées d'aplomb et cimentées, ou supportées par des socles en pierre, de manière à former cinq ouvertures carrées dont les plus basses sont celles des deux extrémités et la plus haute celle du milieu.

« Au-dessus de chaque ouverture sont cinq toits à la chinoise recouverts de tuiles vernissées et dorées, et au-dessus de chaque colonne, pour masquer le vide, six autres petits toits en miniature construits sur le même modèle.

« Ce monument a peu d'épaisseur; les pierres en sont immenses, mais plates; cela fait l'impression d'un décor en bois comme ceux de nos fêtes publiques.

« C'est l'entrée de la sépulture des Ming, et le point de départ d'une large chaussée pierrée qui s'étend à perte de vue au milieu d'une plaine nue et aride.

« Cependant, dès que nous avons gravi l'escarpement, nous voyons se dessiner, noyé dans une brume lointaine, un grand amphithéâtre de collines boisées.

« Les Chinois sont de grands maîtres en décors : ils ont établi ces simples monolithes pour attirer l'attention, et non pour faire deviner les magnificences qui attendent le visiteur; ils ont su graduer la surprise dans tout cet ensemble extraordinaire de constructions.

« La colline s'abaisse à partir du monument que nous venons de voir, et la chaussée s'élève graduellement au-dessus des plaines environnantes.

« Nous parcourons ainsi un espace de cinq ou six cents pas, et peu à peu l'horizon s'élargit devant nous; enfin nous franchissons une brusque dépression de terrain et un cri d'admiration s'échappe de toutes les bouches.

« Sur notre côté, en contrebas, la vallée paraît couverte de monolithes funéraires de toutes formes et de toutes dimensions; devant nous se dresse un arc de triomphe en marbre blanc percé de trois portes monumentales, celle du milieu laissant entrevoir une véritable armée de monstres gigantesques rangés sur les bords de la chaussée dont ils paraissent défendre l'entrée; plus loin, au bout de cette chaussée qui s'élève à une grande hauteur au-dessus du sol, apparaissent d'autres arcs de triomphe; puis sur une colline qui paraît à pic de la distance où nous sommes, au milieu d'un magique amphithéâtre de forêts de pins séculaires, une réunion grandiose de temples, de kiosques, de pagodes s'étendent à perte de vue; enfin ce magnifique panorama est couronné par les clochetons et les coupoles d'un vaste édifice en marbre blanc qui domine tout le paysage; les tuiles dorées de tous ces monuments scintillent au soleil en opposition avec la sombre verdure des arbres.

« Mais nous sommes bientôt rappelés à la réalité par l'agitation inusitée de nos chevaux.

« Au moment où la cavalcade débouche sur la chaussée bordée de statues, nous ne sommes plus maîtres de nos montures qui bronchent et qui renâclent à la vue de tous ces monstres grimaçants; quelques-uns de nous sont emportés dans la plaine, d'autres sont forcés de descendre et de conduire leurs chevaux par la bride; les plus heureux passent en leur couvrant les yeux.

« C'est qu'on ne peut rien voir de plus saisissant que

ces lions, ces tigres, ces éléphants, ces rhinocéros, ces buffles, cinq ou six fois plus grands que nature, couchés ou debout sur de larges piédestaux, ouvrant leurs gueules menaçantes peintes en couleur de sang, et qui semblent rouler dans leurs orbites de pierre l'émail blanc de leurs yeux.

« Vus un à un, ils sont plutôt grotesques, comme toutes les sculptures chinoises, mais l'ensemble en est effrayant.

« A mesure que nous descendons dans le fond de la vallée, aux bêtes féroces succèdent les animaux domestiques, serviteurs fidèles de l'homme dont ils annoncent la présence, les chevaux, les chameaux, les bœufs, puis enfin, à quelques pas de l'arc de triomphe qui termine cette avenue magique, les statues des sages, des grands mandarins, et des empereurs de la dynastie des Ming dont les restes sont inhumés dans les caveaux des temples funéraires que nous apercevons sur la colline devant nous.

« Ce dernier arc de triomphe rappelle comme proportion, et comme forme, l'arc de triomphe de l'Étoile à Paris : il est percé sur ses quatre faces de portes monumentales et cintrées; la voûte en est couverte de sculptures rappelant des sujets mythologiques.

« Au milieu, on remarque sur un socle de pierre une statue gigantesque portant sur son dos un obélisque de marbre couvert d'inscriptions.

« C'est un monument élevé à la mémoire d'un des ministres les plus dévoués d'un empereur Ming : la tortue est l'emblème funéraire des mandarins de première classe.

« De ce point nous commençons à gravir, pendant cinq cents mètres environ, une chaussée bordée d'une épaisse forêt d'arbres séculaires, où s'élèvent de distance en distance de petites pagodes, et dont des pierres sépulcrales, débris de quelques tombes détruites par le temps ou par la main des hommes, encombrent l'approche.

« Enfin nous nous arrêtons devant une enceinte de murs élevés en pierre blanche qui défend l'entrée de la sépulture des Ming.

« Pendant que nos ting-tchai et ceux de la légation anglaise gravissent la colline et font le tour de l'enceinte murée pour chercher la demeure des gardiens et nous en faire ouvrir les portes, nous descendons de cheval, nous nous asseyons sur un gazon vert à l'ombre des mélèzes gigantesques, et, sur des pierres tumulaires qui font l'office de tables, nous nous mettons à déjeuner gaiement.

« Ô vieux empereurs des anciennes dynasties, qui vous eût dit qu'un jour les barbares du lointain Occident, dont le nom méprisé arrivait à peine jusqu'à vous, viendraient troubler la paix de vos mânes avec le cliquetis de leurs verres et la détonation des bouchons de champagne?

« Du reste, tout le paysage a un aspect mélancolique et saisissant. Cette partie du pays est l'endroit le plus désert et le moins peuplé que nous ayons vu en Chine.

« Accoutumés à la curiosité des foules qui nous accompagnent partout, nous sommes agréablement surpris de cette calme solitude.

« Quelques rares villageois hasardent seuls leur tête famélique derrière les troncs des vieux arbres pour regarder avec envie les pâtés et les poulets de notre déjeuner rustique.

« Les gardiens ont été bien difficiles à trouver, car nous avons le temps de déjeuner avant le retour de nos ting-tchai.

« Enfin, on nous ouvre les portes : le gardien de la première enceinte nous offre le thé, et nous faisons distribuer de l'argent aux employés de la sépulture impériale réunis autour de nous.

« En Chine, autant et plus qu'en Europe, c'est là une formalité inévitable, et le fameux principe *rien pour rien* a dû certainement être inventé dans l'Empire du Milieu.

« Il est vrai que par respect ou pour toute autre cause, les gardiens se dispensent de nous suivre et nous laissent parfaitement libres d'aller et de venir à notre gré; c'est donc un véritable voyage de découvertes que nous faisons.

« Dès que nous sommes entrés dans l'enceinte sacrée, nous

montons quelques marches et nous nous trouvons dans une immense cour carrée : les avenues en sont dallées en marbre blanc veiné de gris devenu jaunâtre par la vétusté; au milieu et alentour nous contournons des pelouses vertes avec des rangées de cyprès et d'ifs taillés à façon; cette cour rappelle à s'y méprendre celle de Versailles, mais sans sa population de statues; aux quatre coins sont placés des temples consacrés aux divinités du ciel et de l'enfer.

« Un superbe escalier en marbre, de trente marches, nous mène à un nouveau carré planté dans le même style, aussi large, mais moins profond : une épaisse forêt de cèdres gigantesques l'encadre à droite et à gauche. Ces arbres, que nous n'avons encore vus nulle part, font un effet saisissant avec leur écorce d'un gris presque blanc et leur feuillage d'un vert tellement sombre qu'il en paraît noir; leurs branches latérales sont si grosses et étendent si loin leurs panaches qu'on a été forcé de les étayer.

« Huit temples à coupoles rondes et superposées suivant le mode de construction adopté en Chine, mais plus ornés et plus grands que ceux de la première cour, s'élèvent sous l'abri mystérieux des grands cèdres : nous y voyons une rangée de dieux grimaçants en bois doré et peint, et au fond, dans le sanctuaire, la Trinité chinoise avec ses six têtes et ses six bras : tous ces temples sont peuplés de ces monstrueuses idoles, inventions bizarres du paganisme chinois.

« L'ensemble de cette cour est funèbre; nous y éprouvons tous la sainte horreur du lieu; j'y frissonne malgré moi, car il y règne une humidité pénétrante comme dans une cave ou dans un tombeau.

« C'est avec plaisir que je monte un nouvel escalier semblable au précédent, qui nous conduit à une plate-forme ronde, toute en marbre blanc, et entourée de balustrades également en marbre et sculptées à jour.

« Au milieu s'élève le grand mausolée que nous avons aperçu du fond de la vallée. Nous en faisons le tour, et, du côté opposé, nous trouvons un mur à pic adossé à la montagne qui est couverte d'une végétation inextricable. De ce côté aussi est une grande porte en bronze, magnifiquement sculptée, qui nous conduit dans l'intérieur du monument entièrement construit en marbre.

« Nous passons d'abord sur une voûte où sont des caveaux que nous supposons renfermer les ossements des empereurs ming, mais qui sont hermétiquement fermés, puis nous montons un escalier tournant, d'un très beau style, avec des rampes sculptées.

« Cet escalier, construit à la manière de ceux des temples de Pékin, est divisé en deux parties par un marbre en pente douce, réglé d'après l'inclinaison des marches, et sur lequel sont gravés des dragons et des animaux chimériques. Il nous conduit sur une nouvelle plate-forme, qui est la répétition de celle de la base du monument mais qui est moins vaste, et où nous sommes à peu près à vingt mètres au-dessus du sol. De là, on a une vue magnifique : devant nous, toute la vallée que nous venons de parcourir; de chaque côté tout un monde de mausolées, de pagodes, de temples, de kiosques que nous n'avions pu voir, cachés qu'ils sont par les grands arbres. L'enceinte sacrée s'étend à perte de vue sur les flancs de la montagne; il faudrait plusieurs jours pour visiter cet ensemble grandiose de monuments, et le temps nous presse. Au-dessus de la plate-forme où nous sommes, le mausolée se continue en coupole immense, se terminant en pyramide pointue, couverte d'écailles comme un serpent, et de bas-reliefs mythologiques. Autour de nous, chaque morceau de marbre est sculpté. C'est une profusion inouïe de détails, de dessins en ronde-bosse et en creux; plus notre œil s'élève, plus l'ensemble du monument est orné.

« Que de bras, que de temps et d'imagination il a fallu pour accomplir sinon ce chef-d'œuvre, au moins ce tour de force de l'art chinois!

« Enfin la pyramide est couronnée par une boule dorée de grande dimension, qui reflète comme un foyer de lumière les rayons du soleil dont le disque descend à l'horizon entre deux nuages sombres.

« Il est temps de partir, si nous voulons arriver à Nan-kao

avant la nuit, d'autant plus qu'il nous faut retourner sur nos pas presque jusqu'à Tchang-ping-tcheou [1]. »

ARRIVÉE
A NAN-KAO
DÉFILÉ DES MONTAGNES
MURAILLES ET PORTES FORTIFIÉES
TCHA-TAO – RENCONTRE D'UN MANDARIN
MILITAIRE A HOUAI-LAI – SO-TCHEN – L'AUBERGE
DE KA-MI-NY – LE FLEUVE WEN-HO – SPLENDIDES
CULTURES AUX APPROCHES
DE LA GRANDE VILLE
DE SUAN-HOA-FOU

Ce fut à la bifurcation du chemin qui mène à la sépulture des Ming et de la grande route du nord, que M. Trèves et l'interprète de la légation française se séparèrent des voyageurs pour retourner par Tchang-ping-tcheou à Pékin.

Il fallut aussi renoncer aux excellents chevaux anglais dont on s'était servi jusque-là; ils furent remis à un palefrenier chinois, sous la surveillance des deux gendarmes français qui avaient formé l'escorte d'honneur des voyageurs pendant les deux premières journées. Le mandarin les fit remplacer par d'affreux chevaux chinois qui font le service des postes.

Ces chevaux sont mal nourris, décharnés, couverts de plaies (personne ne prend la peine de les panser), mais ils ont le pied sûr et supportent la fatigue d'une manière étonnante.

En passant le défilé de Tcha-tao le lendemain, on ne peut que se féliciter d'avoir changé de montures; car des chevaux européens n'auraient certainement pas pu franchir ce dan-

1. Ces sépultures ming sont plus vastes encore que Mme de Bourboulon ne se l'était imaginé. Lors de sa récente visite, M. Bruce a compté quatorze monuments funéraires dans le style hindou, semblables à celui dont vient d'être donnée la description. Le mausolée est celui de l'empereur Hioung-lo; c'est le plus beau et le plus célèbre. Les treize autres sont disséminés dans la montagne. *(NdA)*

gereux passage sans se casser les jambes. En approchant des montagnes qu'on voit déjà se dessiner à l'horizon, la route devient de plus en plus aride et pierreuse.

Une demi-heure avant d'arriver à Nan-kao, les voyageurs furent assaillis par des coups de vent et une pluie glaciale d'autant plus incommodes que la route, encombrée de pierres roulées par les torrents, est presque impraticable.

Nan-kao, où on arriva à quatre heures de l'après-midi, est située au pied des montagnes, au milieu d'un terrain excessivement tourmenté : c'est un amoncellement de pierres d'obsidienne et de talc, violettes, vertes, orange, formant un effet extraordinaire; çà et là quelques touffes de houx et de genévrier percent seules au milieu des rochers. La ville, peu peuplée et très pauvre, se compose d'une rue principale, entourée de maisons éparses; la campagne, d'une aridité extrême, n'est pas cultivée.

Les habitants de Nan-kao ne subsistent que du trafic qu'ils peuvent faire avec les voyageurs venant du nord qui s'y arrêtent généralement au sortir des défilés de la montagne. On n'y trouve que très peu de ressources et de misérables auberges; cependant, les voyageurs y passèrent une nuit tranquille.

Le lendemain 19 mai, à sept heures et demie du matin, on s'engagea dans les montagnes, par une gorge naturelle qui est un lit de torrent à sec rempli de rochers. A première vue il semble impossible qu'on puisse passer au milieu de ce chaos naturel, portant partout l'empreinte du feu volcanique qui souleva cette région dans les premiers âges du monde.

On y remarque les débris d'une ancienne chaussée-vallée, qui a été détruite sous la dynastie des Ming pour rendre plus difficile aux cavaliers nomades du désert mongols et mandchous le passage du défilé.

La nature avait merveilleusement disposé ces gorges pour servir de défense aux grandes plaines du nord de la Chine.

Mme de Bourboulon était en litière; mais, malgré la sûreté du pied des mules qui la portaient, elle avait à subir d'affreux cahots. Dans un des passages les plus étroits, où on rencontra une charrette chinoise qui barrait le chemin, elle mit heureusement pied à terre, car une des mules cassa un brancard de la litière et s'emporta. Elle dut continuer la route à cheval.

A mesure qu'on s'élevait dans la montagne, le vent du nord soufflait avec violence, balayant devant lui des tourbillons de poussière d'un sable fin apporté du désert. Le défilé se rétrécissait de plus en plus : dans une gorge étroite, bordée de chaque côté de rochers énormes et à pic, le typhon s'engouffrant avec une impétuosité irrésistible, tout le monde descendit de cheval, et il fallut pousser en avant et à force de bras les animaux qui ne voulaient plus avancer. On était aveuglé par la poussière et on marchait à l'aventure, au risque de se jeter dans les précipices.

Enfin la gorge s'élargit, et on arriva sans accident à la station de Sin-young-couan, située au milieu des montagnes.

C'est un village composé de quelques maisons, avec un peu de végétation, de grands arbres et de l'eau.

On y déjeuna et on s'y reposa dans une petite auberge très propre, avec une jolie cour plantée d'arbres verts.

Les hauteurs qui dominent Sin-young-couan présentent un phénomène digne d'admiration : la montagne est percée d'une série de portails naturels avec des voûtes, des arceaux et des colonnades, imitant, à s'y méprendre, l'architecture d'un palais de géants. On ne peut attribuer qu'à un caprice de la nature cette œuvre grandiose, car aucune main humaine n'aurait pu travailler le granit indestructible de ces masses primitives.

A partir de Sin-young-couan, le défilé s'élève sensiblement, et on arrive au point culminant de la montagne par une chaussée presque à pic formée de dalles de blocs granitiques taillés dans le roc vif.

Cette partie de la route, qui paraît plus moderne que celle qu'on avait traversée avant Sin-young-couan, est moins mauvaise et moins encombrée de rochers.

Sur cette crête est une porte fortifiée défendant le passage, et reliée des deux côtés par une muraille de six mètres de haut qui couronne les hauteurs; deux autres remparts rejoignent celui-ci et commandent tous les points culminants du défilé.

Ces murailles sont en pierres brutes, crénelées et percées de meurtrières; de distance en distance des tours carrées, dont la plupart sont en ruine, s'élèvent au-dessus des remparts.

C'étaient, avant l'invasion des Mandchous, des postes militaires se reliant les uns aux autres et surveillant tous les passages.

Ce système de fortifications, qui commence au sortir de Nan-kao, se continue jusqu'aux abords de la grande muraille, dont les remparts et les tours du défilé de Tcha-tao ne sont qu'une ramification.

Toutes ces constructions, maintenant en ruine et abandonnées, étaient regardées par les empereurs des dynasties chinoises comme la meilleure barrière à opposer aux invasions des Barbares.

Cependant, au XIIIe siècle, elles avaient laissé passer les Mongols sous la conduite des fils de Gengis khan; elles ne protégèrent pas mieux, au XVIIIe siècle, les empereurs Ming contre l'invasion des Mandchous, et les soldats du génie, qui accompagnaient le ministre de France, s'amusèrent à escalader ces vieux remparts, prouvant ainsi qu'ils ne défendraient pas non plus la Chine contre les Russes s'ils venaient l'attaquer par le nord.

Près de la porte du défilé, qui est ornée de statues de lions ailés, quelques-uns des voyageurs purent monter par un escalier formé de fragments de rochers énormes, jusqu'à la cime de la montagne. De ce point, la vue est magnifique : elle plane de cinq cents mètres de haut sur un chaos de roches entassées les unes sur les autres, que bornent à l'horizon les grandes plaines arides.

Par leur altitude, ces montagnes de Tcha-tao mériteraient plutôt le nom de collines; mais les effets du feu volcanique qui les a soulevées y sont si visibles, qu'elles sont restées dans la mémoire des voyageurs comme le type d'un des bouleversements les plus formidables de la nature.

Dès qu'on eut franchi la porte de Sin-young-couan, on trouva une route moins difficile; les rochers devenaient plus rares et laissaient voir un peu de terre végétale; des herbes vertes et quelques arbustes égayaient le paysage qui perdait peu à peu son aspect sauvage et désolé.

Il est remarquable qu'à cette époque de l'année, au mois de mai, cette grande route du nord couverte en automne de caravanes, de voitures, de cavaliers et même de portefaix qui transportent le thé en briques aux frontières de Mongolie, soit si peu fréquentée qu'on y rencontre à peine pendant toute une journée quelques charrettes de marchands ambulants ou quelques ânes servant de montures aux misérables habitants du pays.

Quelques instants avant d'arriver à Tcha-tao, qui n'est qu'à une demi-heure du défilé, la route bifurque pour correspondre à deux entrées de la ville et à ses deux rues principales.

Tcha-tao est une petite ville de deux à trois mille âmes, d'un aspect peu animé, et bien moins peuplée en raison de sa grandeur que ne le sont ordinairement les villes chinoises.

En arrivant à l'hôtellerie, qui est à l'extrémité de la ville, les voyageurs eurent le courage, malgré les fatigues qu'ils venaient de supporter, d'aller visiter les remparts, les tours crénelées et les portions de courtines qui lui donnent un aspect remarquable de ville fortifiée.

Cette ancienne enceinte de Tcha-tao, bâtie en pierres de la montagne comme ses maisons, est en partie détruite par l'action du temps et des hommes; les fortifications antérieures à l'établissement de la dynastie mandchoue sont complètement abandonnées.

Les nomades, en conquérant la Chine, ont été conquis à leur tour par la civilisation chinoise, et les souverains actuels, suzerains de la Mandchourie et de la Mongolie, n'ont plus rien à craindre des Barbares du Nord.

Les voyageurs partirent de Tcha-tao le lendemain 20 mai à dix heures et demie du matin; ils traversèrent dans la direction ouest-nord-ouest une vallée assez déserte, d'une grande étendue et plantée çà et là de rares bouleaux.

Il faisait très froid : le thermomètre était descendu à 4° C au-dessous de zéro; le vent du nord soufflait avec fureur et la poussière de sable, comme la houle en mer, précédait les rafales.

Avant d'arriver à Houai-lai, où l'on devait déjeuner, on traversa sur un pont escarpé une petite rivière torrentueuse; la chaussée qui précède ce pont est à moitié détruite, et il fallut littéralement monter à l'assaut pour franchir ce passage difficile.

« Nous avons déjeuné assez confortablement à Houai-lai, et nous y avons reçu les hommages d'un mandarin militaire en tournée dans la province.

« Ce petit homme, après nous avoir adressé d'une voix aigre les trois questions que fait toujours un Chinois bien élevé : " Quel âge avez-vous ? Comment vous appelez-vous ? Où allez-vous ? " nous a fait assister à une scène de reconnaissance avec notre mandarin d'escorte, natif comme lui de la province de Hou-pé.

« Ils se sont abordés en se saluant avec les deux poings fermés à hauteur du menton, puis ils se sont pris la main droite avec la main gauche, puis enfin se sont jetés avec effusion dans les bras l'un de l'autre, en se donnant à tour de rôle des baisers de théâtre; après quoi ils se sont disputés pendant un quart d'heure pour savoir lequel passerait devant l'autre.

« Cet officier avait au moment de notre arrivée la queue enroulée autour de la tête, ainsi qu'il convient à un voyageur; mais comme il est irrespectueux de se présenter ainsi devant des étrangers, il s'est empressé à notre vue de la rabattre sur son dos. Que de cérémonies exige l'étiquette chinoise!

« J'ai remarqué aussi, pendu à sa ceinture, un morceau de linge d'une propreté plus que douteuse : il paraît que c'est sa serviette de voyage. Comme on ne vous en fournit pas dans les auberges, il est bon de se précautionner.

« A ce propos, je noterai de nouveau qu'il est impossible de se procurer de l'eau froide : les Chinois n'en comprennent pas l'usage, et chaque fois que j'en demande, on m'apporte de l'eau bouillante. »

CARTE ITINERAIRE
DE PEKIN A IRKOUTSK
d'après les relevés
de Mr BOUVIER Capne du Genie
2ème Partie
IRKOUTSK
Lac Baïkal
Mts Baïkal
Verkhne Oudinsk
Selenguinsk
Troitskosavsk
Kiakhta
Selenga R.
Orkhon R.
Chilok R.
Monts Ichamardaban
Mts Sayaniens
S I B É R I E

Mt Chekonda
Onon R.
Monts Kentei
Monts Khingan
Keroulen R.
MONGOLIE
Gobi ou Chamo (Gd Desert)
Horimtou
Houndsal
Bougoultaï
Kouï
OURGA
Sonsolontou
Roukouk
Dolou
Djir-Galantou
Enderteb
Talaboulak
Madan
Tairim
Borobourak
Bildigue
Bainhochol
Solegoï
Soudji
Sarroussou
Kontoul
Toula R.
Nord
Kilomètres
Korothu

Houai-lai est une petite ville murée de cinq mille âmes, monotone comme le paysage qui l'entoure; en la quittant, on continue à traverser la même vallée aride.

« Quelque temps avant d'arriver à So-tchen, nous avons eu un orage qui a amené des effets de lumière bien curieux; l'horizon était couvert de nuages transparents et lumineux, et la poussière jaune apportée par le vent donnait à tout le paysage un aspect bleuâtre que je n'ai vu nulle part.

« On aurait dit que la nature était éclairée par des feux de Bengale!

« Ne serait-ce pas le mélange du vert des arbres et des prés avec le jaune du sable qui donnait cette teinte bleue à tout ce qui nous entourait, et même à nos habits et à nos figures? »

So-tchen, petite ville de quatre mille âmes, est située sur un coteau qui domine la vallée. Il fallut traverser la ville pour arriver à l'auberge placée près d'une muraille qui divise So-tchen en deux parties du nord au sud. On y remarque plusieurs tours en ruine, et une série de remparts qui annoncent une ancienne ville forte.

Ce fut à So-tchen que les voyageurs passèrent la nuit. On en partit le lendemain de bonne heure, car on avait à parcourir cinquante-sept kilomètres pour arriver à la grande ville de Suan-hoa-fou, où on devait prendre quelque repos.

Jusqu'à Ky-mi-ny, on remonte la vallée de So-tchen. Ky-mi-ny, qui est également une petite ville de quatre mille âmes, construite dans les mêmes proportions et fortifiée, ne présente rien de remarquable, sinon qu'elle est bâtie sur les bords du fleuve Wen-ho, qui y vient de Suan-hoa-fou, et qui, après avoir arrosé le nord de la province de Pe-tche-li, va se réunir près de Tien-tsin au Peï-ho dont il est l'affluent le plus considérable.

L'auberge de Ky-mi-ny est en dehors de la ville, entourée de beaux arbres, et bien aménagée; l'intérieur de la cour y était couvert d'une grande tente en nattes qui donnait une délicieuse fraîcheur.

En sortant de Ky-mi-ny on traverse une nouvelle chaîne de montagnes moins âpres et moins élevées que celles de Tcha-tao.

De grands arbres verts en garnissent toutes les arêtes, tandis que dans les gorges le vent du nord a accumulé jusqu'à plusieurs pieds d'épaisseur les sables blancs du désert de Gobi : de loin, les collines semblent couvertes de grandes plaques de neige.

Plus on avance, plus le chemin devient accidenté; la vallée se resserre, et on entre dans un défilé à gauche duquel coule le fleuve Wen-ho profondément encaissé, tandis qu'à droite s'élève une colline à pic; en certains endroits, la route est taillée en plein rocher, très étroite, et presque impraticable pour les voitures.

Toutes ces collines et tous ces rochers qui encombrent le cours du Wen-ho sont couverts de belles fleurs écloses aux premiers souffles du printemps : les primevères blanches et pourpres, les pivoines sauvages, les althæas et les saxifrages dont les hampes de fleurs roses s'élèvent comme des cierges dans les anfractuosités.

Dès qu'on a franchi ces défilés, l'étroit chemin se change en une large chaussée empierrée, plantée de grands arbres, et la plaine environnante est couverte d'une riche culture. On y voit peu de villages, mais de toutes parts s'élèvent des fermes, dont les bâtiments sont entourés de vastes champs de céréales. On y cultive le sorgho, dont les tiges semblables à de grands roseaux s'élèvent à deux ou trois mètres de haut, le tabac, le millet, le lin, le chanvre, le sésame, le blé, et surtout beaucoup d'orge; l'avoine paraît y être inconnue. Les champs sont encadrés de bordures de ricin dont l'huile est d'un si grand usage en Chine, et même de plantes de coton herbacé; ce coton, qui paraît appartenir à une espèce particulière, est cultivé en grand beaucoup plus au nord, dans la Mandchourie, jusque par quarante-cinq degrés de latitude, et son introduction rendrait sans doute un grand service à l'industrie agricole de l'Europe tempérée. Toutefois la sécheresse dont souffrent ordinairement les campagnes aux environs de Suan-hoa-fou les rend bien moins riches que celles situées au nord-est de Pékin, dont nous avons déjà eu l'occasion de parler.

Les Chinois, ces patients et merveilleux agriculteurs, ont creusé à une grande profondeur dans les plaines de Suan-hoa une multitude de puits dont l'eau, amenée au moyen d'un système de leviers dans de vastes réservoirs, se déverse ensuite dans des rigoles qui sillonnent les champs dans toute leur étendue; malheureusement dans les grandes chaleurs les puits se dessèchent, ce qui n'a jamais lieu dans les vallées des fleuves, comme le Peï-ho, le Hoang-ho ou le Yang-tse-kiang.

Une heure environ avant d'arriver à Suan-hoa-fou, deux cavaliers accoururent à toute bride à la rencontre des voyageurs; ils descendirent de cheval et mirent le genou en terre en signe de respect : c'étaient deux chrétiens chinois envoyés par les missionnaires pour faire honneur au ministre de France.

Cependant tout annonçait l'approche d'une grande ville : des maisons de campagne, des pagodes, des temples; sur la route des mules chargées de marchandises; puis de temps en temps des citernes autour desquelles s'élevaient des tentes occupées par des colporteurs ambulants, ou des huttes en torchis dans lesquelles de vieilles femmes vendaient des rafraîchissements.

XVII

DE SUAN-HOA-FOU
A LA GRANDE MURAILLE

ENTRÉE
A SUAN-HOA-FOU
EXCESSIVE CURIOSITÉ
DE LA POPULATION — BATIMENTS
DES LAZARISTES — HOSPITALITÉ OFFERTE
PAR LES MISSIONNAIRES — MUSULMANS
HOEI-HOEI — DANS LE PARC IMPÉRIAL — ÉNORMES
CHIENS MONGOLS A LA STATION DE JULIN — DUNES
DE SABLE — LA VILLE DE KALGAN — LES MINISTRES
DE FRANCE, D'ANGLETERRE ET DE RUSSIE A L'HÔTELLERIE
LUXUEUSE RÉCEPTION — PROMENADE EN VILLE
TARTARES — TIBÉTAINS — TURCOMANS
MARCHANDS D'HABITS CHINOIS
GRAND COMMERCE
KALGAN

« A l'entrée de Suan-hoa-fou, nous avons été reçus par le chef des lazaristes et le provicaire de la mission de Mongolie venu exprès de Tsin-houang-tseu, ville de la frontière.

« Ces vénérables missionnaires portaient avec aisance le costume des mandarins chinois; l'un d'eux, auquel je demandai pourquoi il n'avait pas le bouton de corail, me répondit que la croix qu'il portait sur la poitrine était le véritable insigne de son grade.

« Après nous avoir conviés à descendre à la mission, où ils nous offraient une généreuse hospitalité, ils remontèrent dans les équipages chinois qui les avaient amenés et se joignirent à notre cavalcade.

« La ville de Suan-hoa-fou est entourée de hautes et larges

murailles, et nous y avons fait notre entrée par une porte monumentale qui m'a rappelé celles de Pékin.

« La grande rue qui vient y aboutir est droite, large, bordée d'une double rangée de robiniers; les étalages des boutiques m'ont paru très riches; les mâts et les banderoles, les pancartes, les affiches de toute espèce et de toutes couleurs annoncent une ville commerçante.

« Au reste, nous sommes entourés d'une foule immense; une troupe d'Européens, avec leurs habits nationaux, c'est ce qui ne s'est jamais vu à Suan-hoa, et toute la population de la ville s'est portée à notre rencontre.

« Sur les chaussées, à droite, à gauche, devant nous, derrière nous, ondulent des milliers de têtes; les branches des arbres plient sous le poids des curieux qui les ont escaladés pour mieux voir le spectacle.

« Nous avançons au petit pas, et la multitude qui semble nous barrer le passage se disperse plus loin, à cinquante mètres devant nous, pour venir rejoindre par-derrière ceux qui nous suivent.

« Tout ce peuple est silencieux et poli; nous n'apercevons pas la moindre nuance de malveillance; c'est plutôt l'étonnement porté à son comble et même de l'effroi; car c'est à peine si ces pauvres gens osent nous regarder; tous les yeux se détournent et tout le monde recule dès que l'un de nous dirige ses regards de leur côté.

« Cet empressement forcené ne laisse pourtant pas que de devenir très incommode, et nous nous passerions bien des vingt mille curieux qui nous accompagnent partout.

« Pour arriver à la mission catholique, on tourne à gauche dans une rue également large et bien percée.

« Nous nous sommes arrêtés devant le grand portail, au-dessus duquel figure seulement depuis quelques jours la croix, ce noble insigne de la civilisation latine. C'est le drapeau de l'humanité, des idées généreuses et de l'affranchissement universel, placé dans tout l'Extrême-Orient sous la protection immédiate de la France. Les Anglais ne s'y occupent que du commerce; pour eux, la foi et les sublimes enseignements de la religion ne viennent qu'en second lieu.

« Les bâtiments de la mission catholique sont immenses; une semaine auparavant, le gouvernement chinois les avait concédés aux lazaristes de Suan-hoa, et il est tout naturel que les bons Pères aient voulu nous en témoigner leur reconnaissance.

« C'est un ancien palais faisant partie du domaine impérial; on pourrait y loger facilement cinq cents personnes.

« On y trouve de vastes cours, de grands parcs plantés de beaux arbres; tout cela pour l'usage de deux missionnaires et de leurs néophytes chinois.

« Il n'est pas douteux que cette mission ne prenne un jour beaucoup d'importance. En attendant, l'installation y avait été rapide, grâce à l'incessante activité des missionnaires; les principaux appartements étaient déjà tapissés de riches papiers européens et garnis de meubles confortables.

« On nous a désigné tout un corps de bâtiments avec un vaste jardin pour nos appartements privés, et c'est dans la grande salle de réception qu'on nous a offert un dîner ou plutôt un banquet somptueux.

« La table à manger, ornée de fleurs et de surtouts en carton doré, est entourée de superbes paravents chinois. Le maître d'hôtel de sir Frederick Bruce, qu'il a eu l'heureuse idée d'emmener avec lui, nous a préparé un vrai repas à l'européenne : service élégant en vaisselle plate, vins de toute espèce, bordeaux, xérès, champagne, rôtis, gibiers, légumes, truites du Wen-ho, entremets sucrés. Le cuisinier chinois s'est surpassé, et a voulu nous prouver une fois de plus son talent d'imitation. C'est une chose remarquable que la perfection avec laquelle les Chinois s'assimilent en peu de temps tous les secrets de l'art culinaire; ces gens-là sont nés cuisiniers, aurait dit Brillat-Savarin.

« Une seule chose dans notre repas a conservé la physionomie indigène, c'est le pain. Il provient d'un boulanger mahométan en réputation dans la ville; il est très blanc, a le goût de beurre et de lait, et est pétri en forme d'oreille comme les pains allemands. C'est le meilleur que j'aie mangé en Chine; à Pékin il est lourd et indigeste, parce qu'on le fait sans levure; il est digne en tout point des pâtisseries à la graisse qu'on retrouve partout.

« La conversation n'a pas été vive pendant le repas; nous sommes tous fatigués du long trajet de la journée; cependant, j'écoute avec curiosité une discussion entre le provicaire de Mongolie et le chef de la mission lazariste au sujet de l'exorcisme du démon par l'eau bénite.

« Il paraît que l'ennemi du genre humain s'occupe tout spécialement de la Chine pour y tourmenter nos missionnaires; car aucun d'eux ne semble mettre en doute sa participation dans les sortilèges des idolâtres.

« Nous repartons ce matin de Suan-hoa-fou où nous avons passé une excellente nuit. »

Suan-hoa-fou est une ville d'origine assez ancienne, qui a été pendant quelque temps, sous la dynastie mongole, la capitale du nord de la Chine.

Elle est maintenant bien déchue de son importance et compte à peine 80 000 habitants. Située au milieu d'une plaine fertile, arrosée par de belles eaux, et bornée à l'horizon par des collines pittoresques et boisées, cette ville est en outre régulièrement bâtie, largement percée et remarquablement propre pour une cité chinoise.

Toutefois le commerce ne paraît pas y être florissant et malgré la foule qui s'était portée à la rencontre des voyageurs, les rues présentent un aspect désert et sont ordinairement silencieuses; on peut comparer Suan-hoa sous ce rapport aux anciennes villes de parlements, en France, qui ont perdu par la centralisation leur importance politique et qui ne l'ont pas remplacée par le mouvement industriel et commercial.

Deux choses sont remarquables à Suan-hoa-fou : les musulmans chinois et les Mongols.

Les musulmans appelés *hoeï-hoeï* sont très nombreux dans le nord-ouest de la Chine; ils sont même en majorité dans certaines localités des provinces du Kan-sou et du Chen-si.

Originaires du Korrigour, dans le Turkestan oriental, ils ont formé au neuvième siècle la garde mercenaire des empereurs chinois.

Ils se sont multipliés par les mariages, et leur race a perdu peu à peu son caractère particulier par le mélange avec le sang chinois; maintenant rien ne les distingue de la race jaune; leur nez est devenu épaté, leurs yeux se sont bridés et les pommettes de leurs joues sont saillantes. Ils n'ont conservé fidèlement que leur religion; encore, aucun d'eux ne sait-il lire l'arabe; il n'y a que les plus instruits de leurs prêtres qui soient en état d'épeler le Coran. Ils portent ordinairement une calotte bleue comme signe distinctif et s'abstiennent de porc et de liqueurs fortes. Ces musulmans chinois ont conservé une énergie individuelle plus grande que celle des sectateurs de Bouddha : les insurrections partielles qui se sont produites pendant ces dernières années dans le nord de la Chine, celle du Nénuphar blanc entre autres, les ont eus pour chefs et pour ardents promoteurs. Dans le sud, où on n'en rencontre qu'un petit nombre et où la tradition les fait venir de l'Inde et de la Perse sous la dynastie des empereurs T'ang, il faut peut-être attribuer à leur influence dans les conseils des Taï-ping le monothéisme qu'affiche dans toutes ses proclamations le chef des révoltés. Ils jouissent d'une grande liberté religieuse qu'ils ne se sont jamais laissé contester et qu'ils doivent aux sages précautions que leurs mollahs ont prises de ne pas s'attaquer au pouvoir de l'empereur et des mandarins. Il est bon de remarquer à ce sujet que si la communauté chrétienne en Chine, si puissante au siècle de Louis XIV, a subi d'affreuses persécutions, elle l'a dû à la lutte des différents ordres religieux, et à l'esprit d'empiétement qui gouvernait alors les missions catholiques.

Les hoeï-hoeï sont au nombre de 500 000 environ dans le Céleste Empire, d'après le dernier recensement. Ils ont des mosquées dans toutes les grandes villes : à Canton, on trouve le Kouang-t'ah ou pagode brillante, au pied de laquelle est une mosquée élevée il y a mille ans, mais c'est surtout Hang-tcheou qui est le centre de l'islamisme en Chine.

A Suan-hoa-fou, on commence à rencontrer des caravanes de Mongols : ils campent à l'intérieur de la ville dans de grands enclos réservés, où s'établit aussitôt un marché de revendeurs chinois qui les volent tant qu'ils peuvent. Ces Mongols apportent des fourrures, des viandes et du gibier qu'ils échangent à grande perte contre le rebut des marchandises du pays.

Le 22 mai, à huit heures et demie du matin, la cavalcade, à laquelle s'était joint le vénérable provicaire de Mongolie, traversait les faubourgs de la ville.

Au nord-ouest de Suan-hoa, en dehors de l'enceinte murée, la route passe au milieu de l'ancien parc du palais impérial; comme il fait encore partie du domaine de l'empereur actuel, on l'a respecté et on ne l'a pas rendu à la culture; on y voit des gazons verts entourés de massifs d'arbres centenaires; des constructions de toute espèce, délabrées, mais rendues plus pittoresques encore par la mousse et les plantes grimpantes qui les recouvrent; des lacs, des rivières, des cascades, couverts des plantes aquatiques les plus variées : nénuphars jaunes, nymphéas blancs et rouges, nélumbos, dont la fleur en forme de coupe est d'un bleu d'azur avec des étamines semblables à des papillons qui volent; sur des rocailles artificielles, des statues de lions, de tigres, toutes noires de vétusté, et des balustrades en marbre blanc autour desquelles s'enroulent des guirlandes de lierre. Il y a cinq cents ans que ce beau parc a été planté, et depuis ce temps la nature, qui en est restée la seule maîtresse, l'a revêtu de toutes ses magnificences que ne saurait imiter la main des hommes.

Ces futaies séculaires sont formées d'essences d'arbres particuliers au nord de la Chine : on y remarque des sapins à troncs rouges, dont l'écorce semblable à la peau des serpents forme des losanges écailleux, des cèdres gigantesques de la même espèce que ceux de la sépulture des Ming, des robiniers, des saules pleureurs et des peupliers dont le feuillage jaune et transparent ressort sur les masses sombres des arbres verts.

Au-dessus de tous ces grands arbres s'élève comme une

immense colonne le pin Pei-go-song, au feuillage élégant et découpé, dont le tronc et les branches sont d'un blanc d'argent éclatant. Les Chinois prétendent que quelques-uns de ces pins ont plus de deux mille ans; son bois passe pour incorruptible et l'arbre lui-même serait impérissable.

Le parc impérial est très vaste; il fallut près d'une heure pour le traverser; autour de son enceinte, on remarque des sépultures disséminées çà et là dans la campagne : ce sont des centres semi-circulaires devant lesquels sont rangés les cercueils recouverts d'un peu de terre et formant de légers monticules (nulle part, en Chine, on ne creuse de fosses pour enterrer les morts). Ces sépultures qui servent à toute une famille, sont facilement reconnaissables aux arbres alignés derrière chaque tombeau.

La route se continue ensuite dans une belle vallée qui relie Suan-hoa-fou à Tchang-kia-keou ou Kalgan.

A gauche, on côtoie des rochers au pied desquels est le lit d'un torrent, où il ne reste de l'eau que dans des cavités peuplées de tortues. Peu à peu de grandes dunes de sable succèdent aux rochers, et le passage devient très difficile : les chevaux et les mulets n'avancent qu'à grand-peine au milieu de ce terrain où ils enfoncent à chaque pas; la chaleur est étouffante, et l'air respirable est plein d'une poussière épaisse; la route tracée se perd au milieu de ces sables et fait place à une suite interminable de petites collines mouvantes.

« Nous sommes arrivés à onze heures à la station de Julin mourants de soif et suffoqués par la chaleur; aussi l'aspect de l'auberge, avec sa cour plantée d'arbres et le tapis vert qui l'entoure, nous a fait pousser à tous des exclamations de joie, lorsqu'au détour du chemin nous l'avons aperçue coquettement assise au fond de la vallée.

« Cependant, la première réception qui m'y a été faite n'était pas rassurante : une énorme chienne de Mongolie s'est précipitée de mon côté en aboyant avec fureur, comme si elle voulait me dévorer. C'était à mes pauvres petits chiens japonais, réfugiés derrière moi, que cette affreuse bête en voulait; enfin, son maître, le propriétaire de l'auberge, l'a fait rentrer dans le devoir avec un gros bâton.

« Après avoir déjeuné et fait la sieste, j'ai été voir mon ennemie qu'on avait attachée : elle venait de mettre bas, ce qui expliquait son inquiétude et sa colère. Quelle superbe bête toute noire, marquée de feu, avec de longs poils soyeux et frisés! Cette race de chiens ressemble un peu à nos chiens des Pyrénées, mais ils ont le museau allongé comme des loups, et l'air très féroce. »

Les voyageurs laissèrent passer la chaleur du jour (le thermomètre était monté à trente et un degrés centigrades) à la station de Julin, d'où ils repartirent seulement à trois heures de l'après-midi.

En quittant Julin, on prend la direction nord-nord-est pour gagner Kalgan, située à l'extrémité et au fond de la vallée qui relie cette ville à Suan-hoa-fou.

A mi-chemin on fut rejoint par une partie des gens de la légation française qu'on avait envoyés, trois jours avant le départ de Pékin, avec les charrettes et les provisions à Kalgan pour y préparer la traversée du désert.

Cependant en approchant de la ville on se croisait avec une foule compacte de voyageurs et de marchands.

Kalgan est entourée de cimetières ou plutôt de tombeaux. En Chine, il n'y a pas d'endroits affectés spécialement aux morts, et on se fait enterrer où on veut. On chemine ainsi pendant une demi-heure au moins au milieu de tertres gazonnés dont les ondulations imitent dans la vallée les vagues de l'Océan. Les maraîchers ont planté des choux, des laitues et des poireaux jusque sur ces sépultures. Le Chinois, peu délicat de son naturel, trouve tout simple que les morts nourrissent les vivants.

Déjà les voyageurs apercevaient devant eux, au fond de la vallée, les coupoles dorées de deux lamaseries situées près de la porte méridionale de la ville dont elles dominaient les autres édifices, et, dans le fond, en amphithéâtre, cette chaîne de montagnes qui est l'extrême limite de la Chine septentrionale.

Quoique Kalgan soit très peuplée et très commerçante, on n'y fut pas accueilli avec une curiosité aussi forcenée qu'à Suan-hoa-fou. La présence des négociants russes, qui viennent y convoyer leurs marchandises, et dont un certain nombre habitent la ville pendant quelques mois, a habitué les indigènes aux figures et aux costumes européens.

L'hôtellerie la plus vaste de la ville située dans un quartier très populeux avait été réservée entièrement pour les voyageurs; ils s'y rencontrèrent avec M. de Baluseck, ministre de Russie, et sa femme, qui devait retourner en Sibérie avec M. et Mme de Bourboulon.

Ainsi, par suite de la présence de sir Frederick Bruce, ministre d'Angleterre, les représentants des trois plus grandes puissances du monde se trouvaient réunis dans cette ville presque inconnue jusqu'alors aux Européens.

L'hôtellerie était magnifiquement ornée de drapeaux, de banderoles et de festons en étoffe de coton rouge, jaune et bleue. Sous le vestibule, un buffet avec des rafraîchissements avait été dressé à l'avance par les gens des légations de France et d'Angleterre; enfin rien n'avait été oublié pour donner l'apparat nécessaire à la réception d'hôtes aussi distingués.

« 23 mai. – J'ai profité de la journée d'aujourd'hui consacrée au repos pour faire une promenade dans la ville où j'avais quelques objets indispensables à acheter.

« Kalgan n'est pas aussi bien bâtie que les villes impériales : c'est un vrai centre de commerce où abondent les bazars et les étalages en plein vent; les rues y sont étroites, sales, boueuses et très puantes; l'encombrement causé par la foule y est extrême. Pendant que les piétons marchent le long des maisons et à la file les uns des autres sur quelques dalles de pierre exhaussées, les chaussées sont encombrées de chariots, de chameaux, de mulets et de chevaux.

« Quelquefois, très souvent devrais-je dire, une voiture verse, et il en résulte un désordre excessif : les animaux se débattent dans la boue au milieu des ballots renversés, et les filous accourent en foule pour augmenter la confusion dont ils profitent.

« J'y ai été frappée de l'extrême variété de costumes et de types qui résulte de la présence des nombreux marchands étrangers qui s'y donnent rendez-vous et qui appartiennent aux diverses races de l'Extrême-Orient. On y voit, comme dans toutes les villes chinoises, des industries et des industriels de toute sorte : à chaque porte des marchands appelant la pratique en calculant sur le *swan-pan*, à tous les coins de rue un rémouleur agaçant du bruit de sa roue les dents des passants.

« Ici, des portefaix, chargés de thé en briques enveloppé dans des nattes et retenu sur leur dos par des lanières en cuir, défilent à la suite les uns des autres en s'appuyant sur de gros bâtons ferrés; là, des restaurateurs ambulants avec leurs fourneaux toujours allumés campent sous leurs auvents formés de deux perches recouvertes d'un tapis de feutre. Plus loin des bonzes mendiants sont assis derrière une table sur laquelle est un petit Bouddha en cuivre et une sébile, et frappent sur un tam-tam pour implorer la charité.

« Devant les étalages des boutiques se tiennent les revendeurs chinois prônant à haute voix leurs marchandises et attendant la pratique qu'ils attirent par de belles paroles et qu'ils dépouilleront s'ils le peuvent.

« Des Tartares aux jambes nues, aux costumes déguenillés, poussent devant eux sans s'occuper des passants des troupeaux de bœufs, de chevaux et de moutons tandis que des Tibétains se font reconnaître à leurs habits somptueux à leur toque bleue, à rebords en velours noir et à pompon rouge, à leurs longs cheveux flottants sur leurs épaules, dans lesquels sont fixés des joyaux en or et en corail. Plus loin, des chameliers du Turkestan coiffés du turban, au nez aquilin et à la longue barbe noire, conduisent avec des cris étranges leurs chameaux chargés de sel; enfin les lamas mongols aux habits jaunes et rouges avec la tête complètement rasée passent au grand galop dans les ruelles étroites, cherchant à faire admirer leur adresse à diriger leurs chevaux indomptés, et contrastant par leur tenue et leur allure avec celle du marchand sibérien dont de temps en temps on aperçoit la polonaise doublée en fourrures sur une redingote en drap noir, les grandes bottes à l'écuyère et le large chapeau de feutre.

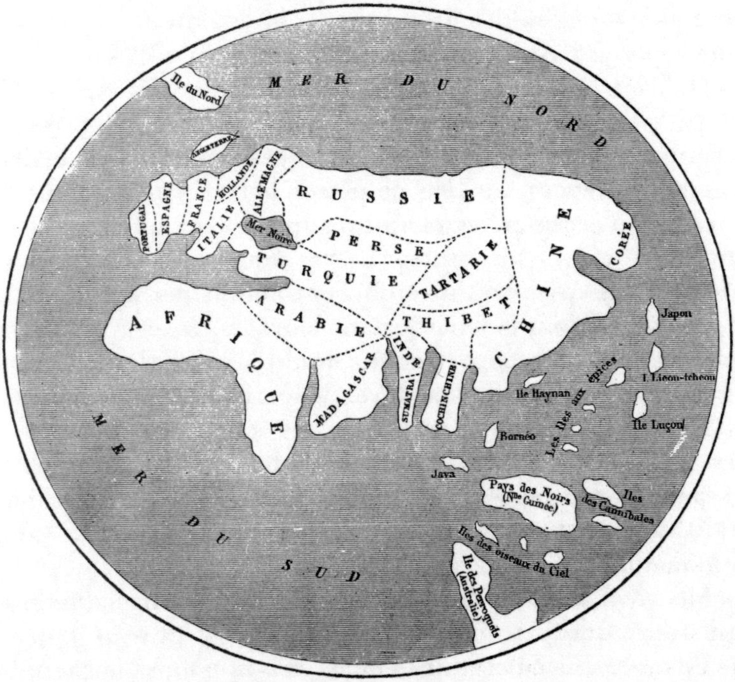

« Ville toute chinoise malgré son voisinage des nomades, Kalgan ne manque d'aucun des spécimens de la civilisation chinoise.

« J'y ai vu cheminer gravement plus d'un *liou-tsaï* ou licencié, méditant sur les chances du prochain concours ; j'ai pu, en parcourant ces rues tortueuses entendre retentir dans l'intérieur de plus d'une maison bourgeoise, non le son d'un piano (cela viendra sans doute), mais tout au moins celui d'un théorbe chinois aux mains de quelque belle musicienne. Qu'ajouterai-je encore ? Un savant de Kalgan représentant à lui seul la Société de géographie de la localité m'a glissé dans la main avec une ténacité et une obséquiosité toute chinoises une mappemonde de sa façon, aussi extraordinaire que celle dont j'ai parlé plus haut. Enfin, pour ne rien oublier, je dois mentionner que d'honnêtes citadins de Kalgan s'adonnent innocemment à l'élève de petits crustacés dans des bocaux de verre pleins de feuilles de *lieuwa* ou lotus chinois, ni plus ni moins que je l'avais vu faire à Shang-haï et à Pékin.

« On voit beaucoup de Mongols à Kalgan : ces enfants du désert, totalement étrangers aux mœurs et aux habitudes de la Chine, y campent dans les auberges comme s'ils étaient dans leurs steppes; au lieu de placer leurs animaux dans les écuries et d'accepter les chambres qu'on leur offre, ils dressent leurs tentes au milieu de la cour et attachent leurs chevaux à des pieux qu'ils enfoncent autour de leur domicile improvisé; ils font la cuisine dans leurs tentes avec les bouses séchées qu'ils ont apportées du désert dans de grands sacs, se couchent sur leurs couvertures de feutre, et rien ne pourrait les aider ni à prendre place sur les kangs, ni même à se servir du feu des cuisines pour faire bouillir leurs aliments. Les aubergistes ne leur en font pas moins payer cette hospitalité forcée, tout en les traitant de *Moukouti gen* [1], " gens de Mongolie ".

« Me voici arrivée dans la rue des marchands d'habits : c'est à eux que j'ai affaire. Il y a beaucoup plus de fripiers que de magasins de costumes neufs. Ici on n'a pas la moindre répugnance à s'habiller avec la dépouille d'autrui, à laquelle le revendeur ne songe même pas à redonner un peu de lustre, bien heureux même s'il daignait la faire nettoyer; tous ces amas de vêtements proviennent des monts-de-piété, qui les ont revendus une fois que le délai fixé pour le remboursement a été dépassé; il y a beaucoup de robes et de bonnets de pauvres mongols dépouillés sans doute par le fisc chinois.

1. Il est curieux de constater que le mot chinois *gen* a certainement la même racine que le mot latin *genus*, dont on a fait en français *genre* et *gens*. *(NdA)*

Le Palais de la Méditation

Le Palais des Génies et des pierres précieuses

La Cour des rafraichissements

Le Palais de la mer sereine

Campement à Homoutch

Panorama d'Ourga

« Enfin, voilà un magasin fashionable! Le maître est un petit vieillard propret, le nez armé de lunettes formidables, qui ne cachent pas tout à fait ses yeux vairons et malins : trois jeunes commis se succèdent devant la boutique, apportant l'un après l'autre tantôt des tuniques en cotonnade qui servent de chemises, tantôt des vestes ouatées, des pelisses en soie doublées en peau de mouton, et même des robes d'apparat; ils les drapent autour d'eux, et les font admirer aux passants en criant d'une voix de fausset leurs qualités et leur prix. Tout le fond du magasin y passera successivement : c'est l'usage, et cela est encore plus ingénieux, et plus de nature à capter les chalands, que les vitrines artistement arrangées de nos expositions européennes.

« Je me suis laissée tenter : j'ai acheté, entre autres choses, une pelisse en soie bleue doublée en laine blanche; cette laine est douce et fine comme de la soie; elle provient de la célèbre race des moutons *ong-ti*.

« Je l'ai payée vingt-cinq piastres : c'est peut-être le double de ce que cela vaut, mais le maître de l'établissement a été si persuasif, si irrésistible que je me suis laissée faire et que j'ai dû m'en aller, parce qu'il aurait été capable de me faire acheter toute sa boutique.

« Les Chinois sont, à n'en pas douter, les premiers marchands du monde, et je prédis aux commerçants de Londres et de Paris de redoutables concurrents, s'il leur prend fantaisie d'aller s'établir en Europe.

« Enfin ma pelisse fourrée est de bonne précaution contre les vents glacés du désert de Gobi qu'il va bientôt falloir traverser.

« J'ai fait diverses autres emplettes, et je suis rentrée bien fatiguée et la tête encore assourdie du bruit perpétuel, des cris et des vociférations en toutes langues de cette ville commerçante.

« Après dîner, M. de Baluseck s'est séparé de sa femme qui retourne en Sibérie avec nous, et a repris la route de Pékin. M. Bruce veut nous accompagner jusqu'à Bourg-altaï, première station de Mongolie.

« Demain nous partons de bonne heure, et j'aperçois de l'auberge les ramifications de la grande muraille qui s'étendent au nord de la ville vers la crête des montagnes. »

Tchang-kia-keou est le véritable nom, le nom chinois, de cette grande ville; ce sont les Russes qui l'ont appelée Kalgan. On estime le chiffre de sa population à deux cent mille âmes environ, sans compter les nombreux étrangers que le commerce y attire. Située au fond d'une vallée qui va rejoindre celle de Suan-hoa-fou, au pied des montagnes qui l'entourent de tous côtés, Kalgan est arrosée par une petite rivière, affluent du Kan-sou, et entourée d'une grande muraille crénelée assez bien entretenue. Elle est entourée de faubourgs considérables, et bâtie irrégulièrement : c'est une agglomération de maisons laides et mal distribuées; on y remarque peu de monuments et un très petit nombre de jardins et de grands arbres; mais c'est le centre d'un grand commerce, parce qu'elle est assise à l'embranchement des routes de Sibérie, du Kan-sou et du Thian-chau-nau-lou.

Les Mongols et les Mandchous, qui alimentent l'importation et l'exportation, y apportent des pelleteries, des champignons, du sel, du ging-seng, des draps et autres marchandises russes; ils y amènent aussi d'immenses troupeaux de bœufs et de moutons. Ils emportent en échange du thé en briques, du tabac, des cotonnades, des selles et des harnais, des farines d'orge et de millet, et des ustensiles de cuisine.

Les marchands chinois, qui connaissent la passion des nomades pour tout ce qui est supposé venir de Pékin, ont bien soin de faire peindre en grosses lettres sur leurs ballots : *marchandises de Pékin.* Il en est de cela comme des modes de Paris; les dames mongoles ne seraient pas satisfaites des cadeaux que leurs maris leur rapportent de leurs longs voyages, si elles ne les croyaient pas fabriqués dans la capitale.

Malgré son importance, la ville de Kalgan n'est pas même indiquée sur l'excellente carte de l'Asie orientale publiée par Andriveau-Goujon. Bien plus, l'abbé Huc, qui pourtant a dû passer dans son voisinage lorsqu'en compagnie du P. Gabet il se rendait de la Mandchourie au Tibet, ne la mentionne pas davantage. Elle est située par 42 degrés de latitude et 113 de longitude; c'est la ville la plus septentrionale de la Chine proprement dite.

XVIII

LA TERRE DES HERBES

DESCRIPTION
DE LA GRANDE
MURAILLE, SON FONDATEUR,
SON INEFFICACITÉ COMME
OUVRAGE DE FORTIFICATION
MONTAGNE DE TCHING-GAUN-OUIA
VALLÉE ET AUBERGE D'OUCHE-TIAO
PLATEAU DE LA MONGOLIE – COUCHER DE SOLEIL
AU DÉSERT – BOURG-ALTAI – INEXPRIMABLE
CONFUSION A L'ARRIVÉE – LA FÊTE DE LA REINE
VICTORIA – DÉPART DU MINISTRE D'ANGLETERRE,
SIR FREDERICK BRUCE – ESCORTE
DES VOYAGEURS DANS LES STEPPES
LA CALÈCHE DE MME DE BALUSECK
LES CHARRETTES
CHINOISES

Les voyageurs, accompagnés de Mme de Baluseck et de sa suite, repartirent de Kalgan le 24 mai.

Quand on sort de la ville, on trouve une autre route se dirigeant à l'ouest vers Sin-houang-tsen, siège de la mission de Mongolie, dont le provicaire reprit le chemin après mille souhaits de bon voyage.

On s'engage, aussitôt après, dans une gorge de montagnes formée par un lit de torrent à sec, qui mène par des pentes rapides jusqu'à la grande muraille qui couronne les hauteurs. Ce prodigieux ouvrage de défense se compose de doubles remparts crénelés, reliés entre eux par des tours et des fortifications; ce sont des murs en pierre de taille et en moellons cimentés avec de la chaux, d'une hauteur de cinq mètres, d'une épaisseur de trois mètres et dont les parements sont courbes.

La grande muraille, dont les ramifications s'étendent jusqu'au delà du Kan-sou, pendant une longueur de dix mille *lis* ou de cinq mille kilomètres environ, est loin de présenter, pendant tout son parcours, une masse de maçonnerie aussi imposante.

L'empereur Tsin-chi-hoang-ti, qui la fit élever dans le troisième siècle de l'ère chrétienne, s'était appliqué à défendre surtout le nord des provinces de Pe-tche-li et du Chan-si, voisines de sa capitale.

D'après l'aveu des Chinois, la grande muraille va toujours en diminuant de hauteur et d'épaisseur, et dans le Kan-sou ce n'est plus qu'un simple mur; bientôt même le mur se change en un amas de pierres cimentées avec de la boue et à peine élevées à un mètre de haut.

On franchit la grande muraille au nord de Kalgan par une porte fortifiée située au fond du défilé et reliée à la muraille par un rempart de six mètres d'épaisseur avec demi-lune tournée vers la Mongolie.

Rien de plus impraticable que les gorges de montagnes où les voyageurs durent s'engager, après avoir franchi la grande muraille. Ce sont les torrents seuls qui ont frayé la route, encombrée de rochers et de cavités escarpées; aussi les voitures n'y passèrent qu'avec une difficulté extrême. Certains sites y sont très pittoresques; le chemin sinueux est surplombé par des roches affectant les formes les plus bizarres; au milieu des ruelles s'ouvrent de profondes grottes; des forêts sombres d'arbres verts en couvrent toutes les pentes, et de temps en temps des sources d'eau limpide se précipitent dans les anfractuosités.

Des niches naturelles, ornées de grossières idoles, se font remarquer dans les parois de la montagne : les Mongols qui passent ne manquent pas de les entourer d'ex-voto, de chiffons et de fétiches; un vieux lama, ermite de ce désert, y demande une légère contribution aux voyageurs, sous prétexte qu'il entretient la route, ce dont on ne s'aperçoit guère.

Cette chaîne de montagnes, appelée par les Chinois *In-*

Chaun et par les Mongols *Tching-gaun-ouia*, est d'une altitude moyenne de six à sept cents mètres au-dessus de la mer.

Quelques riantes vallées bien boisées et bien cultivées se font remarquer au centre des monts In-Chaun.

Ce fut à l'une de ces vallées qu'on s'arrêta pour déjeuner dans un petit village appelé Ouche-tiao.

« On nous a servi à l'auberge, où nous sommes arrivés mourants de faim à deux heures de l'après-midi, d'excellentes galettes de farine d'orge en forme de crêpes, qu'on a faites devant Mme de Baluseck et devant moi, sur une plaque de tôle chauffée à blanc; il y avait aussi des pâtisseries contenant de petites graines entières qui craquaient sous la dent; cela était moins bon, à cause de l'inévitable graisse qui remplace le beurre.

« En descendant des montagnes, on aperçoit une vallée verdoyante parsemée de quelques arbres, et devant soi le plateau de la Mongolie se dessinant en pente douce à l'horizon : au pied du plateau est la station de Zagan-tolgoï composée de quelques misérables masures, où on ne s'arrête que pour changer de chevaux.

« Les charretiers chinois y ont été remplacés par des postillons, qui conduisirent les voitures à fond de train jusqu'à la montée du plateau, que tout le monde dut faire à cheval, à cause de la difficulté de faire mouvoir les roues dans ces pentes sablonneuses.

« A notre arrivée au sommet, nous avons eu le coup d'œil le plus saisissant et le plus admirable : derrière nous les vallées et les montagnes sourcilleuses plongées graduellement dans l'ombre, tandis que le disque du soleil s'abaissant à l'horizon rougissait leurs sommets de ses derniers feux; devant nous, des prairies sans fin, l'immensité couverte d'herbes verdoyantes! C'était une mer avec des ondulations de graminées semblables à de longues vagues! C'était la Mongolie enfin, la terre du gazon, comme l'appellent ses libres habitants! Le désert, le désert infini avec toute sa majesté, et qui vous parle d'autant plus de Dieu que rien n'y rappelle les hommes!

« Le ciel, au-dessus des prairies, était de cette douce couleur de vert d'aigue-marine claire et un peu rosée dont se revêt ordinairement le côté de l'horizon opposé au soleil couchant. C'était une transparence et une pureté d'atmosphère que rien ne saurait exprimer; le haut des herbes seulement avait été doré par le dernier rayon du soleil qui allait se perdre dans cette immensité.

« Mais nous ne pouvions jouir longtemps de ce magique spectacle : la nuit arrivait rapidement, et nous avions encore deux heures de marche pour arriver à Bourg-altaï, la première station de Mongolie.

« Dans ces plaines sans bornes, la nuit est bien plus profonde que dans les pays accidentés. Aucune élévation, aucun arbre ne pouvant former un point de repère pour le regard, on n'a devant soi que l'uniformité du sombre.

« Aussi dûmes-nous tous mettre nos chevaux à la file pour suivre pas à pas l'officier mongol chargé de nous accompagner.

« Toutes ces précautions n'ont pas empêché que, quelques instants avant notre arrivée à Bourg-altaï, nous nous sommes aperçus de l'absence de M. Bruce. Il a fallu une demi-heure pour le retrouver à grands renforts de cris poussés par nos Mongols qui galopaient à fond de train dans les steppes. Il s'était écarté de quelques pas seulement; et quand il avait voulu nous rejoindre, il lui avait été impossible de s'orienter, et il avait pris une direction tout opposée à la nôtre.

« Je n'oublierai pas la station de Bourg-altaï; quelle confusion inexprimable! La caravane chargée du transport de nos gros bagages, et partie de Kalgan quelques heures avant nous, arrivait à la couchée en même temps que nos charrettes et notre cavalcade.

« Dans cette nuit noire rendue plus noire encore par l'éclat des torches qu'on portait çà et là, les chameaux poussaient des cris et des gémissements lugubres, afin que les conducteurs les délivrassent de leurs charges; les chevaux effrayés se cabraient et refusaient de se laisser dételer ni entraver;

c'était un concert d'imprécations et de jurements dans toutes les langues.

« Nos gens ne sont guère encore familiers avec les emballages et les montures à desseller; il a fallu bien longtemps au milieu de cette confusion pour retrouver nos nécessaires de voyage, quelques provisions froides et nos lits de camp.

« Hier 23 mai, c'était la fête de la reine Victoria, et comme le maître d'hôtel a pu mettre la main sur deux bouteilles de vin de Champagne, nous avons bu à la santé de sa Majesté, avec le ministre d'Angleterre et son secrétaire, M. Wade; ensuite nous avons fait un whist (car on avait trouvé des cartes). C'est sûrement la première fois qu'on y joue dans les déserts de la Mongolie!

« Bourg-altaï est un hameau composé de quelques baraques en bois et d'une petite pagode : ce sont les dernières habitations fixes qu'on trouve à l'entrée du désert, et ce sera la dernière fois que nous coucherons sous un toit. Nous allons commencer, à dater de ce soir, à camper comme les nomades et j'aime mille fois mieux coucher sous la tente que de passer la nuit sous un abri aussi sale et aussi puant que l'auberge de Bourg-altaï, quoiqu'on l'ait fait évacuer à l'avance pour nous recevoir.

« La cour est une enceinte carrée fermée par des barrières de bois et des broussailles; au milieu est la baraque bâtie en planches et en torchis, haute de trois mètres tout au plus. Elle se compose, outre une petite chambre où couche l'aubergiste, d'une seule immense pièce non plafonnée, car aux angles on se heurte la tête contre les solives de la toiture. Cette salle, qui sert à la fois de cuisine, de réfectoire et de dortoir, ne possède d'autres meubles qu'un kang long et large, où peuvent coucher à l'aise vingt voyageurs.

« Voilà sous quel abri nous avons dû souper et passer la nuit sur nos lits de camp, tourmentés par tous les insectes de la création.

« 25 mai, sept heures et demie du matin. – MM. Bruce et Wade viennent de nous quitter avec tous leurs gens pour retourner à Pékin.

« Cette séparation nous a attristés. Maintenant commence vraiment notre voyage, un des plus grands et des plus longs qu'on puisse accomplir par terre sur notre globe. De Pékin jusqu'ici c'est une promenade de plaisir que nous avons faite. »

Avant de suivre les voyageurs dans les déserts de Mongolie, il est nécessaire d'exposer quelles étaient les personnes de leur suite, et comment était organisé ce long trajet au milieu d'un pays où on ne peut attendre aucune ressource des habitants et où on ne trouve souvent pas même d'eau potable.

La petite caravane française se composait, outre M. et Mme de Bourboulon, de six personnes : M. le capitaine du génie Bouvier accompagné d'un sergent, d'un soldat de la même arme et d'un artilleur, un intendant et un jeune Chinois chrétien natif de Pékin, Lieur, que M. de Bourboulon ramenait en France.

Mme de Baluseck emmenait avec elle un médecin russe, une femme de chambre française, un interprète lama appelé Gomboé, attaché au service de la légation de Russie, enfin un cosaque d'escorte.

Une petite calèche à deux roues et bien suspendue, appartenant à Mme de Baluseck, servait de moyen de transport à ces deux dames; les autres voyageurs en étaient réduits aux charrettes chinoises, sinon à monter à cheval.

Les charrettes qu'on avait pris soin de faire construire à Pékin sont fort petites et ne peuvent contenir qu'une seule personne et quelques bagages : elles sont recouvertes, comme les voitures de roulage allemandes, d'un capuchon en drap bleu dont la partie supérieuse est en toile goudronnée. Le patient est assis sur un petit banc; par-devant sont des rideaux en cuir pouvant se fermer à volonté; par-derrière, on voit le paysage par une petite lucarne garnie d'une lame de corne transparente.

Ces véhicules, qui n'ont aucune espèce de suspension ni de ressort, sont construits fort solidement; les roues, d'un poids énorme, sont cerclées en fonte avec des jantes et des clous saillants; les essieux en bois, fixés avec des fiches de fer, sont très longs, ce qui écarte les roues de plus d'un mètre de la caisse des voitures.

Depuis Kalgan jusqu'à Zagan-tolgoï, des charretiers chinois, assis sur un des brancards comme nos voituriers, les avaient conduites avec deux mules attelées l'une devant l'autre. A cette dernière station, ils furent remplacés par des postillons du pays, de même que les mandarins chinois cédèrent, à partir de ce moment, le soin d'escorter les voyageurs à des officiers mongols.

L'ATTELAGE
A LA MONGOLE
COSTUME DES NOMADES
CARAVANE – DES CHAMEAUX
DE SERVICE – ABSENCE
DE COMBUSTIBLE – CAMPEMENT
SOUS LA TENTE – PREMIÈRE
STATION DANS LA TERRE
DES HERBES

Rien de plus singulier que les attelages à la mongole, qui entraînaient nos voyageurs sur la surface du désert.

Qu'on se figure une longue barre de bois de quatre mètres de long attachée à l'extrémité des deux brancards par des nœuds de solides courroies. Cette barre est mobile et peut se lever à quarante centimètres au-dessus des brancards, grâce à une longueur de courroies qu'explique cet usage. Dès que cette opération est faite, la caisse de la voiture portant à terre et le voyageur se tenant solidement à son banc, deux cavaliers mongols arrivent au galop, font reculer habilement leurs chevaux dans l'angle droit formé par la barre d'attelage, les brancards et la caisse de la voiture, soulèvent cette barre qu'ils placent entre leurs cuisses et l'étrier de leurs selles, et, pesant dessus de tout leur corps, partent à fond de train au travers des steppes.

Quelquefois, quand le terrain est difficile, deux autres cavaliers attachent une corde aux deux extrémités de la barre et la tirent d'une main, tandis que de l'autre ils guident leurs montures.

Quand on veut s'arrêter, les postillons mongols font dérober leurs chevaux sur le côté, les brancards portent brusquement à terre, et le voyageur, s'il n'est pas prévenu ou s'il dort, court grand risque d'être jeté à bas, la tête la première : autrement, il doit se cramponner à la voiture.

Tel est le mode d'attelage, d'un usage immémorial chez ces peuples primitifs et aussi dangereux pour les postillons, qui risquent d'être éventrés si leurs chevaux faisaient un faux pas, qu'il est pénible pour ceux qu'on fait rouler ainsi.

Les Mongols requis pour le service des voyageurs sont bien montés et excellents cavaliers. Leurs chevaux petits, à la jambe nerveuse et à tous crins, sont presque tous de couleur isabelle, avec des taches fauves et une raie noire sur le dos; cependant, on en trouve quelques-uns qui sont alezans ou bai brun; les chevaux blancs sont inconnus. Quelle que soit la couleur de l'animal, il a toujours la raie du dos, la crinière et la queue entièrement noires; ce qui viendrait à l'appui de l'opinion des naturalistes qui placent l'origine du cheval sur les hauts plateaux de l'Asie centrale; cette livrée des chevaux mongols doit être très voisine de leur couleur primitive, car elle rappelle d'une manière sensible celle des hémiones, des onagres et des *dzigetaïs*, espèces sauvages analogues habitant encore aujourd'hui les mêmes régions.

Quant aux cavaliers, ils portent une grande robe boutonnée et descendant jusqu'aux pieds : cette robe, fendue sur quatre côtés, forme quatre pans pouvant se relever au moyen d'agrafes; par-dessus est une jaquette courte en étoffe doublée de peaux; la robe est serrée à la taille par une ceinture de soie à laquelle sont fixés à l'aide de rubans de même étoffe un briquet, une blague, une pipe placée dans son étui et un éventail.

Les jambes sont nues jusqu'aux genoux; le haut de la jambe est vêtu d'un caleçon en toile, les bottes sont très courtes, à pointes relevées comme des souliers à la poulaine et très évasées en haut de la tige : elles servent de magasin au cavalier nomade; il y serre tous les petits objets nécessaires à ses longues pérégrinations.

Les Mongols ne portent pas d'éperons ni d'armes apparentes; leur coiffure est un bonnet en peau de renard enfoncé jusqu'aux yeux, ou pour les officiers et les élégants une calotte en drap de couleur finissant en pointe, au lieu d'être arrondie comme celle des Chinois, avec des revers en laine fine ou en fourrure.

Ils ont des moustaches et portent tous leurs cheveux quand ils sont *hommes noirs*, c'est-à-dire séculiers; les prêtres ou lamas, qui sont requis comme les autres pour le service de postillons, sont complètement rasés; ce sont, en langage du pays, des *hommes blancs.*

La selle des cavaliers mongols est en bois, très petite, très étroite et fortement creusée; elle est tenue par une sangle en cuir; ils y placent un coussin pour être assis plus haut. Les chevaux n'ont pas de mors à gourmettes, mais un bridon avec deux anneaux seulement qui correspondent à la lanière servant de bride. Les étriers sont très larges et en métal massif. Le fouet est un court bâton avec une lanière en cuir tressée : ils le portent fixé solidement au poignet droit.

Neuf charrettes ainsi attelées composaient le convoi français. Mme de Baluseck en avait trois, outre sa calèche.

En comptant les cavaliers de relais pour chaque voiture et les officiers d'escorte, les voyageurs étaient toujours accompagnés par une soixantaine de Mongols.

Tous les matins, deux ou trois heures avant le départ, une véritable caravane de chameaux, portant à dos les gros bagages et les caisses de provisions, se rendait à petites journées à la station où on devait coucher.

Les chameaux des Mongols appartiennent à l'espèce à deux bosses qu'on rencontre aussi dans la Russie méridionale et en Perse; ils sont de très grande taille, ont le pelage très long et très soyeux et supportent admirablement la rigueur des hivers dans les steppes; mais au printemps ils perdent complètement leurs poils et restent nus pendant un mois environ :

c'est avec ces poils que les indigènes fabriquent d'épaisses étoffes de feutre, qui leur servent à faire des matelas, à couvrir leurs tentes, et à une foule d'autres usages domestiques. Ces animaux, qu'on accoutume de bonne heure à porter des fardeaux, se mènent aisément par une cheville de bois qui leur traverse la cloison du nez; dans les caravanes, ils sont attachés ordinairement cinq ou six à la file les uns des autres; le dernier est porteur d'une clochette; le chamelier dirige celui de tête par la corde attachée à la cheville du nez, et tous les autres imitent aussitôt les mouvements du chef de file : ainsi, quand il veut les faire arrêter, le conducteur tire fortement la corde et crie : « Sok, sok! ». Les chameaux poussent un grognement et s'agenouillent; quand il veut qu'ils se remettent en route, il touche le chef de file au flanc avec la manille de son fouet, prononce les mots : « Toutch! toutch! » et tous se relèvent avec ensemble. Cependant, si les chameaux sont très dociles, ils sont aussi très ombrageux et souvent il résulte de graves accidents de circonstances très naturelles en apparence, mais qui ont suffi pour jeter la panique dans la caravane. De quelle immense utilité d'ailleurs est cet animal, grâce à la sobriété et à la force duquel on peut traverser sans crainte de la famine les immenses steppes du nord de l'Asie!

Les caisses que transportaient les chameaux de la caravane qui suivait les voyageurs, avaient été garnies de toutes les provisions qu'on avait pu se procurer : des liqueurs et des vins, du biscuit de mer et du riz, du beurre salé et des conserves alimentaires de viandes et de légumes en boîtes. Quand on rencontrait des nomades avec leurs troupeaux, ce qui n'arrivait pas souvent, ces pasteurs consentaient facilement à vendre des moutons, du laitage et des fromages de brebis et de chamelle.

L'eau ne manque pas, surtout au printemps, et on trouve des puits à toutes les stations du désert; en cas de besoin, on s'était muni d'outres mongoles, c'est-à-dire de paniers en feuilles goudronnées placées dans d'autres paniers en osier : c'est ainsi qu'on transporte dans le pays l'eau et le *sam-chouk*, eau-de-vie de sorgho ou de riz.

Une des plus grandes difficultés de la traversée des steppes, c'est l'absence complète de combustible; les nomades se chauffent avec les bouses et les déjections de leurs bœufs et de leurs chevaux, qu'ils appellent des *argols* et qu'ils transportent partout avec eux dans de grands sacs, après les avoir fait sécher soigneusement. Après deux ou trois jours de marche, on en fut réduit comme eux à se servir de ce mode de chauffage, qui a bien des inconvénients, surtout pour la cuisine.

Il n'y a pas de maisons bâties dans les déserts de Tartarie, et il fallut camper en plein air. Les officiers d'escorte, auxquels était remise la direction du voyage, faisaient préparer à l'avance des tentes à la station de poste où ils avaient décidé qu'on passerait la nuit. Ces tentes avaient été construites exprès pour les voyageurs et sur le modèle le plus somptueux : elles étaient circulaires, avaient un diamètre de quatre à cinq mètres, et une élévation de trois mètres au centre qui leur donnait la dimension d'une grande chambre à coucher. Le bas en était formé d'un assemblage de claies mobiles pouvant se resserrer ou se tendre à volonté, sur lesquelles on déployait une tente soutenue par un système de carcasse en bois venant se fixer sur les claies et imitant la disposition des baguettes d'un vaste parapluie.

La porte de ces tentes était en bois, à deux battants mais très basse et avec un seuil formé d'une épaisse traverse de bois. Au milieu et dans le haut était un trou circulaire servant à laisser passer l'air et au besoin la fumée; le bas ainsi que le sol était garni en dehors et en dedans d'épais feutres en poils de chameaux; l'intérieur était orné de riches soieries chinoises; enfin un rideau, en même étoffe que la tente, les tapis et la garniture des claies, pouvait se tirer horizontalement pour fermer l'ouverture pratiquée dans le haut : ce feutre impénétrable à l'humidité et à la pluie a au moins deux centimètres d'épaisseur. Pour maintenir les tentes contre la violence du vent, on plaçait sur les cordes qui servaient à les déployer d'énormes blocs de pierre; car dans le désert il n'y a pas un buisson, ni un seul morceau de bois.

Voilà dans quelles conditions de vie, de nourriture et de

logement, et avec quels moyens de transport devait s'effectuer le voyage à travers les steppes de Mongolie, de Kalgan à K'achta, ville frontière de Sibérie, voyage de quinze cents kilomètres au moins d'après les évaluations des Mongols.

De Pékin à Kalgan, on avait franchi à cheval et à petites journées quatre cent douze lis, soit environ deux cent dix kilomètres; à partir de Kalgan le voyage devint plus rapide, et tout le monde dut faire usage des charrettes, dont le nombre avait été calculé sur celui des voyageurs.

« Oro-houdouk, 25 mai. – La voiture de Mme de Baluseck est très commode, presque tout le trajet entre Bourg-altaï et Halatui nous l'avons fait au galop.

« Nous restons ici cette nuit : Dieu merci, les préparatifs de dîner et coucher se sont faits plus facilement.

« Tchatchourtaï, 26 mai, sept heures et demie du soir. – Nous sommes partis de grand matin d'Oro-houdouk; la mer de gazon continue dans toute sa splendeur; près de Koui-Souton, nous avons vu des canards mandarins magnifiques; évidemment on ne les chasse pas, car nous les avons approchés à quinze pas dans la calèche avec tout le bruit de nos douze charrettes se suivant à fond de train, les claquements de fouet, et les cris de nos sauvages postillons. Les mâles, qui ont le plumage du corps doré, les ailes couleur émeraude et blanches, et le ventre bleu d'azur, se promenaient fièrement en maîtres sur les flaques d'eau de ces immenses plaines, accompagnés de la troupe plus humble des femelles et des jeunes : ils n'ont pas même daigné s'envoler.

« Il faut convenir que les Mongols ont un singulier système pour traîner les voitures. Le cheval d'un de nos conducteurs s'étant abattu ce matin, nous avons fait une chute, mais sans ressentir aucun mal. Cependant il faut être sur ses gardes; car si l'une de nous avait sommeillé au moment de l'accident, elle aurait couru le risque d'être jetée à bas. Mon mari appelle cette manière de s'arrêter brusquement quand les brancards portent à terre : *mouiller*; l'expression est juste; on éprouve la même impression que quand on mouille la maîtresse ancre d'un navire; seulement la secousse est bien plus violente.

« Il paraît que Djack-Soutaï où nous nous sommes arrêtés trois heures pour déjeuner est une station fashionable : il y avait réunion de curieux des deux sexes en grande toilette; les femmes sont laides, sales, hâlées; elles portent presque le même costume que les hommes; c'est à leur coiffure qu'on peut les distinguer à première vue; elle se compose d'une foule de petites tresses entremêlées avec des perles et du corail, et est assez pittoresque quoique très rarement renouvelée.

« A Mangaï je monte à cheval; c'est la seule manière de me reposer de la voiture, et il a fallu suivre le convoi au galop pendant vingt et une verstes [1], accompagnée de M. Bouvier et du mandarin mongol à bouton blanc qui est venu galamment se ranger près de moi.

« Ce soir nous avons bien dîné, mais nos lits de voyage sont complètement démantibulés par les affreux cahots des charrettes, et il va falloir coucher comme les Mongols par terre sur les tapis de feutre, enroulés dans nos couvertures : après tout, il y a bien des gens qui ne dormiront pas si bien que moi cette nuit; car je suis brisée de fatigue.

« Bombatou, 27 mai, huit heures du soir. – Ce matin, il faisait un froid excessif, à peine six degrés au-dessus de zéro et un vent à tout enlever! Nos peaux de mouton nous sont bien utiles, et le manteau de mandarin que j'avais acheté à Kalgan m'a paru bon marché à vingt-cinq piastres; ce qui prouve encore une fois que les circonstances changent bien la manière d'envisager les choses.

« Le chemin entre Tchatchourtaï et Tcheutaï était très passable, mais je n'en dirai pas autant du reste. Le terrain commence à s'entrecouper de ravins et de mamelons en dos d'âne; l'herbe est moins touffue; les pierres plus nombreuses; tout annonce l'approche du désert de Gobi.

« Nous avons vu près de Oula-Hada au moins vingt-cinq antilopes hoang-yang dispersées en petites bandes de cinq ou

1. Une verste égale environ un de nos kilomètres. *(NdA)*

six; elles passaient au petit galop devant nous, et s'arrêtaient sur les escarpements voisins pour nous regarder à loisir. »

ANTILOPES CHASSÉES PAR DES AIGLES
LE MENU D'UN DÉJEUNER AU DÉSERT – ÉTANGS
PEUPLÉS D'OISEAUX AQUATIQUES – VÉGÉTAUX
ET ANIMAUX DU DÉSERT – EAUX SULFUREUSES
EXTRÊMES VARIATIONS DE LA TEMPÉRATURE – CAHOTS
PROVENANT DU MAUVAIS ÉTAT DES VOIES – ACCIDENTS
SURVENUS AUX VOITURES – VISITE A UNE LAMASERIE
ÉTRANGE QUERELLE OPPOSANT UN MONGOL A SA FEMME
RENCONTRE D'UNE CARAVANE AYANT A SA TÊTE
DES MARCHANDS SIBÉRIENS – A DOS
DE CHAMEAU – DANGER COURU
DANS LES PRAIRIES BOURBEUSES
SINGULIER MIRAGE
LES ÉMIGRANTS
MONGOLS

« Oula-houdouk, 30 mai au matin. – J'ai été souffrante depuis Bombatou; aussi n'ai-je pris aucune note pendant ces deux jours.

« C'est à Chara-Hada, la station qui suit celle de Bombatou, que les Mongols placent le commencement du désert de Gobi. Nous allons mettre cinq ou six jours à le traverser. Heureusement qu'il est bien moins désolé à cette époque du printemps qu'après les chaleurs de l'été où on n'y trouve plus ni eau potable ni un brin d'herbe.

« J'ai remarqué hier un singulier effet de lumière : par un grand vent, de nombreux flocons de nuages sombres passaient sur le disque du soleil qui disparaissait voilé ou brillait alternativement de tout son éclat; la terre a pris la couleur du ciel, et le ciel la couleur de la terre; c'est-à-dire qu'en haut tout est devenu d'une même teinte uniforme, tandis que devant nous des plaques noires comme de l'encre, entremêlées de taches de lumière éclatante, couraient aussi rapides que le vent sur la surface du désert.

« Entre Bombatou et Oula-houdouk, où nous avons couché hier, j'ai revu de nombreuses bandes de hoang-yang, mais elles n'avaient pas la sécurité des premières; elles erraient çà et là dans les steppes, effarées et cherchant en vain un abri; dans les airs, au-dessus de leur tête, planaient majestueusement deux aigles qui, fascinant leurs victimes avec le mouvement de trépidation de leurs ailes immenses, descendaient peu à peu en tournoyant vers la terre. Mais la rapidité de la marche ne m'a pas permis de voir le dénouement de ce drame de la nature, qui sans doute s'est terminé comme ceux qui se jouent chez les hommes par l'absorption du plus faible par le plus fort.

« Nous étions à Chara-Mouroun à onze heures et demie du matin. Il ne faut pas se figurer que nous vivons comme des cénobites, quoique nous soyons au désert.

Voici le déjeuner qu'Auguste, intendant de M. de Bourboulon, a trouvé le moyen de nous faire servir en pleine Mongolie : omelette, riz au naturel, jambon demi-sel, pâté de faisans, confitures de framboise, vin de Bordeaux et café! La seule chose qui manquait au menu pour le vrai bien-vivre, c'était le pain frais. On se fatigue bien vite de biscuit, de biscottes et de toutes ces duretés-là. Le pain de seigle de la provision de Mme de Baluseck est bien préférable; détrempé dans l'eau ou dans du lait, quand on peut s'en procurer, il forme une pâte très supportable.

« Il y a bien une autre observation à faire : il m'est impossible de manger du mouton frais qu'on nous a fait griller ou rôtir sur des argols; il en prend un goût insupportable. Passe encore pour les aliments qu'on fait bouillir avec ce genre de combustible, le seul qu'il y ait au désert.

« En arrivant ici à la couchée, à quatre heures du soir, j'ai été me promener pour faire boire mes chiens sur le bord d'un étang où j'ai joui d'un coup d'œil extraordinaire : au milieu et sur les bords de l'eau, dans un encadrement de roseaux et de gazon vert, s'ébattaient avec confiance une foule d'oiseaux de toutes couleurs et de toutes grandeurs; des sarcelles, des canards de différentes espèces, des cygnes majestueux, des foulques, des poules d'eau, puis des bandes d'échassiers, de bécassines, d'ibis, de hérons; un troupeau d'antilopes s'abreuvait, sans se soucier des cris de la gent ailée; une bande d'oies sauvages paissait l'herbe verte; un superbe faisan doré caquetait auprès de ses poules pour les décider à s'approcher de l'aiguade; un de nos compagnons croit même avoir aperçu un couple de faisans vénérés; enfin deux énormes grues de Mandchourie, perchées sur une patte, contemplaient mélancoliquement ce spectacle.

« On eût dit la basse-cour du bon Dieu! La confiance de ces animaux prouvait que jamais aucun d'eux n'avait été tourmenté ni chassé par l'homme. La présence de toutes ces belles créatures dans cette solitude et à cette latitude, ne peut guère s'expliquer que par le voisinage des grands parcs de chasse créés entre la Mongolie et la Mandchourie par l'empereur K'hang-Hi et abandonnés par ses successeurs actuels.

« Un de ces parcs, au dire de l'abbé Huc qui le traversa en 1814, mesure plus de cent lieues du sud au nord sur plus de quatre-vingts de l'est à l'ouest. A partir des environs de Ge-holl, le Versailles de la dynastie mandchoue, cette immense forêt couvre les deux versants de l'arête du sol qui limite le Gobi du côté de l'Orient. L'empereur K'hang-Hi, qui avait déterminé les limites de ce vaste terrain de chasses, venait passer chaque année plusieurs semaines au commencement de l'automne, escorté d'une suite de chasseurs et de rabatteurs fort semblable à une armée. Tous ses descendants y sont venus à son exemple jusqu'au jour où Kia-King, l'un d'eux, ayant été frappé de la foudre en poursuivant le gibier près de Ge-holl, les successeurs de celui-ci s'imaginèrent qu'une fatalité de mort était attachée pour eux aux exercices de la chasse. Depuis lors la forêt et ses hôtes, les innombrables troupeaux de cerfs, de chevreuils, les myriades de volatiles de prix ou d'oiseaux rares, amenés ou entretenus à grands frais dans cette immense réserve, ont été livrés à l'abandon, à la dent des fauves, aux déprédations des maraudeurs. La peine d'exil perpétuel a bien été maintenue, il est vrai, contre tout braconnier qui serait surpris dans cette forêt; cette menace n'empêche pas ces profondes solitudes de se peupler de délinquants de toute espèce. On y trouve bien encore, de distance en distance, des postes de gardiens, " mais ceux-ci, dit le caustique abbé, semblent n'être là que pour avoir le monopole de la vente du bois et du gibier. Ils favorisent le vol de tout leur pouvoir, à condition qu'on leur en laissera la plus grosse part. Les braconniers sont surtout innombrables depuis la quatrième lune jusqu'à la septième. A cette époque, le bois des cerfs pousse de nouveaux rameaux qui contiennent une espèce de sang à moitié coagulé. C'est ce qu'on appelle *Lou-joung* dans le pays. Ces nouvelles pousses de bois de cerf jouent un grand rôle dans la médecine chinoise, et sont à cause de cela d'une cherté exorbitante. Un Lou-joung se vend jusqu'à cent cinquante onces d'argent ".

« Si les cerfs et les chevreuils abondent dans cet immense parc, les tigres, les sangliers, les ours, les panthères et les loups n'y sont guère moins nombreux. Malheur aux bûcherons et aux chasseurs qui s'aventurent seuls ou en petit nombre dans les labyrinthes de la forêt; ils disparaissent sans que jamais on en puisse découvrir les moindres vestiges.

« Boulau, 30 mai au soir. – C'est un spectacle singulièrement grandiose dans sa monotonie que l'aspect du désert. La steppe sans bornes, se déroulant à l'infini, va se confondre à l'horizon avec le ciel; nous, notre escorte et nos voitures nous avons l'air d'un point, d'une tache au milieu de l'immensité.

« Avant-hier, à Bombatou, quand nous sommes entrés dans le Gobi, les verdoyants pâturages de la terre des herbes ont fait place peu à peu à un sol sablonneux parsemé de rares touffes de chiendent; la steppe était comme boursouflée sous une foule de petits tertres coniques, formés par l'agglomération des vieilles racines de saxifrages. Là, habitent de compagnie une sorte de rats à poils gris qui y pratiquent leurs tanières et de nombreuses tarentules; celles-ci, qui couvrent le sol de leurs toiles, passent pour très venimeuses : elles sont noires, d'une taille énorme et d'un aspect véritablement hideux.

« J'ai lu plus tard que le voyageur anglais Atkinson, célèbre par ses longues pérégrinations dans les steppes des Khalkas et des Kirghiz, avait vu, à l'extrémité nord-ouest du Gobi, des espaces énormes du désert encombrés de ces vilains animaux.

« Nos voitures nous font éprouver des secousses insupportables en franchissant au galop cette ceinture de taupinières; mais, si nous avons souffert d'abord, que dirons-nous maintenant qu'elles ont fait place à de longs bancs de grès qui se succèdent avec une monotonie désespérante aussi loin que la vue peut s'étendre? La steppe, rayée alternativement de bandes de tuf jaune et d'assises de grès noir, présente un coup d'œil extraordinaire; on dirait que la terre a été recouverte d'une immense peau de tigre. Notre course à toute vitesse sur cet escalier naturel nous rappelle bien vite à la réalité : les roues massives sautent de marche en marche et ébranlent nos pauvres corps qui en subissent chaque contrecoup; c'est là un supplice sans nom que Dante a oublié dans son Enfer.

« Ce matin nous sommes rentrés dans les sables; le grès a disparu et nous rencontrons de grosses roches de granit sombre en blocs quelquefois groupés, mais le plus souvent isolés, et ne se rattachant à aucun mouvement de terrain; on dirait des aérolithes tombés du ciel pour varier l'uniformité du désert. Il paraît que la Mongolie tout entière n'est qu'un vaste plateau de granit ne présentant aucune interruption, aucune fissure même où les végétaux puissent enfoncer leurs racines; quand il y a quelques pouces de terre au-dessus du roc, le sol se couvre de prairies naturelles, comme dans la Terre des Herbes; quand les assises de granit gagnent la surface il ne peut même plus pousser un brin d'herbe. C'est à cette partie des steppes où nous sommes que les Tartares ont donné le nom de *Gobi*, qui, dans leur langue, signifie désert des pierres, et certes ils l'ont bien nommé.

« En cette saison, au commencement de l'été, l'eau des pluies de printemps, non absorbée encore par l'évaporation, forme dans la pierre de vastes et profonds réservoirs déjà fortement saumâtres; après les grandes chaleurs, à l'automne, tous ces étangs sont desséchés, et on n'a d'autre ressource que les puits creusés de distance en distance aux stations.

« A Oula-houdouk nous avions tous remarqué le goût sulfureux de l'eau qu'on nous donnait à boire; à Hevemouhor ce goût, devenu insupportable, saisissait la gorge et le nez.

« Je m'habitue au désert; voici quelques jours que je couche sous la tente, et il me semble que j'ai toujours vécu ainsi. Le désert ressemble à l'océan : l'œil de l'homme se plonge dans l'infini et tout lui parle de Dieu. Le nomade mongol aime son cheval comme le marin aime son bâtiment; ne lui demandez pas de s'astreindre aux habitudes sédentaires des Chinois, de bâtir des demeures fixes et de remuer le sol pour en tirer péniblement sa nourriture; ce libre enfant de la nature se laissera traiter de barbare grossier, rude et ignorant, mais en lui-même il méprise l'homme civilisé qui rampe comme un ver sur un petit coin du sol qu'il appelle sa propriété. La steppe immense lui appartient, ses troupeaux qui le suivent dans ses courses vagabondes lui fournissent la nourriture et les vêtements; que lui faut-il de plus tant que la terre ne lui manque pas?

« A chaque relais, cent cavaliers et chevaux de rechange nous attendent; les ordres du gouvernement chinois, donnés pour la rapidité et la sécurité de notre voyage, sont scrupuleusement exécutés. Un grand nombre de nomades parcourent les steppes, et prévenus à l'avance de notre passage, ils se rendent aux stations qui leur sont désignées pour faire l'office de postillons. La curiosité n'est pas étrangère non plus à cet empressement. Le désert, qui me paraît si aride, nourrit de nombreux pasteurs, ainsi que le prouvent les grands troupeaux de bêtes à cornes et de chevaux qui errent librement dans ces solitudes. L'immensité du parcours supplée à la maigreur des pâturages. Les petits chevaux mongols sont d'une sobriété extraordinaire; un peu d'herbe et une poignée de millet suffisent à leur nourriture; ils sont excellents coureurs, leur pied est d'une grande sûreté, mais leur allure est fatigante à cause du trot saccadé qui leur est ordinaire.

A Djil-houngol il y avait foule pour prendre les relais; en un clin d'œil nous avons changé de chevaux et nous sommes repartis au galop. Chaque voiture avait quatre postillons.

Quels admirables cavaliers! Solidement assis sur leur petite selle, les pieds d'aplomb dans leurs larges et massifs étriers, ils semblent ne faire qu'un avec leur fougueuse monture; souvent ils trottent debout, et le corps à demi penché, regardant à l'horizon comme s'ils voulaient percer les brumes mystérieuses de la steppe; d'autres fois ils se penchent jusqu'à terre et par un miracle d'équilibre ils rattrapent le licol de leurs chevaux qui mal attaché traîne sans cesse dans leurs jambes de devant. C'est à qui luttera de force, d'adresse et d'agilité, et ce tournoi de nos postillons, en distrayant nos yeux, nous fait trouver la route moins longue. En revanche, s'ils sont excellents cavaliers, les Mongols sont bien disgracieux quand il leur faut marcher, exercice qu'ils prennent le moins souvent possible; leur démarche est pesante et lourde, leurs jambes sont arquées, leur buste est penché en avant, leur regard ordinairement vif et brillant devient terne et hébété. Ces nouveaux centaures ne peuvent se passer de leurs chevaux.

« Il nous a semblé ce matin reconnaître parmi nos postillons une femme à ses longues tresses brunes qui se sont déroulées sur ses épaules par suite des ruades multipliées de sa monture. Gomboé, l'interprète mongol de Mme de Baluseck nous a assuré qu'il y en avait souvent qui faisaient ce pénible et périlleux service pour remplacer leurs pères ou leurs maris absents. Ces malheureuses créatures sont tellement semblables aux hommes par leur costume, leur démarche et leur voix, que nous ne nous en étions pas encore aperçus.

« Au départ ce matin il gelait rudement; le thermomètre était sous zéro. Quatre heures après, à Hévé-mouhot où nous sommes passés à midi, il y avait trente degrés de chaleur! Ces brusques variations ont lieu chaque jour, et mettent nos poitrines à une rude épreuve. Pour la nuit et le matin il faut avoir des fourrures et des couvertures de laine; à chaque heure, à mesure que le soleil monte à l'horizon, il faut ôter un vêtement, puis quand la nuit revient il faut les reprendre. Malgré ces précautions, nous sommes tous enrhumés. La température dépend des sautes de vent; au printemps, au mois d'avril et même en mai, les Mongols nous ont assuré qu'il n'est pas rare de rencontrer des voyageurs morts de froid dans le désert pour n'avoir pas pris des précautions suffisantes contre ces retours instantanés des grandes gelées.

« A Boulau, où nous passons la nuit, on a préparé par l'ordre de notre mandarin mongol une vaste tente qui pourra nous servir de salon commun, et où nous ferons la veillée. C'est là que j'écris ces lignes. Jusqu'ici nous avons échappé à un danger qui me fait frémir : nos demeures mobiles n'ont pas encore été visitées par certains insectes qui abondent parmi ces braves gens, peu habitués à se laver, à se peigner, et encore moins à changer leurs peaux de mouton qui en recèlent des milliers!

« Mme de Baluseck me donne à ce sujet des détails effrayants pour la fin de l'été et l'automne. Heureusement les chaleurs n'ont pas encore donné naissance à cette hideuse vermine, la lèpre des nomades.

« Je viens de m'assurer que mon petit lit de fer commence à se démantibuler, et sera bientôt hors de service; il y a déjà plusieurs jours que mon mari est réduit à se coucher par terre; je serai bientôt forcée d'en faire autant. Rien ne peut résister aux atroces cahots de cette course désordonnée dans les charrettes chinoises qui ne sont pas suspendues. Quelque soin qu'on mette aux emballages, tout se brise, tout s'use. Nous semons la route des débris de notre garde-robe et de linges déchirés; enfin Auguste, qui prétendait que la monnaie contenue dans les caisses se broyait par le frottement, vient de nous prouver sa véracité en nous apportant une poignée de limaille d'argent; une pile de piastres que nous avons trouvée dans un coffre est rognée comme par la lime, et si ce voyage dure encore longtemps, tout arrivera en poussière. Je m'étonne que nos organes puissent y résister, et que la machine humaine soit assez solidement construite pour ne pas être détraquée par la violence et la continuité de semblables secousses.

« Homoutch, le 1er juin. – Nous nous sommes levés ce matin à trois heures et demie, le capitaine Bouvier et moi, résolus à parcourir à cheval l'étape entre Boulau et Soudji-boulack; l'officier d'escorte nous a donné deux bons petits chevaux et à cinq heures nous étions en selle. C'est le seul moyen qui me reste pour me délasser des cahots; mais j'ai mal pris mon temps : la route étant assez plane, les voitures sont parties à grande vitesse, et il a fallu pour les suivre courir pendant trente-deux verstes au triple galop. J'étais exténuée de fatigue et j'ai retrouvé la calèche avec plaisir.

« Il y a un arbre, un peu avant l'arrivée à Soudji-boulack, une sorte d'aulne tortueux et décharné, chétif produit de quelque graine apportée par le vent ou par les oiseaux dans une brèche du grand plateau de pierre qui forme le sol. Nous nous sommes arrêtés un moment pour regarder cette merveille de la steppe.

« Le désert se civilise; son aridité devient plus grande, on n'aperçoit plus un brin d'herbe, mais les chemins sont meilleurs; nous avons quitté la région des pierres et nous roulons sur un gravier fin qui rappelle les allées d'un parc bien entretenu... Je me suis trop empressée de faire mes compliments au désert : quelques verstes avant Toli-boulack, toutes les voitures se sont arrêtées devant un fossé à pic de deux mètres de profondeur. Sur un mètre de large. Cette brèche, qui sert à l'écoulement des eaux pluviales, s'étend à perte de vue et sans interruption au levant comme au couchant. Nous sommes tous descendus et nos Mongols se sont lancés au grand galop pour franchir l'obstacle; à force d'efforts ils sont parvenus à faire sauter les voitures et à leur faire remonter le talus à pic et glissant. On en a été quitte pour quelques chevaux boiteux, quelques cavaliers jetés à terre, des brancards et des barres d'attelage brisés, mais, Dieu merci, aucun accident grave. A peine étions-nous repartis qu'un ressort de la calèche s'est cassé en deux; il a fallu faire la route au petit pas; nous étions fort effrayées, Mme de Baluseck et moi, de la perspective de continuer le voyage en charrettes chinoises; c'est un triste mode de transport auquel il faudrait condamner les admirateurs exagérés de la civilisation de l'Empire du Milieu. Heureusement notre sergent du génie a habilement réparé l'avarie à Toli-boulack, où nous avons déjeuné, et où les Mongols ont mis nos trois heures de halte à profit pour réparer les autres voitures plus ou moins avariées au passage du fossé. Un de nos malheureux chevaux, qui s'y était cassé la cuisse, a été abattu, dépecé et dévoré en grillades par les gens de notre escorte et d'autres nomades accourus sur notre passage. La chair de cheval est le mets le plus estimé des Mongols; il n'y a que dans les grandes fêtes qu'on tue un de ces animaux pour les festins d'apparat.

« Il y a à Toli-boulack une petite pagode en briques rouges : c'est la seule construction que nous ayons vue depuis Kalgan, c'est-à-dire pendant six cents kilomètres.

« La végétation devient de plus en plus rare : on voit encore par-ci par-là quelques touffes de saxifrages élevant au milieu des pierres leurs bouquets roses, une plante grasse épineuse et rampante, quelques maigres bruyères, et enfin dans les anfractuosités des rochers un peu de chiendent; depuis que nous avons quitté la Terre des Herbes j'ai dit adieu aux iris pourpres, blancs et jaunes, et aux œillets rouges qui bordaient la route, et embaumaient la steppe de leur odeur délicieuse. Cette aridité extrême me fait penser avec regret aux beaux parcs des palais et des temples de Pékin tapissés de violettes, de roses, de jasmins, de mauves, et de tant d'autres charmantes fleurs auxquelles la science n'a pas encore donné un nom.

« C'est la journée aux accidents. Un peu avant la station de Mouhour-kachoûm, un de nos postillons a fait une chute, et a été roulé d'une manière effroyable sous les jambes des chevaux de l'attelage. Il a été emporté tout de suite, et malgré mes questions il m'a été impossible de savoir de ses nouvelles : les chutes sont si fréquentes que personne n'a l'air d'y faire attention.

« Je viens d'assister ici à Houmoutch à un spectacle aussi imposant que pittoresque : nous arrivions, c'était au coucher du soleil; le désert empourpré par ses derniers rayons s'étend aride, nu, et infini jusqu'aux extrêmes limites où la terre se confond avec le ciel; nos gens avaient dressé notre camp autour de nos tentes préparées à l'avance; nos charrettes placées en longue file avaient l'air, avec leurs roues énormes, l'étroitesse et la forme demi-circulaire de leurs capotes, de caissons d'artillerie rangés en bataille; quelques chameaux accroupis ruminaient les jambes repliées et le cou allongé en avant à ras de terre comme de gigantesques limaçons; nos chevaux entravés erraient çà et là avec un bruit de fers à la recherche de quelques touffes d'herbe; au loin s'étendaient semblables à des champignons une foule de petites tentes pointues, à pans coupés, carrées par le haut, auxquelles semblaient commander les nôtres avec leurs flammes nationales et leurs vastes chapiteaux. C'est que Homoutch est une des capitales du désert, un lieu d'arrêt pour les caravanes, et que les pasteurs y affluent sans cesse de tous les points du Gobi pour y faire des échanges avec les marchands chinois ou sibériens. Quoiqu'il n'y ait pas d'autres habitations que des tentes à Homoutch, on rencontre sur ce point une lamaserie assez vaste, entourée de pyramides funéraires et défendue par une muraille.

« Une foule considérable nous entoura dès que nous eûmes mis pied à terre : nous voulions visiter avant la fin du jour la lamaserie située à quelques centaines de mètres au nord de notre campement. A mesure que nous avancions, la foule se séparait pour nous livrer passage, et chacun croisant respectueusement ses mains sur son front faisait une génuflexion en nous saluant du mot *mendou* [1]. Ces hommages qui nous étaient rendus avaient quelque chose de plus patriarcal, de plus digne, que le salut des Chinois (qui se contentent de porter les deux poings fermés à hauteur du menton) accompagné de la kyrielle de compliments obligés et des perpétuels branlements de tête qui les font ressembler aux magots qu'ils fabriquent pour l'exportation européenne. Un lama en robe et bonnet jaune à pompon rouge vint nous ouvrir les portes de la lamaserie, et nous servit de guide pour en visiter les bâtiments qui se composent d'un temple d'architecture mon-

---

1. « Bienvenue ». *(NdA)*

gole accompagné de plusieurs pagodes chinoises moins ornées et d'une forme plus écrasée. Rien de tout cela n'est très curieux et n'approche comme grandiose et comme luxe des temples de Pékin. Les pyramides funéraires qui bordent régulièrement l'enceinte donnent seules un aspect bizarre à cet ensemble de constructions; un escalier pratiqué dans leur intérieur mène à une chambre souterraine contenant des ossements humains sur lesquels sont gravées en rouge des sentences mystiques. Homoutch est un lieu renommé pour la sanctification des morts, Bouddha passant pour en visiter souvent la lamaserie dans ses pérégrinations mystérieuses; aussi les Tartares riches obtiennent-ils des lamas, moyennant des redevances annuelles considérables, la promesse d'y recevoir la sépulture. La lamaserie d'Homoutch, construite tout entière, murailles, pyramides et pagodes, en briques enduites d'un vernis blanc qui a l'éclat et le poli du marbre, se détache avec vigueur sur l'horizon comme une blanche et fantastique apparition, réjouissant et reposant les yeux du voyageur fatigué des teintes sombres du désert. Notre visite faite et après avoir récompensé notre guide lama, nous nous sommes acheminés vers nos tentes pour goûter un repos que nous avions bien mérité. Le tintement des clochettes annonçait l'approche de notre caravane de bagages qui, marchant plus lentement que nous, nous rejoignait tous les soirs à la couchée. La nuit était venue, on avait allumé des torches pour nous escorter, et des bâtons de résine jetant des flammes tantôt rouges, tantôt bleues, illuminaient la foule devenue plus compacte et plus bruyante encore.

« Boro-Bourak, 4 juin au soir. – Je suis restée trois jours sans prendre de notes parce que les variations excessives de température m'ont rendue malade; rien de bien intéressant, sinon qu'on nous promet que nous sortirons prochainement de ces steppes affreuses.

« La nuit que j'ai passée à Homoutch a été fort troublée : les cris et les jurons des chameliers, les beuglements des grands troupeaux, et surtout les appels répétés de la conque marine dans laquelle soufflèrent tout le temps deux lamas à cheval chargés de faire la quête du beurre et du lait parmi les riches planteurs, m'ont causé une longue insomnie. Quand on a quitté les villes, qu'on a goûté le silence admirable des nuits du désert, l'oreille qui perçoit les moindres bruits ne peut s'habituer aux tumultes discordants des foules. Il a fallu cependant partir aux premières lueurs du jour.

« La chaleur a été torride pendant toute cette journée, et le soir en arrivant à Halibtchi où nous devions coucher, nos postillons se précipitèrent avec avidité sur les vases pleins d'eau et de lait de chamelle que des femmes et des enfants leur avaient préparés; une violente altercation s'ensuivit, parce qu'une de ces Agar du désert avait donné à boire à un étranger avant de servir son mari. Celui-ci renversa le contenu du vase et jeta du sable à la tête de l'épouse impudique au milieu des rires et des exclamations des pasteurs. Ces scènes primitives me rappelaient la Bible et le temps des patriarches.

« Mes pauvres chiens paraissent souffrir de la chaleur plus que du froid; nous n'avons rien pour leur donner à boire, les Mongols ayant le préjugé qu'un ustensile appartenant à un homme devient impur quand il a servi à un animal; c'est une contradiction bizarre de la part de ces fervents sectateurs du Bouddha qui croiraient commettre un crime s'ils tuaient une mouche ou une fourmi. Mes chiens se précipitent tous à la fois sur le verre à pied qui leur est destiné, et répandent l'eau sans avoir le temps de boire. Il n'y a pas un morceau de bois pour leur fabriquer une écuelle; il faudra leur en acheter une à Ourga.

« D'Halibtchi à Boroa où nous avons couché après avoir franchi rapidement 120 verstes, l'aspect du pays change un peu; il y a quelques petits coteaux et notre chemin suit tantôt le lit d'anciens torrents, tantôt des vallons sablonneux; quelques arbustes rabougris, genévriers et bruyères percent leur linceul de pierre, et des touffes d'herbes verdoyantes poussent dans les endroits humides.

« Une charrette a été brisée : les Mongols qui ont refusé d'y travailler n'ont même pas voulu fournir ce qu'il fallait pour la réparer; je soupçonne l'interprète Gomboé d'abuser de ce que personne ne comprend la langue du pays pour mettre les pourboires dans sa poche, et exiger gratuitement les corvées de ces pauvres gens.

« Au sortir de Boroa nous pénétrons dans un vaste désert sablonneux qui s'étend à perte de vue, et nous sommes accueillis à notre entrée dans ce Sahara asiatique par une trombe qui nous force à nous enfermer dans nos voitures; celles-ci même doivent bientôt s'arrêter à l'abri d'une éminence, où en une heure de temps elles sont enterrées dans le sable jusqu'aux essieux. Que nous serait-il arrivé si la trombe avait duré toute la journée?

« Un nouveau nuage de poussière qui vient à nous, de la direction du nord, nous annonce près de Coutoul l'approche d'une caravane. C'est la première que nous ayons rencontrée dans le désert. En tête galopaient quelques cavaliers parmi lesquels nous avons été fort surpris de reconnaître à leur costume presque européen, à leurs grandes bottes, et à leur chapeau de feutre, deux marchands sibériens chefs et propriétaires de la caravane; l'un d'eux s'approche et, après force civilités, s'informe à quelle distance il est d'Homoutch, demandant si l'eau et les pâturages sont encore abondants dans le Gobi. Ces Russes étaient accompagnés de nombreux Mongols, loués dans le nord du pays des Khalkas, plus misérables et plus sauvages d'aspect que les nomades qui nous conduisaient : enveloppés des pieds à la tête dans des peaux de bouc, placés entre les bosses de leurs chameaux comme des ballots de marchandises, à peine daignaient-ils tourner la tête. La caravane très considérable comptait une centaine de chameaux chargés de caisses couvertes de peaux de buffle, à peu près autant de cavaliers, et quelques yacks ou bœufs à long poil achetés à Ourga. Ce qu'il y avait de plus curieux, c'étaient trois grands bateaux, construits dans le genre des maisons de bains qu'on voit sur les fleuves des villes européennes, placés sur des essieux et des roues énormes, et traînés chacun par un attelage de douze chameaux. Ces singuliers véhicules contenaient la famille et toutes les richesses des marchands sibériens. Les cris plaintifs des chameaux, les grognements des yacks, les sifflements aigus que faisaient entendre les conducteurs pour animer les bêtes de somme, et par-dessus tout les nombreuses clochettes suspendues au cou des animaux produisaient de loin une harmonie inimitable.

« Après un échange de renseignements mutuels, nous continuons notre route vers le nord, tandis que les Sibériens se dirigent vers la Chine. Nous avons su plus tard qu'ils avaient donné de nos nouvelles à nos amis de Pékin.

« Le 3 juin nous avons couché à Soudji; les chemins sont affreux entre cette station et Bildigne; il a fallu six heures pour faire 48 verstes. La surface du sol couverte de tertres et de pierres est boursouflée par l'infiltration des eaux; on dirait l'océan avec ses longues houles. Ce ne sont plus des secousses brutales que nous éprouvons, mais un roulis régulier qui a donné un véritable mal de mer à Annette, la femme de chambre de Mme de Baluseck.

« Le soir, en arrivant à Boro-Bourak, nous trouvons notre camp placé au versant d'une éminence, dans une position pittoresque. De petites hauteurs s'élevant au milieu de la steppe lui donnent l'air d'un archipel composé d'une multitude d'îlots. Le coucher du soleil est admirable : des vapeurs rouges jettent un voile obscur sur la ligne qui sépare la terre du ciel; celui-ci, d'abord d'un bleu foncé, prend des teintes d'un vert tendre, et à mesure qu'il s'éclaircit la terre se revêt d'une couleur d'un pourpre sombre et impénétrable. De véritables collines, les plus hautes que nous ayons vues depuis longtemps, bornent l'horizon du côté du nord. Malgré la fatigue, nous ne pouvons résister au désir d'aller leur rendre visite; il faut avoir éprouvé le sentiment d'uniformité monotone que donne la platitude infinie des steppes pour expliquer ce que nous ressentons C'est à dos de chameau que nous faisons cette excursion beaucoup plus longue que nous ne croyions. Ces collines, qui semblent très voisines du camp, en sont à plus de 4 verstes; nous avons été trompés par un effet de perspective qui, ici comme en pleine mer, rapproche les objets les plus éloignés. Notre curiosité est trompée : ce ne sont que des dunes de sable blanc accumulé dans des rochers de granit; il n'y a ni végétation, ni fleurs, ni sources; de gros serpents gris, tachetés de rouge, en sont les seuls habitants; et comme leur aspect n'a rien de rassurant et que Gomboé nous assure qu'ils sont très venimeux, nous nous empressons de leur céder la place. En revenant, la nuit, une nuit profonde nous surprend, et sans les Mongols qui sont venus à notre rencontre avec des torches, nous nous égarions dans cette immensité.

« Je n'irai plus voir les collines dans le désert et je ne monterai plus sur des chameaux; rien de plus pénible que le trot saccadé de ces animaux.

« Nous sommes rentrés ici exténués de fatigue. C'est avec un plaisir extrême que je date ces quelques lignes de Boro-Bourak. Ici cesse le véritable désert de Gobi. A Nara, où nous arriverons demain, commence le pays des Khalkas, la région des grands bois, des pâturages et des rivières aux eaux limpides.

« Nara, 5 juin. – J'ai voulu monter à cheval ce matin, séduite par l'aspect des belles prairies vertes de Taïrim. Mon cheval bondissait sur leur surface, et, lui lâchant la bride, je le laissais franchir l'espace dans un galop effréné, bercée par le bruit sourd de ses sabots qu'amortissait un épais tapis d'herbes, sans m'occuper de rien et rêvant profondément. Soudain j'entends derrière moi des cris inarticulés, et au moment où je me retourne, je me sens tirer par la manche de ma veste : c'est un Mongol de l'escorte qui s'est lancé à ma poursuite. Il abaisse tantôt une main, tantôt l'autre, en imitant avec ses doigts le galop d'un cheval emporté; enfin, voyant que je ne comprends pas, il me montre fixement le sol. La présence d'esprit me revient; j'ai l'intuition d'un danger auquel j'aurais échappé, et je m'aperçois que si nos montures paraissent si animées, ce n'est pas l'aspect des verts pâturages qui les met en joie, mais la peur, la peur d'être englouties vivantes! Le sol se dérobe sous leurs pas, et si elles restaient immobiles, elles enfonceraient dans les tourbières perfides qui ne rendent plus leur proie. Je frissonne encore quand je songe au danger auquel j'ai échappé; mon cheval, mieux servi par son instinct que moi par mon intelligence, s'emportait et je ne m'en apercevais pas; quelques pas de plus et j'étais perdue!

« Les prairies tourbeuses nous barraient la route; le chef mongol fit faire un grand détour aux voitures, afin de les éviter; mais telle était l'élasticité du terrain sur tout notre parcours, que la calèche bondissait comme si elle eût roulé sur du caoutchouc, s'enfonçant quelquefois assez pour qu'il fallût les efforts de six cavaliers pour nous tirer du bourbier.

« Des vapeurs blanches, sorties du sein de la terre, donnaient un aspect fantastique à nos postillons : on eût dit des ombres noires d'une taille gigantesque, montées sur des chevaux transparents et microscopiques. Nous nous amusions de ce mirage grotesque, Mme de Baluseck et moi, quand notre attention fut attirée par un phénomène plus bizarre encore : le soleil, en se levant et en chassant devant lui les brouillards vaporeux du matin, nous fit apercevoir le capitaine Bouvier caché jusque-là dans la brume et qui galopait à une centaine de pas en avant de la voiture. Il était devenu triple, c'est-à-dire que de chaque côté de lui un autre lui-même avait pris place, imitant fidèlement ses mouvements et ses gestes; suivant que notre voiture s'éloignait ou se rapprochait de lui, ces sosies mystérieux et insaisissables, quoique parfaitement distincts, changeaient aussi de place, tantôt précédant ou suivant le cavalier, tantôt reprenant leur première position à sa droite et à sa gauche. Je dois dire, pour être vraie, que ce mirage disparaissait aussitôt que nous levions nos voiles qui, cependant, n'étaient pas bien épais. Je ne me rappelle pas avoir jamais vu pareil phénomène, et je laisse à plus savant que moi le soin de décider quelle loi d'optique, quelle décomposition de la lumière le produisait à nos yeux étonnés.

« Nous venons de rencontrer, en arrivant à Nara, toute une tribu émigrant et emportant avec elle, vers de plus gras pâturages tout ce qu'elle possédait. Les hommes et les femmes à cheval poussent devant eux leurs troupeaux; les plus petits enfants, suspendus dans des paniers aux flancs des chameaux, sont arrangés symétriquement d'après leur poids et leur âge;

au-dessus d'eux sont entassés les tapis et les couvertures en feutre, avec les bois formant la carcasse des tentes; des grils en fer, des armes, des marmites de cuivre pour faire bouillir le thé; enfin, des sacs de farine d'orge. Je remarque, sur un vigoureux chameau qui passe plus près de nous, deux gros bébés tout nus au milieu du fouillis pittoresque des ustensiles de ménage; de l'autre côté, et comme équivalent, se trouvent une fillette de six ans et un pot de fer. Les pauvres petits voyageurs jouent et rient comme s'ils étaient à leur aise parmi ce cliquetis effroyable de ferrailles qui menacent leurs têtes à chaque cahot. Les Mongols, comme tous les peuples pasteurs, ont plus d'égards et de soins pour leurs animaux que pour leurs enfants. Ce sont les gens les plus simples, les plus pauvres et les plus sales que j'aie encore rencontrés; la seule chose qui leur fasse honneur, c'est l'état de prospérité de leurs bœufs, de leurs chevaux, de leurs moutons, de leurs chèvres, encore faut-il en tenir compte à la nature qui a produit spontanément ces magnifiques pâturages, et j'en conclus que la Mongolie est un pays qui convient à tous les animaux, excepté à l'homme.

« Je ne sais vraiment pas comment j'ai le courage de plaisanter. Le climat affreux de cet affreux pays détruit chaque jour ma santé que j'avais restaurée à Pékin; il n'y a qu'à force d'énergie que je supporte la fatigue de chaque jour; si je me laisse aller au découragement, comment pourrai-je gagner la frontière de Sibérie, distante encore de deux cents lieues? Ce doit être bien triste d'être gravement malade dans ces déserts, loin de ses habitudes, de son pays, sans savoir ce qui vous attend et ce que Dieu voudra bien décider de vous! »

C'est à Nara qu'on peut vraiment placer la limite du grand désert de Gobi. Les prairies redeviennent aussi belles que dans la Terre des Herbes, mais le sol est moins pierreux et plus accidenté. Des coteaux plantés de saules rabougris et de genévriers succèdent aux vallons herbeux. De nombreux troupeaux, des hordes de cerfs, d'antilopes, animent ce paysage plantureux. En repartant d'Endertab, au moment de la plus grande chaleur, le passage des voitures effaroucha une bande d'hémiones qui étaient couchés dans les roseaux d'un petit étang, et partirent au galop, non sans retourner la tête et en poussant des cris étranges d'une sonorité retentissante, auxquels répondirent à l'unisson les hennissements des chevaux; ces animaux élégants ne sont pas rares dans ces régions, à ce qu'assura Gomboé. Il y en a deux espèces : l'une grise avec une raie noire, qui est l'hémione des savants; l'autre, plus petite, à longs poils, d'une couleur plus brune, qui paraît être voisine du dziggetaï du Turkestan et du Tibet. Gomboé prétendait aussi que ce désert était habité par des chameaux sauvages, et qu'il en avait vu de ses propres yeux. Faut-il en conclure que cet animal, dont l'origine se perd dans la nuit des temps, existe encore à l'état de nature dans les plaines du plateau central de l'Asie, ou plutôt que quelques chameaux domestiques se sont échappés et y vivent en liberté comme les chevaux sauvages des pampas de l'Amérique du Sud?

Cependant, à mesure qu'on avance, les vallons à leur tour deviennent des vallées et les coteaux se changent en collines élevées. Avant de descendre à Djirgalanton, il faut traverser une véritable chaîne de montagnes, ramification des monts Koukou-Daba qui s'étendent en demi-cercle de l'est à l'ouest à travers le pays des Khalkas.

Au versant, coule dans un profond ravin une rivière torrentielle large de plus de cent mètres et grossie par la fonte des neiges : l'eau écume et se précipite en tourbillonnant au milieu des rochers qui encombrent son cours. L'assurance des postillons mongols, qu'un semblable obstacle ne semble embarrasser que médiocrement, ne rassure qu'à demi les voyageurs; il faut passer pourtant. Il n'y a pas de chances que l'eau baisse à cette époque; elle croît même de minute en minute. On choisit un gué, et chaque voiture, conduite par quatre hommes et escortée de deux cavaliers, le franchit tour à tour et sans accident.

– J'ai eu une effroyable peur, nous disait plus tard Mme de Bourboulon; par instants les chevaux de notre attelage perdaient pied, et, soufflant avec fureur l'eau qui leur entrait dans les naseaux, s'agitaient dans les brancards, cherchant à se dérober; que fussions-nous devenues si leurs cavaliers n'avaient pu les maintenir? La voiture eût été emportée comme une plume par la force du courant, et brisée sur les rochers qu'on voyait dresser leurs pointes aiguës au-dessous du gué!

Ces dames, forcées de lever les jambes en l'air pour éviter l'eau qui entrait dans la caisse de la calèche, furent totalement mouillées, et on dut s'arrêter après le passage de ce torrent pour leur donner le temps de changer de vêtements. Ce cours d'eau, assez considérable, est un affluent de la grande rivière Keroulen, qui va se jeter au nord-est dans le fleuve Amour, si même elle n'en est pas la branche mère. C'était la première rivière que les voyageurs eussent rencontrée depuis qu'ils avaient quitté la Chine.

XIX

OURGA

L'AOUL
DE DJIRGALANTOU
LES LOUPS – RÉCEPTION
DU CONSUL DE RUSSIE – PANORAMA
SUR LA VILLE D'OURGA – FÊTE RUSSE
VISITE A LA MONTAGNE SACRÉE – PÊCHE
A LA SEINE ET AU COUTEAU – UNE FORÊT
CONSACRÉE – INSCRIPTIONS EN CARACTÈRES
GIGANTESQUES – LES TROIS VILLES D'OURGA
LES CHINOIS EN MONGOLIE
PALAIS DU GUISON-TAMBA

La station de Djirgalantou, où l'on changea de chevaux est située dans une magnifique prairie encadrée de montagnes. Des Khalkas avaient établi leur campement en cet endroit : çà et là s'élevaient de misérables tentes près desquelles les femmes et les enfants trayaient les vaches, les brebis et les chèvres dans des seaux de cuir que des jeunes gens transportaient au bout de longues perches appuyées sur leurs épaules; des cavaliers, drapés dans leurs manteaux en peaux de mouton, projetaient leur silhouette immobile au milieu des immenses troupeaux de bœufs, de moutons et de chevaux; il y avait surtout une quantité incroyable de poulains attachés sur deux lignes à des pieux enfoncés en terre; de temps en temps les juments, cessant de brouter l'herbe du pâturage, apportaient leurs pis gonflés de lait à leur progéniture affamée; quelques chameaux effeuillaient les branches des saules et des trembles nains qui s'élevaient seuls au milieu de la prairie, humbles messagers de la fertilité renaissante; de grands chiens, au museau pointu, aux oreilles droites, les pattes longues et nerveuses, semblables à des lévriers, mais portant une crinière noire et des manchettes de longs poils aux articulations, poursuivaient de leurs aboiements les animaux récalcitrants; leur pelage fauve et leur apparence de férocité les faisaient ressembler à des loups. L'*aoul* [1] auquel appartenaient ces grands troupeaux, évalués par Gomboé à dix mille têtes de bétail, comptait environ cent cinquante individus de tout âge et de tout sexe. Ils passent pour les descendants de Gengis khan, qui, au treizième siècle, entraîna ces hordes barbares à la conquête du monde, où elles se répandirent comme un torrent dévastateur depuis les mers qui baignent les côtes de la Chine, jusqu'au Danube et au centre même de l'Allemagne. C'est à Djirgalantou que commence le pays des Khalkas, la plus nombreuse et la plus puissante des nations mongoles qui, devenue plus pacifique, semble avoir oublié ses idées de conquête, et subit l'influence morale des Chinois et des Russes ses voisins, sans s'apercevoir qu'elle est presque tributaire des premiers et qu'elle ne tardera pas à être dominée par les seconds. Les Khalkas vivent en nomades, plaçant leurs tentes près des sources, émigrant quand le soleil a desséché les herbes qu'ils ont soin de brûler à l'automne, et changeant de place suivant les saisons, afin de pourvoir à la nourriture de leurs troupeaux. Telle est maintenant la seule occupation des descendants dégénérés des terribles conquérants du treizième siècle!

Le 6 juin, à cinq heures du soir, les voyageurs s'arrêtèrent à Dolon, où ils devaient passer la nuit. Ils n'étaient plus qu'à soixante-dix verstes d'Ourga, la capitale des Khalkas, la grande ville des steppes, ce dont il leur était facile de s'apercevoir par l'augmentation de la population. Cependant la station de Dolon est située à mi-côte d'un profond ravin, dans un pays fort sauvage, au milieu d'un taillis de pins rabougris. Toute la nuit fut troublée par les hurlements des loups, fort nombreux dans cette contrée où les attirent les moutons des pasteurs. Les loups sont les mortels ennemis des Khalkas, qui leur font une guerre acharnée. Peu communs dans le désert

1. Nom mongol d'un village de tentes. *(NdA)*

de Gobi, où la proie leur manquerait et où d'ailleurs ils ne peuvent échapper aux hardis cavaliers qui les poursuivent sans relâche dans la steppe aride jusqu'à ce qu'ils les aient forcés, ils se sont réfugiés dans ces gorges montagneuses et boisées d'où ils sortent chaque soir de leurs repaires pour accomplir leurs dévastations nocturnes. Les Khalkas en tuent quelques-uns à l'affût et en prennent surtout un grand nombre au piège; ceux-ci expérimentent cruellement le *væ victis*! L'animal captif est écorché tout vif et abandonné aux chiens qui achèvent, en le déchirant, sa misérable existence. Ces bandes de loups ne laissent pas d'être dangereuses pour les voyageurs isolés, et il est prudent d'allumer la nuit de grands feux pour les écarter.

Sur pied de bonne heure, la caravane quitta Dolon vers six heures du matin; à onze heures elle atteignit la station de Sousouloutou, la dernière avant Ourga. Le vice-consul de Russie dans cette ville, M. Schechmaroff, accompagné d'un officier et de vingt cosaques rangés en ordre de bataille, y attendait les voyageurs avec des voitures attelées à la russe, troïkas et tarentas. Sous une tente ornée de fleurs et de draperies de soie de toutes couleurs, était servi un déjeuner splendide, car il y avait une nappe (luxe inouï en Sibérie!), du beurre, du pain frais, une oie sauvage, et un rôti de mouton cuit avec du vrai bois et non avec du crottin, comme au désert.

« Toute malade que j'étais, ce fut avec une grande joie que j'aperçus à Sousouloutou les bonnets à poil et les lances des cosaques! Les chevaux vigoureux des troïkas, attelés en éventail avec leur harnachement couvert de sonnettes qu'ils agitaient en frappant du pied et en mâchant leur mors, avaient un air européen à côté de nos petits coursiers à longs poils montés par de sauvages cavaliers. Décidément, j'en avais assez, du désert! La tenue, la régularité, la discipline des cosaques, les boutons dorés de leur officier, jusqu'à l'habit à queue de morue du vice-consul, me représentaient la civilisation et me faisaient tressaillir le cœur; il me semblait que j'allais guérir tout de suite, que je rentrais dans ma vie ordinaire après avoir passé par les angoisses d'un cauchemar étrange, et, chose bizarre, cette impression que je reçus spontanément me fit réellement du bien, et ma santé alla en s'améliorant à dater d'Ourga. Qui sait ce qui serait arrivé de moi, si j'étais restée plus longtemps sous le poids de l'abattement moral et physique que me causait le désert? »

La joie des voyageurs fut encore redoublée par l'arrivée d'un courrier mongol expédié de Pékin avec des lettres et des journaux d'Europe. C'est une sensation presque cruelle à force d'être vive que de recevoir des nouvelles de ceux qu'on aime, de se dire que leur main a scellé le cachet qui vous arrive inviolé jusqu'au fond des solitudes les plus ignorées et les plus impénétrables.

Cette réception solennelle avait été ordonnée par M. Boroïkin, titulaire du consulat d'Ourga, qui avait passé l'hiver à Pékin d'où il avait expédié ses ordres à M. Schechmaroff. Après le déjeuner, qui fut très cordial, chacun prit place dans les voitures russes qui partirent aussitôt au triple galop : aller plus lentement serait une injure pour la qualité des personnages qui y prennent place, et il faut se résigner à se faire casser la tête afin de tenir son rang.

A partir de Sousouloutou on se dirige, vers l'ouest, à travers une belle prairie où il n'y a pas de route tracée; à gauche la vue est bornée par des montagnes boisées couvertes de sapins, à droite de petits cours d'eau qui vont se jeter dans la rivière Toula courent en zigzag dans la vallée. En approchant d'Ourga, la prairie se resserre, les montagnes se rapprochent, la vallée diminue, et on se trouve tout à coup près de la rivière qui roule claire et rapide, mais guéable, sur un lit de gravier.

De ce gué on jouit d'un panorama splendide : la Toula, parsemée de petits îlots, plantés d'aulnes, de saules et de peupliers, divise en plusieurs bras ses eaux transparentes, qui murmurent parmi les cailloux, et reflètent la silhouette de ses rives pittoresques; au-delà, l'immense prairie dans laquelle est située Ourga s'étend, comme un tapis de velours vert, jusqu'à l'horizon où elle va se confondre avec l'azur du ciel. Un mouvement, une agitation extrême animent ce magnifique paysage : des troupeaux de bœufs, de moutons, de chèvres sont disséminés dans les gras pâturages gardés par des bergers déguenillés; des hordes de chevaux à demi sauvages se poursuivent en se jouant; des bandes de yacks tout blancs, réunis en cercle, forment comme des taches sur l'horizon verdoyant; une foule de femmes et d'enfants allant puiser de l'eau à la rivière, des pêcheurs, des vanniers, des baigneurs errent le long de ses rives; au loin on aperçoit, avec ses rues en palissade et ses maisons qui sont des tentes, la ville d'Ourga qui ressemble à un vaste campement, dominée sur la gauche par les coupoles, les clochetons, les mille pagodes dorées des deux palais du dieu vivant des lamas, le Guison-Tamba; enfin, pour couronner ce magique point de vue, à droite et jetant ses contreforts de rochers jusque dans la Toula où ils forment des rapides, s'élève la montagne sacrée, le mystérieux asile de toutes les superstitions bouddhiques, couverte d'une forêt impénétrable dont la verdure sombre est interrompue, de place en place, par de grandes pierres blanches taillées et consacrées par les caractères de l'écriture symbolique.

En arrivant à Ourga, on se dirigea tout de suite vers le consulat russe sur lequel était arboré le pavillon français à côté du pavillon national. L'arrivée des voyageurs fut saluée par des pétards et des fusillades; une masse innombrable de curieux, incommodes mais pacifiques, en encombrait les abords; les cosaques d'escorte traitaient les Mongols plus que cavalièrement, et écartaient les plus récalcitrants à coups de fouet. Tout le personnel du consulat était en uniforme, interprètes, officiers de cosaques galonnés jusque sur les coutures. Il faut cela dans ces pays sauvages, où la richesse des vêtements est un insigne de la majesté personnelle.

Le consulat russe est l'ancien palais du mandarin chinois chargé, par le souverain du Céleste Empire, d'entretenir des rapports politiques avec le Guison-Tamba, chef spirituel et temporel des Khalkas. Ce palais se compose de trois vastes cours, plantées d'arbres et entourées de bâtiments à toits chinois, peu élevés et d'une architecture mesquine. L'ensemble forme un carré long en profondeur environné d'une forte palissade de pieux; on pourrait presque y soutenir un siège. Le pavillon qu'on avait réservé au ministre de France, au fond de la troisième cour, était meublé à la russe assez confortablement avec des fauteuils en maroquin vert, des tapis anglais, des tables et des bureaux en bois peint, mais il n'y avait pas de lits! (Il n'y en a d'ailleurs nulle part en Sibérie, où ce meuble, le plus indispensable de tous, est regardé comme superflu.) Mme de Bourboulon était si souffrante qu'elle ne put même visiter le consulat. On s'occupa de suite de lui organiser un appartement où elle pût se reposer des fatigues passées, et reprendre assez de force pour affronter les nouvelles épreuves qui l'attendaient dans les forêts et les montagnes du pays des Khalkas. Quant à la suite du ministre, faute de logements suffisants pour la recevoir, on la logea sous une vaste tente dans la première cour.

On ne se trouve pas dans une des villes les plus mystérieuses de l'Extrême-Orient, connue à peine depuis quelques années par les Européens, sans éprouver une grande curiosité. Dès le lendemain de son arrivée, M. de Bourboulon voulant se promener sans escorte au milieu de la capitale mongole (on lui avait garanti la mansuétude des habitants), s'achemina de bonne heure à travers le quartier russe vers les bords de la Toula. La grande prairie, où pâture le bétail des habitants d'Ourga, a dans cet endroit plus de deux kilomètres de large. A sa vue, à son costume insolite, les grands bœufs mugissaient, les yacks portaient en avant leurs cornes recourbées, les chevaux galopaient en détachant des ruades, les chiens fauves montraient leurs crocs aigus et grondaient sourdement, tandis que les bergers immobiles regardaient avec de grands yeux farouches. Après avoir bravé toutes ces menaces tacites, M. de Bourboulon arriva sur les bords de la Toula, et s'assit sur un tertre au pied d'un bouleau. En extase devant ce magnifique paysage, un des plus beaux qu'il soit donné à l'homme de contempler, heureux d'entendre murmurer à ses pieds les eaux pures de cette belle rivière, et jouissant avidement, après les déserts arides et uniformes qu'il venait de traverser, de la fertilité de cette riche et pittoresque nature, il était là, plongé dans une rêverie délicieuse, quand il entendit un bruit confus de paroles derrière lui : c'étaient des Mongols de la haute classe, des Taï-tsi ou gentilshommes qui s'efforçaient de lui faire comprendre par leurs signes multipliés, que s'il désirait traverser la rivière, ils le passeraient volontiers en croupe sur leurs chevaux. Pendant qu'il les remerciait de son mieux de leur offre obligeante, leurs serviteurs poussaient vers la rivière une nombreuse troupe de poulains qu'ils venaient d'acheter à Ourga. L'attitude de ces Mongols était pleine de dignité et tempérée en même temps par une expression de douceur et une extrême politesse. Un bonnet en soie cramoisie doublé de peaux de martre et orné d'une plume de faucon, un manteau en soie jaune et en fourrure, une pelisse également cramoisie, et de longues guêtres de velours noir composaient ce costume élégant; ils ne portaient d'autres armes qu'un léger sabre chinois. Quel qu'en fût son désir, M. de Bourboulon ne pouvait, faute d'interprète, entrer en conversation avec ses interlocuteurs, et ceux-ci le quittèrent bientôt, non sans l'avoir profondément salué; lui-même rentra quelques instants après au consulat sans nouvelle aventure.

Le capitaine Bouvier fut moins heureux dans la promenade qu'il entreprit le même jour : après avoir traversé la Toula, il avait voulu pénétrer dans la montagne sacrée; mais au bas de l'enceinte, des lamas campés sous des tentes se portèrent en foule au-devant de lui, et lui firent comprendre par des signes menaçants qu'il ne devait pas s'avancer dans cet asile du divin Bouddha; plusieurs tentatives qu'il renouvela sur d'autres points, échouèrent de même; la montagne était gardée partout et la consigne la plus sévère s'opposait à l'introduction de tout profane dans ces lieux consacrés à la divinité.

M. de Bourboulon avait un désir extrême de visiter la montagne sacrée qui avait pour lui l'attrait de la chose défendue. M. Schechmaroff en ayant obtenu, non sans peine, l'autorisation d'un des grands conseillers du Guison-Tamba, Mme de

Baluseck, Mme de Bourboulon qui avait voulu prendre un peu l'air, le ministre de France et le vice-consul s'y rendirent dans une tarenta escortée par un peloton de cosaques. Dès qu'on fut arrivé à la Toula, les cosaques se préparèrent à donner la représentation d'une grande pêche à la mode de leur pays; on fit asseoir les spectateurs, qui avaient passé la rivière à cheval, dans une île entourée de deux petits bras, sur un tapis de verdure magnifique à l'ombre de bouleaux et de saules pleureurs centenaires, tandis que les pêcheurs, frappant de leurs pieds l'eau où ils étaient plongés jusqu'au menton, barraient la rivière avec un tramail sur lequel ils rabattaient en un large demi-cercle un filet analogue à une senne. Ce qu'il y avait de plus curieux, c'était l'adresse merveilleuse avec laquelle les cosaques, armés de longs couteaux barbelés, transperçaient au passage les saumons et les truites qui cherchaient par des bonds prodigieux à franchir le barrage. Trois coups de filet furent successivement donnés, et chacun sous l'invocation d'une des dames présentes remplaçant ainsi le saint, sans l'intercession duquel un Sibérien n'oserait accomplir aucun des actes de sa vie. Ce patronage est un honneur fort prisé dans le pays, et les cosaques paraissaient attacher beaucoup de prix au résultat plus ou moins heureux de la pêche, suivant les personnes auxquelles le coup de filet avait été dédié. Les produits merveilleux en furent étalés aux pieds des spectateurs : c'étaient des perches, des brochets, des anguilles, des truites, des saumons, plusieurs sortes de poissons blancs d'espèces nouvelles, et un silure très curieux muni de barbillons formidables. Les plus belles pièces furent emportées dans des paniers, tandis que le fretin était abandonné aux pasteurs et aux femmes qui, sous prétexte de venir puiser de l'eau, avaient assisté avec envie aux exploits des cosaques. Le thé fut servi sous les beaux ombrages de l'île; puis Mme de Bourboulon, encore trop faible pour gravir la montagne, reprit dans la tarenta le chemin du consulat.

Après son départ, tout le monde dut franchir à cheval le bras le plus large et le plus profond de la Toula; on contourna ensuite la montagne en suivant une prairie où de nombreux troupeaux de yacks, appartenant au Guison-Tamba, paissaient sous la garde de lamas, bergers à la tête rasée et aux guenilles rouges, accompagnés de chiens féroces que les cosaques eurent toutes les peines du monde à empêcher de se jeter sur les visiteurs.

Enfin on arriva aux pentes accessibles de cette montagne vierge que ne foulent les pieds d'aucun profane, et où aucun sentier n'est tracé. L'ascension était fort pénible, il fallait par endroits s'aider des pointes de rochers, et se soulever à force de bras pour gagner les tertres étroits qui formaient les échelons de cet escalier gigantesque. Le site était nécessairement sauvage et désolé, la montagne tout entière étant assise sur un piédestal de granit. Des blaireaux au poil roux, rayé de noir, d'une race particulière, fuyaient au petit trot en regagnant leurs tanières; d'autres, moins timides, assis ou couchés dans les rochers, considéraient tranquillement les visiteurs. Différents en cela de l'espèce d'Europe, ces animaux semblent ne pas craindre le grand jour, et, comme ils ne sont ni chassés, ni même dérangés, et qu'on leur porte la même vénération qu'à tous les êtres vivants qui habitent ces lieux sacrés, ils sont devenus d'une familiarité extrême. En montant davantage, le terrain devient moins rocailleux, et on entre sous une forêt de pins à cimes droites comme des peupliers, et d'un port superbe; dans les clairières et au milieu d'un gazon vert éblouissant, s'élèvent les grands rochers blancs et taillés qu'on aperçoit du bas de la vallée; des versets sacrés y sont tracés en caractères gigantesques et dorés : ce sont d'autres tables de la loi. Voici le sens d'un de ces versets traduits par Gomboé : « L'homme qui veut triompher de ses vices, doit imiter celui qui déroule les perles d'un chapelet : s'il extirpe un à un ses mauvais penchants, il obtient la perfection; s'il veut lutter corps à corps, il s'expose à être vaincu. » Toutes ces inscriptions sont tirées des livres sacrés attribués à Çakyamouni, le fondateur du bouddhisme; les unes contiennent les principes de la morale la plus pure, les autres relatent les événements principaux de la vie du dieu.

Aucun lama ne pénètre dans cette partie de la montagne,

où les grands dignitaires religieux ont seuls droit d'aller se recueillir avec le Bouddha qui passe dans toute la Mongolie pour y faire des apparitions. Quelques yacks ou bœufs à demi sauvages échappés de la vallée en sont avec les blaireaux, les renards et les oiseaux de proie, les seuls habitants. Le respect qu'on porte à ces lieux sacrés est si grand qu'aucun berger ne se hasarderait à aller y reprendre les animaux de son troupeau qui s'y sont réfugiés, et encore moins à y ramasser du bois, quelque recherché qu'il soit dans le pays : s'il échappait aux sabres des gardiens, il craindrait d'être frappé de mort par la majesté du Bouddha.

De ce point culminant, on jouit du coup d'œil le plus féerique sur la ville d'Ourga et la rivière dont tout le panorama se déroule à vos pieds; à cette heure de la journée, par un beau soleil de printemps, les toits, les coupoles, les kiosques dorés du palais d'été du Guison-Tamba, majestueusement assis au bord de la Toula étincellent parmi les massifs de saules, de peupliers et d'aunes dont il est entouré, tandis que son enceinte en albâtre crénelée et sculptée se déroule comme une ceinture de brocart d'argent sur le velours vert de la grande prairie.

La descente de la montagne sacrée fut encore plus longue et plus difficile que l'ascension; on se glissa par des sinuosités de l'escarpement, où il eût été impossible de soupçonner qu'il y eût un passage praticable; enfin, plus bas, on retrouva les chevaux qu'on dut mener à la main jusqu'aux rives de la Toula.

La montagne sacrée n'est pas la seule qui ait le droit de porter ce nom : la chaîne tout entière couronnée de sapins et entourée de rochers est consacrée à Bouddha, et gardée avec la même sévérité; mais celle-ci en est la cime la plus haute, la plus célèbre et la plus vénérée. Maintenant à quelle cause doit être attribué le respect qu'ont ces nomades pour les lieux élevés? Ne serait-ce pas qu'habitués à vivre dans la platitude infinie des steppes, ils ont dû adorer comme un miracle de Dieu ces monts qui rapprochent l'homme du ciel? Ne serait-ce pas aussi que les admirables forêts qui les couronnent, en regard de l'aridité du désert, leur ont inspiré cette sainte horreur des bois dont parlent les poètes anciens, et qui fut une des croyances les plus vives du paganisme, créateur des divinités sylvestres ?

La ville d'Ourga ou du Grand Kouren [1] est bâtie sur une suite de collines situées à deux kilomètres de la rivière Toula, dont elles sont séparées par la grande prairie que nous avons déjà décrite. Au sommet de la plus haute s'élève l'ancien palais du Guison-Tamba, actuellement abandonné; les tentes des riches Khalkas et des lamas sont plantées tout autour dans des enceintes-palissades distribuées assez régulièrement, de manière à former de grandes places et des rues tournantes; au versant de cette colline est un quartier habité par des marchands russes et chinois où s'élèvent quelques baraques; c'est le centre du commerce; au versant opposé et plus loin de la rivière, dans un escarpement profond où coule un ruisseau, est le nouveau palais du Guison-Tamba, construit seulement il y a quelques années. Au nord-est et séparée par une plaine d'un kilomètre, se trouve la ville chinoise, entièrement habitée par des négociants et des colons du Céleste Empire; enfin, la seconde colline à droite, en revenant vers la Toula, est occupée par le quartier russe bâti en baraques de bois, contenant de vastes hangars pour le dépôt des marchandises, et dominée par les bâtiments du consulat et les kiosques de l'habitation d'un prince khalka. Sauf les coupoles des trois palais du Guison-Tamba, Ourga ne présente aucun monument : c'est l'aspect d'un immense campement de nomades. Cette ville qui renferme un grand nombre de lamaseries ne compte pas moins, dit-on, de trente mille lamas ou prêtres bouddhistes; d'après l'évaluation des Russes, elle contiendrait en outre quarante mille habitants séculiers. Cette réunion de tentes et de baraques forme donc la cité la plus importante et la plus singulière du nord-est de l'Asie.

Quatre jours de repos ayant rendu quelque force à Mme de

---

1. Ce dernier mot veut dire « enceinte »; il désigne les palissades de pieux qui entourent chaque habitation. *(NdA)*

Bourboulon, elle put monter à cheval pour parcourir cette célèbre capitale de la Mongolie; l'étroitesse et le mauvais état des rues rendaient impossible un autre moyen de locomotion. On commença par visiter les nouvelles fondations du consulat russe destiné à être bâti à la sibérienne, c'est-à-dire avec des bases en pierres de taille, et des murs en plateaux de sapin équarris en traverses horizontales, et adroitement enchevêtrées avec des angles arrondis.

De là on gagna la ville chinoise par la plaine qui la sépare d'Ourga, plaine qui présente, en regard de l'incurie et de la paresse des Khalkas, le spectacle de la plus grande activité. Une foule de maraîchers chinois s'y sont établis, utilisant, pour fertiliser les terres, les eaux du petit ruisseau qui traverse plus bas le ravin de la ville sacrée; on voit dans leurs jardins des asperges, des choux, des carottes, des navets, des concombres, des pastèques, des salades de toute sorte et surtout de l'oignon et de l'ail; des pommes de terre jaunes et rondes, de l'espèce qu'on fit venir en Chine pour nos troupes, y sont cultivées sur une grande échelle; des poiriers, des pêchers, des pommiers, des vignes y étalent leurs fruits déjà formés malgré la rigueur du premier printemps. Ce spectacle d'abondance prouve tout ce que l'industrie humaine pourrait tirer de la culture de ce magnifique pays, situé à la latitude de Paris, et que les habitudes nomades des indigènes ont réduit à ne produire que des bestiaux et des chevaux. Malgré le grand froid des hivers, la bonté du sol et la chaleur des étés rafraîchis par de fréquents orages, font de la Mongolie septentrionale un des pays les plus fertiles de la zone tempérée. La ville chinoise est une miniature des grandes villes de l'empire : les rues, percées au cordeau, y sont bordées de constructions en bois peint et verni; on y compte une foule de maisons de thé, de pavillons de plaisir, de boutiques de toute sorte pleines d'objets manufacturés que les Chinois échangent à grand bénéfice contre les matières premières du pays, telles que feutres, peaux, cuirs, fourrures, suifs, pierres précieuses brutes, etc. Mme de Bourboulon étant entrée dans une boutique pour y faire quelques emplettes, prétendit que c'était un bonheur pour elle de rencontrer, après un mois de désert forcé, la civilisation relative d'une ville chinoise, que les odeurs fades du bois de santal qu'on y brûle, du musc dont sont imprégnés les vêtements, de l'ail même que mangent les habitants lui montaient à la tête et lui produisaient une sensation agréable. Après tout, c'était se retrouver en pays de connaissance.

Quoi qu'il en soit, la ville chinoise d'Ourga est loin de sentir bon : une foule de pêcheurs qui exploitent les lacs et les rivières des environs y font sécher et fumer en plein air, sur des claies en bois, le produit de leur pêche; de là, ils les expédient jusqu'en Chine, ou bien les vendent à bon prix aux Khalkas, trop paresseux pour se livrer à cet exercice pénible. En outre on fait pourrir comme engrais les poissons communs qui ne servent pas à l'alimentation, et ils sont employés à fumer la terre.

Il y a aussi dans cette ville, beaucoup de trappeurs qui prennent au piège les loutres, renards bleus, hermines, martres et zibelines, et qui font un grand commerce de pelleteries.

Entrés par la porte haute de la ville chinoise, les voyageurs en sortirent par le bas de la plaine, et pénétrèrent dans la ville mongole par le ravin qui sépare les deux collines sur lesquelles elle est bâtie. Ils firent le tour du palais habité actuellement par le Guison-Tamba. Cet édifice est tellement vénéré des Mongols que, dès qu'ils en approchent, ils se prosternent devant ses remparts, la tête dans la poussière ou dans la boue. Le palais est entouré d'une vaste enceinte de murs en albâtre, construits en festons de la forme la plus élégante, c'est-à-dire qu'ils se composent de colonnes surmontées d'animaux sculptés, et reliées ensemble par des murailles dont le chaperon, couvert de tuiles dorées, forme une série de festons réguliers. Par les intervalles, on aperçoit le vaste parc qui entoure le palais, avec ses arbres centenaires, ses eaux aménagées dans des bassins en rocaille, ses statues, ses escaliers de marbre, et les milliers de cellules des lamas qui, venus de loin pour adorer le Bouddha vivant, ont la permission de demeurer dans l'enceinte sacrée. Le palais lui-même, d'une architecture grandiose, est en pierre d'albâtre, et les toitures chinoises de ses coupoles, de ses kiosques, de ses clochetons sont également couvertes en tuiles dorées. Autour s'étend un dédale de petites rues, formées par les palissades en sapin qui entourent les tentes de chaque famille. Quelques Khalkas ont cependant imité les Russes et commencent à se bâtir des baraques fixes. Des bouleaux, des peupliers, des saules pleureurs ombragent toutes les habitations, et donnent à ce quartier un aspect pittoresque et agréable; en revanche, on ne saurait peindre la saleté de ces ruelles encombrées d'immondices et d'ordures sans nom dont les tas montent jusqu'au haut des palissades et servent de garde-manger aux porcs et aux chiens errants.

On se dirigea ensuite vers la ville haute par une rue plus large et mieux entretenue, coupée de distance en distance par de vastes places plantées. Une nombreuse population s'y pressait : des milliers de lamas jaunes et rouges suivaient à cheval, attirés par la curiosité, tandis qu'une escorte de cosaques précédait les voyageurs; les femmes au costume bariolé, aux longues tresses pendant sur les épaules, les petits enfants tout nus, de vieux lamas à la tête rasée et aux vêtements sordides, des pâtres habillés de manteaux en jonc, sortaient de leur tente pour voir passer le brillant cortège.

XX

LE PAYS DES KHALKAS

LA MONGOLIE,
TOPOGRAPHIE
SUZERAINETÉ EXERCÉE PAR PÉKIN
INDÉPENDANCE DES MONGOLS DU NORD
INFLUENCES RUSSE ET CHINOISE EN CONFLIT
LAMAS ET HOMMES NOIRS — TAI-TSIS — PUISSANCE
DU GUISON-TAMBA OU LAMA ROI — FORCE MILITAIRE
KHALKA — MŒURS, INDUSTRIE, COMMERCE — THÉ
EN BRIQUES — LE DÉPART D'OURGA — LA BRUTALITÉ
DES COSAQUES — DAME RUSSE ABANDONNÉE DANS
LE DÉSERT — DÉVOTION DES MONGOLS — GORGES
ET FORÊTS EMPLIES DE FAUVES ET D'OISEAUX DE PROIE
ENTREVUE AVEC UN RICHE KHALKA
VISITE DANS SA TENTE — GRANDE
FORÊT DE PINS — ARRIVÉE
A GUILANOR, DERNIÈRE
STATION DE MONGOLIE

La Mongolie s'étend du 40e au 50e degré de latitude, et du 85e au 120e degré de longitude orientale. Bornée par la Mandchourie à l'est, par la Chine au sud et au sud-ouest, par la Sibérie au nord, elle se confond à l'ouest avec la Dzoungarie et les steppes des Kirghiz.

Cette immense contrée qui occupe une partie du plateau central de l'Asie, peut se diviser en deux zones séparées par les destinées politiques, comme par le sol et les productions.

La zone du Sud, aride ou du moins dénuée d'eau et de végétation, n'est habitée que sur la frontière de Chine, par de nombreuses peuplades d'origine mongole, directement tributaires de l'empire chinois. La zone du Nord, entièrement occupée par les tribus khalkas, jouit d'une abondance et d'une fertilité extraordinaires : hautes montagnes, grands lacs, fleuves puissants, forêts et pâturages admirables, mines de houille, d'argent et de cuivre, toutes les richesses naturelles sont accumulées dans ce beau pays, qui a l'avantage d'être situé en plein climat tempéré, sous un ciel plus clément que celui de la Sibérie, sur laquelle il l'emporte sous tous les rapports.

Les Khalkas reconnaissent la suzeraineté morale de l'empereur de la Chine, le khan de tous les Tartares, l'héritier du pouvoir des fils de Gengis khan, le grand Mandchou qui règne sur la contrée du Milieu, mais là s'arrête leur soumission; ils ne payent point de tributs, ne subissent aucune corvée, et sont par le fait entièrement indépendants. Les Russes, qui sont leurs plus proches voisins, jettent depuis longtemps un regard de convoitise sur cette proie magnifique, et leur influence militaire y gagne de plus en plus ce qu'y perdent la ruse et l'astuce des diplomates et des négociants chinois; on peut prévoir le jour où ce pays, dont le gouvernement est un mélange inouï de féodalité et de théocratie, où cent petits princes se partagent le pouvoir, tombera presque sans résistance dans les mains de la Russie, et que le grand désert de Gobi, qui forme une limite géographique naturelle, deviendra la frontière des deux empires russe et chinois.

Les Khalkas sont divisés en deux castes, les lamas ou prêtres bouddhistes, et les hommes noirs, *chara houmoun* ou séculiers, ainsi nommés parce qu'ils laissent croître leurs cheveux. A condition de passer une année dans un couvent, d'apprendre par cœur quelques versets sacrés, de se raser la tête et de porter un bonnet jaune, est lama qui veut; aussi la moitié de la nation appartient-elle à cette caste et trouve-t-on des lamas défroqués qui font tous les métiers, bergers, courriers, chasseurs, etc. Parmi les hommes noirs, il existe une véritable aristocratie, celle des *Taï-tsi* ou gentilshommes, appartenant à des familles alliées aux princes ou descendants de Gengis khan; ces Taï-tsi vivent en pasteurs comme les autres Khalkas et sont souvent très pauvres, mais c'est seulement parmi eux que peuvent être choisis les chefs des tribus nommés à l'élection. Tous ces roitelets doivent hommage et fidélité au lama roi, au Guison-Tamba d'Ourga.

Le Guison-Tamba est une des incarnations divines admises par les bouddhistes, c'est-à-dire que Bouddha s'incarnant dans le corps d'un enfant, vient l'habiter parmi les hommes pour leur apporter le salut et la perfection. Le grand lama, le *talé lama* de Lassa au Tibet est le prince de cette hiérarchie de dieux vivants dont le Guison-Tamba est un des grands dignitaires. Celui-ci, véritable souverain de la Mongolie, entouré de l'inviolabilité mystérieuse qui le protège, rend par l'entremise de ses conseillers des lois et des décrets qui sont exécutés aussitôt par les princes séculiers. Rien ne saurait peindre le respect, l'adoration qu'ont les Mongols pour leur dieu vivant et éternel, car, lorsqu'il est mort, on va le chercher dans la terre sainte au Tibet, où il a bien soin de se « métempsycoser » dans le corps d'un jeune enfant, qui annonce sa mission divine par les miracles qu'il accomplit dès sa naissance. Le fanatisme religieux pourrait rendre les Mongols fort redoutables, si la place de Guison-Tamba était exercée par un esprit ambitieux : en 1839, celui qui régnait à Ourga voulut rendre visite à l'empereur de la Chine, Kao-Kouang; aussitôt qu'il se fut mis en marche, toutes les tribus de la Tartarie s'ébranlèrent, une foule innombrable portant des offrandes accourut sur son passage, et si le Guison-Tamba l'eût voulu, il eût pu entrer à Pékin avec un cortège de cent mille hommes prêts à obéir aveuglément à ses volontés. La cour impériale, effrayée, lui envoya ses plus habiles diplomates et obtint qu'il se fît accompagner seulement d'une garde de trois mille lamas.

Les Khalkas pourraient armer au moins cinquante mille cavaliers; force redoutable, si leur organisation militaire était en rapport avec leur bravoure; mais leurs armes sont exécrables : ce sont de mauvais sabres chinois à deux tranchants, en scie ou en spirale, des piques courtes, des flèches, et enfin des fusils à mèches, munis de culasses affectant les formes les plus bizarres; pour armes défensives, ils ont des boucliers garnis de lames de cuivre, et des cottes de maille en fil de fer. Depuis un temps immémorial, chaque famille fait de la poudre pour son usage, et on rencontre souvent dans les tentes des femmes et des enfants occupés à broyer le charbon et le salpêtre; cette poudre a si peu de force qu'une balle lancée par le fusil d'un chasseur khalka ne saurait tuer un cerf à vingt pas.

L'organisation militaire est nulle : la longue paix dont les Khalkas ont joui, l'influence du gouvernement sacerdotal qui les gouverne leur ont fait perdre les habitudes guerrières, et telle est la sécurité qui règne en Mongolie que personne n'y porte d'armes en voyage, car il est sans exemple qu'on y soit attaqué, sauf aux frontières occidentales habitées par les pillards kirghiz et turcomans.

Rien n'égale la parfaite quiétude dans laquelle s'écoule la vie d'un nomade khalka. Le matin, il décroche le fouet suspendu au-dessus de sa porte, monte sur un cheval toujours sellé, qui passe la nuit attaché à un poteau à l'entrée de sa tente, fait la revue de ses troupeaux, s'élance sur la piste de l'animal qui s'est trop éloigné pendant la nuit, et, quand il l'a repris, interroge l'horizon pour découvrir la fumée de quelque campement ou la silhouette d'un voyageur avec qui il ira causer et s'entretenir de ce qu'il a vu et de ceux qu'il a rencontrés. Au retour, il s'accroupit pour le reste de la journée dans sa tente, dormant, buvant du thé au lait ou au beurre, et fumant sa pipe, tandis que ses femmes puisent de l'eau, traient les vaches, vont ramasser les argols pour le chauffage, préparent le fromage pour la nourriture, la laine et les peaux d'animaux pour les vêtements et les chaussures de la famille.

Les Khalkas, hospitaliers et sobres, ont toutes les qualités de la race jaune, dont ils ont gardé les vertus primitives sans prendre les vices de la civilisation, mais en revanche ils n'ont ni industrie ni commerce : des étoffes de feutre, des peaux et des cuirs mal tannés, quelques ouvrages de broderie, sont tout ce qu'ils produisent. Le commerce se borne à un échange de matières premières, où le Mongol, peu défiant et timide, est complètement volé par les marchands russes et chinois. Leur monnaie est fort singulière, tous les payements s'effectuant au moyen de thé en briques : cinq briques équivalent environ à une once d'argent de Chine. Après le laitage, le thé joue le rôle le plus important dans l'alimentation de ces peuples qui ne sauraient s'en passer. Les Chinois, qui fabriquent le thé vert exprès pour les Européens, quoiqu'ils ne veuillent à aucun prix l'employer pour eux-mêmes, font du thé en briques pour les Mongols avec les feuilles les plus grossières et les branches menues de ce précieux arbuste; ce mélange, pressé et coagulé dans un moule, prend la forme et l'épaisseur des briques de terre cuite destinées à leurs constructions. Les Sibériens pauvres consomment aussi ce thé à bon marché, qui est beaucoup moins agréable que l'autre, mais qui, mêlé avec du lait et de la farine d'orge, forme une bouillie épaisse et nourrissante appelée *pan-tan*, dont le goût est supportable, et l'usage général dans tout le pays.

En résumé, on peut dire de ces peuples primitifs que leurs troupeaux suffisent entièrement à leurs besoins, qui sont bornés, et que leur vie est la plus libre et la moins agitée qui soit au monde : le pèlerinage à une sainte lamaserie hantée par Bouddha dans ses pérégrinations mystérieuses est l'un des rares événements qui interrompent l'existence calme et contemplative du pasteur khalka, rythmée aussi par la visite de quelques lamas voyageurs [1], par une excursion à Ourga ou aux frontières de Chine pour l'achat d'objets manufacturés, par un mariage – à vrai dire un marché où la fille est vendue par son père au plus offrant – qui donne lieu à des réjouissances de huit jours accompagnées de débauches de viande grasse, de tabac et d'eau-de-vie de riz, par les funérailles enfin, dont les cérémonies, analogues à celles des Chinois, amènent de longs festins et le massacre de nom-

1. Ils appartiennent à la classe des *tolholos* ou trouvères et payent l'hospitalité généreuse qu'ils reçoivent sous la tente par des chants où ils célèbrent les hauts faits des héros, ancêtres de leur race. *(NdA)*

breuses vaches, chèvres et moutons pour la nourriture des parents et amis. N'a-t-il pas en outre devant lui cent mille lieues carrées dont il est le roi, et où il peut aller camper çà et là, suivant les caprices de sa fantaisie, avec sa famille et ses troupeaux?

Un homme d'esprit, Fourier, a soutenu que la vie des peuples pasteurs était plus près de l'état de perfection où, suivant ses théories, l'humanité devait atteindre un jour, que celle des peuples civilisés avec tous les besoins et toutes les passions factices qu'ils se sont créées. Qui sait si Fourier n'a pas eu raison?

« Ma santé s'étant suffisamment améliorée pendant les cinq ou six jours de repos que j'avais goûtés à Ourga, je fixai le départ au 12 juin à midi : ce fut avec un vif déplaisir que nous nous vîmes réduits à reprendre les charrettes chinoises et l'attelage de la Mongolie, mais il fallait faire contre fortune bon cœur, et se résigner au seul moyen de transport qui fût à notre disposition. Le vice-consul, M. Schechmaroff, nous accompagna cette première journée, ainsi qu'une escorte de cosaques chargée de nous faire honneur à la sortie de la ville. J'ai eu le plaisir cette fois d'apercevoir le Guison-Tamba en passant sous les murs de son palais; il n'avait pu résister à la curiosité de voir les étrangers qui visitaient la ville, et s'était transporté sur une terrasse de son parc, où, entouré de tous les grands prêtres, il daigna jeter un coup d'œil sur nous autres pauvres humains : ce dieu vivant en chair et en os était un enfant de treize à quatorze ans, au corps débile, aux traits amaigris, dont la figure rappelait plutôt le type régulier des Hindous que le masque cahoté des Mongols. Son costume ressemblait d'une manière frappante à celui de nos évêques catholiques : il avait sur la tête une mitre jaune, ses épaules étaient recouvertes d'une chape en soie violette chamarrée d'or et retenue sur la poitrine par une agrafe de turquoise, enfin, il portait dans la main droite un long bâton en forme de crosse; son entourage était également vêtu d'étoffes de brocart de soie lamées d'or et d'argent, et des serviteurs lamas entouraient ce groupe sacré, tenant d'une main des cravaches en cuir noir pour écarter les profanes, agitant de l'autre des sonnettes pour appeler la foule au recueillement. En effet, les milliers de curieux qui nous avaient suivis se précipitèrent le front dans la poussière, tandis que nos voitures défilaient au grand galop, et que nos cosaques, sans respect pour la majesté divine et royale, ne daignaient même pas faire le salut militaire. Une violente altercation qui eut lieu quelques heures plus tard me donna idée du sans-gêne avec lequel les Russes traitent les pacifiques Mongols : l'interprète de Mme de Balusek, Gomboé, qui, parlant bien le russe, et ayant adopté le costume et les habitudes de ses maîtres, avait toute l'insolence d'un parvenu, se mit à rouer de coups un des postillons khalkas de l'attelage de mon mari; ce malheureux n'avait pu contenir son cheval, et avait failli accrocher la calèche où j'étais avec Mme de Balusek. M. de Bourboulon, qui ne pouvait assister de sang-froid à de pareilles violences, s'emporta contre Gomboé et lui ordonna de cesser ses brutalités, mais celui-ci ne pouvant comprendre ce qu'on lui disait et s'imaginant peut-être qu'on lui ordonnait de frapper plus fort, resta la main levée, jusqu'à ce que le médecin russe s'entremît et lui fît comprendre que ses brutalités déplaisaient. Ces malheureux Mongols se laissent battre avec une placidité sans égale; on dirait qu'ils sont faits pour cela. Cependant, une autre fois, un cosaque ayant frappé un des cavaliers de notre attelage, celui-ci, officier à globule bleu, qui s'était offert volontairement pour faire le service de postillon, se retourna avec indignation, jeta un regard de menace au cosaque, et lâchant la barre d'attelage, ce qui fit " mouiller " subitement la calèche, piqua des deux à travers la steppe où il disparut.

« Le chemin que nous suivons est accidenté, montagneux, et semé çà et là de rochers qui rendent le passage difficile. A Kouï où nous déjeunâmes, l'officier de cosaques nous quitta avec ses hommes pour retourner à Ourga; M. Schechmaroff voulut absolument nous conduire à la station de Bourg-altaï, où nous devions passer la nuit. Nos tentes y étaient préparées d'avance, et nous n'eûmes plus qu'à nous coucher lorsque nous y arrivâmes à la nuit tombante.

« J'assistai, le lendemain matin, à une scène émouvante qui me fit faire de tristes retours sur ma propre position : la femme d'un pharmacien russe de Kiakhta, atteinte à Ourga d'une grave maladie nerveuse, avait voulu profiter de notre passage pour retourner en Sibérie sous notre protection. Au moment de partir de Bourg-altaï, son état devint si inquiétant qu'il fallut la laisser dans une tente à la discrétion des Mongols, avec un cosaque pour garde-malade; je lui ai porté quelques provisions, des briques de thé et du sucre, et n'ai voulu partir qu'après m'être assurée qu'il n'y avait pas de péril imminent et qu'elle ne courait aucun danger d'être attaquée et dévalisée dans ces solitudes. Quelle affreuse position pour une Européenne que d'être abandonnée dans ce désert aux mains de gens grossiers avec des crises nerveuses épouvantables! Il est vrai que ces femmes sibériennes, habituées à voyager avec leurs maris, sont endurcies à toutes les épreuves de la vie aventureuse, qu'elles n'ont peur de rien, et savent se faire obéir des Mongols, en leur en imposant par leur caractère viril. Cette triste aventure ne m'en a pas moins serré le cœur pendant quelques jours! »

Le 13 juin on quitta Bourg-altaï à huit heures du matin, et on redescendit dans la vallée de la Toula, devenue large et majestueuse par sa réunion avec les rivières Karou-Ka et Orkou, qui prennent toutes deux leur source dans les monts Koukou-Daba. Le chemin suivit pendant une partie de la journée les bords du fleuve, mais peu avant Haragol, qui était la station indiquée pour coucher, on rentra dans les montagnes qu'on ne devait plus quitter jusqu'à Kiakhta. Dans un passage difficile, barré par une ceinture de rochers, où tout le monde dut mettre pied à terre, les Mongols s'empressèrent de faire leur dévotion devant un *obo* célèbre dans tout le pays par sa sainteté; celui-ci se composait de deux énormes blocs de pierres levées, grossièrement sculptées, afin de représenter l'image de Bouddha. On arrivait par des degrés taillés en plein rocher jusqu'au pied de l'obo, où se trouvait scellée une vaste urne de granit pour brûler de l'encens; un grand nombre de perches couvertes de chiffons, de papiers, de banderoles avec des prières imprimées, avaient été disposés autour, de façon à recevoir les offrandes des dévots qui y attachent quelquefois des bourses avec de l'argent et même des objets en métaux précieux. Les gens de l'escorte se contentèrent de s'y prosterner humblement, et de couper chacun un petit morceau de leurs pelisses qu'ils nouèrent aux perches en guise d'ex-voto. Les Mongols sont dévots, superstitieux et aussi attachés aux pratiques extérieures que les Chinois le sont peu : à Pékin, les lamaseries regorgent de richesses, tandis que les bonzes sont réduits à mendier. Les obos ne sont autre chose que des autels en plein air consacrés par des lamas célèbres; il ne se passait guère de journée dans la Terre des Herbes et le désert de Gobi que les voyageurs ne rencontrassent de ces buttes de terre sainte décorées de branches de bois mort et de loques; tout fidèle bouddhiste est tenu d'y faire en passant sa prière, aussi chaque soir à la couchée, les Mongols d'escorte se réunissaient-ils devant un obo provisoire pour psalmodier en chœur des hymnes ou litanies, dont le rythme lent et grandiose ne laissait pas que de produire un effet imposant au milieu du silence du désert.

A mesure qu'on approche des monts Bakka-Oula le chemin devient plus impraticable : entre Baingol et Ourmoukté, les voyageurs s'enfoncèrent dans des gorges pittoresques et profondes, couronnées de forêts de bouleaux et arrosées par une foule de torrents qui forment des cascades de la plus grande beauté. Des blocs de rochers noirs et pourpres tachetés d'un rouge extrêmement vif provenant des infiltrations ferrugineuses barraient le passage; il fallut, en plusieurs circonstances, soulever les charrettes à force de bras, ce qui fit perdre un temps considérable. Le pays est magnifique : d'immenses forêts vierges couvrent toutes les pentes des montagnes; les arbres séculaires, déracinés par les orages ou brisés par la foudre, jonchent le sol qu'ils couvrent de leurs débris; une mousse aussi blanche que de l'argent s'enracine aux branches des vieux sapins, d'où elle pend jusqu'à terre en longs festons. Cette plante parasite, qui atteint les proportions des plus grandes lianes, fait un effet merveilleux parmi le feuillage sombre des forêts d'arbres verts; on dirait que ces arbres géants se sont tous couverts de longues barbes blanches. Le marbre noir, veiné de vert et de rose, le porphyre, les pierres d'agate, le granit incrusté de mica étincelant comme des diamants sont la parure des montagnes bigarrées de mille couleurs; on y trouve aussi une grande variété de pierres précieuses, des sardoines, des onyx, des lapis, des topazes, des calcédoines et des améthystes qui, mal taillées il est vrai, se vendent à un prix très modique chez les brocanteurs chinois d'Ourga.

La station de Kouïtoun, à laquelle on arriva vers quatre heures du soir, est située au centre des monts Bakka-Oula par huit cents mètres d'altitude environ. Ces hautes montagnes subissent là une forte dépression, et le passage qu'elles y laissent est analogue aux cols qui coupent toutes les grandes chaînes. A la lisière des forêts, on voit une ceinture de pâturages où paissent des troupeaux de vaches appartenant à un aoul khalka établi dans le voisinage. Les pauvres bergers perdaient journellement des animaux dévorés par les loups, les ours, et, prétendaient-ils, par un tigre établi dans une gorge impénétrable, dont il sortait chaque nuit pour emporter un bœuf ou un cheval. Effrayés des ravages exercés par ce terrible voisin qu'ils n'osaient pas attaquer, les Khalkas se préparaient à émigrer vers des régions plus tranquilles. Ces forêts servent, en effet, de repaire aux bêtes fauves de la contrée; les ours y sont très multipliés, les loups y errent par bandes nombreuses, ainsi que les sangliers dont on voit partout les traces sur la terre fouillée; des mouflons, des bouquetins, une grande espèce de cerf appelée *mara*, des chevreuils, des antilopes et enfin le chevrotain porte-musc si recherché pour sa bourse à parfums, y vivent avec les bêtes féroces qui leur font une guerre acharnée.

Entre Kouïtoun et Iro, dans un profond ravin où coule un torrent que l'on côtoya, une nuée de vautours chauves et barbus, perchés sur les carcasses de chevaux abandonnés, se disputaient avidement les lambeaux de chair qu'ils arrachaient en fouillant leur proie : un grand aigle harpie planait au-dessus de ces oiseaux gloutons, emplissant de son immense envergure toute la largeur du ravin, au fond duquel ses ailes dessinaient une silhouette gigantesque; il s'abaissait peu à peu en tournoyant, et les vautours inquiets dressaient leurs cous pelés en voyant s'approcher le roi des airs. Soudain il fondit sur eux comme une flèche; il y eut un cliquetis d'ailes et de becs entrechoqués, puis les pillards, malgré leur nombre, malgré leur force, s'enfuirent honteusement, sans avoir essayé de lutter, laissant la harpie maîtresse de la proie convoitée. Celle-ci, perchée sur les cadavres, regarda fièrement passer les voitures de l'escorte qui roulaient sur les rochers au-dessus de sa tête.

Il fallut descendre par des côtes abruptes pour arriver à la station d'Iro, qu'on atteignit seulement à la nuit, non sans éprouver quelque appréhension des bêtes féroces dont on avait entendu parler toute la journée.

« Iro, où j'ai pu recommencer à prendre des notes, est situé dans une magnifique vallée plus large et plus riche encore que celle d'Ourga : la rivière Toula y forme mille méandres au milieu des verts pâturages; un grand nombre de yourtes [1] disséminées dans la prairie composent l'aoul ou le campement d'une tribu khalka d'une certaine importance commandée par un Taï-tsi, qui se fait gloire de descendre de Gengis khan. Il était alors absent avec une partie de ses sujets, ce qui nous dispensa de la visite et de l'hospitalité qu'il nous aurait certainement offerte. Cependant, comme nous ne devions partir qu'assez tard à cause de réparations à faire aux voitures et de nouveaux arrangements pour les relais, je suis allée me promener à pied jusqu'aux yourtes des Mongols, trop bien

1. On appelle *yourte* la réunion de tentes formant l'habitation d'une famille; un certain nombre de yourtes composent un *aoul.* *(NdA)*

gardées au goût des visiteurs, car d'énormes chiens s'élancèrent de toute part à mes trousses, et je suis heureuse de n'avoir pas cédé à l'envie de sortir seule, ne sachant pas comment je me serais tirée d'affaire. Leurs aboiements furieux firent accourir le maître de céans, grand vieillard de soixante-dix ans environ, et, tandis qu'il imposait silence à ses chiens avec des éclats de voix renforcés de coups de fouet, de toutes les tentes voisines je vis sortir des têtes curieuses appartenant à des femmes ou à des enfants qui me regardaient avec de grands yeux ébahis. Voulant exprimer ma gratitude à mon libérateur autrement que par signes, et personne de nous ne sachant le mongol, j'eus l'idée de le saluer en inclinant la tête du mot *mendou* que j'entendais prononcer sans cesse par mes postillons. L'effet en fut immédiat et merveilleux : le vieillard, me rendant une profonde inclination, m'invita par une pantomime animée à venir me reposer dans sa tente, et à accepter le thé hospitalier.

« J'avais depuis longtemps le désir de visiter un intérieur mongol, et je suivis avec plaisir mon interlocuteur. L'hospitalité est la vertu des pasteurs : elle est sans limite chez les Khalkas où l'étranger peut et doit aller s'asseoir dans la tente à la droite du chef de famille, non seulement sans y être prié, mais encore sans prononcer une parole, tandis que les femmes, attentives à ses moindres gestes, s'empressent de lui offrir tout ce qu'il désire et tout ce qu'on possède. Je n'étais pas sans quelque appréhension en pénétrant dans cette demeure, car on m'avait donné des détails à faire frémir sur la malpropreté et sur la vermine qui y pullulait; d'un autre côté, l'aspect imposant de la yourte, dont les dômes en feutre gris presque neuf étaient surmontés d'une grande flamme en soie écarlate, et l'élégance relative de mon hôte me rassuraient un peu. J'ai déjà dit qu'il paraissait septuagénaire; il était très brun de peau, avait les yeux fort vifs, mais bridés, les cheveux gris, le nez camus; un long *kalat* de soie bleu foncé, boutonné sur la poitrine, une ceinture rouge à boucle d'argent, des bottes écarlates à hauts talons et un bonnet en peaux de martre composaient son costume, assez somptueux pour que je fusse en droit de croire qu'il avait fait toilette pour me recevoir, ou du moins que c'était un personnage important. Il me précédait pour me montrer la route, et, en passant la porte, je dus imiter son mouvement, c'est-à-dire lever le pied et baisser la tête, ce qui est fort incommode quand on n'en a pas l'habitude, et ce qui résulte du peu de hauteur des portes, accru encore par le seuil élevé qui les garantit des eaux pluviales. Me voilà donc chez mon vieux Khalka, et je ne sais qui était le plus étonné de moi qui m'y trouvais ou de lui qui m'y recevait. La première sensation que je reçus en entrant fut celle d'une odeur pénétrante de victuailles, lait aigri et gras de mouton, qui me monta à la gorge et me fit tousser. Ces braves gens méritent bien le nom de Tartares puants que leur donnent les Chinois! L'intérieur de la tente était élégant, quoique sale; un épais tapis de feutre couvrait le sol; au milieu, sur le foyer, était un trépied en bronze supportant un chaudron de cuivre en forme de cloche, où bouillait la soupe au thé; plusieurs urnes en terre cuite, rangées dans un coin, contenaient du lait, du beurre et de l'eau; des vases en cuivre pleins de farine, de briques de thé et de millet décoraient l'autre côté; enfin à la charpente de la tente étaient clouées des cornes de boucs, de cerfs, d'antilopes auxquelles étaient suspendus dans un pêle-mêle incroyable, des boîtes à bijoux, des tapis de feutre, des pièces d'étoffe de soie, des blagues et des bourses brodées, des quartiers de viande saignante de bœuf et de mouton, des vessies pleines de beurre, des fromages de brebis, et de vieilles armes rouillées, arcs, flèches, lances, fusils à mèche. L'ameublement était plus complet que celui des Mongols vulgaires; on y sentait la recherche du confortable et le goût de la superfluité : il y avait un canapé garni aux deux bouts d'oreillers en crin, et recouvert d'un drap rouge brodé en soie; des incrustations de nacre, des plaques de cuivre ciselé, et surtout la forme de cet étrange meuble, qui avait l'air d'un bateau, en auraient fait un objet du plus haut prix pour un amateur de bric-à-brac. On ne voit pas de ces meubles en Chine, et les Mongols étant actuellement trop peu industrieux pour en fabriquer de semblables, qui peut deviner l'origine de celui-ci, qui paraissait fort antique? Il y avait aussi une armoire avec des pieds sculptés, soigneusement fermée, mais formant étagère, sur laquelle étaient exposées les mille bagatelles de la toilette féminine, et deux petites tables carrées servant d'autel pour les dieux domestiques, c'est-à-dire supportant une statuette du Bouddha en bois doré, entourée des livres sacrés reliés en soie jaune, et de neuf calices en cuivre pour faire les offrandes. Les lits manquaient : on se contente de coucher sur le feutre épais de la tente avec un oreiller en paille sous la tête.

« Mon attention, absorbée par la contemplation de cet ameublement bizarre, fut détournée alors par l'entrée de deux jeunes femmes en grande toilette, qui étaient sans doute les filles de mon hôte. Elles portaient des gilets en velours vert et rouge, par-dessus une longue robe de soie violette tombant jusqu'aux pieds, qui étaient chaussés de bottines en cuir pourpre ornées de verroteries : leur costume était, du reste, analogue à celui de leur père, sinon que leurs longs et beaux cheveux noirs étaient divisés en une multitude de petites tresses entremêlées de rubans et de grains de corail. Cependant je commençais à être embarrassée de l'attitude qu'il me fallait garder; la tente se remplissait de monde; l'air raréfié devenait suffocant, et après avoir fait le geste de tremper mes lèvres dans la tasse de thé épais et gras qu'on me présenta, je prononçai de nouveau avec solennité le mot *mendou*, et je sortis accompagnée des salutations de tous ces braves gens. La nouvelle de ma visite s'étant répandue, la porte de la tente était encombrée de curieux, entre autres d'enfants des deux sexes fort peu vêtus, car ils n'avaient d'autres vêtements que la boue rougeâtre où ils s'étaient roulés dans la mare voisine. Je regagnai rapidement notre campement; j'y voyais les voitures déjà attelées et je craignais qu'on ne fût inquiet de moi, nul n'étant prévenu de ma promenade matinale.

« En quittant Iro, on monte par des pentes douces sur un plateau élevé qui sépare le bassin de la Toula de celui de la Selenga. Une vaste forêt de pins séculaires droits et aussi hauts que les colonnes d'un temple y forme un ombrage impénétrable. L'aspect en est lugubre! Au milieu d'une demi-obscurité, on entend le sifflement du vent qui, arrêté par le feuillage épais, pousse des gémissements plaintifs; partout on voit la trace du feu qui a servi à abattre ces géants du règne végétal; d'immenses souches brûlées et noircies par la fumée apparaissent çà et là dans les clairières, semblables à des cadavres décomposés; les arbres abattus tournent vers le ciel leurs racines qu'on prendrait pour de grands bras décharnés qui supplient; nos voitures, forcées de faire des détours perpétuels, éprouvent à chaque instant des secousses affreuses; enfin l'air lourd et surchargé de vapeur y dégage une odeur balsamique telle que nous avons tous mal à la tête.

« Il nous faut deux heures pour franchir cette forêt qui a vingt-sept verstes de large; mais en la quittant, nous sommes récompensés par le magnifique panorama qui vient frapper nos yeux. C'est la grande rivière Selenga qui roule ses flots verts parmi des paillettes de mica et de marbre blanc. Une multitude d'îles plantées de bouleaux, de chênes et de saules, des ruisseaux torrentueux, descendant en cascades parmi les rochers de la forêt où nous sommes, une autre rivière enfin qui vient mêler son cours à celui de la Selenga au milieu des monticules de sables amoncelés à leur confluent, décorent le premier plan de ce grand paysage noyé dans une brume vaporeuse tandis qu'à l'horizon les hautes montagnes de la Sibérie se détachent en dentelures profondes d'un bleu sombre sur le bleu azuré du ciel. Au pied de ces montagnes on distingue comme des aiguilles d'or qui reflètent les rayons du soleil : ce sont les clochetons, les flèches, les dômes dorés de la cathédrale de Kiakhta. Je ne saurais dépeindre la joie que j'ai éprouvée en apercevant, au sortir de ces sauvages forêts ce clocher d'une ville de Sibérie; quoique nous fussions encore à trois mille lieues de l'Europe, c'était sa première étape!

« La vallée de la Selenga forme une plaine immense dans laquelle nous descendîmes, et où, après avoir passé à gué deux ou trois petits cours d'eau, nous arrivâmes enfin à Guilanov, dernière station du pays des Khalkas, et village bâti par quelques Russes qui s'y sont établis pour faire le commerce. Là, nous attendaient des officiers venus de Kiakhta au-devant de nous avec des voitures et une escorte militaire; désormais nous étions rentrés en pleine civilisation, et nous avions couché pour la dernière fois sous la tente. »

ARRIVÉE A KIAKHTA
ASPECT DE LA VILLE
RUSSE – SERVICES
SOLENNELS DANS LA CATHÉDRALE
GRECQUE – COMPLIMENT ADRESSÉ
PAR L'ARCHIMANDRITE – L'ABSENCE DE TOUT LIT
DANS LES MAISONS SIBÉRIENNES – HOSPITALITÉ
FORCÉE – AVARIES ESSUYÉES PAR LES BATEAUX
A VAPEUR DU BAIKAL – EMBARQUEMENT
SUR DES BATEAUX A VOILES – TERRIBLE
TEMPÊTE NOCTURNE – VILLAGE DÉTRUIT
PAR UN TREMBLEMENT DE TERRE
MAGNIFIQUE PANORAMA
SUR LE LAC BAIKAL

« Tant de choses se sont passées pendant ces quatre jours que je n'ai pas eu un moment pour prendre des notes, mais je vais tâcher de réparer le temps perdu.

« Outre un officier d'artillerie expédié par le gouverneur de Kiakhta, nous trouvâmes encore à la station de Guilanov l'aide de camp du gouverneur général de la Sibérie orientale, envoyé par lui pour nous complimenter et nous accompagner jusqu'à Irkoutsk; M. d'Ozeroff était venu l'année précédente à Pékin où mon mari l'avait prié, en lui indiquant l'époque probable de notre arrivée, de vouloir bien acheter des voitures à notre compte, et il nous attendait à cette station avec trois tarentas, grandes chaises de poste à cinq et six chevaux, et des *telegas*, sorte de traîneaux à trois chevaux, affectés au service des dépêches, et qu'on avait mis généreusement à notre disposition. On me fit monter avec Mme de Baluseck dans une des tarentas, puis on partit à bride abattue pour nous faire honneur : la vaste plaine de Guilanov fuyait devant nous avec une rapidité vertigineuse; les roues sautaient avec un cliquetis formidable par-dessus les troncs d'arbres abattus et les rochers épars sur notre passage; il n'y avait pas de ressorts! Nous ne pouvions ni respirer, ni parler, et, pour donner l'idée de la vitesse, les cosaques à cheval de notre escorte parvenaient à peine à nous suivre au grand galop! J'avoue que je voyais arriver avec plaisir les bourbiers où nous enfoncions jusqu'aux moyeux, et les gués de rivière, parce que là je pouvais reprendre haleine. Ma compagne, plus habituée que moi aux cahots sibériens, mais plus effrayée de se noyer, se cramponnait alors aux accotoirs de la tarenta; ainsi chacune de nous payait à son tour tribut à la faiblesse féminine.

« Ce fut avec cet appareil imposant d'escorte, de bruits de clochettes, de claquements de fouets que nous franchîmes en un tourbillon de voitures et de chevaux le pont de bois jeté sur une modeste rivière qui sépare les deux immenses empires chinois et russe. Je remarquai alors qu'on rendait les honneurs militaires aux femmes des employés supérieurs comme à leurs maris.

« On nous conduisit directement à l'hôtel du gouverneur de Kiakhta, M. Despots Zenowich qui a bien voulu nous céder ses appartements particuliers; par une galanterie toute russe, notre hôte désirant nous laisser toutes nos aises, s'était organisé une chambre dans ses bureaux.

« Ce qui me frappe le plus ici, c'est la profusion des fleurs : dans les appartements, les escaliers, les boudoirs, de grandes caisses rangées symétriquement sont pleines de géraniums, de roses, de camélias; d'élégants pots en porcelaine de Chine pendus aux plafonds laissent retomber au-dessus de vos têtes des gerbes, des festons de fleurs de cactus, de mamillaires aux corolles éclatantes; les maisons sont, à vraiment parler, des serres chaudes où on est exposé à subir des migraines acharnées quand on n'est pas habitué à ces parfums violents. Kiakhta se compose de trois villes, la ville chinoise ou *Mai-mai-tchen*, la ville russe et la ville officielle; Mai-mai-tchen (6 000 habitants) est un entrepôt d'échange pour les draps, les fourrures, les soieries et le thé; nous n'avons pas envie, on le comprendra facilement, d'aller visiter cette ville qui excite chez les Européens venant de la Sibérie une curiosité excessive. On rencontre un grand nombre de négociants chinois dans la ville marchande russe (environ cinq cents âmes) qui est séparée de Mai-mai-tchen seulement par des palissades en bois, gardées par des factionnaires; fatigués de la Chine, nous réservons tout notre empressement pour Troïtskosawsk, la ville officielle qui contient dix mille habitants. Troïtskosawsk, située dans une vallée qui suit la direction du nord au sud, et arrosée par un petit ruisseau, est régulièrement bâtie et présente l'aspect d'une ville européenne; les maisons, construites en bois de sapin, ont des fenêtres régulièrement percées; le palais du gouverneur, en style gréco-gothique avec architraves et colonnades, est situé sur une grande place carrée, en face de la maison de police, grand édifice qui, en Sibérie, est toujours surmonté d'une tour ronde formant observatoire; les églises sont nombreuses eu égard à la population, et parmi elles on remarque la cathédrale décorée d'un dôme principal et de quatre clochetons avec croix et boules dorées; toutes les constructions enfin, petites ou grandioses, riches ou pauvres, sont invariablement blanchies à la chaux et badigeonnées de couleurs tendres, telles que le rose, le jaune serin et le bleu de ciel; la cathédrale blanche et lilas a ses clochetons revêtus d'un splendide vert pomme relevé par des arabesques plus foncées. Cet étalage de couleurs qui rappelle un peu le goût chinois, donne un aspect de propreté et de fraîcheur à cette petite ville, qui a l'air d'être sortie tout d'une pièce du cerveau d'un architecte amoureux de l'idylle pastorale. En revanche, le paysage des alentours est triste, morose, sans arbres et sans verdure; de hautes collines arides et nues forment tout autour l'horizon de la ville, placée au fond d'une vallée en entonnoir.

« Nous sommes arrivés ici à cinq heures du soir. A peine avons-nous eu le temps de nous reconnaître qu'il a fallu accepter un grand dîner donné en notre honneur par le gouverneur de la ville. Notre convoi de bagages étant en retard, j'y ai assisté en costume d'homme, jaquette, grand feutre gris, pantalons bouffants et bottes à l'écuyère; je devais faire un singulier effet au milieu des dames russes habillées aux dernières modes de Paris, avec des crinolines qui n'en finissaient pas! Ce dîner, fort bien servi et très élégant, s'est terminé par la présentation des personnes distinguées de la ville. Avant-hier, dans une promenade que nous avons faite avec le gouverneur, ce fut encore la même chose; poussés à la fois par la curiosité et par un sentiment de cordialité respectueuse, tous les riches marchands de la ville, ainsi que leurs femmes, vinrent nous présenter successivement leurs hommages. Ici l'argent ne joue qu'un rôle secondaire dans la considération publique, et le plus mince fonctionnaire se voit saluer humblement par des négociants ou des industriels dix fois millionnaires. Cette promenade a été charmante : j'admirais la popularité et la bonhomie du gouverneur, qui allait partout, parlant à tout le monde, s'inquiétant des affaires et de la santé de chacun de ses administrés. Ce chef suprême, ce représentant de l'empereur dans la province, où il n'a au-dessus de lui que le gouverneur général de la Sibérie orientale, qui réside à Irkoutsk, paraissait faire le plus noble usage de son pouvoir absolu. Au-dessous de lui, sous ses ordres directs, se trouvent un officier commandant, les troupes affectées au service local, un chef de police, en même temps administrateur de la ville ou préfet, et un commissaire des frontières chargé de la surveillance des rapports internationaux; un chef ou capitaine des marchands, nommé à l'élection, complète l'administration d'une ville sibérienne; ce dernier, qui joue à la fois le rôle d'un maire et d'un juge de commerce, est fort écouté des autorités.

« Ce soir-là, il y eut aubade et concert d'instruments de cuivre donnés par les cosaques à la Redoute, vaste jardin public entouré de barrières blanches comme un hippodrome, avec de beaux arbres, une vaste pelouse, des ruisseaux d'eau vive sortant d'une fontaine en rocailles. Le concert se transforma bientôt en bal : le kiosque de la Redoute qui est le rendez-vous général de la ville pendant les longues soirées d'été, s'ébranla sous les pieds de nombreux danseurs et disparut dans un tourbillon de robes blanches, de colbacks, d'uniformes et d'habits noirs; rien n'y manquait, pas même la polka et le grave quadrille officiel : ce n'était pas la peine d'être à Kiakhta, à quatre mille lieues de Paris! Presque toutes les dames parlent français; elles ont beaucoup d'aménité et d'instruction, ce qu'il faut attribuer au recrutement de la population parmi des familles d'exilés politiques qui ont amené de prime abord l'urbanité et la politesse de la haute société russe au milieu de ces déserts. La Sibérie est plus policée que la vieille Russie, tant il est vrai qu'il est plus facile de plaquer la civilisation sur un pays neuf, que de rajeunir un vieux pays!

« Hier matin nous avons assisté à un service solennel dans la cathédrale grecque; l'intérieur en est d'une grande richesse : le chœur est séparé de l'église par une grille à barreaux sculptés en losange avec des moulures en or et en argent; l'autel lui-même est en argent massif ainsi que plusieurs châsses qui contiennent des reliques; le livre des Évangiles relié en or et couvert de pierres précieuses a coûté, dit-on, cent mille roubles. Cette profusion de métaux précieux s'explique par la richesse des mines sibériennes et la ferveur religieuse des classes marchandes. Deux chœurs d'hommes et d'enfants, placés aux deux côtés de la nef, se renvoyaient alternativement des hymnes en plain-chant d'un effet admirable. Après la messe, l'archimandrite, en se retirant, adressa un compliment très bien tourné au ministre de France, où il lui disait que son passage par leur ville resterait dans le souvenir des habitants comme un événement historique; le compliment était très gracieux pour nous, mais le français de l'archimandrite laissait beaucoup à désirer.... Le pauvre prêtre avait fait de son mieux.

« Nous avons retrouvé ici la caravane de dix chameaux expédiés de Pékin avec des vivres, du vin et les gros bagages; tout cela nous sera inutile, les provisions de bouche étant abondantes et assez bon marché en Sibérie. D'un autre côté, comme nous ne voulons pas traîner à notre suite une foule de ballots qui retarderaient sans nécessité la vitesse de notre voyage, nous avons fait vendre à vil prix le thé, le riz et les farines. Cette perte a été un peu compensée par la vente des liqueurs et des vins, fort chers ici comme toutes les denrées européennes. Ce remaniement et cette simplification de nos bagages ont exigé beaucoup de temps. Enfin nous les avons fait partir sous la surveillance du sergent et des deux soldats, et sous la conduite d'un agent de la poste russe, qui s'est chargé de les amener à Irkoutsk, où ils attendront notre arrivée... Nous-mêmes, nous partons ce soir.

« En ce moment, faisant un retour sur ce voyage tranquillement accompli au milieu de populations à moitié sauvages et presque inconnues de l'Europe, sans aucune apparence de danger, et avec la sécurité du touriste qui accomplit une promenade sur les bords du Rhin, mon âme tout entière remercie la Providence qui nous a guidés au milieu du désert, et pleine de confiance, considère comme peu de chose les huit mille kilomètres qui nous restent à parcourir par terre d'une extrémité à l'autre de l'ancien continent...

« Je m'éveille : le jour naît à peine; de légers flocons de vapeur blanche montent à la surface du lac Baïkal dont les eaux tranquilles sont ridées par la brise, et dont les contours disparaissent au loin dans la brume du matin. A travers les vitres de la tarenta où j'ai passé la nuit, logée à huit pieds au-dessus du pont du bateau qui m'emporte, je ne vois rien du bâtiment, et je pourrais me croire transportée par une puissance mystérieuse entre le ciel et l'eau! L'absence de toute distraction est favorable, dit-on, aux élucubrations de l'esprit. Il est bien temps, je crois, de mettre au courant mon carnet de route que j'ai négligé depuis une semaine.

« Je suis partie de Kiakhta, le 18 au soir, dans ma tarenta accompagnée du gouverneur et de plusieurs habitants jusqu'à Ost-Kiakhta, où se trouve une belle maison de campagne appartenant à M. Despots Zenowich, qui voulut bien nous y offrir une collation d'adieu. Ce faubourg de la ville est peuplé de jolies villas où les riches marchands passent la saison d'été.

« Nous franchissons rapidement, emportés par cinq vigoureux chevaux, les stations de poste de Kalimichhnaïa et de Pavarotnaïa et nous arrivons au point du jour en face de la petite ville de Selenguinsk, située de l'autre côté de la rivière Selenga. La rivière est fort large en cet endroit, et comme il n'y a pas de ponts en Sibérie, on en est réduit à la traverser sur un bac à rames qui sert à tous les voyageurs parcourant la grande route de Kiakhta à Irkoutsk. Le passage est dangereux; il faut faire descendre aux voitures des berges à pic pour prendre place sur le bac, et M. d'Ozeroff, qui dirige notre route, fit requérir une foule de paysans pour retenir avec des cordages les roues de nos lourdes tarentas. Dès que nous sommes installés à bord, nos bateliers remontent le courant à force de rames, gagnent le milieu des eaux, puis se laissent descendre à la dérive sur l'autre bord, en se dirigeant seulement avec le gouvernail.

« Selenguinsk, qui compte environ trois mille habitants, est un bourg insignifiant. Nous nous y reposons jusqu'à midi. A dater d'aujourd'hui, nous voyagerons à la russe, ne nous arrêtant plus chaque nuit pour camper, prenant seulement le temps nécessaire pour changer de chevaux, déjeuner et dîner, et couchant dans nos voitures qui sont installées pour cela. Ce mode de transport, favorisé par la manière admirable dont le service des postes est organisé dans tout l'empire russe, permet de franchir rapidement des distances considérables, mais il est bien fatigant. Les stations de poste, distantes de vingt à trente verstes, sont déterminées par l'officier qui nous accompagne, et choisies par l'inspecteur de police en raison des ressources qu'elles présentent. Toute cette vallée de la Selenga est peuplée et passablement cultivée; sur les coteaux des champs de seigle, dans les vallées de belles prairies où paissent de nombreux troupeaux et où serpentent de petites rivières, forment le fond du paysage avec les landes couvertes de genêts et d'ajoncs épineux, mais les antiques forêts qui couvraient ce sol vierge ont presque entièrement disparu.

« Le 20, nous nous détournons de la grande route pour

aller nous reposer à Verjnéoudinsk, ville de huit mille habitants, bâtie sur les bords de la Selenga. Nous y sommes logés dans une des plus belles maisons de la ville, dont on a renvoyé les propriétaires pour nous livrer leurs appartements; cela se fait sans façon ici par corvée ou par réquisition! Il est vrai que les indigènes regardent comme un grand honneur de loger chez eux des personnages influents, et qu'on ne peut faire un plus grand plaisir à un Russe que de l'envoyer coucher avec sa famille dans les communs. La maison de Verjnéoudinsk appartient à un tout jeune homme instruit et bien élevé, pauvre colon polonais, exilé dans ces climats lointains, pour avoir trop aimé sa patrie; ici il a été épousé par la veuve d'un des plus riches marchands de la ville. Je dois dire, pour compensation, qu'elle a au moins dix ans de plus que lui. La maison est fort bien meublée, armoires à glace, toilettes, commodes; on y trouve tous les objets nécessaires au confortable de la vie, sauf des lits! Le lit est un meuble intime qui ne se prête pas! Les Sibériens, qui sont sans cesse en voyage dans des voitures sans ressorts, emportent avec eux une profusion de coussins qui servent de matelas, et ont l'habitude de coucher tout habillés, habitude qu'ils gardent même quand ils sont rentrés chez eux. Pour être fidèle à la vérité, je dois avouer pourtant qu'il y avait un lit fort étroit, dans la maison de notre hôte : probablement la famille y couchait par quart, car elle se composait de quatre personnes.

« Verjnéoudinsk, régulièrement bâtie, est le centre de vastes marchés agricoles, où on amène des bestiaux de toute la contrée. Nous nous y reposons jusqu'au soir.

« Le bourg Ilinsk, où nous sommes arrivés le lendemain, portait encore les traces d'un tremblement de terre qui avait bouleversé la contrée quelque temps auparavant. Un village situé non loin de là, près de la côte orientale du lac Baïkal, avait été complètement détruit. Mme de Baluseck, accompagnée par M. d'Ozeroff, nous quitta alors pour aller visiter le lieu du sinistre. Nous devions la retrouver à Passolsk, port d'embarquement à cent dix verstes d'Ilinsk.

« Nous apprîmes une fâcheuse nouvelle en entrant dans la

petite ville de Kabansk, située à moitié chemin : les deux bateaux à vapeur qui font la traversée du lac ayant éprouvé de graves avaries, on ne pouvait fixer l'époque à laquelle ils pourraient reprendre leur service. Nous nous décidâmes aussitôt à coucher dans la ville; mais le lendemain matin, plusieurs personnes nous ayant conseillé de nous rendre immédiatement à Passolsk pour y attendre un vent favorable qui nous permettrait de faire la traversée sur un bateau à voiles, nous préférâmes camper dans nos voitures sur les bords du lac que de risquer de perdre une bonne occasion.

« Si nous avions su ce qui nous attendait à Passolsk, nous aurions mieux aimé rester tranquillement à Kabansk, et y sacrifier quelques jours de notre repos; mais notre voyage s'était accompli trop heureusement jusque-là pour que le destin jaloux ne nous ménageât pas quelque désagréable surprise.

« A peine sommes-nous arrivés à Passolsk dans l'après-midi, que nous recevons la visite d'un agent de la Compagnie des bateaux à voiles, qui nous offre de nous faire traverser tout de suite, le vent étant devenu favorable depuis quelques heures. Il nous apprend aussi que nos gens s'étaient embarqués sans malencontre l'avant-veille et qu'ils devaient être arrivés à Irkoutsk.

« Il n'y avait pas de temps à perdre, et on procéda immédiatement à l'installation à bord de nos voitures et de nos fourgons de route.

« Rien de plus sale et de plus mal disposé au point de vue de la navigation et de la commodité des voyageurs que ces lourdes barques qui servent ordinairement au transport des cargaisons de thé. En style de marin, ce sont de vrais sabots, larges des deux bouts, ventrus, avec un seul mât muni d'une voile carrée et d'un petit foc. Pour en rendre la construction plus massive encore, ces galiotes ont deux ponts comme un vaisseau de ligne, l'inférieur au-dessus de la cale avec un trou béant pour les marchandises, le supérieur avec une échelle de communication qui ressemble à un perchoir à poulets. C'est sur ces ponts qui s'élèvent au moins de trois mètres au-dessus de l'eau qu'il nous faut faire hisser nos voitures en mettant en œuvre les cabestans et les bras de tous les habitants de Passolsk. On conçoit sans peine combien ces épaisses galiotes sont difficiles à mouvoir; on ne peut leur faire serrer le vent à cause de leur voilure et de leur forme; il faut attendre vent arrière pour opérer la traversée qui n'est que de soixante verstes, et si le vent tombe ou change pendant qu'on est au milieu du lac, comme on ne peut jeter l'ancre dans ses eaux d'une profondeur inouïe, on retourne au rivage. Tel est l'état primitif de la navigation sur cette magnifique mer d'eau douce qu'on appelle le lac Baïkal.

« Enfin, vers le soir, après des efforts inouïs, nos voitures, nos bagages et nos gens se trouvent solidement installés à bord. Il ne nous reste plus qu'à partir; mais la fraîche brise de la journée a cessé avec la nuit; il n'y a plus un souffle d'air, et nous nous couchons dans nos tarentas, espérant qu'au matin les vents voudront bien se réveiller avec nous. Hélas! ils se sont réveillés, mais avec une violence sans bornes : un terrible ouragan du nord-est s'est déchaîné sur le lac durant la journée, et, redoublant encore de violence pendant la nuit suivante, nous a fait courir des dangers réels. Des vagues courtes, mais énormes, couvrent le bateau et l'ébranlent jusque sur ses ancres; toutes ses vieilles membrures craquent, et le patron, impuissant à conjurer la tempête avec ses cinq ou six matelots glacés d'effroi, redoute à chaque instant d'être arraché de son mouillage et jeté à la côte où les habitants ont allumé de grands feux pour prévenir les accidents. Nos voitures offrent une telle prise au vent et sont tellement secouées par ses rafales furieuses que nous sommes forcés de les abandonner pour nous réfugier dans l'entrepont, vaste carré séparé par quelques planches de l'avant où couchent les matelots, et consacré à l'amarinage des ballots de thé. Je me souviendrai toujours de la nuit que nous y avons passée avant-hier! Assis sur des bancs de bois qui roulaient à chaque coup de tangage, inondés par les vagues qui tombaient en cascades du pont, glacés par l'eau froide, suffoqués par les odeurs méphitiques qui s'échappaient de cette cale malpropre, nous nous attendions d'un moment à l'autre à éprouver un sinistre qui pouvait avoir les conséquences les plus graves. Les vagues agitaient si fort la vieille carcasse de la galiote, que les hauteurs de la côte, dont nous étions éloignés à peine de deux cents mètres, dansaient devant nous avec leur couronne de torches enflammées qui illuminaient les vieux arbres et les rochers noirs. C'était un spectacle fantastique, et n'étaient la réalité du danger et le piteux état de notre jeune Chinois Lieur qui, n'ayant jamais navigué, ne s'était jamais trouvé à pareille fête et prenait le mal de mer pour les approches de la mort, nous aurions admiré cet étrange bouleversement de la nature. Le vent s'étant un peu calmé sur le matin, nous en avons profité pour retourner à terre : personne de nous n'était tenté de rester à bord de ce bateau inhospitalier.

« Passolsk est un hameau qui ne présenterait aucune ressource, s'il n'y avait dans les environs un monastère considérable anciennement fondé (il a près de cent ans de date, ce qui est vénérable pour la Sibérie), et qui est un lieu de pèlerinage célèbre dans toute la contrée; les bons pères voulurent bien nous céder quelques provisions fraîches dont nous avions grand besoin.

« Dans la journée, Mme de Baluseck et M. d'Ozeroff nous rejoignirent fortement impressionnés de ce qu'ils étaient allés voir; le village de Stepna, détruit par le récent tremblement de terre et situé sur les bords du lac, à vingt verstes au nord de Passolsk, avait été englouti tout entier; un abîme béant s'était entrouvert, les toits des maisons dépassaient seuls les eaux qui y avaient fait irruption, et pendant que cette partie du village s'enfonçait sous terre, quelques maisons et l'église, dont le clocher s'était écroulé, avaient été exhaussées de vingt mètres par les feux souterrains. Cette plaine fertile ne présentait plus qu'un chaos affreux fidèlement représenté dans un croquis fait par M. d'Ozeroff. Nous regrettâmes, mon mari et moi, de n'être pas allés visiter les ruines de Stepna (cela eût mieux valu que la nuit et la journée que nous avions passées à bord), mais il était trop tard.

« Après dîner, le temps redevint superbe, le vent favorable, et nous nous sommes tous embarqués par un beau clair de lune.

« Le panorama qui s'étale en ce moment sous mes yeux est sans pareil au monde! Nous sommes à cinq cents mètres à peine de la côte de Livenitchnaia, où nous devons débarquer; la brise tombée n'enfle plus nos voiles et le bateau, doucement porté par le courant, dérive peu à peu vers le nord-est. A ma gauche les hauts pics des montagnes de Charmadaban, toujours couverts de neiges, paraissent du plus beau rose aux premiers rayons du soleil levant, tandis que leurs pieds sont encore plongés dans l'ombre de la nuit; puis la côte orientale avec toutes ses dentelures, ses rochers noirs, ses plages de sable fin et sa ceinture de collines couvertes de forêts de sapins séculaires; devant moi le petit port de Livenitchkaia avec ses maisons en bois peintes en lilas et en bleu, à toits carrés, à pignons en briques rouges, avec son débarcadère sur pilotis, ses chantiers de construction, un bateau à vapeur désemparé devant ses quais, et près du port une foule de petites embarcations de pêche, et des baleinières plates, pointues aux deux bouts, qui joutent de vitesse; enfin à ma droite le lac tout entier qui semble se perdre dans la vaste baie du fleuve Angara qu'il alimente de ses eaux!

« Ô Baïkal! tes tempêtes sont affreuses, tes mariniers prétendent que tu veux être appelé *Madame la mer* mais que si on t'appelle *Monsieur le lac*, tu soulèves aussitôt tes vagues en fureur! Sois-moi propice! Je ne t'offenserai plus par un nom indigne de toi; je te confesse ici que j'ai eu plus peur de ta colère que de celle de tous les vieux océans que j'ai parcourus. Oui, tu es une mer, car, pur comme elle, tu rejettes à la côte les cadavres qui souilleraient ton sein vierge; car tes abîmes ne se laissent pas plus mesurer que les hautes montagnes qui t'entourent, et que les glaciers immenses qui abreuvent tes eaux! Mais pourquoi es-tu si perfide, pourquoi souris-tu après l'orage, nous berçant sur tes flots d'émeraude à quelques pas du rivage où tu ne veux pas nous laisser aborder!...

« La poétique invocation que j'adressais au lac Baïkal le

décida sans doute à se montrer plus clément; car enfin, vers la tombée de la nuit, au moment où, après avoir dérivé de trois lieues vers le nord-est, impuissants à jeter l'ancre qui ne peut mordre sur les rochers de granit de cette côte, nous craignions d'être rejetés bien loin par un caprice des vents, une brise favorable vint enfler nos voiles et nous fit entrer heureusement dans le port de Livenitchnaia.

« D'après les renseignements qu'on vient de me donner, le lac Baïkal, qui est le plus grand réservoir d'eau douce de la haute Asie (il a deux cent vingt lieues de long sur quinze à vingt de large), reçoit le tribut de plusieurs fleuves et rivières et n'a d'autre débouché que l'Angara. Entouré partout de hautes montagnes, il contient des sources d'eau bouillante produites par quelque grande révolution volcanique, qui jaillissent à la surface de profondeurs incommensurables; malgré cela, il gèle tous les hivers, et on le passe alors en traîneau sur la neige et sur la glace. Le moment de la débâcle est dangereux; les communications sont interrompues, et les courriers de la poste doivent le contourner au sud par d'affreuses montagnes impraticables, où cependant le gouvernement russe a fait commencer une route carrossable, qui ne sera finie que dans plusieurs années, et qui reliera Irkoutsk à Selenguinsk. Le Baïkal est moins poissonneux que les fleuves qui l'alimentent : on y trouve des saumons, des lamantins, des petits souffleurs d'eau douce, ainsi qu'un grand nombre de mouettes et d'autres oiseaux aquatiques, dont de véritables essaims nous accompagnèrent avec des cris perçants pendant toute notre navigation.

« En descendant à Livenitchkaia, un repas somptueux nous attendait dans la plus belle maison de la ville, chez l'agent de la Compagnie des bateaux à vapeur, repas auquel le maître et la maîtresse de la maison ne prirent pas part, suivant les usages de la politesse sibérienne, sinon qu'ils vinrent au dessert boire à notre santé un verre de vin de champagne. Nous avions déjeuné à bord et nous n'avions ni faim ni soif, mais nous les aurions mortellement offensés en refusant.

« Dès que cet intempestif festin fut terminé, nous remontâmes avec plaisir dans nos tarentas qu'on avait débarquées et attelées pendant ce temps-là, et nous partîmes au grand galop pour Irkoutsk, par une route magnifique.

« Le niveau du lac, fortement encaissé, étant plus élevé que celui de la ville, situé à cinquante verstes environ, on descend tout le temps en contournant la riche vallée du fleuve Angara, le grand déversoir du Baïkal. Le pays est très cultivé sur la rive droite, surtout à dater de Taltssuisk; la rive gauche présente des gorges profondes où croissent d'interminables forêts de sapins, formant un rideau noir le long des eaux transparentes du fleuve qui coule à pleins bords et est au moins aussi large que le Rhin.

« On nous a conduits à notre arrivée à Irkoutsk dans la maison du préfet, alors absent, maison qu'on avait somptueusement disposée pour nous. A notre descente de voiture se sont présentés un lieutenant-colonel, maître de police, M. Vokoulski, et un officier du gouverneur, chargés de nous dire que nous pouvions nous considérer comme étant chez nous, que le chef des marchands, au nom de la ville, se faisait honneur de nous offrir une complète hospitalité, et de nous défrayer de tout ainsi que notre suite, mais que, ne parlant pas français, il avait délégué à sa place le maître de police, qui, effectivement ne nous quitta pas pendant notre séjour, poussant l'obligeance jusqu'à dîner et déjeuner avec nous pour surveiller tous les détails de notre installation. Une heure après arrivait l'aide de camp de M. Joukowski, gouverneur général par intérim, chargé par son chef de demander au ministre de France s'il lui convenait de recevoir sa visite le soir même ou le lendemain matin, ce à quoi M. de Bourboulon répondit qu'il se présenterait lui-même le lendemain chez le gouverneur.

« Après cette honorable réception faite au représentant de la France dans l'Extrême-Orient, et que je ne pouvais me dispenser de mentionner, on nous laissa enfin à nous-mêmes, ce qui nous fit un grand plaisir, car nous tombions de fatigue. Nous avions retrouvé dans l'hôtel le sergent et nos soldats, heureusement arrivés avec nos bagages. Ce fut en ce moment aussi que nous nous séparâmes de notre compagne de voyage, Mme de Baluseck, qui alla résider en ville avec sa suite chez un des amis de sa famille. »

IRKOUTSK
SÉJOUR
DANS CETTE VILLE
DÉPART – LES PLAINES
DE L'ANGARA – EXILÉS
POLONAIS – TRAVERSÉE
DE L'IÉNISÉI – TÉMÉRITÉ
INCROYABLE D'UN ATTELAGE
DE CHEVAUX SIBÉRIENS
LA SIBÉRIE
OCCIDENTALE

« Irkoutsk, capitale du gouvernement de la Sibérie orientale, contient vingt-trois mille habitants. Cette ville est assise sur un des versants élevés de l'Angara, dans un coude que forme le fleuve. Reliée à ses faubourgs, situés de l'autre côté de l'eau par deux ponts en bois, bâtis sur pilotis jusqu'au chenal où ils se convertissent en ponts de bateaux mobiles pour ne pas entraver la navigation, Irkoutsk, comme toutes les villes sibériennes, est remarquable par le nombre considérable de ses églises, dont les clochers dépassent de tout côté les maisons en briques des riches marchands et les cahutes en bois qu'habitent les gens du peuple. Outre les vingt églises qu'on y compte actuellement, on est en train de bâtir une nouvelle cathédrale sur des proportions gigantesques au moyen de souscriptions faites par la communauté marchande.

« En entrant ici après quarante jours de désert, nous avons été saisis de l'animation et du mouvement qui annoncent une grande ville : il y a une grande circulation de voitures, tarentas, telegas, *drosckis*, et même petits coupés de maître à la parisienne; les rues en terre battue, sont bordées de trottoirs en bois; les portes des maisons communiquent avec la rue par de vrais ponts jetés sur de grands fossés pleins d'eau qui occupent les côtés des principales rues et qui sont bordés de bouleaux centenaires; beaucoup de maisons ont deux et trois étages; la grande rue contient nombre de belles boutiques dont quelques-unes à devanture en glaces avec des enseignes en russe et même en français, car j'y ai trouvé une modiste parisienne. Enfin, dernière preuve de civilisation, les rues sont éclairées, insuffisamment, il est vrai, par des lampions à l'huile; on ne connaît pas encore en Sibérie les lampes mécaniques, et on ne se sert chez les particuliers riches que de bougies, chez les pauvres que de mèches en résine.

« Je passerai sur les incidents d'un dîner qui nous fut donné le lendemain de notre arrivée par le général Joukowski, et sur l'ennui d'une foule de présentations. Un grand repas de cent couverts offert par la ville dans le cercle des marchands fut bien plus intéressant, parce qu'il nous donna une idée exacte des mœurs de la classe bourgeoise. Outre une vingtaine de dames, les autorités et les notabilités d'Irkoutsk étaient conviées à ce dîner homérique, commencé à quatre heures dans les grands jours du mois de juin, et prolongé jusqu'à la nuit close. C'était le chef des marchands qui nous en faisait les honneurs. Ce brave homme, enrichi par le commerce des thés et du transit avec l'empire chinois, dont Irkoutsk est le centre, venait chaque matin pour remplir scrupuleusement ses devoirs d'hôte, s'informer de notre santé et nous présenter ses hommages : habit noir, gants jaunes, chapeau de soie, il était habillé à la dernière mode, et nous servait en russe, parce qu'il ne savait pas un mot de français, un long compliment fidèlement traduit par le chef de police, M. Vokoulski. Malgré ses salamalecs et son étrangeté rehaussée de quelques ridicules, malgré son refus obstiné de s'asseoir en notre présence, ce qui était agaçant à cause de la longueur de ses visites, ce chef des marchands n'en est pas moins un citoyen fort utile, un homme distingué, faisant fonction de maire de la ville, dont il défend les intérêts avec beaucoup d'habileté, considéré des autorités et adoré de la population, qu'il comble de ses bienfaits : c'est ainsi que, dans une visite que j'ai faite hier à l'institut des jeunes filles, magnifique établissement consacré à l'éducation et placé sous le patronage de l'impératrice et sous la surveillance des femmes des gouverneurs généraux, j'ai appris qu'il dotait vingt orphelines nobles, ce qui annonce une immense fortune et un grand sens politique chez le marchand parvenu, qui aide de ses roubles l'initiative impériale.

« Ce digne homme n'étant pas marié, ce fut une dame de la ville qui fit les honneurs du grand dîner de cent couverts. Nous prîmes place avec les autorités d'Irkoutsk au haut bout de la table, immense fer à cheval dont le chef des marchands occupait une face avec les notables, tandis que les dames étaient reléguées de l'autre côté : il y eut échange de discours, réponse de M. de Bourboulon, nombreux toasts officiels portés et reportés à qui de droit. Le service était fait à l'européenne : des domestiques en gants blancs et habit noir se pressaient autour de nous; on se serait cru au Grand Hôtel de Paris. On peut dire d'Irkoutsk que la civilisation française y a pénétré sous la forme des cuisiniers, des marchandes de modes et des maîtres de danse.

« Pendant que nous dînions en grand apparat, un banquet fraternel fut offert à nos soldats par le corps de gendarmerie et les élèves de l'école du génie militaire. On ne se comprenait pas toujours, mais on s'entendit très bien, et le général Joukowski et le capitaine Bouvier, qui allèrent leur rendre visite, furent reçus avec des acclamations. Au banquet succéda un bal populaire où vint en foule le beau sexe de la ville, représenté par quantité de jeunes filles aux longues tresses blondes, aux grands yeux bleus, aux traits réguliers, revêtues de l'élégant costume national. Ce bal, copieusement arrosé de *kwas* et de liqueurs, aux sons d'une bonne musique militaire, se prolongea jusqu'au matin à la grande satisfaction de nos soldats.

« Le lendemain, nous avons visité, avec le général Joukowski, la maison de campagne du gouverneur général, située à pic sur les hauteurs boisées qui dominent l'Angara. On y jouit d'un magnifique panorama qui embrasse la ville, baignée des deux côtés par cette belle rivière, et entourée de vastes prairies, de cultures et de forêts, tandis que l'œil perçoit au loin dans le Sud les cimes neigeuses des hautes montagnes de la Mongolie.

« Je ne puis quitter Irkoutsk sans dire quelques mots des exilés politiques qu'on y envoie chaque année. Séparés, à leur arrivée, des malfaiteurs condamnés au bagne dans les mines, ils sont répartis dans les localités qui leur sont assignées pour résidences : ils y sont bien vus, et, comme le but du gouvernement russe est de les éloigner de leur pays et de peupler les déserts sibériens, on cherche à les fixer et à les marier dans le pays; mais on est impitoyable quand ils cherchent à s'échapper. En définitive, ils sont mieux traités qu'on ne le croit en Europe, et ils seraient relativement heureux, si rien pouvait remplacer la patrie, cette mère que n'oublient jamais les cœurs généreux!

« La police est fortement organisée à Irkoutsk. Le maître de police, qui a la charge des prisons, des hospices, des revenus des octrois et autres droits prélevés dans la ville, en est, à vraiment parler, le maire et l'administrateur en chef, sous la direction d'un gouverneur civil qui centralise l'administration de toute la province. Un corps de gendarmerie sédentaire y réside pour veiller à l'ordre public; l'uniforme est bleu clair, à galons d'argent; les gendarmes portent un casque qui rompt un peu, dans les fêtes et les revues, l'éternelle monotonie du bonnet à poil des cosaques. Disons enfin que ce qui manque le plus dans la Sibérie orientale, si riche par ses mines et son commerce, ce sont les bras, et que le gouvernement cherche par tous les moyens à y attirer des ouvriers, surtout des mécaniciens et des mineurs.

« Au sortir d'Irkoutsk, près de Zouevsk, on trouve un monastère et une église placés dans un site très pittoresque et qui sont en très grande vénération dans toute la Sibérie. A Biliktovisk, on quitte les rives de l'Angara, qui s'enfonce dans les déserts du Nord, puis on passe deux de ses affluents, dont l'un arrose la station de Maltuisk, célèbre par les verreries et les fabriques d'étoffes de Jabricus. Les rivières succèdent aux rivières : il nous faut franchir, à Toulounovsk, dans un mauvais bac, le fleuve Oka, grossi par les orages de l'été et la fonte des neiges. Tout ce pays est accidenté et boisé en pins et en bouleaux; les vallées sont couvertes d'herbages; quelques-unes sont cultivées; la route est passable, et dans quelques endroits recouverte de sable.

« A Ninéoudinsk, petite ville de 3 000 âmes, nous recevons la visite d'un jeune médecin polonais exilé avec sa femme : l'infortuné sait qu'au fond de tout cœur français il y a une véritable sympathie pour cette malheureuse nation; beaucoup de villages des environs portent les noms de Polovinsk, Polotsk, donnés par les exilés qui ont voulu perpétuer dans ces nouveaux pays le souvenir de la patrie absente.

« Kansk, où nous avons quelques heures pour nous reposer, est aussi une petite ville assise sur une rivière du même nom; elle se compose d'une place carrée entourée de maisons construites en grossiers madriers de sapin, ornée d'une cathédrale, remarquable par son haut clocher, sa coupole ronde entourée de quatre clochetons et surmontée de l'inévitable croix dorée.

« La route entre Kansk et Krasnoiarsk est la meilleure de toute la Sibérie. Emportés avec une vitesse inouïe par de vigoureux attelages qu'animaient nos postillons, tenant à honneur de nous faire franchir en dix heures les cent sept verstes qui nous séparaient encore de Krasnoiarsk, bercés au lieu d'être affreusement cahotés comme à l'ordinaire, nous avons tous profondément dormi. J'étais moi-même dans une telle torpeur qu'il a fallu les fraîches brises du grand fleuve Iéniséï et ses magnifiques points de vue pour me décider à ouvrir mes paupières alourdies. Quand on est fatigué comme je le suis, ce n'est plus du sommeil qu'on éprouve, c'est de la catalepsie!

« Nous étions arrivés à huit heures du matin dans nos tarentas au bas du fleuve en face de Krasnoiarsk; aussitôt on a dételé, on a forcé les chevaux à passer à gué en leur faisant enjamber le bac à grands coups de fouet, malgré leur résistance désespérée, leurs ruades et leurs coups de pieds; je n'ai pas bougé; on a soulevé ma voiture, et on l'a hissée à bord à bras d'hommes, les cinquante paysans requis pour cette corvée chantant à tue-tête pour aider à leurs efforts; je n'ai rien entendu; sur le bateau on a fait grincer les poulies des cordages et les chaînes de fer des cabestans, tandis que le patron commandait la manœuvre à coups de sifflet aigus; j'ai continué à dormir; enfin, heureusement, par un effet ordinaire du sommeil le plus profond, je me suis éveillée quand le silence a remplacé tout ce tapage : nous étions alors au milieu du fleuve; quel magnifique coup d'œil, et combien j'eusse regretté de ne pas en avoir joui!

« Nos grands bateaux carrés luttant de vitesse sur les eaux profondes, nos bateliers en costumes de fête, longues barbes et cheveux tombant sur les épaules, blouses noires plissées à col rabattu, ceintures de laine rouge et grandes bottes de fourrure montant jusqu'au-dessus du genou, les uns ramant en cadence à l'avant, tandis qu'à l'arrière le patron dirigeait attentivement le gouvernail, aidé par deux mariniers qui sondaient de temps en temps avec de longues perches et poussaient à l'épaule quand ils trouvaient le fond; au milieu, sur une sorte de pont plus élevé que la poupe et la proue, nos calèches avec leur large capote, nos chevaux piaffant avec impatience et contenus à peine par la troupe des postillons, nos soldats enveloppés dans leur capote et fumant leur pipe pour chasser la froidure, un officier russe et des cosaques envoyés à notre rencontre de Krasnoiarsk; enfin, pour cadre à tout cela l'immense fleuve, sans rivages, comme une mer, parsemé de vastes îles couvertes d'une magnifique végétation de peupliers, de saules et d'aulnes, dont le soleil étincelant au sortir des brumes du matin faisait scintiller les flots écumeux des mille prismes d'une lumière chatoyante.

« La traversée du fleuve Iéniséï nous prit plus de trois heures; il fallut remonter très haut dans le grand bras pour éviter les courants trop rapides, passer à la pointe d'une île plus rapprochée du bord oriental, puis après avoir traversé les eaux tranquilles qui l'entourent, faire force de rames dans l'autre bras du fleuve pour éviter d'être rejeté au milieu par les rapides, et serrer la rive où se trouve le petit village qui sert de port à la ville de Krasnoiarsk bâtie sur les hauteurs. Là, l'escarpement du rivage était tel qu'il fallut un grand renfort de bras pour débarquer nos voitures sur le quai : l'empressement des ouvriers et des paysans est grand pour toutes ces fatigantes corvées, qui sont gratuites et qui se répètent souvent sur cette route si fréquentée et traversée par tant de cours d'eau manquant de ponts. A quelque heure et par quelque temps que cela se fasse, on n'entend jamais une plainte, pas même une expression de mauvaise humeur; il est vrai que ces corvées sont exigées par les autorités, et que les Russes ont un respect absolu, incroyable pour tout ce qui leur est ordonné au nom de l'Empereur. Nous n'entrâmes dans Krasnoiarsk qu'à onze heures du matin.

« A propos de notre traversée de l'Iéniséï, il faut que je parle d'une histoire qui vient de m'être racontée, et qui, en même temps qu'elle prouve qu'on peut dormir aussi profondément que moi en traversant ce fleuve, atteste la vigueur et l'énergie de ces chevaux sibériens à demi sauvages, élevés dans les steppes du pays, qui viennent de nous faire parcourir quatre cents lieues en quelques jours avec une vitesse de quatre lieues à l'heure. Un cultivateur des faubourgs de Krasnoiarsk, qui était allé assister à une noce dans un village à cinquante verstes au-delà de l'Iéniséï, ayant fêté outre mesure le kwas et l'eau-de-vie d'orge, s'était au retour endormi profondément du lourd sommeil de l'ivrogne, dans son *kibitka* attelé de deux vigoureux chevaux; ces intelligents animaux, abandonnés à eux-mêmes et connaissant bien la route qu'ils avaient parcourue plusieurs fois, l'amenèrent rapidement jusqu'aux bords du fleuve; mais là, sans doute, impatientés de ce que leur maître ne se réveillait pas, fatigués de hennir en vain pour appeler les passeurs du bac qui dormaient aussi, encouragés enfin par la pensée de la litière et de l'excellente avoine qui les attendaient à l'écurie, ils entrèrent tout simplement dans l'eau pour passer le fleuve à la nage, traînant à leur suite le kibitka auquel ils étaient attelés; l'ivrogne s'éveilla soudain, plongé jusqu'au ventre dans les eaux froides de l'Iéniséï! Ce bain inattendu ayant rafraîchi ses idées et le danger lui ayant rendu sa présence d'esprit, il jugea préférable de s'en rapporter à l'intelligence de ses chevaux qui avaient déjà gagné le milieu du fleuve, et se tint coi sur son banc plus mort que vif, sans faire un mouvement et sans leur adresser une parole. On juge quelle dût être la stupéfaction des riverains de Krasnoiarsk, en voyant apparaître au petit jour ce nouveau Neptune, piteusement accroupi, le buste au-dessus de l'eau, flottant avec son char à ridelles dont les deux roues faisaient office de gouvernail, et dont les coursiers fendaient bravement les flots, rejetant comme des monstres marins l'onde par leurs naseaux fumants. Enfin ce brave homme aborda au rivage avec son attelage, ayant échappé à un terrible danger; car l'Iéniséï a dans cet endroit plus de deux mille mètres de large, et ses courants et ses tourbillons y sont d'une violence effroyable. Les chevaux sibériens infatigables et nerveux sont aussi braves qu'intelligents. Un des officiers russes qui nous accompagnaient me raconta que, faisant avec un de ses amis une course en traîneau pendant l'hiver précédent, et n'ayant pas emporté d'armes, ils eurent à subir une poursuite tellement acharnée d'une troupe de loups, qu'un de leurs chevaux épuisés finit par s'abattre et qu'ils eurent à peine le temps de couper les traits de celui qui était resté debout pendant que les loups se jetaient sur l'autre, puis de se glisser enroulés dans leurs manteaux sous la cage formée par les brancards du traîneau renversé en forme de fortification improvisée; mais quel fut leur étonnement quand ils virent la jument devenue libre, au lieu d'en profiter pour s'enfuir, charger les loups avec tant de furie et de bonheur que les carnassiers disparurent bientôt en poussant des hurlements de honte et de douleur, et qu'ils purent atteler de nouveau tant bien que mal leur traîneau pour rentrer en ville sains et saufs. Ce soir-là, beaucoup d'histoires du même genre furent racontées, dont plusieurs me parurent vraiment incroyables, entre autres l'assertion d'un de ces messieurs qui soutint avoir sauté à cheval, et d'un seul bond, un ravin de vingt mètres de large; il y aurait là de quoi donner le frisson à nos plus intrépides amateurs de steeple-chase. Les Russes sont les Gascons du Nord, et tandis que l'un narrait une aventure merveilleuse, son voisin avait soin de me dire : « Ne le croyez pas, c'est un fanfaron! » Je ne garantis donc la véracité que de l'histoire du paysan, dont toute la ville avait été témoin.

KRASNOIARSK
MONUMENTS
ET HABITANTS DE TOMSK — DANSES ET JEUX
MILITAIRES — PETITE GUERRE AUX FLAMBEAUX
COMMENT CONDUISENT LES POSTILLONS — L'OBI
DESCENDANTS DES TARTARES — MARAIS DE LA
BARABA — MOUCHES ET COUSINS A L'ASSAUT
DES VOYAGEURS — MAGNIFIQUE FLORE — CHEVAL
TUÉ PAR LES TAONS — OMSK — MENU D'UN DINER
BOURGEOIS A TIOUMEN — UNE SCÈNE TOUCHANTE
AVEC LA FEMME D'UN CAPITAINE DE VILLAGE
LES MONTS OURAL — PERM ET KAZAN
SOUVENIR DE LA GRANDE CATHERINE
CHAMP DE FOIRE A NIJNI-NOVGOROD
ARRIVÉE A MOSCOU ET RETOUR
EN FRANCE

« Krasnoiarsk, bâtie sur un plateau, possède un fort beau jardin public taillé et tracé dans un antique bois de bouleaux, dont les derniers arbres poussent leurs racines dans les falaises du fleuve élevées de quatre-vingts pieds à pic. Une large avenue parfaitement plane, et où plusieurs voitures peuvent passer de front, traverse ce jardin et donne en enfilade sur tout le cours de l'Iéniséï dont le panorama est splendide. C'est ce que la ville présente de plus remarquable.

« La journée d'aujourd'hui s'est passée en visites, en réceptions et en promenade au beau jardin dont j'ai parlé où la musique militaire nous a donné une aubade. Les femmes sont très élégantes et toujours à la dernière mode de France; j'en dirai autant des voitures, des livrées et de l'aspect de la population. Krasnoiarsk me fait l'effet d'être l'Athènes de la Sibérie.

« Le gouverneur civil, qui nous a servi de mentor, a une femme excellente qui m'a donné les meilleurs avis d'hygiène, et des recettes contre la fatigue pour la suite de notre voyage; elle m'a prévenue que nous serions dévorés par les cousins en traversant les marais de la Baraba, et a voulu à toute force me faire cadeau de deux filets en gaze pour me protéger la figure, m'assurant qu'elle s'était bien trouvée de cette précaution dans ses nombreux voyages. Le gouverneur a aussi une fille de seize ans pleine d'esprit qui parle de tout avec un aplomb surprenant; à son âge elle a des opinions politiques, est fort libérale, et nous a soutenu que la liberté et l'égalité deviendraient un jour la loi universelle à laquelle tous les peuples seraient irrésistiblement entraînés. Qui sait où cette toute jeune fille a pu puiser ces idées que les femmes se forgent rarement à elles toutes seules, et qui ont ordinairement pour bases une passion ou même un simple caprice? En tout cas elle est charmante, sinon que ses toilettes sont exagérées, et qu'elle porte un chapeau à plumes et à aigrette blanche si empanaché qu'il fait le plus singulier effet sur cette jeune tête blonde et espiègle.

« Partout où j'ai voyagé, j'ai remarqué que les prétendues modes parisiennes, les choses les plus excentriques et du plus mauvais goût étaient portées d'abord par les dames des contrées les plus éloignées, où elles leur arrivent toutes faites, et sans qu'il leur soit possible de contrôler si elles seront acceptées par le public. De là les toilettes hétéroclites qu'on remarque chez les étrangères qui arrivent à Paris, persuadées qu'elles sont mises à la dernière mode.

« Nous ne nous arrêtons que quelques heures à Atchinsk, petite ville, qui n'a d'autre importance que d'être le point de séparation des deux grands gouvernements de la Sibérie orientale et de la Sibérie occidentale. C'est la rivière Tchoula, que je vois d'ici et que nous allons traverser tout à l'heure, qui forme la frontière.

« M. d'Ozeroff qui nous avait accompagnés fidèlement depuis

K'achta vient de nous faire ses adieux. C'est le lieutenant-colonel Lerche, aide de camp du général Duhamel, gouverneur de la Sibérie occidentale qui le remplace auprès de nous. Il est impossible d'être reçus avec plus d'honneurs et d'égards. Nous sommes réellement comblés par le gouvernement russe.

« Nous partons à l'instant : dans deux jours nous serons à Tomsk.

« Notre entrée dans la Sibérie occidentale a été signalée par le mauvais état des routes qui m'ont paru détestables entre Atchinsk et ici. Le paysage monotone ne présente que des landes perpétuelles entrecoupées de quelques forêts de sapins et de quelques belles vallées situées le long des cours d'eau qui sont nombreux, car il nous a encore fallu passer en bac les rivières de Mariinsk et d'Ichimsk.

« La civilisation a déjà pris racine ici : Tomsk, la ville la plus peuplée de la Sibérie avec Irkoutsk (22 000 habitants), est le centre d'un grand commerce alimenté par les riches mines d'or, de platine et de cuivre dont les gisements sont nombreux dans les contreforts des monts Altaï. Quoique n'étant pas la capitale officielle de la Sibérie occidentale (c'est Omsk qui a cet honneur), Tomsk a complètement détrôné Tobolsk, située dans un pays plus froid, moins cultivé, et où l'industrie n'a pas plus d'avenir que l'agriculture. Cette ville est peu pittoresque; cependant on y voit, sur les bords d'un bras canalisé du Tom qui la traverse d'une extrémité à l'autre, nombre d'anciennes maisons en briques et en pierres, d'une architecture qui remonte aux premiers temps de l'occupation de la Sibérie. Quelques rues étroites, de vieux quartiers habités par les Tartares étonnent l'œil quand on arrive d'Irkoutsk et de Krasnoiarsk dont les rues sont si larges et si droites, les maisons si bien peintes et si bien alignées. On y trouve aussi un vaste jardin public, analogue à ceux que j'ai déjà décrits, avec des cafés, des salles de bal et des marchands ambulants de toute sorte; là on rencontre les types si divers de la population sibérienne, Bouriates, Kalmouks, Kirghizes, achetant, vendant, et surtout buvant des boissons fortes. Une grande partie de ce qu'ils gagnent est employée à satisfaire cette déplorable passion... Pourtant, malgré la quantité d'ivrognes, on n'entend point de cris, de querelles, tout se passe paisiblement et avec ordre; l'ivresse même est apathique chez les gens du Nord!

« Nous avions été attendus à Tomsk par le général Duhamel, gouverneur de la Sibérie occidentale, mais, comme nous étions en retard, il avait dû partir en tournée pour affaires de service. Ce fut Mme Duhamel qui nous accueillit avec la grâce la plus charmante à notre arrivée. La gouvernante générale étant logée elle-même chez M. Astatcheff, chef des marchands de la ville, plusieurs riches bourgeois se sont disputé l'honneur de nous héberger : le colonel Lerche choisit pour nous recevoir la maison d'une vieille dame veuve qui a été enchantée de la préférence et qui ne sait qu'inventer pour nous être agréable. Le service de table est d'un luxe fou; il y a une profusion inouïe de fleurs rares, de bougies, de vaisselle d'or et d'argent massifs, et on pourrait nourrir un régiment avec la desserte de notre table, ce qui prouve la générosité de notre hôtesse, car par respect elle ne s'y assoit jamais avec nous. Au milieu de cette humilité bourgeoise, un grain d'orgueil perce cependant chez elle, orgueil légitime de la richesse acquise par le travail et l'intelligence : comme nous lui reprochions ces prodigalités inutiles, elle nous répondit qu'elle était assez riche pour ne rien se refuser, et qu'elle n'avait pas changé son train de maison. C'est un sujet d'étonnement pour moi que la position de la classe moyenne de ce pays : qui sait ce que l'avenir réserve, comme destinée politique, à ces mineurs intrépides, à ces marchands habiles qui ont centuplé par leur travail les richesses de ces immenses régions incultes et sur qui reposent peut-être la force réelle et les destinées futures de l'Empire russe?

« Avant-hier nous avons dîné chez le général d'Ozerski, gouverneur de la province de Tomsk : une promenade charmante nous attendait après le repas; nous sommes allés visiter le campement permanent d'un bataillon de cosaques à pied qui tient garnison à Tomsk. De grands bois entourent le vaste plateau où il est situé, et d'où on domine le cours du fleuve

Tom qui serpente au milieu de vastes marais à cent pieds plus bas. Un grand bâtiment en bois, décoré de galeries extérieures où nous prenons place, sert de logement à l'état-major; les soldats occupent de petites baraques distribuées régulièrement sur les côtés du champ de manœuvre. Aussitôt après notre arrivée, les jeux militaires commencent; M. d'Ozerski fait distribuer des prix aux vainqueurs du trapèze, du tremplin et du saut périlleux. A la gymnastique succèdent la musique et la danse : les cosaques se forment en différents chœurs qui entonnent des chants mélancoliques où je remarque la prédominance des tons en mineur; l'effet en est charmant; la partie de soprano est tenue avec un ensemble et une pureté de timbre qui feraient envie à une chanteuse d'opéra... En voyant toutes ces larges figures camardes et barbues, je me demande dans quel coin de leur gosier les cosaques vont chercher ces notes mélodieuses! Outre qu'ils sont nés musiciens, il paraît que les hommes ont l'habitude de chanter dès l'enfance avec une voix de fausset, qu'ils développent si complètement, qu'elle remplace leur basse naturelle et produit l'illusion la plus complète. Dès que les chœurs ont cessé de se faire entendre, quelques hommes, placés au centre du bataillon, commencent une chanson comique accompagnée d'une mimique effrénée, c'est-à-dire que la danse et la musique faisant alliance, les danseurs se posent deux à deux en vis-à-vis, et exécutent les poses les plus aventurées, la tête en bas, les jambes en l'air, le grand écart et autres merveilles d'agilité, tandis qu'ils s'accompagnent de claquements de langue, de sifflets et de grands coups de poing sur les joues qui font office de piston; un tambour-major, chef d'orchestre improvisé, dirige avec les évolutions de sa canne tout ce charivari. Soudain, à la nuit tombante, la retraite sonne mettant fin à ce divertissement un peu sauvage; en un clin d'œil les forcenés danseurs se changent en soldats disciplinés et immobiles sous les armes. Une surprise nous attendait : au moment où nous nous levions pour partir, croyant qu'une revue terminerait la fête, les clairons font retentir le plateau de l'appel aux armes; deux corps se forment, se mettent en ligne, pivotent sur eux-mêmes, se chargent en tirailleurs, puis à la baïonnette, les feux de peloton se succèdent régulièrement, et des centaines de torches de résine éclairent d'une lueur bleuâtre, de chaque côté du champ de manœuvre, cette petite guerre pittoresque et imprévue. Ces lumières semblables à des feux de bengale faisant scintiller les baïonnettes, les buffleteries et les plaques des colbacks au milieu de la nuit profonde, l'agitation de la mêlée, le bruit des coups de feu et l'odeur de la poudre nous ont tous enthousiasmés, et c'est avec beaucoup de sincérité que nous avons offert nos compliments au général d'Ozerski sur la rapidité, l'entrain et la précision avec lesquels ses troupes venaient d'exécuter les manœuvres militaires.

« On devient soldat sans le vouloir dans ce pays-ci! Les rangs civils sont tellement assimilés aux rangs militaires, qu'on appelle perpétuellement M. de Bourboulon le *général*, et moi, la *générale Catherine Alexandrovna*; voilà qui légitimerait suffisamment mon enthousiasme pour la petite guerre.

« C'est chez M. Astatcheff que nous avons dîné hier : ce grand industriel, concessionnaire des mines du gouvernement, les fait valoir avec grand profit pour lui-même et pour l'État; il passe pour l'homme le plus riche de la Sibérie. Nous nous y sommes retrouvés avec Mme Duhamel logée dans sa maison. Il est impossible d'être plus spirituelle, plus charmante, plus grande dame dans toute l'acception du mot que la gouvernante générale. Polonaise de naissance, elle a donné un grand développement aux institutions de charité et aux maisons d'éducation dont sa position l'a fait surintendante de droit, et elle correspond directement avec l'impératrice qui en est la grande maîtresse. Le général Duhamel, avec qui nous n'avons pas eu le plaisir de nous rencontrer, est d'origine française comme l'indique son nom; il a été ministre en Perse, et est entouré dans son gouvernement du respect et de l'affection de ses administrés. Les gouverneurs généraux sont aussi autocrates que peut l'être le czar, et à son exemple ils affectent une extrême affabilité dans leurs rapports avec le peuple; aussi ce pouvoir absolu, délégué par l'empereur à ses représentants, tourne au profit des populations quand il tombe dans les mains d'un homme énergique et voulant le bien à tout prix; c'est ce que nous avons pu constater dans ce long voyage; mais l'empereur est-il toujours aussi heureux dans ses choix, et n'est-ce pas le vice de ce système administratif qui concentre tout dans la main d'un seul?

« M. Astatcheff ne sachant pas un mot de français, ce fut Mme Duhamel qui porta, à ce dîner, un toast à l'empereur et à l'impératrice des Français, auquel il fut répondu par un toast à la famille impériale de Russie, et des remerciements pour l'hospitalité généreuse qu'on nous avait donnée partout.

« Aussitôt après Mme Duhamel se revêtit de son costume de voyage, et monta dans sa voiture, avec sa jeune nièce, pour rejoindre son mari. Tous les invités allèrent la reconduire jusqu'au Tom où des bateaux étaient préparés pour son usage. Toute la ville s'était portée à sa rencontre : les berges du fleuve, fort élevées en cet endroit, étaient couvertes de spectateurs de toutes les classes qui accompagnèrent de leurs hourras la gouvernante générale, et recouvrirent sous leurs acclamations la musique militaire retentissant sur le Tom, tandis que Mme Duhamel s'installait avec sa suite sur les bateaux décorés d'une garniture en drap rouge et pavoisés des couleurs nationales.

« Nous sommes partis de Tomsk le 14 à midi, accompagnés du général et de Mme d'Ozerski, qui ont voulu nous reconduire jusqu'à Kaltaïsk.

« Les deux jours suivants, nous cheminons au milieu d'un pays stérile couvert de buissons, sans culture et sans eau, où aucun accident de terrain ne varie la monotonie du paysage.

« Je tombe alors dans une profonde rêverie où me berce le son argentin des clochettes de mon attelage, mais qu'interrompent souvent les exclamations et les jurons des postillons : *skareïé, tishé, zapriagati, napravo*, plus vite, doucement, à droite, à gauche. Un cocher russe parle sans cesse à ses chevaux, qu'il entretient comme des camarades et qu'il invective quelquefois de toute la kyrielle des noms de saints du calendrier grec. Des cinq chevaux de mon attelage, un seul, le plus vigoureux, est placé entre les brancards; c'est lui qui donne l'allure aux autres par un trot régulier. Les quatre autres, attelés deux à deux de chaque côté aux marchepieds de la lourde tarenta, galopent, piaffent, bondissent; celui de l'extrême gauche surtout qu'on appelle ici le furieux, se démène comme un possédé, grâce aux claquements de fouet qui menacent sans cesse ses oreilles. Voilà le suprême bon ton dans l'art de conduire! Le grand cerceau, chargé de sonnettes retentissantes et formant un arc de triomphe au-dessus des deux brancards, complète cette fantasia qui fait la gloire des postillons. Ceux-ci changent à chaque station. Quoiqu'il m'en passe sept ou huit chaque jour sous les yeux, je serais bien embarrassée de les reconnaître; ils ont tous le même type, les mêmes cheveux longs tombant sur les épaules et coupés carrément au front, le même petit chapeau rond à bords relevés et à galons d'argent, la même ceinture rouge et la même capote à parements croisés avec boutons écussonnés de l'aigle impérial. Quelque bizarre que soit cette façon d'atteler et de conduire, nous faisons régulièrement quinze verstes à l'heure, grâce à l'inspecteur de police qui nous précède d'une demi-journée, et qui nous fait préparer les relais d'avance. Si les routes étaient moins mauvaises et les caisses des tarentas suspendues sur des ressorts en fer au lieu de reposer sur de longues traverses de bois, cette façon de voyager serait comparable au meilleur service de malle-poste qui existe ou plutôt qui ait existé en Europe.

« Nous traversons le fleuve Obi, près de Dombrovino : c'est le plus considérable que nous ayons vu depuis l'Iéniséï. La route qui suit son cours jusqu'à Kolivan côtoie des marais; l'Obi lui-même coule doucement au milieu des tourbières et de gigantesques roseaux. Lorsqu'il déborde au printemps, il inonde les landes environnantes, où ses eaux croupies par les rayons brûlants du soleil font naître les fièvres intermittentes qui désolent le pays.

« Les hameaux, peuplés par les Tartares, s'élèvent çà et là dans la steppe, et j'aperçois de temps en temps des femmes et des enfants couverts de peaux de bêtes qui poussent devant eux des troupeaux de chétifs moutons d'un aspect aussi misérable que leurs maîtres. Les bonnes terres, les gras pâturages sont exploités par la race russe conquérante, et les pauvres descendants des Tartares jadis maîtres de la contrée, en sont réduits à travailler aux mines, tandis que leurs familles cherchent leur vie dans les steppes. Quoiqu'ils aient accepté la religion et le costume russes, ces indigènes ont conservé le type fortement accentué de la race jaune. On les reconnaît invariablement à leur bonnet pointu en laine de mouton semblable à celui des Kirghizes; ils sont fort sales et d'une pauvreté extrême causée par leur horreur pour tout travail régulier et leur goût pour la vie nomade qui semble un penchant naturel à leur race.

« La Sibérie occidentale est généralement mal cultivée, ce qui s'explique par l'importance de ses mines qui enrichissent le gouvernement et les spéculateurs en absorbant tous les bras. Il est vrai que le sol, tantôt désolé par la sécheresse, tantôt tourbeux et marécageux, se prêterait difficilement à la culture, et qu'il faudrait d'immenses travaux de canalisation et de drainage pour le fertiliser. Lorsqu'on revient de Chine où chaque goutte d'eau est utilisée par l'agriculture, où le travail de l'homme a rendu fécondes les terres les plus stériles, on se demande si le gouvernement russe, au lieu d'employer tous les bras à chercher les métaux précieux dans les entrailles de la terre, ne ferait pas mieux, dans son intérêt et dans celui de ses sujets, de les exciter à féconder son sein précieux qui est la vraie source de toutes les richesses. Quel est le pays que n'a pas ruiné avec le temps cet infécond travail des mines! Quel est celui que n'a pas enrichi l'agriculture!

« Après avoir dépassé la petite ville de Kolyvan, le paysage devient de plus en plus désolé : nous parcourons une steppe immense, parsemée de buissons nains, de bruyères et d'ajoncs d'une verdure grisâtre, parmi laquelle font tache de gros cailloux en silex blanc; puis, à minuit, à la station de Sektinskaïa, on nous prévient que nous allons entrer dans les fameux marais de la Baraba, que nous mettrons deux jours à traverser. D'après les indications qu'on nous avait données,

Chameau d'émigrants mongols

Relai de poste en Sibérie

Famille de mongols Khalkhas

La traversée de l'Yéniséi

La Foire de Novgorod

Moscou vu de la Moscova.

Vue du Kremlin à Moscou

Tour de l'église, à Moscou

nous nous empressons de mettre nos masques achetés à Tomsk. Qu'on se figure des ovales en crin adaptés à la forme de la figure et déployés sur une petite crinoline en fil de fer doublée de calicot qui nous tombe jusqu'aux épaules comme un camail; on a l'air ainsi d'avoir mis en cage la partie supérieure de son individu! Cette mascarade ne laisse pas de nous amuser beaucoup, et, après avoir muni nos mains d'épais gants de feutre, nous montons chacun dans notre voiture, en nous souhaitant bon courage.

« Je m'assois dans un coin, enroulée dans mes couvertures, et j'ouvre le châssis vitré d'une des portières, toute prête à le refermer si l'ennemi dont on m'avait tant fait peur, c'est-à-dire les cousins et les moustiques, tentait une invasion sur ma personne : l'air est lourd et chaud, la nuit profonde; des nuages noirs chargés d'électricité roulent au-dessus de moi, dessinant çà et là à la lueur des éclairs de grandes ombres fantastiques; au loin j'entends les sourds grondements de l'orage, et le vent m'apporte ces senteurs à la fois âcres et fades qui annoncent le voisinage des marais... Peu à peu je m'endormis : j'avais gardé mon masque à camail, mais le carreau était resté ouvert... Une vive sensation de froid et des démangeaisons intolérables aux mains et à la figure me réveillèrent. Le jour naissait, les marais m'apparurent dans leur splendide horreur, mais j'avais payé cher mon imprudence : toutes les parties de ma figure que touchait mon masque dans la position où je m'étais endormie avaient été percées des milliers de fois à travers le treillage de crin par des milliers de trompes et de suçoirs affamés de mon sang; les parties saillantes, le front, les joues, le menton, étaient ridiculement enflées; je ne me reconnaissais plus! Mon poignet, laissé à découvert entre le gant et le commencement de la manche, était orné d'une boursouflure régulière qui me formait un véritable bracelet autour du bras; enfin, partout où l'ennemi avait pu pénétrer, il avait causé des ravages incalculables! La voiture était inondée de maringouins et de cousins bourdonnant à mes oreilles. A mesure que le jour se faisait, d'autres essaims affamés montaient à l'assaut; l'air en était noir... En un clin d'œil j'eus repoussé l'invasion à grands coups de mouchoir. Les plus gros maringouins, alourdis par le sang qu'ils avaient bu, tombèrent morts ou s'enfuirent; mais rien ne put me débarrasser des milliers de petits cousins presque imperceptibles bourdonnant leurs cris de vengeance et de mort dans une sarabande perpétuelle dansée à la hauteur de ma figure. Enfin le soleil se leva et la chaleur de ses rayons fit disparaître peu à peu ces ennemis invisibles.

« J'ai eu à Kargatsk-Kiforpost, première station de la Baraba où nous nous arrêtons deux heures, la satisfaction de voir que mes compagnons de route n'ont pas été épargnés plus que moi par les cousins; aussi les compresses d'eau imbibées de vinaigre que nous sommes forcés de nous appliquer nous font-elles ressembler pendant le déjeuner à un hôpital ambulant. Pour en finir avec ces vilains insectes, je dirai qu'il n'y a pas ici de moustiques comme dans les pays chauds, mais qu'il y a la plus riche collection de diptères suceurs depuis la tipule grosse comme une tête d'épingle jusqu'au maringouin à ailes noires et au taon doré qui ont plusieurs pouces de long, et sont armés de trompes, de suçoirs et de lancettes formidables. Ces animaux sont avec les fièvres intermittentes la véritable plaie des marais de la Baraba, et les rendent inhabitables pendant les trois mois d'été.

« A partir de Karguinsk, nous voyageons tout à fait dans l'eau. On a rendu la route praticable en y plaçant en travers des rondins de sapins jointifs et recouverts d'argile, ballastage d'un nouveau genre qui n'est guère solide : les roues des voitures, en roulant sur ce sol artificiel, font résonner le creux; tout tremble sur le passage de nos lourdes tarentas; l'eau des marais s'agite et fume; les grandes herbes vibrent comme si quelque reptile hideux cherchait à escalader leurs tiges; la route ondule et gémit, et, en regardant en arrière, je la vois dérouler, au milieu des marais verdoyants, ses longs anneaux jaunes. Là où l'argile est tombée par le frottement des roues, les troncs des arbres, dénudés ou couverts encore de leur écorce blanche, ont l'air d'un charnier de grands ossements antédiluviens.

« Tout ce paysage, noyé dans la brume vaporeuse, est empreint d'une tristesse solennelle qui aurait son charme pour moi si, entraînée sur ce terrain mouvant et perfide, balancée dans ma voiture comme dans une escarpolette, je n'éprouvais à tout instant la sensation du vide qui m'est particulièrement pénible.

« La Baraba, même après la Terre des Herbes, est un sujet d'étonnement pour nous tous : des lacs immenses comme l'Ubinskoj et le Tchang, dont nous avons côtoyé le premier pendant vingt verstes entre Oubinsk et Kamacova, des étangs se succédant sans interruption et se reliant les uns aux autres, mais formant, à mesure que les eaux croupissent et s'abaissent, des marais sans fin, des prairies tourbeuses couvertes d'une végétation extraordinaire et monstrueuse, des graminées de six pieds, des joncs, des butomes, des plantes de marécage aussi hautes que les bambous de la Chine, et une profusion inouïe de fleurs sauvages plus belles les unes que les autres, les lis, les iris, les achillées, les dracocéphales et mille autres espèces qui auraient jeté un botaniste dans l'extase.

« Quelles magnifiques prairies on pourrait faire dans ces marais abandonnés!

« Nous en eûmes la preuve en arrivant à Kamsk, petite ville fondée par le gouvernement au centre de la Baraba : on y a curé et canalisé le fleuve Tom, qui prend sa source à cent verstes au nord de la ville, de manière à assainir les terrains avoisinants; aussi les marais et les tourbières ont fait place à des pâturages luxuriants où les chevaux de la poste étaient plongés jusqu'aux épaules. Kamsk est tellement ravagée par les fièvres à l'automne, que les employés qui en forment presque la seule population émigrent à Kolyvan, et même jusqu'à Omsk. Il ne reste alors dans la Baraba que quelques Tartares à demi sauvages qui la parcourent avec leurs troupeaux; encore sont-ils pâles, décharnés, et toujours tremblants de la fièvre. On m'a assuré qu'il était rare qu'un de ces Barabintses atteignît jusqu'à cinquante ans.

« Nous sommes restés à Kamsk, le 17, depuis le matin jusqu'à midi. En entrant dans cette ville, j'avais remarqué que nos chevaux étant couverts de sang, les palefreniers de la poste s'étaient empressés de les frotter de graisse chaude pour cicatriser leurs plaies. Les piqûres incessantes des mouches rendent les attelages furieux, ils s'emportent et entraînent les voitures dans les tourbières. Ce n'est pas là un des moindres dangers de la traversée de la Baraba, et nous en fîmes bientôt l'expérience.

« Quelque temps avant d'arriver à Boulatova, un des chevaux de ma tarenta s'abattit tout à coup, rendant le sang à flots par ses naseaux où avaient pénétré des taons affamés; ce pauvre animal s'agita avec tant de violence qu'il rompit ses harnais, renversa les postillons qui voulaient le retenir, et, sautant d'un bond au milieu des hautes herbes des marécages, y disparut dans un sillon mouvant qui se referma bientôt sur lui comme les flots d'un océan végétal! On ne pouvait suivre de l'œil la direction qu'il avait prise dans sa course effrénée qu'aux essaims innombrables de mouches qui poursuivaient avec acharnement cette proie assurée. En effet, à ce que nous dirent les gens du pays, un cheval abandonné dans ces conditions devait infailliblement périr, dévoré tout vivant par ces sanguinaires insectes. Les pasteurs qui y campent toute l'année ne peuvent conserver leurs troupeaux qu'en les parquant sous le vent de véritables incendies qu'ils allument avec des branches de bois vert mouillées sans cesse pour entretenir de la fumée; eux-mêmes ont toujours la figure couverte de masques faits avec des vessies enduites de poix qui leur donnent l'air de véritables brigands.

« La Baraba, qui a trois cent vingt verstes (la verste vaut un kilomètre) dans sa partie la moins large, et qui s'étend en hauteur du cinquante-deuxième au soixantième degré de latitude, est peut-être le plus vaste marais du monde : occupant le fond d'un immense plateau situé entre les fleuves Obi et Irtiche, elle sert de réservoir aux eaux pluviales ainsi qu'à celles qui proviennent de la fonte des neiges, et comme le sol argileux en est imperméable, ces eaux n'y trouvent pas d'écoulement, et y forment des lacs, des étangs et des marais fétides et croupissants. Des milliers d'oiseaux aquatiques s'y donnent rendez-vous de la haute Asie et de l'Europe orientale pour y nicher, sachant bien que c'est là leur empire où l'homme ne viendra pas les déranger. L'hiver, la neige et la glace recouvrent toute la surface de la Baraba, qui présente alors le même aspect que les autres contrées de la Sibérie, et qui est sillonnée en tous sens par les traîneaux des chasseurs de zibelines, de martres et de renards.

« Le 17 au soir, nous sortons de la Baraba après avoir dépassé la station de Touroumoff; mais le pays, moins inondé, conserve un aspect aussi sauvage et aussi monotone.

« Enfin nous voilà arrivés à Omsk, après un parcours de mille verstes et six jours de voiture forcée, sans avoir pu nous arrêter une demi-journée au même endroit : nous avons la figure et les mains enflées, et le corps rompu par les cahots. Cette traversée des marais de la Baraba est ce qui m'a paru le plus dur dans tout notre grand voyage. Il est vrai que plus on approche du but, moins on est armé de patience, et plus les obstacles sont irritants.

« Je n'ai rien à dire d'0msk. C'est une grande et ancienne ville peu peuplée (on y compte à peine huit mille habitants), composée de la ville officielle où résident le gouverneur général de la Sibérie occidentale et toutes les autorités, et d'une ville marchande où il n'y a ni commerce ni industrie. Les deux sont fortifiées et entourées d'une enceinte bastionnée en terre avec chemins couverts.

« Sur trente-six heures, nous en avons passé vingt-quatre à dormir dans le palais du général qui commande la province d'Omsk, fort belle résidence meublée avec le plus grand luxe, mais où il n'y a qu'une seule petite chambre à alcôve dans laquelle la femme du gouverneur et sa fille couchent sur deux misérables lits en fer. Il ne faut pas s'attendre à mieux dans toute la Sibérie.

« Omsk, à l'instar de Paris, transforme un bois de son voisinage arrosé par l'Om en bois de Boulogne avec lacs, cascades et rocailles : c'est tout ce que j'y ai vu de remarquable. La vieille forêt valait mieux.

« En quittant Omsk, nous traversons en bac l'Irtyche, un

des trois grands fleuves de la Sibérie. Il m'a paru moins large que l'Iéniséï.

« Dans la nuit du 22, il nous faut franchir, près d'Abatskaïa, la rivière Ichim, un de ses principaux affluents. Là se termine la chaîne d'Ichim qui s'étend pendant près de quatre cents verstes depuis les frontières du Midi. On appelle ainsi des tours ou fortins en bois espacés régulièrement, qui jadis protégeaient le pays contre les incursions des Kirghizes et des Kalmouks. Depuis que les Russes n'ont plus rien à craindre des nomades qu'ils ont soumis, ces fortifications primitives sont délaissées et tombent en ruines.

« A dater de Novozaimsk, nous commençons à sortir de ces steppes infinies où nous sommes entrés depuis Krasnoiark; le pays devient un peu accidenté, et les coteaux sont couverts de forêts.

« Hier et aujourd'hui nous avons eu des chaleurs excessives; le thermomètre est monté dans la journée jusqu'à trente-deux degrés centigrades. Ce n'est pas la peine de voyager dans un pays dont le nom est synonyme de froid.

« Tioumen, où j'écris ces mots, est une ville assez importante, de dix mille habitants, où on trouve des usines métallurgiques et une fonderie de cloches. C'est le premier centre de population fondé par les Russes en Sibérie.

« Comme nous ne devons nous y arrêter que pendant la journée, nous sommes descendus dans la maison d'un marchand qui a bien voulu nous donner l'hospitalité. Notre hôte est un Russe du vieux temps dont la vieille politesse n'a pas encore été altérée par la civilisation. En entrant, il me baise la main et me conduit avec force salutations à la salle où est servi le repas qu'on nous a préparé. En pareil cas et entre égaux, la femme répond à cette politesse en se penchant pour effleurer de ses lèvres le front de son cavalier. On concevra facilement que je m'affranchisse de cette formalité.

« Voici le menu du dîner que j'inscris pour en donner une idée :

« Hors-d'œuvre, servis à part sur une petite table : saumon cru et fumé, caviar, harengs salés coupés en petits morceaux dans du vinaigre, pain, beurre, du *schnaps*, ou eau-de-vie de seigle anisée, blanche comme du cristal et très bonne. On prend de ces hors-d'œuvre pour se mettre en appétit, et on arrose le tout de fortes libations.

« Potage : bouillon aromatisé au serpolet, dans lequel on rompt soi-même de petites pâtisseries farcies qui remplacent le pain.

« Poissons au court-bouillon avec une sauce vinaigrée froide contenant une foule d'ingrédients.

« Ragoûts de mouton et de poulets au riz.

« Un *koulbac* ou pâté contenant des jaunes d'œufs, du riz, des viandes et du gibier pilés.

« Une oie et un coq de bruyère rôtis avec une sauce enragée au safran, au cari et à la muscade.

« Entremets : des choux rouges farcis au caviar, des betteraves et des concombres à la glace et à la crème, ou marinés dans l'eau salée, des gâteaux de gingembre, des tartes au lait caillé, des crèmes et des bavaroises glacées.

« A la fin du dîner, après le thé, du vin de Champagne et des liqueurs.

« Voilà le fond de la cuisine russe qui, toute barbare qu'elle est, est peut-être mieux entendue et plus savamment combinée que les cuisines allemande et anglaise. Il va sans dire que dans toutes les grandes maisons la cuisine française est la seule admise.

« Lorsque les marchands sibériens se traitent entre eux, le maître de la maison, au lieu de servir à table comme il le faisait pour nous, préside au repas assis d'un côté avec tous ses convives masculins, tandis que les dames sont reléguées ensemble à l'autre extrémité. Vers la fin du dîner, celles-ci quittent la table qui devient alors le théâtre d'une orgie complète causée par des libations trop fréquentes. L'ivrognerie est, avec la superstition, le vice dominant des Russes. Il règne exclusivement dans la classe du peuple et des marchands, et quoique mieux dissimulé, il n'est que trop fréquent dans la noblesse.

« Tout à l'heure je me suis aperçue que toute la famille de

mon hôte, que nous n'avions pas vue au dîner, me guettait avidement à travers les serrures pendant que j'étais à ma toilette... Décidément, ces gens-là sont de vrais sauvages avec ameublements en bois de Boule!

« Je reprends la plume que je venais de quitter pour noter une touchante histoire. Dans la maison du maire ou capitaine de Tougoulimsk, où nous nous sommes arrêtés quelques heures, une jeune femme, la sienne sans doute, s'est mise à fondre en larmes en m'apercevant, et s'est jetée à mes pieds en me priant d'excuser sa douleur : je ressemblais tellement à sa sœur, morte peu de jours avant, m'assura-t-elle, qu'elle n'avait pu contenir son émotion. Je l'ai consolée de mon mieux et je lui ai promis, sur sa prière, de lui envoyer mon portrait de Moscou, ce que je ferai certainement. Il ne faudrait pas en conclure que les paysans sibériens soient très démonstratifs; loin de là, ils sont calmes, dignes, galants même, mais très contenus : à la fierté près, ils me rappellent les Castillans. Leur figure est régulière, mais extrêmement pâle et décolorée, ce qu'il faut attribuer à leur réclusion forcée pendant huit mois d'hiver, sans air, dans des pièces excessivement chauffées. En revanche, ils souffrent beaucoup de la chaleur pendant l'été, parce que, comme tous les gens des climats froids, ils ne prennent aucune précaution pour s'en défendre. On ne connaît ici ni les persiennes, ni les contrevents, ni les stores, ni les rideaux, et le soleil brûlant entre librement dans les maisons qu'il change en quelques heures en étuves.

« Nous voici donc en Europe! Mon cœur bat en écrivant ces lignes, et j'oublie bien des noirs pressentiments qui sont venus me tourmenter depuis notre départ de Pékin, et que j'ai dû refouler en moi-même pour ne pas affliger ceux qui m'aiment.

« Derrière nous s'élèvent les cimes neigeuses des monts Oural que nous venons de traverser avec leur couronne de forêts séculaires et leurs rochers dénudés par les avalanches; devant nous s'étendent les immenses plaines des vallées de la Kama et de la Volga.

« Nous avons passé hier à Ekaterimbourg, ville qui, située

sur la pente orientale des monts Oural, est géographiquement en Asie, quoiqu'elle dépende administrativement du gouvernement européen de Perm; c'est une place forte avec chancellerie, douane, arsenal, hôtel des monnaies, fonderie de canons, fabriques d'armes, de coutellerie, etc., etc. Elle est, en outre, le centre d'un commerce considérable de peaux, de suifs, de cuirs, de pierres précieuses (j'y ai acheté de superbes améthystes venant de l'Oural). La contrée environnante est très industrielle; on y trouve beaucoup de forges, et des lavages d'or et de platine.

« La traversée des montagnes s'est faite sans encombre; en cette saison, les neiges sont fondues et aucun accident n'est à craindre.

« Enfin nous cessons de voyager en voitures : le bateau à vapeur nous attend.

« Quelque rapide qu'ait été notre voyage en Sibérie, les accidents de voitures et les réparations perpétuelles qu'il fallait leur faire subir nous ont fait perdre quelques jours. D'ailleurs, c'est avec joie que nous nous sentons débarrassés de cette trépidation et de ces cahots incessants auxquels il est inouï que nous ayons pu résister sans être malades depuis deux mois et demi.

« Perm est une affreuse ville, sale, boueuse et mal entretenue, assez commerçante, mais dont les hôtels sont détestables, et où nous sommes forcés de coucher sur des matelas par terre. Nous y avons passé deux jours à faire vendre nos voitures, tarentas et telegas, et tous les autres objets embarrassants qui nous ont servi pendant notre traversée de la Sibérie. Pour nous transformer en voyageurs européens, nous ne gardons que des caisses et des malles.

« Nous ne restons ici que jusqu'au soir, quoique nous soyons magnifiquement reçus par le gouverneur.

« Nous nous sommes embarqués à Perm sur les bateaux à vapeur Caucase et Mercure, appartenant à une Compagnie qui fait le service entre Perm et Nijni-Novgorod par la Kama et la Volga. Ils sont fort bien emménagés, mais on ne vous y souffre que vingt livres de bagages par tête, ce qui n'est guère commode. Les voyageurs sont divisés en trois classes strictement séparées. Il y a un très bon restaurant à bord, où les repas et les vins sont d'un prix fou : une bouteille de vin rouge ordinaire vaut quatre roubles, le champagne six roubles; malgré cela, il s'en boit considérablement sur notre bateau. Je ne crois pas qu'il y ait de pays au monde où on consomme autant de ce vin qu'en Russie; tous les vignobles de la Champagne n'y suffiraient pas. Heureusement qu'il y a ici des fabriques où on en fait de passable avec la sève fraîche des bouleaux : cela mousse, pétille et fait sauter le bouchon, c'est tout ce qu'il faut. Si je n'étais pas blasée par les grands fleuves et les grands lacs de Chine et de Sibérie, je serais émerveillée du spectacle que présentait le confluent de la Kama et de la Volga au coucher du soleil; mais, qu'est-ce que c'est que la Volga, quand on vient de quitter le fleuve Bleu, le fleuve Jaune, le lac Baïkal, l'Iéniséï, l'Obi et l'Irtyche! D'ailleurs nous sommes tous piqués de la tarentule. Plus nous approchons, plus nous avons envie d'arriver, et nous ne daignons plus accorder un coup d'œil aux beautés pittoresques de la nature.

« Le débarcadère de Kazan est à sept verstes de la ville; le gouverneur est venu nous y chercher en voiture de gala pour nous mener au Kremlin qui lui sert de palais, et qui est situé sur une hauteur d'où on domine toute la cité. Nos vêtements modestes, tout couverts de poussière, faisaient à déjeuner un singulier contraste avec la splendeur du service et les habits brodés, constellés de décorations dont nous étions entourés. Le dessert surtout était magnifique : il y avait tous les fruits du Midi, venus à grands frais de la Crimée et de l'Asie Mineure.

« Kazan est une très ancienne et très pittoresque ville, fondée en 1257 par Batou, grand khan des Tartares. On y compte quarante-cinq mille habitants parmi lesquels sept mille Tartares, descendants des anciens indigènes; c'est l'entrepôt du commerce entre la Sibérie, la Boukharie et la Russie d'Europe, le centre d'une assez grande industrie et le siège d'un archevêché grec et d'une université.

« Nous ne pouvions quitter Kazan sans aller faire un pèlerinage au musée, où est conservée comme une relique la galère impériale qui servit jadis à la grande Catherine pour accomplir ses pérégrinations dans ses États. Rien de plus magnifique et de plus riche que les ornements dont elle est couverte, et surtout ceux de l'appartement particulier de l'impératrice situé à l'arrière.

« Ma visite à la galère impériale m'a donné envie de relire le récit de M. de Ségur, ambassadeur de France, qui accompagna la grande Catherine durant son voyage.

« En naviguant sur la Volga, avant-hier, je revoyais en imagination, quatre-vingts ans avant, cette fastueuse embarcation descendant le fleuve aux accords des orchestres, et au milieu des applaudissements des populations enrôlées dans tout le pays pour saluer la czarine à son passage, puis les ambassadeurs de trois grandes puissances, et le favori fameux qui gouvernait alors l'Empire, se pressant auprès de l'illustre souveraine... Quand je revenais à la réalité, je n'avais plus sous les yeux que nos bateaux à vapeur chargés de ballots de marchandises qu'ils portaient à la foire de Nijni-Novgorod, des trains de bois, des barques de pêche toutes pleines de poix et de goudron, et des bandes de canards sauvages qui s'envolaient, effrayés par le hoquet continuel de la machine... Être ou ne pas être, voilà la question, comme a dit Shakespeare, et le temps emporte tout avec lui!

« C'est une chance pour notre curiosité que d'être arrivés à Nijni-Novgorod juste au moment de la foire, qui est la plus célèbre d'Europe avec celle de Leipzig; elle jette une animation extraordinaire dans cette ville déjà fort peuplée, car on assure qu'il y vient plus de cent mille marchands de toutes les parties du monde.

« Nijni-Novgorod est située sur des escarpements très élevés au-dessus du fleuve; les différents quartiers de la ville sont séparés par des ravins tellement à pic, qu'il a fallu les relier par des ponts.

« La foire se tient dans une grande plaine de l'autre côté de la Volga, où le gouverneur habite dans un palais spécial pendant tout le temps de sa durée.

« Au moment de notre arrivée, les eaux débordées ne faisaient que rentrer dans leur lit, et des milliers d'ouvriers s'empressaient d'y élever les constructions provisoires qui allaient servir au commerce. La foire n'était pas ouverte : des masses de ballots de marchandises de toute forme et de toute couleur gisaient çà et là pêle-mêle sur le bord du fleuve, sous la garde d'agents spéciaux de police. La foule des marchands et des acheteurs était déjà immense : on y voyait tous les peuples de l'Orient; Persans, Géorgiens, Turcs, Arméniens, Kalmouks, Kirghizes, Hindous, Turcomans, se coudoyant avec des Russes, des juifs, des cosaques, des Tartares et des négociants de tous les pays de l'Europe. Une débauche de spectacles, de charlatans, de jeux, emplissaient de vastes baraques, et formaient déjà un quartier destiné aux plaisirs. Ce que j'y ai vu de plus curieux, sur un théâtre ambulant, c'était un acteur nègre des Antilles qui jouait Othello en anglais, tandis que les autres personnages disaient leur rôle en russe. Cela faisait une cacophonie assez étrange. J'ai trouvé cet acteur noir très bon (en revenant de Chine, on n'est pas difficile). Il y avait aussi des danseuses bohémiennes, de vraies Zingaries, au teint cuivré, qui exécutaient voluptueusement les danses du châle et de l'abeille, puis une troupe de jeunes musiciennes viennoises, en costume national, vestes blanches et toques noires à plumes blanches, dont les plus âgées, qui avaient douze ans, jouaient des instruments à cordes et à vent, tandis que la plus jeune, enfant de six ans à peine, tapait de toute sa force sur la grosse caisse. Il y avait enfin des ménageries, des hercules, des sorciers, etc., etc. Parmi ces divertissements, une chose attira particulièrement mon attention, tant par son originalité et sa couleur locale que par la bizarrerie et l'incontestable antiquité du chant : c'était un chœur de bateliers de la Volga, assis par terre et faisant le simulacre de ramer, sous les ordres d'un chef qui commandait la manœuvre; celui-ci déclamait une sorte de récitatif, auquel le chœur répondait par des strophes chantées en parties. Il s'agissait des exploits de Rurik et de ses pirates normands envahissant la Moscovie au neuvième siècle; le chant était sauvage, mais bien rythmé et saisissant. Ce devait être ainsi qu'Homère et les rhapsodes allaient chantant jadis dans les villes de la Grèce les exploits des vainqueurs de la malheureuse Ilion...

« J'aurais voulu pouvoir noter le chant de victoire des compagnons de Rurik, mais j'en ai été empêchée par le bruit assourdissant qui se faisait dans toutes les langues et dans tous les cris du monde. »

Il fallut remonter en voiture pour gagner Vladimir, située à mi-chemin entre Nijni-Novgorod et Moscou. Les routes sont exécrables : le chemin de fer étant en construction depuis quelques années, on a négligé de les entretenir. L'absence de rivières navigables a empêché le développement de cette ville, qui, quoique située dans un pays riche et industriel, compte à peine quatre mille habitants.

A Vladimir, les voyageurs prirent le chemin de fer de Moscou, qui les mena rapidement dans cette antique capitale de la Russie. Après y être restés six jours pour s'y reposer, ils gagnèrent Saint-Petersbourg, et revinrent enfin à Paris par le chemin de fer du nord de la Prusse et la Belgique.

Ils avaient accompli en quatre mois un des plus grands voyages qu'il soit donné à l'homme de faire par terre sur la surface de notre globe, ayant franchi, de Shang-haï à Paris, au moins douze mille kilomètres, sans éprouver aucun accident fâcheux, et sans qu'aucune menace des hommes ou des éléments vînt troubler leur sécurité.

TABLE

Cet ouvrage
réalisé pour le compte des Éditions Phébus
a été transcodé et achevé d'imprimer
par l'Imprimerie Floch à Mayenne
le 26 février 1991
(30369)

Dépôt légal : février 1991
I.S.B.N. 2-85940-211-X
I.S.S.N. 0180-9687